档案管理理论与实践

——浙江省基层档案工作者论文集(2023)

主　编　胡元潮

副主编　郑金月　彭移风

浙江工商大学 出版社
ZHEJIANG GONGSHANG UNIVERSITY PRESS

图书在版编目(CIP)数据

档案管理理论与实践：浙江省基层档案工作者论文集. 2023 / 胡元潮主编. —— 杭州：浙江工商大学出版社，2023.8

ISBN 978-7-5178-5627-6

Ⅰ. ①档… Ⅱ. ①胡… Ⅲ. ①档案工作－浙江－文集 Ⅳ. ①G279.275.5－53

中国国家版本馆 CIP 数据核字(2023)第 140775 号

档案管理理论与实践
——浙江省基层档案工作者论文集(2023)
DANG'AN GUANLI LILUN YU SHIJIAN
——ZHEJIANG SHENG JICENG DANG'AN GONGZUOZHE LUNWEN JI(2023)

胡元潮 主编　郑金月　彭移风 副主编

策划编辑	任晓燕
责任编辑	熊静文
责任校对	林莉燕
封面设计	朱嘉怡
责任印制	包建辉
出版发行	浙江工商大学出版社
	(杭州市教工路 198 号　邮政编码 310012)
	(E-mail:zjgsupress@163.com)
	(网址:http://www.zjgsupress.com)
	电话:0571-88904980,88831806(传真)
排　　版	杭州朝曦图文设计有限公司
印　　刷	浙江全能工艺美术印刷有限公司
开　　本	710 mm×1000 mm　1/16
印　　张	30.5
字　　数	581 千
版 印 次	2023 年 8 月第 1 版　2023 年 8 月第 1 次印刷
书　　号	ISBN 978-7-5178-5627-6
定　　价	128.00 元

前　言

　　理论源于实践,创新来自基层。基层档案工作者是推进档案事业发展和档案理论创新的基本力量。我们编辑出版《档案管理理论与实践——浙江省基层档案工作者论文集》一书,就是为了给广大基层档案工作者创造一个总结实践经验、参与档案业务探讨和理论研究的平台,让来自基层的经验、做法和观点在推动档案工作理论和实践发展过程中发挥更大的作用。

　　本书收录的是 2023 年度浙江省基层档案工作人员撰写的优秀论文,共 140 篇。全书按档案事业管理、文件与档案管理、专业档案与特殊载体档案管理、档案信息化建设、档案文化与档案开发利用等 5 部分进行编排。这些论文主题鲜明,内容丰富,实践性强,体现了务实、创新、求真的特点,反映出浙江省广大基层档案工作者爱岗敬业、勤于钻研、勇于探索的理论勇气和实践精神。如《新〈档案法〉视域下档案职业角色定位探析》《电子化归档视角下的不动产登记创新实践——"带押过户"》《"大综合一体化"执法监管平台电子文件归档的思考》《基于地理空间的档案图形化检索技术研究》《档案视域下地方民俗文化进校园的价值与实践路径》《非遗档案在茶文化传播中的应用模式研究——以余杭区径山茶为例》等文章的选题都很有现实意义,其中不乏有价值的新观点,会给我们实际工作带来启发和指引。相信本书的公开出版对全省乃至全国档案工作者来说都有学习、借鉴的价值。

　　全书由郑金月负责编排、审校。彭移风负责本书编辑出版工作的统筹与协调。胡元潮、梁绍红、王伟俊、莫剑彪、林伟宏等同志参与了收录论文的指导工作,毛竹青、叶玲玲、余锋莉等同志为本书的编辑出版做了大量事务性工作,在此一并表示感谢。

　　由于编辑时间紧迫和水平所限,本书难免有疏漏和不妥之处,敬请批评指正。

编　者

2023 年 6 月

目　录

第一部分　档案事业管理

第二部分　文件与档案管理

第三部分　专业档案与特殊载体档案管理

第四部分　档案信息化建设

第五部分　档案文化与档案开发利用

第一部分

档案事业管理

"三农"机构改革档案工作的实践及启示

——以浙江省农业农村厅为例

王亚慧

浙江省农业农村项目服务中心

摘　要:"三农"档案真实反映和记录了"三农"工作历程,"三农"档案工作是"三农"工作中一项不可缺少的基础性工作。2018年机构改革后,农业农村系统机构职能的调整引起了档案管理工作内容变化。该文以浙江省农业农村厅为例,论述了机构改革后"三农"档案工作处置及档案管理工作的实践,并分析得出若干启示。

关键词:"三农";机构改革;档案;实践;启示

农业农村系统国有单位作为"三农"工作的"国家队",肩负推动乡村振兴战略实施的重要使命,加强组织保障、形成工作合力都离不开对组织机构的改革与调整。2018年3月,中共中央印发的《深化党和国家机构改革方案》明确提出组建农业农村部,农业农村系统国有单位机构改革由上而下逐步实施。按照机构改革总体部署,浙江省委省政府整合原省农办、原省农业厅的职责,以及省发展和改革委的农业投资项目、省财政厅的农业综合开发项目、原省国土资源厅的农田整治项目、省水利厅的农田水利建设项目、原省海洋与渔业局的渔业项目等的管理职责,组建了浙江省农业农村厅。随着机构改革工作的完成,"三农"档案管理工作面临新挑战、新机遇,需要进行深入的理论研究和实践探索。

1　"三农"机构改革档案工作的实践

根据《浙江省档案局关于做好全省机构改革中档案工作的意见》(简称《意见》),浙江省农业农村厅通过多次专题研究,及时制订和报送《浙江省农业农村厅关于报送原省农办等档案情况及处理建议的函》,省档案局对提出的方案进行批复。通过制订与批复工作方案,对浙江省农业农村厅做好机构改革档案工作提出了明确要求和具体路径,也对落实《意见》做出了科学安排和具体部署。

1.1 明确工作责任

机构改革后,原负责档案工作的同志调整至新的工作岗位,继续负责原单位的档案工作。浙江省农业农村厅进一步明确各单位责任领导和责任人员,要求各单位档案工作人员从对历史负责的高度,重视和加强档案工作,确保机构改革档案工作和机构改革同步推进、顺利完成。

1.2 夯实组织保障

浙江省农业农村厅结合人员已经到位,但档案仍在原各单位的实际情况,克服厅办公场所紧张的困难,将散在原各单位的档案全部搬运至厅内进行集中存放,落实专人负责管理,确保档案安全。

1.3 及时整理移交

一方面,由于机构改革覆盖面广,大多数单位都要委托专业档案公司整理,档案公司供不应求,且委托费用都需要列入财政预算,前期工作时间长;另一方面,并入浙江省农业农村厅的原机构档案管理标准和水平不同,存在档案整理不规范、文件材料未归集等问题,需重新整理归档,这导致档案整理量大、进度慢,管理人员难以在规定时限里完成。为了加快档案整理进度,浙江省农业农村厅聘请三家档案服务公司,按进馆要求将档案整理好后移交省档案馆,同时整理好档案全宗、目录等交接材料,对超过保管期限的文件按规定进行销毁处理。

1.4 实现电子归档

原单位的各业务条线有独立开发的管理系统,各系统互不关联、各自独立,这过程中形成的电子材料未及时归档,难以统一管理,且机构改革后部分管理系统已停用,造成档案数据丢失。机构改革后,对于渔业行政审批因农业农村部审批系统与浙江政务服务网数据未对接产生的纸质审批资料,由浙江省农业农村厅档案室按规定及时收集、整理。同时,厅全力推进浙江政务服务网及自建政务服务系统的电子归档,完成渔业审批窗口自建渔船自助办证系统与政务服务网数据对接,实现在线办理电子归档移交。

2 做好"三农"机构改革档案工作的启示

浙江省农业农村厅严格执行机构改革档案工作各项要求,全力克服时间紧、任务重等困难,全面完成原省农业厅机关档案、原省农办档案、原省海洋与渔业局档案、原省农业厅下属事业单位档案移交处置工作。厅机构改革档案工作得到省档案局的肯定。在2021年度浙江省档案工作会议上,省农业农村厅就机构改革档案工作做典型发言。通过规范机构改革期间的档案工作，厅档案工作得到了显著提升。

2.1　思想重视是前提

机构改革以后，浙江省农业农村厅领导对档案工作非常重视，成立了厅机构改革档案工作领导小组，要求严格按照省档案局关于机构改革档案工作要求抓好落实，不断强化档案规范化管理，严肃档案工作纪律，确保机构改革档案不散、管理不乱、工作不停。

2.2　精心谋划是关键

切实提高政治站位，按照规范化、全覆盖的要求，将档案管理和处置工作纳入浙江省农业农村厅机构改革工作的总体部署，科学制订档案管理和处置工作方案，保障各项工作顺利有序推进。

2.3　建章立制是核心

机构改革后，依据国家档案局第 13 号令，并结合"三定"方案规定，浙江省农业农村厅档案室会同厅相关单位，重新编制了归档范围和保管期限表，进一步建立健全档案工作机制，保证后续档案工作顺利开展。

2.4　协调配合是保证

浙江省农业农村厅负责档案工作的干部主动承担档案工作的具体任务，保证工作不断、标准不降。原各单位负责档案工作的同志继续负责原单位的档案工作，积极配合响应，既高效完成了各项工作，又营造了良好的工作氛围。

大数据时代国有企业档案管理的创新路径

沈佳艳

宁波原水有限公司三溪浦水库分公司

摘　要：大数据技术转变了档案管理方式，构建了新型的档案运转体系，使得国有企业档案管理深化变革。新时代，要求国有企业提高档案管理工作的能力，创新档案管理工作的实践方式，着力提升档案管理工作的质量和效率，从而满足各方面日益个性化的档案使用需求，切实发挥档案信息的实用价值。

关键词：大数据；国有企业；档案管理；创新；路径

大数据时代，在档案管理方面走信息化、数据化发展道路，是时代发展的必然要求。将大数据的信息一体化与文件管理、档案管理一体化有机结合，可以提高国有企业档案管理的便捷度与科学度，更好地服务国有企业改革发展。

1 大数据时代对国有企业档案管理提出新要求

1.1 档案管理理念要更超前

大数据技术为档案管理的现代化、科学化发展提供技术支撑，有助于创新档案管理工作的方式方法，适度更新档案管理的理念，使其更符合新时代档案信息的使用需求。只有适应大数据时代要求，树立现代档案管理理念，才能充分发挥现代信息技术优势，更好地管理好大数据时代的档案。

1.2 档案管理形式要更多样

大数据技术的到来、档案信息的日渐丰富，使得档案管理工作的形式出现了革新。以往的纸质档案管理方式正在向信息化档案管理方式转型，档案管理的整体效能不断提升。一方面，大数据技术促使档案管理的标准提高，数据库在档案管理工作中处于重中之重的地位，迫使各方面高度重视并加强电子档案的管理；另一方面，档案管理体系化水平不断提升，档案管理借助互联网构建共享平台，进一步实现档案管理的高效联通，满足各方面的档案利用需求。

1.3 档案管理人才要更专业

档案管理不再是传统的事务性工作，更需要档案员具备沟通各方面的能力，能够依托大数据技术实现对档案的分类、整理、校对和数据挖掘，确保不同类型的档案得到妥善处置，满足各方面对档案信息的使用需求。提高档案员的专业素养、促进档案技术知识更新成为档案管理的重要任务。

1.4 档案安全保障要更到位

在大数据时代，国有企业档案管理面临着新的挑战和要求，其中档案安全保障是一个非常重要的方面。随着企业信息化建设的发展和数据量的不断增加，档案管理的安全性和可靠性面临着越来越严峻的考验。因此，国有企业档案管理需要在档案安全保障方面提出新的要求，以确保企业档案的安全可靠。

2　大数据时代国有企业档案管理工作的创新路径

2.1　创新管理理念,实现档案管理信息化

在大数据时代,国有企业需要创新档案管理理念,实现档案管理信息化,以更好地适应数字化、网络化和信息化的趋势,提高档案管理的效率和质量。要着力创新档案管理观念,强化数字化思维,适应大数据时代档案数字化、数据化管理的新要求,提高员工数字化档案管理意识和能力。

2.2　丰富管理形式,推进档案管理现代化

第一,全面实现档案数字化。通过云存储等技术将纸质文件转化为电子文件,随时随地访问文件信息,提高档案管理的效率。第二,全面推进档案管理一体化。通过建立档案管理一体化平台,使用信息化技术实现对档案的管理和监控,包括档案的存储、检索、借阅、归还等环节,实现档案数字化管理和共享。

2.3　提升人员素质,推进档案管理专业化

企业应注重加强人才培养力度,既做好档案管理专业知识的培训,又注重信息技术与操作技能的传递,大力宣传国家在档案信息建设方面的法律法规,将更多专业且优质的档案管理知识传递至每名基层人员,提高他们的现代化业务水平与信息素养,使他们在潜移默化中认识到信息化建设在档案管理中的重要性。

2.4　强化底线意识,推进档案安全体系化

第一,做好网络安全防护。定时更新防火墙阻断陌生访问,部署隔离网关防止非法访问,采用物理隔离抵御外部网络攻击。第二,做好网络环境安全防护。查找系统漏洞防止木马病毒侵入系统,采用可信计算机技术建立白名单确保内生安全,采用外围加固方式保障 Web 应用的安全性和可靠性。

3　结语

综上所述,大数据时代的档案管理不仅需要升级技术,而且需要转变档案管理工作的思维与方式,建设优质的档案专业技术人才队伍,围绕用户的需求促进国有企业档案管理工作提档升级。为此,要从国有企业档案管理工作的现状出发,制订大数据时代档案事业发展规划,把握阶段性工作要求,形成完善的档案管理体系,更好地发挥大数据技术在档案管理中的作用。

乡村振兴战略背景下乡村档案资源建设

周益清

杭州市萧山区临浦镇人民政府

摘　要： 乡村振兴战略是党中央在新时代制定的中国特色社会主义现代化强国整体战略，服务乡村振兴战略是档案工作主动融入国家发展政策、为社会贡献档案力量的必然要求。乡村档案在全面建设农村小康社会、服务民生、推动社会主义发展繁荣、建设社会主义核心价值体系中发挥了重要作用。

关键词： 乡村振兴；档案；资源建设

乡村振兴战略是党中央在新时代制定的中国特色社会主义现代化强国整体战略，服务乡村振兴战略是档案工作主动融入国家发展政策、为社会贡献档案力量的必然要求。做档案工作，我们要重新认识乡村档案资源的价值，主动担负起建设乡村特色档案资源的重要职责。

1　乡村振兴战略背景下乡村档案资源的重要性

乡村档案是在农村经济和新农村建设中形成的反映农村各项生产经营活动的历史记录和载体。做好新时代农村建设工作，离不开乡村档案工作的服务与配合。乡村档案在全面建设农村小康社会、服务民生、推动社会主义发展繁荣、建设社会主义核心价值体系中发挥了重要作用。

1.1　经济建设档案在乡村产业发展中起到凭证作用

乡村振兴，产业兴旺是重点。经济建设档案是农业农村的历史记录，因此其首要作用是一种档案，它起到凭证作用。经济建设档案包括农业生产和村级各项工作中形成的村庄规划、基本农田保护、土地利用和农业基本建设、土地承包、房屋产权、村级财务、股东资产等资料，在村庄建设、土地确权、疏通河道和农田基本建设、土地山川承包、解决民事纠纷、保护农民合法权益、村级资产保护等方面起到凭证作用。

1.2　文化建设档案在推进乡村精神文明建设中发挥基础与纽带作用

乡村振兴，乡风文明是保障。文化建设档案是乡村文化的载体，是乡村历史记忆的传承。随着乡村物资的日渐富裕,精神文明也要传承。通过档案记录历史、寻找根脉,可以使乡村优秀的传统习俗和精神得到传播和延续,可以挖掘档案中记录的好家风、好传统;通过研究和利用档案找到治理乡村的好方法,从制度方面对歪风邪气和不良行为进行约束管理,树立良好乡风、民风;同时,通过乡村档案,可以教育子孙后代,讲文明、守规矩。

1.3　政治建设档案夯实基层治理基础

乡村振兴,治理有效是基础。政治建设档案能对基层治理起到改善作用。农村基层党组织建设、村民自治、法治乡村等档案在助力基层民主治理方面发挥积极作用。通过档案的公开,实行村务公开,对基层民主治理起到监督作用,加强村民对村干部的信任。

1.4　其他档案为村民的生活提供必要的保障作用

村级档案除了包括经济建设档案、文化建设档案、政治建设档案外,还包括乡村村民贫困、健康、公共卫生、社会保障等多方面的档案,这些档案也对精准扶贫、养老、医疗、提高村民的幸福生活水平等起到保障作用。

2　乡村档案资源建设存在的问题

《"十四五"全国档案事业发展规划》给乡村档案工作指明了方向。围绕乡村振兴战略,先行的乡村档案工作已建立区、乡镇、村三级联动的工作机制与一套围绕农业农村工作和农民切身利益的村级档案管理制度,完成了对存量档案的整理与数字化工作。乡村档案工作正在按既定规划实施。但乡村档案工作起步晚,存在基础薄弱、管理制度不健全、档案资源利用价值不高等问题。

2.1　乡村档案不齐全现象比较普遍

乡村档案是关于农村、农业和农民的第一手资料,与广大农民群众切身利益相关。乡村档案资源领域很宽,覆盖了民主选举、劳动就业、养老保险、土地承包与流转、房屋权属、人口婚姻、医疗保险、残疾人低保补助以及新农村建设等方面。乡村档案资源具有广泛性与长期性的特点,而乡村档案工作起步晚、管理薄弱、档案人员欠缺,造成档案缺失、断档、收集困难、档案不准确等问题,尤其是反映乡村特色的传统食品、手工艺、传统文化活动等没有系统性、完整性的文字记录,不利于传统文化、传统食品的推广,体现不出乡村特色带来的经济价值。

2.2　乡村档案资源利用价值有待提高

档案的原始记录性决定了档案价值取决于档案所记录的对象,即档案所记录的社会实践及其所取得结果的现实意义与历史意义。事实上,一方面,绝大多数乡村发展水平相对较低、缺乏特色,导致大多数具有传统特色的乡村档案的社会价值较低;另一方面,由于农村人员文化水平的差异,乡村传统特色文化、特色产业、社会实践等没有形成有价值的系统性的文字、图表,在乡村振兴战略背景下,无法使乡村特色档案价值资源的作用完全发挥出来。

3 重视加强乡村特色档案资源建设

乡村特色档案资源建设,是指立足乡村实际,在遵循档案法规所确定的档案资源建设一般原则、标准的基础上,针对乡村经济社会发展、乡村历史与文化、乡村民族构成、乡村风貌、乡村生态特点等进行的具有乡村特色的档案资源建设。乡村档案资源建设的完善,有利于农村产业的发展,助推乡村振兴战略的实施。借助乡村的档案资源,盘活地方和民族特色文化资源,开展名人古迹、档案记忆、历史传承等活动,形成旅游产业,推广适合当地的农业加工、养殖产业,增加当地农民的收入。

3.1 加强乡村特色档案资源建设

乡村特色档案资源建设以特色管理、特色产业、特色文化、特色生态、特色治理为基础,是对乡村建设与发展各方面特色的记录与反映,是乡村振兴战略实施过程中乡村档案资源建设的突出主题。根据乡村经济社会发展特点、乡村振兴战略实施路径来细化档案收集范围,明确不同职能活动、不同社会活动档案收集的详略程度,确保富有自身特色的档案资源建设的丰富性,以突出乡村档案资源建设的个性。对于乡村非公共管理档案,尤其应立足记录或反映对象的社会价值,将反映乡村文化活动、治理活动、生态建设的特色档案列入管控或收集范围。

3.2 档案工作者要主动担当起建设乡村特色档案资源的责任

乡村振兴战略的实施必将带给我们新的思想财富,这一思想财富除了宏观层面的城乡全面发展、全面现代化外,还有微观层面的乡村发展、现代化道路的多样化和个性化等。社会实践的多样化、个性化为乡村特色档案资源建设奠定了实践基础,这要求乡村档案工作者提升创新意识与工作主动性,找准本乡村振兴路径与对策的特色,切实肩负起记录乡村振兴历史的责任,通过乡村特色档案资源建设,为社会和国家保存珍贵记忆。同时,在新的发展时期,档案工作者应当从主动服务转变为主动挖掘,把存在于民间的优质内容,如民间手工艺、民间食品、民风民俗、乡村德治、乡村家庭美德等,转变成具有文字、图表等系统、完整的价值的档案体系,让无形的档案变成有形的档案,确保乡村特色档案资源建设的完整性与丰富性,保障档案形成的系统性。

智能化时代背景下医院档案管理的思路

姚春梅

诸暨市中医医院

摘　要:该文阐述了智能化时代背景下医院档案管理工作的价值,剖析了当前医院档案管理工作中存在的问题,探究了医院档案管理工作的思路和方法。

关键词:医院档案;管理模式;方法;思路

随着人工智能公司 OpenAI 开发出 ChatGPT,Transformer 神经网络架构出现,智能化进入爆发阶段。传统的医院档案管理模式和方法已无法适应当前的发展需求。因此,医院档案管理部门要积极创新思路,改革医院档案管理模式,对医院档案管理制度进行完善,实现档案资料智能化、信息化管理,提升档案管理工作人员的综合素质和工作效率,保障医院档案质量,提高医院管理水平,促进医疗卫生事业长远发展。

1　医院档案管理工作的价值和管理思路概述

1.1　现代医院档案管理工作的价值

医院档案资料属于医院内部数据,包括医院发展的历史轨迹与医学活动的观点、事实数据、经验成果。相关人员可以通过追寻历史和进行数据分析,吸取过往的经验教训,在医疗实践中,对医疗技术的应用意义有更透彻的了解。同时,档案资料中有对医疗诊断数据的详细记录,这有助于医院进行医疗纠纷研究与分析,为医患矛盾调解工作提供重要数据。[1]而且,医院档案管理作为开展医疗服务工作的基础,引入信息化管理流程,能有效加快工作进度,提高工作效率,大力提升医疗服务质量。

1.2　医院档案管理思路的概述

医院档案管理的发展趋势是现代化、信息化、智能化。为了满足医院现阶段的医疗服务需求,档案管理人员要结合医院的实际情况,对医院档案管理模式进行全面改革,将各种现代化技术如计算机技术、缩微技术、复制技术、视听技术等应用于档案管理中。以往对医院档案的海量资料管理普遍采用人工收集、整理、存储的方式,不仅容易出现数据信息差错,而且档案资料存储效果无法得到有效保障,此外,随着海量数据的积累,档案资料使用者查找档案记录的难度也日益增大。因此,医院档案管理人员要重视档案信息化工作,优化档案管理模式,在区域网络进行实时传输数据闭环操作,提高档案数据的准确性,便于及时查找利用,确保医院档案资料管理的效果。

医院要开展档案管理工作,就要引进科技知识和专业技能兼备的现代化综合素质过硬的人才,在法律法规的框架下开展档案标准化、规范化管理,健全管理体制,制定业务标准和管理制度,统一规划、统一协调,实现档案信息资源共享。

2　当前医院档案管理工作中的问题剖析

2.1　医院档案管理信息化水平较低

随着 5G 和人工智能时代的到来,以计算机、大数据和云计算为主的新型业态急剧推动了医疗行业的变革。在"互联网＋"医疗模式下,产、学、研一体化已经形成。医院档案管理只有从传统的整理、搜索转变成用最新的信息化成果来开展工作,才能够满足现阶段医疗事业发展的需求;而将医院档案资料存储于"云端",不但可以实现数据集成存储,还能使相关诊疗依据对外开放,为临床资源共享提供便利。

目前有部分知名度高、影响力大且诊疗水平高的公立医院,采取信息化管理模式对档案资料进行管理。但是,医院档案管理信息化建设需要耗费大量财力成本,即时回报不明显,给一些经济效益不高的医院造成了沉重的经济压力。多数医院对档案管理信息化建设持保守态度,信息化水平较低,在工作中也未能借助网络和计算机技术实施电子化档案管理,从而延缓了档案管理信息化进程。

2.2　医院档案管理者综合素质有待进一步提升

档案管理工作普遍未引起医院管理层的足够重视,一直被边缘化。档案管理工作人员存在年龄结构老化、创新意识匮乏、知识结构单一、对新科技新技能的理解和接受能力较差、工作积极性不高、安于现状等问题。同时,医院管理部门对档案管理工作人员填报的数据也未严格进行核查,医院每年填报档案管理信息数据时,没有专门的负责人,也难以核查往年的填报数据。[2]长此以往,容易导致医院档案资料出现各种问题。而且,时间越久,积累的问题越多,解决的难度就越大。

2.3 缺乏完善的医院档案管理工作机制

目前,医院档案管理普遍没有独立的机构,工作处于被动状态;工作机制不够完善,缺乏长效性;管理制度不够健全,缺乏规范性;档案管理人员仍采用人工方式管理档案资料,装订不规范,导致档案文件的存储和使用都存在诸多问题,也在很大程度上影响了医院档案管理工作的效率与质量。

3 医院档案管理工作思路的几点探究

3.1 着力推进医院档案管理的信息化建设

医院要改革创新档案管理模式,运用人工智能和信息化技术,加快档案管理工作的信息化建设进程。档案管理部门已不再局限于管理档案,而是致力于成为更加重要的信息中心。第一,要科学合理依托现代信息技术,加强档案管理硬件设施的配置和完善,加大资金投入,配备成套的计算机设施,安装正版软件,开发和使用与文件管理相关的软件系统。保证专项资金持续的投入,合理利用信息基础设施,建设文件管理需要的内部局域网,加强文件共享的全过程信息网络管理。第二,要加强档案信息化管理业务流程的优化与重组,不仅要使医院各科室、部门之间实现网络全覆盖,满足医院各部门对档案信息的需求,而且要同步优化医院门诊、药房、住院等各项业务。同时加强档案信息的开发利用,满足病人的信息获取需求。第三,要根据法律建立一套完整的档案信息化管理模式,对档案管理全流程进行严格把控,闭环管理。通过建立健全档案安全管理体系,引入相应的信息安全技术和制度体系,对档案信息进行全程监督和控制,有效解决信息化管理工作中的安全问题。加强内部局域网独立建设和外网接入加密建设,为服务器安装更高级的防火墙,对重要数据进行加密,对电子文件进行安全备份,加强对电子文件信息系统和载体的安全检测。

3.2 培养有时代特征的新型档案管理人才

医院管理层要转变传统理念,重视档案管理工作,重塑档案管理工作人员结构,培养具有坚定的理想信念、耐得住寂寞、能脚踏实地开展档案工作的人才。新入职人员能快速接受新科技新技能,能熟练驾驭信息化操作技术和档案专业技能,创新意识强,勇于摒弃路径依赖,在医院传统档案领域能突破性开展智能化工作,提升档案工作的效率和质量。对于在职档案管理人员,要定期进行理论知识、操作技能和信息化技能培训并考核。档案管理人员要善于总结以往的工作经验,完善知识结构,学习档案知识以外的多门类学科,助力档案工作。在实际工作开展中,老带新,传授经验;新帮老,优势互补;鼓励档案领域的科研创新,积极申报专利,发挥档案人力资源的最大效用。

3.3　完善医院档案管理长效机制

目前,一些医院的管理人员观念陈旧。平常他们在对档案资料进行管理时,因采用传统的人工管理方式,导致档案资料的管理效率不高,在当前的工作环境下难以满足医院档案管理工作需求。[3]现代化医院档案管理必须有章可循、有法可依,在档案管理的各个环节、各个步骤——从初步收集、整理到最后归档、存入计算机,都要做到条理清晰、目的明确,保证档案完整,避免漏失档案的内容。

因此,医院首先要建立独立的档案管理职能机构。由"一把手"担任分管领导,确立档案室在医院中的地位;将档案管理工作纳入科室管理责任书之中,与科室主任工作实绩考核奖惩挂钩,明确科室主任对科室档案工作的管理责任,抓好归档材料的收集、整理工作。其次要根据档案管理的现状和存在的问题,建立科学专业的档案管理制度,完善档案管理体系。在进行档案管理时,采取精细化管理措施,确定档案管理规范化标准,明确监督管理部门。对档案管理中的病历资料进行核查,发现问题及时纠正,避免引发不良后果。再次要加强档案管理工作考核。对工作积极、绩效优秀的员工予以奖励;对工作态度端正,但工作效率不高的员工加以鼓励;对工作消极且在工作中出现失误的员工采取相应的处罚。增强档案管理人员的责任心,优质有效地开展档案工作。

综上所述,随着智能化时代的到来,档案管理作为医院日常管理工作中的一个重要环节,要不断优化管理模式,积极推进信息化建设,培养新时代高素质的管理工作人员,进一步完善长效管理机制,在保障医院档案管理质量的同时,为患者提供更优质的医疗服务,从而推动医院的长久稳定发展。

注释

[1]孙伟.档案管理模式改革在医院档案管理中的应用观察[J].中国市场,2021(22):85-86.

[2]于强.浅谈档案管理模式改革在医院档案管理中的应用[J].经营管理者,2021(11):100-101.

[3]林写意.论档案管理模式改革在医院档案管理中的措施[J].传媒论坛,2020,3(17):106＋108.

浅谈民营企业数字化转型中的档案管理

黄 洁

正泰集团股份有限公司

摘 要：数字经济时代，数字资源与企业创新发展不断融合，企业数字化转型成为必然趋势。这就要求企业的档案管理工作实现现代化、信息化、数字化转型。通过转型实现档案资源的优化、集成和聚合，发挥和提升档案价值，实现档案价值由凭证备查向数据资产转变。

关键词：企业转型；数字化；档案工作

企业推进数字化运营转型，涉及企业项目建设、设计制造、科研等业务的技术资料种类多，数量庞大，散布在各个环节，这类资料形成的档案资源是企业宝贵的资产。档案管理工作应成为企业管理和发展的重要组成部分，对企业的管理和决策具有重要意义。[1]各业务部门相应的系统平台陆续上线，为业务流程优化、工作效率提升及标准化建设提供支撑。这就需要档案管理系统平台的重新创建与应用，实现各类系统与档案管理系统数据交换；进行管理模式的创新，帮助企业提高自身的综合能力，保证档案内容的真实性与完整性。企业应不断调整并创新工作模式，提高档案管理工作水平。

1 加快结构形态从传统纸质档案向无纸化转变

1.1 加快室藏传统档案载体的数字化进程

存量档案的数字化工作，是档案数字化管理工作开展的第一步。对档案内容进行数字化处理，改变了传统的管理理念及方式，通过工作形式的变化提升了工作质量及效率。要在数字化档案建设方面加大投入力度，通过信息化技术完成档案内容扫描、录入等工作，将纸质档案转换成电子档案，直接录入档案管理系统平台中保存。[2]

1.2 电子文件直接归档

在数字化转型过程中，部分企业档案资料的记录形态和载体形态发生了改变。[3]企业可以充分利用网络平台数据自动归档功能,打通业务部门各类系统与档案管理系统,实现有效对接,使结构化数据、非结构化数据、信息记录、信息系统以及其他形式的电子档案通过信息化平台及时、准确、高效地归集到档案管理系统中。

以新能源公司项目档案收集整理为例。公司项目建设过程中形成的材料是直接通过电站管理平台进行收集的。各项目模块工作人员在项目各环节工作完成后,将各环节形成的材料同步上传到档案管理系统。在项目竣工验收后,收集全部资料,并由档案员将这批资料通过档案管理系统整编入库。

2 加快构建企业档案工作数字化管理体系

企业数字化转型中,各部门都建立起各自的业务模块,要按照档案管理的要求,加强对各业务模块中重要数据的管理,同时与数字档案管理系统实现有效对接,这是做好档案管理工作的重要前提。企业档案工作数字化管理系统以电子档案管理职能为基础,以电子档案管理业务的工作流程为主线。这就需要业务部门、信息化部门和档案管理部门建立协同管理机制,在档案收集、档案整理、档案保管、档案利用等环节中各司其职,相互协作。业务部门需要将重要业务材料及时归档提交;信息化部门需要维护系统良好的运行环境、随需应变的技术平台和网络架构;档案管理部门需要做好档案整理、编目归档工作,并将档案上传档案数字化管理系统,同时为企业各方面提供档案利用。

3 多种途径保障档案数据安全

民营企业档案管理工作开展不单单是档案管理部门的重要职责,还要求其他部门主动配合与协作,这样才能在实践阶段取得良好成效。这也考验着全体员工的安全意识与责任意识,影响着企业档案管理工作质量与安全。档案管理工作中需要通过多种途径保障档案数据的安全,在人员管理阶段需从思想、行动等方面落实"安全第一"理念,强化人员的自觉意识与能力[4]。

日益增多的网络信息泄露、黑客入侵系统等事件也为档案信息安全敲响了警钟。信息化部门需要对档案信息生成、档案传输过程和档案的长期保存等三方面进行安全防范。档案管理部门应在档案开放利用的过程中,把好档案开放鉴定关和档案利用范围权限赋予关。

注释

[1]吴昊.基于人工智能的大型企业档案数字化管理系统设计[J].自动化技

术与应用,2021,40(8):153-157.

[2]高媛,任雅欣."互联网＋"时代背景下大数据对企业档案管理工作的影响和思考[J].机电兵船档案,2021,3(6):51-53.

[3]康朝阳.对通信企业数字化转型时期档案管理工作的审视与思考[J].办公室业务,2021(11):181-182＋188.

[4]曹春花."互联网＋"时代企业档案管理数字化创新研究[J].企业改革与管理,2021,6(19):62-63.

城建档案馆参与联合验收的实践思考

林　颖

杭州市城市建设档案馆

摘　要:在工程审批制度改革和营商环境创新的大背景下,城建档案将被纳入工程建设联合验收事项中。如何在限定时间内完成验收,采用何种方式参与联合验收,档案质量依靠什么来保障,都是对新形势下城建档案工作提出的新挑战。该文以城建档案纳入联合验收为切入点,探讨城建档案联合验收的实现途径。

关键词:城建档案;联合验收;数字化

2018年5月,国务院办公厅下发《国务院办公厅关于开展工程建设项目审批制度改革试点的通知》,提出合并审批事项,要求规划、国土、消防、人防、档案、市政公用等部门和单位实行限时联合验收,浙江省被列为试点地区之一。2019年3月,国务院办公厅下发《国务院办公厅关于全面开展工程建设项目审批制度改革的实施意见》,明确竣工验收阶段主要包括规划、土地、消防、人防、档案等验收及竣工验收备案,同时提出"实行规划、土地、消防、人防、档案等事项限时联合验收,统一竣工验收图纸和验收标准,统一出具验收意见",再次明确将档案事项纳入联合验收。2021年11月,《国务院关于开展营商环境创新试点工作的意见》正式公开发布,列出首批营商环境创新试点改革事项清单,涉及10个方面101项改革事项,杭州被列为首批试点的6个城市之一。在这份清单中,"进一步优化工程建设项目联合验收方式"的事项规定"原则上未经验收不得投入使用的事项(如规划核实、人防备案、消防验收、竣工备案、档案验收等)应当纳入联合验收"。

在这个改革的大背景下,如果不积极探索新的城建档案验收方式,城建档案的验收很有可能会成为联合验收中的"堵点",成为营商环境改善工作中的不利因素。那城建档案验收应采用什么样的方式参与联合验收?如何在确保档案验收时效性的同时保证档案的完整性?如何平衡城建档案的"收"和"用"这一对矛盾?这些都是需要积极探索的工作方向。本文以城建档案参与联合验收为切入点,探讨城建档案验收方式的新途径。

1 城建档案验收的现状及存在的突出问题

1.1 验收方式因循守旧

目前的工程档案验收方式已沿用多年,有的地区采用的是电子与纸质档案的双套制验收,有的地区甚至还停留在纸质档案单套制验收阶段。随着城市建设范围的不断扩大,建设速度的不断提升,目前的验收方式势必造成档案验收的工作量、库房压力不断增大。短时期内积压的巨大工作量,无法满足城建档案参与限时联合验收的工作要求。

1.2 验收标准不统一

在长期工作中发现,目前建设工程档案的验收、进馆范围广,其中有部分资料不具备长期和永久保存的价值。此外,档案验收的标准不够细化,对于同一份文件的判定,是否合格的标准也比较笼统,一般由审核人员自行把控,导致验收过程中有大量人为因素掺杂其中。缺少操作性强的标准,不仅会对验收工作的公平性和验收标准的一致性造成不良影响,也会对验收进度产生不利影响。这就需要我们根据国家相关法律法规和标准,结合长期的工作实际经验,对验收的范围和标准进行统一。

1.3 工程资料的形成与工程建设的同步性无法保障

由于目前的城建档案验收仍然以纸质文件验收为主,而纸质文件的编制时间无法通过信息化系统进行回溯,只能通过文件签署时间来判定,因此对建设工程文件编制与建设工程的同步性缺乏有效的检验手段。

1.4 建设时间长,资料多,验收时间短

工程建设项目从审批、建设到验收,时间跨度长,产生的资料多,但留给工程验收的时间却很短。目前普遍存在的情况是建设单位重建设、轻档案,建设项目的资料散落在各个办事人员手中的情况比比皆是,日常的档案工作也常常是停

留在建设工程资料收集的环节,直到临近验收时才开始烦琐的档案归档、分类、整理工作,对档案验收造成了很大的压力。

2　推行工程档案数字化归档、验收的若干举措

要解决以上问题,保障工程档案联合验收顺利开展,推行工程档案数字化归档、验收是目前的最佳方案。而要实现工程数字化归档、验收,一些基础性工作必须完成。

2.1　推进数据共享——联合验收开展的信息化基础

数据共享是实现联合验收的信息化基础之一。比较理想的模式是:在项目立项时,由工程建设信息化管理平台向城建档案馆推送项目信息,如参建单位、负责人联系方式、工程规划许可证、施工许可证、验收日期等。档案馆依托工程建设信息化管理平台获取项目信息、工程项目审批资料和终版施工图等资料。

此外,信息化平台可融入工程建设文件编制的模块,也可通过开放接口的方式,接收第三方平台上编制的符合要求的工程建设文件,将数据全部集中在工程建设信息化平台上,最终通过数据共享的方式,实现电子文件实时归档。城建档案馆根据验收和进馆范围,对归档资料进行验收与接收。通过信息化平台和数据共享验收和接收文件,其同步性和真实性可由系统检测完成,可大大提高档案验收的效率。

2.2　统一验收标准——联合验收开展的专业基础

2.2.1　范围的统一

城建档案参与联合验收,首先要明确验什么。这就需要我们再次审视城建档案馆馆藏档案的作用和价值,从而明确档案的验收内容。笔者认为,城建档案的作用和价值分为以下几点:(1)证明项目的施工结果符合设计要求,可安全使用,符合验收的标准。在项目出现问题时,可提供追责的依据。(2)供人们查询利用,确保城市正常、安全、平稳运转,作为改建、扩建、维修、装修、抢修的依据,作为自然灾害后修复、重建的依据。(3)辅助政府管理,为政府管理、决策提供所需的资料。(4)满足城市信息化建设的需求,保存真实有效的城市建设信息,在建设城市信息系统时提供真实数据。

基于城建档案的作用和价值,城建档案验收范围就十分明确了:验收并接收具有长期保管、永久保存价值的档案。对于短期内有使用需求但无长期保存价值的档案,应要求建设单位或管理单位自行保管,并在保管期限内由档案行政主

管部门对档案保管情况进行检查。

2.2.2 验收格式和形式的统一

对数字化档案进行验收,还需要明确什么格式和形式的文件符合验收标准。这就需要对电子文件形成的格式和各类表格的形式进行统一。(1)格式标准。参照国家相关标准,对各职能部门和参建单位形成的电子文件的格式进行统一,以便实现顺畅的数据交换,验收并接收符合要求的电子文件。(2)版式文件表式标准。城建档案中占比最大的是施工过程中形成的各类文件,包括原材料质量证明文件、检测文件、施工技术资料、竣工图等。对这些文件的通用表式进行统一,有利于结构化数据的收集和版式文件的形成,便于今后提取数据、分析大数据、搭建专题数据库和快速提供利用等工作。

2.3 服务前置、承诺制验收——联合验收的参与模式

2.3.1 服务前置

推行档案参与限时联合验收,需要档案馆将工作前移。可在申领项目建设工程规划许可证或施工许可证时,由数字化平台主动推送项目相关信息至城建档案馆,城建档案馆将服务前置,对计划开工建设的项目进行档案验收事项告知,并定期提供集中免费培训,对城建档案验收范围和验收标准进行宣贯。

2.3.2 承诺制验收

根据《国务院关于开展营商环境创新试点工作的意见》中改革举措的建议,针对联合验收中的验收事项,可综合运用承诺制等多种方式灵活办理验收手续,提高验收效率。因联合验收办事事项中,档案验收事项最具复杂性,所以档案验收可通过承诺制的方式办理。那如何确保以承诺制的方式验收完成后收集一套符合要求的档案呢?(1)对于申请以承诺制的方式开展档案验收的项目,项目竣工后,建设单位在申请联合验收前,必须对项目竣工档案进行核查,并在自行组织的竣工验收意见中,形成明确的档案验收合格的意见。没有建设单位对工程竣工档案出具的明确验收意见的项目,不得申请联合验收。(2)在以承诺制的方式办理档案验收事项时,建设单位需要签订承诺书,保证项目档案的真实性、准确性和完整性,同时对该项目档案移交的时间做出承诺。(3)发起签订承诺书的流程时,信息化平台应根据共享数据,核查该项目的参建单位和主要负责人的诚信状况。对于信用不良、有债务纠纷的参建单位,或该项目主要负责人为失信人的项目,不能以承诺制的方式申请档案验收。

2.4 加强事中事后监管——联合验收的保障

为确保档案联合验收事项的平稳推进,有效的事中事后监管必不可少。事

中监管：城建档案馆应把对在建项目的档案情况检查列入日常工作中，对档案工作不符合要求的项目进行通报或处罚。事后监管：对于已经以承诺制方式通过档案验收的项目，应由信息化平台主动发送信息至项目负责人，告知移交档案的时间节点。对于超过承诺时间依然未移交档案的项目，应发送书面文件至建设单位进行催办。对催办后依然无法履行承诺的单位，应按照规定进行通报或者处罚，并追究承诺人与承诺单位的相应责任。例如，在信用系统中对该项目的参建单位（包括建设单位的母公司）进行信用扣分，或对该项目主要负责人的信用进行扣分处理等，构建"一处失信，处处受限"的联合惩戒机制。

作为验收、保管城建档案的机构，随着数字化程度的不断深化，城建档案馆对档案的验收、接收和利用的方式会不断革新。因此，城建档案的工作重心将会由传统的档案审核、整理，渐渐向档案编制、归档、验收规范的制定，档案工作的检查方向转变。在这个转变过程中，档案馆和档案工作者需要及时调整自己对档案工作的认识，从传统的思维中跳出来，积极探索新的方式，寻找档案工作的新途径，开发档案的新价值，以适应数字化和智慧化城市的要求。

企业档案规范化管理与数字化建设

余　洁

杭州临安燃气有限公司

摘　要：企业档案管理的规范化和数字化建设，是信息化时代进行企业档案管理的方向，实现企业档案工作的数字化建设是时代发展的必然趋势。该文简述了企业档案管理的特点，分析了档案规范化管理和数字化建设所面临的实际问题，并从自身工作实践出发，明确档案规范化管理方向，提出完善基础设施设备、健全数字化建设档案管理制度等措施建议，推进企业档案管理数字化建设，最终实现企业档案数字化转型升级并提升企业经济效益。

关键词：企业档案；规范化管理；数字化建设

1 档案数字化概述及必要性

1.1 档案数字化概述及基本特征

企业档案数字化管理是指企业运用现代信息技术,如计算机技术、信息存储技术、多媒体技术等,固化档案工作业务流程,对电子档案或其他数字资源进行收集、整理、保存,并通过网络提供档案信息服务和共享利用的数字化新档案集成管理系统。与传统的档案管理相比,数字化档案管理具有以下特征:第一,档案资源数字化。通过对各类形成的电子文件归档和对纸质等传统载体档案进行数字化加工,以数字化形式存储各种档案信息。第二,档案管理信息化。企业数字档案建设将档案管理业务流程固化在电子档案管理系统中,实现数字档案资源的自动化管理,档案的收、管、存、用通过信息技术手段来实现。第三,档案服务知识化。利用知识管理、大数据等理念和技术,创新档案利用方式和方法,对档案信息进行深层次加工和知识化组织,以档案利用需求为导向,有针对性地主动为企业提供全方位、多层次的个性化档案信息和决策支持服务。

1.2 档案数字化建设的必要性

信息技术的高速发展,为现代企业带来了新的挑战,加速了企业工作方式创新的步伐,要求企业加速档案管理模式转型升级,提升档案管理工作质量和水平。信息技术是档案管理的主要手段,较传统的档案管理方式具有明显的优势。由于档案会被反复查阅,传统的纸质档案不可避免地存在原件受损或遗失的情况,给文档的保管与利用带来管理上的困扰。档案数字化不仅提升了工作效率,也降低了失误率,有效节省了企业档案保存空间,提高了查询利用效率,便于信息的存储、处理与更新,为企业档案管理提供便利条件。此外,也便于档案信息加工与整理,提高档案信息交流与传输的安全性和可靠性。

2 企业档案管理数字化建设存在的问题

2.1 企业对档案管理数字化建设的重视程度不够

企业的重心是在提升经济效益,档案工作得不到重视,档案意识薄弱,监督力度不强,把档案管理工作作为企业工作有效机制来抓还存在缺陷。企业档案管理数字化建设专业人才不足,缺乏专业知识指导,管理技术水平不够,影响了企业档案管理的工作质量。

2.2 企业档案管理的数字化建设机制不够完善

信息技术的发展推动了企业档案管理的数字化发展。原有的档案管理制度无法对资料的归档管理形成有效的规范，缺乏统一的归档和管理标准，无法保证对资料的全面收集，所以企业要立足自身情况，从实际出发，制定全新的档案管理制度。

2.3 企业档案管理信息化水平不够高

档案的数字化管理需要依托信息化系统管理。虽然当前企业已经构建了信息化管理系统，基本满足日常所需，但对现有的信息设备缺乏有效的更新维护，对先进技术缺乏有效的利用，缺乏有效的资金和资源投入，因技术落后有时无法及时读取储存介质信息，无法保证较好的资料归档管理质量。

3 加强企业档案规范化管理与数字化建设的措施

3.1 建立健全档案管理制度

所谓"没有规矩，不成方圆"，建立健全企业档案管理制度就是为全面做好企业档案管理工作立规矩。企业只有拥有健全的档案管理制度，才能将职责落实到实际工作中去。因此，企业需采用科学的方法，对档案数字化建设进行分析，结合工作中的具体要求制定档案管理制度。在制定过程中，要明确文件的形成与归档责任，建立档案工作责任追究机制。档案管理职能部门要进行必要的指导、监督、检查及考核，最大限度地调动工作人员的积极性，进一步推动档案管理制度的落实。

3.2 完善基础管理设施设备

为加快企业档案数字化建设，要对基础设施设备进行完善，加大资金投入力度，积极引进专业化电子档案的硬件、软件等设施，包括档案管理软件、档案管理设备等，为档案管理的数字化建设创造条件。比如：加大档案管理系统的开发力度，采用网络在线管理方式，实现档案信息资料的在线接收与储存，采用网络在线一键录入、目录检索等功能建设，打造现代化企业档案管理数据资料信息库。

3.3 重视人才驱动与数字化管理

企业档案数字化建设、档案管理技术提升都离不开档案工作人员的努力。企业要重视档案管理人员的培养，加大对技术人才的培养力度，引导档案管理人员将专业知识和信息化科学技术相结合，主动应对数字化建设挑战，全面提高档案管理人员数字化技术应用能力。

在信息化时代,企业档案数字化建设成为必然趋势。企业只有强化档案管理意识,加强档案管理规范化,提升档案数字化建设意识,从企业实际出发,才能加快推进档案管理模式的转变,实现档案作用的最大化。综上所述,建立健全档案管理制度,增加资金、人才、技术等方面的投入,可以提升企业档案管理的成效。

加强公立医院档案管理的实践与思考

翟忠娣

桐乡市洲泉镇中心卫生院

摘　要:医院档案记录医院日常工作的详细信息,是医院核心竞争力的重要构成要素之一,也是了解医院工作情况的珍贵资料。但当下基层公立医院档案管理工作中还存在一些问题。该文阐述医院档案管理工作的特点,针对存在的问题提出相应举措,推进医院档案管理工作的发展。

关键词:公立医院;档案管理;有效途径

医院档案是记载医院诊疗情况和发展过程的权威凭证,在医院发展过程中扮演着重要的角色,它能够展示医院发展历史和在不同时期的工作内容、工作成果等信息,客观反映医院的发展和建设情况。因此,只有认识到档案管理的重要性并且解决发展过程中存在的问题,才能使医院管理工作更加完善。

1　医院档案管理工作的主要特点

1.1　档案门类多元化

医院档案包括各种医院文件、基建图纸、会计凭证、科研课题、照片、光盘等材料。除以上这些材料之外,还有业务工作范围内的指导性材料、医疗纠纷的相关材料、职称评审类材料等。

1.2　档案存储多样化

档案存储以传统的手写式纸质版文档为主,包括病人的病例、会议文件、行政命令以及人事等相关内容。以录制形式存储的声音和影像档案,如党政会议以及医学专家访谈、医院重要事宜报道等场景的录像和摄像视频材料,以网络媒介为载体而存在的网络档案,在网络上开具的处方、医院内药理学知识及重要事宜的报道和宣传等,为后续的工作及医学研究等提供材料支撑。

1.3　档案管理信息化

医院信息系统(HIS)、实验室信息管理系统(LIS)、医学影像存储与传输系统(PACS)、协同办公(OA)等,既有效提升信息传递的速率,为医治病人节约宝贵的时间,又减少了纸质化办公带来的病例丢失、损坏等情况。同时大量的信息化和智能化办公方式的应用,节约了成本,减少了劳动力和经费耗损,提升了档案管理的效率。

2　医院档案管理中存在的不足

2.1　档案管理意识不强

医务人员档案管理意识比较薄弱,他们有重医疗服务、轻档案管理的思想,因此把档案管理的工作遗忘在角落。虽然医院将档案管理写入医院的工作重点中,但是在实际操作中重视度不够。大部分医务人员认为,只有档案部门的工作人员才应该负责医院的档案管理,自己主要是为患者服务,档案管理的好坏与自己无关,这导致收集档案资料困难,资料缺乏系统性、完整性和真实性。

2.2　制度与标准不完善

公立医院的档案记录着医务人员和医疗设备、患者等多元信息,表现出广泛性、复杂性的特征,这就要求档案人员建立更细致的标准和更完善的制度,并严格执行。但是当下公立医院的档案管理制度并不完善,没有紧跟实际工作需求做出制度调整,缺少档案管理标准,在档案的分类、归档、保存等方面尚未做统一要求,不同科室、不同人员的工作有差异,影响档案的规范性和完整性,直接影响档案管理质量。这有待于进一步改善。

2.3　忽视档案的开发和利用

公立医院通常将档案管理工作的重点放在怎样保证档案资料信息的完整性与安全性上,注重对档案工作硬件的投入、建设,对档案实用价值的考虑不够充分,没能及时进行档案管理信息系统的完善与升级。目前,在档案管理上已经进入数字化建设阶段,整理、汇总和查找等功能越来越完善,不过分析与反馈等功能亟待开发。公立医院的电子档案缺少健全的系统管理,病历档案与科研档案混杂。档案可查阅权限较低、可使用范围受限,直接限制档案的使用,阻碍档案价值的发挥。

2.4 人员专业水平偏低

公立医院档案信息繁杂,对档案人员的能力与素质提出较高要求。不过部分档案人员并未接受专业培训,缺少足够的档案管理工作经验。有时候个别人员出于身体、年龄等原因从临床岗位借调,存在工作意识薄弱、态度不严谨的问题,在专业度上有所欠缺,只能简单地开展档案整理工作,很难运用现代科学技术进行档案信息的分类、整理。这不利于建立档案信息和公立医院日常运营的必要联系。

3 公立医院档案管理的有效途径

3.1 提高对档案工作的重视程度

公立医院档案人员对档案工作的重视程度会直接受到管理层对档案管理重视程度的影响,所以在医院运作中要把档案管理纳入医院的管理和发展活动之中,促使档案人员深入认识档案管理的重要性,督促他们更严谨、更积极地开展档案管理工作。日常工作中加强档案管理宣传也是十分关键的,档案人员可策划档案管理学习活动,公立医院负责人、分管领导带领医务人员一起熟知《档案法》等规定,学习档案法规并在日常工作中贯彻、落实。此外,还要加强档案工作人员对工作的主动性,从过去的"要""等""靠"的管理变为主动式、开放化管理,做到主动服务、跟踪管理、最大化利用档案。与此同时,档案工作人员也要树立现代化的档案传播意识,加强各科室、各层级医务人员对各类档案的收集意识。这样档案工作才能真正做到为医院管理、科研和利用服务。

3.2 加强管理制度与标准建设

医院要着眼于当前实际,制定完善的档案管理制度与奖惩制度,合理构建监管系统,以此来实现档案信息的标准化与科学化管理。同时,实时对档案管理制度体系进行完善。第一,完善档案收集体系。明确各部门具体职责,加大检查监督力度,确保各科室及部门可以及时、完整地上交各种档案信息。第二,健全档案分类体系。档案管理人员根据类别与性质,对档案实施二级分类。第三,完善档案保管体系。制定与档案管理部门有关的责任制度,并安排专人对档案存放状况以及档案室设施的维护情况进行定期检查。第四,健全档案管理人才评价考核制度。结合医院档案管理者的日常表现、工作业绩和科研等方面,建立考核制度。在考核过程中,既要开展结果性考核,又要推进动态的过程性考核,以此确保医院的档案管理工作能够得到有序落实。

3.3 深入研究档案管理的应用价值

公立医院档案管理的目的在于使用,真正让档案服务大众。第一,加强归档电子文件的管理。充分利用医院内部网络资源共享功能,对归档电子文件进行全面利用,实现电子文件与纸质文件的同步归档,进一步完善医院内部的办公自动化系统。第二,利用医院内部网络,构建符合医院现状的档案信息网络,并提供多种功能服务,如远程检索光盘、电子邮件、联机查询公共目录等服务。同时也要提供档案信息咨询等服务。档案管理人员要利用各种先进信息技术对档案信息进行深度提炼、加工与挖掘,以便为医院提供经过2次甚至3次加工的信息产品,大大提升医院档案管理水平与服务质量,充分发挥档案的实际效应,为医院创造更大的经济效益。

3.4 提高档案管理人员的综合水平

档案工作人员应熟悉档案管理的各项业务规定,熟练掌握档案理论基础知识和档案整理操作技能,定期进行业务培训,增强自身专业水平。同时加强自身政治理论素养和职业道德。档案管理工作是一项机密性、政治性很强的工作。档案工作人员不仅要业务精,还要立场硬,遵守各项规章制度,时刻保持高度的组织纪律性,坚决不能发生泄密现象。定期进行思想政治理论培训,提升自身的政治素质和敬业精神,大大提升档案管理工作的效率和水准。

档案管理工作需要与时俱进,提升工作效能。只有不断找出管理方法、管理人员、管理制度等方面的欠缺之处,提出解决措施,不断完善管理制度,提高管理人员的综合素质水平,融入信息化技术,才能更好地促进医院档案管理工作发展,促进医疗护理工作和医院的发展。

浙江省档案服务从业人员培训现状与对策分析

余锋莉

浙江省档案教育培训中心有限责任公司

摘　要:档案服务机构是承接政府职能转移的载体。档案服务从业人员是档案工作人员里为数众多的一部分,对档案服务从业人员的培训必不可少。该文阐述了档案服务从业人员培训的相关概念及意义,并从浙江省档案服务从业人员培训的现状和存在的问题着手,对提高档案服务从业人员培训实效进行研究,提出可行的对策措施。

关键词:档案服务;从业人员;培训

自2000年后,浙江省档案事业蓬勃发展,档案咨询、整理、保护、鉴定、评估、寄存、数字化等各种市场需求不断扩大,各种档案服务企业应运而生。这些档案服务企业承接浙江省广大党政机关、团体、企事业单位的档案服务事项。档案服务从业人员的专业知识与水平影响着浙江省档案事业发展的质量。制度化、系统化、科学化地对档案服务从业人员进行培训,可以提高其专业水平,为档案服务企业创造效益,促进档案服务业健康、可持续发展,助力整个档案事业的发展。

1 档案服务从业人员培训的意义

1.1 为国家档案人才培养提供土壤和种子

《浙江省档案事业发展"十四五"规划》中也明确提出,要大力实施人才强档工程,加强档案专业人员继续教育培训。通过培训,可以提高从业人员的知识技能,改变其工作态度和工作价值观,为国家档案人才培养提供种子,使整个行业成为国家档案人才培养的土壤。

1.2 满足档案服务企业发展需求

总体上看,浙江省档案服务业活力足,市场响应快,小而活,特色明显。但相比其他产业,浙江省档案服务企业一般规模偏小、有效供给不足、职责体系不健全、行业管理薄弱、企业发展水平不高、从业人员素质偏低,这些是浙江省档案服务业发展的突出问题。

要解决这些发展中存在的突出问题,培训是重要举措。第一,培训能让新进人员快速具备上岗必需的基本知识和技能,带领新进人员明晰工作职责、熟悉工作环境、掌握工作流程、了解企业文化。第二,培训能提升从业人员素质,有利于企业人才培养和储备。培训中学到的新方法、新技术、新工艺、新规范,能提高从业人员专业技能,提升从业人员综合竞争力。第三,培训能提高工作绩效,提升企业效益。从业人员通过培训,可降低在工作中因失误造成的损失,避免企业利益受到损害。第四,培训能让从业人员对企业、档案服务行业、档案工作加深了解,产生认同感和归属感。第五,培训能提高企业高层管理人员素质。企业高层管理人员通过培训能使自己的观念得到更新,知识结构得到改善,管理水平得到提升,思想素质得到提高,能更好地管理企业和引导企业适应市场变化,使企业可持续发展。

1.3　满足档案服务从业人员职业提升需求

对档案服务从业人员来说,档案工作不仅是一项简单的工作,一个谋生的手段,更是实现自我价值的途径。《"十四五"全国档案事业发展规划》中明确指出:"保障非公有制经济领域档案专业人员、档案服务企业人员平等参与职称评审权利。"这些政策为档案服务从业人员实现自我价值指明了方向。培训就是成长的阶梯,是实现自我价值的踏脚石。

2　浙江省档案服务从业人员培训的现状和存在的问题

2.1　浙江省档案服务从业人员培训的现状

一是参加培训的人数逐年增加。据浙江省档案教育培训中心 2022 年参加培训人数的统计,当年参加培训的档案从业人员就有近 3000 人,创历史新高。

二是重实际操作,轻政策理论。2022 年参加浙江省档案培训中心举办的培训的档案服务从业人员中,选择岗位培训(初任培训/岗前培训)的约占 50%,选择档案业务培训的约占 45%,选择政策理论培训的不到 5%。

2.2　浙江省档案服务从业人员培训存在的问题

一是档案服务企业成本问题。档案服务企业为节省成本,不愿花钱让员工参加培训。

二是档案服务从业人员流动性问题。档案服务从业人员流动性大,今年在 A 公司,明年又到 B 公司,企业很难给员工进行系统的培训,员工也很难得到系统的培训。

三是档案服务企业重证书轻效果。档案服务企业只有在招投标需要时,才会对从业人员进行突击培训,多是为了取得相应的证书用于招投标,对培训效果不太看重。

四是培训内容和形式安排有待丰富。

五是优质的兼职教师资源有待挖掘。兼职教师的专业知识、表达能力、讲课风格直接影响培训的质量和效果。需要进一步开发和挖掘专业知识对口、思想新颖、讲课生动、表达能力强的专兼职教师资源。

3 提高浙江省档案服务从业人员培训实效的对策措施

3.1 培训设计调研,贴合培训需求

一是积极联系各级档案主管部门,了解当前档案工作的新政策、新动态。二是积极对接浙江省档案服务业协会等相关社会团体,了解行业新动向、新需求。三是积极调研各类档案服务业企业,深度挖掘档案服务从业人员的培训需求。通过对档案服务业一线从业人员、中层干部(包括项目经理)、经理人进行不同维度的调研,归纳不同岗位工作中出现的难点、疑点,加以整理分析,对现有的培训课程、师资进行评估、调整、更新,并根据需要设计新的培训计划。

3.2 充实培训师资,提升培训质量

一是积极联系档案业内专家,建立专有师资库,不断充实师资储备。二是积极接洽档案工作突出的单位,建立战略合作伙伴关系,给学员提供实地参观交流的机会。

3.3 创新培训方式,开拓培训渠道

一是联合档案服务企业拍摄服务案例微视频。微视频运用视觉和听觉的感知方式,直观鲜明,可借鉴性强,可操作性强,能满足档案服务从业人员的专业需求。二是利用微信公众号加强宣传。微信公众号的关注率高、覆盖面广、传播速度快,有利于宣贯档案政策、传播档案知识、推送培训计划。三是组织开展业务研讨、技能竞赛。通过这类活动,能为档案服务从业人员提供学习交流的机会,使之拓宽视野、增长见识、获取新知,提高个人综合业务能力。

3.4 建立实训基地,提升职业技能

档案整理、数字化加工、保护等基础业务都需要人工完成,机器无法实施,所以档案服务业培训应突出实践性。建立档案服务从业人员实训基地,对档案用品识别、应用,档案整理、数字化加工,档案抢救保护,档案修裱、仿真等不同环节,安排专业教师依照标准全流程地培训从业人员,提升从业人员实际动手能力和职业技能。

3.5 丰富培训内容,分类分级选择

一是政策理论学习,旨在开阔档案从业人员视野,使其了解国内外档案事业发展的新动向。二是法律、法规、标准解读,旨在向档案从业人员普及专业知识,提高其从业水平。三是档案管理岗位(初任)培训,旨在培训档案服务业新入职

人员,使其掌握档案岗位基本知识。四是各种主题的档案业务培训,旨在提升档案服务从业人员对各类型档案的实际操作能力,提高其专业水平。

档案工作精细化管理及实施路径探讨

朱立萍

嘉兴市交通投资集团有限责任公司

摘　要:信息技术的广泛应用使人们的生活习惯和工作方式都发生了很大变化。在大数据背景下,由数字技术催生的精细化、智能化管理成为各行各业的发展趋势,也推动档案工作朝着精细化管理的方向发展。该文分析了档案工作精细化管理的重要意义,从制度和实施层面提出档案工作精细化管理的具体措施,希望以此不断提升档案工作科学管理水平。

关键词:档案管理;智能化;模式;创新;路径

档案工作作为各单位工作的重要组成部分,是各单位工作顺利开展的基础。同时,档案工作的主要任务是服务和管理,各单位需要加大改革和创新力度,积极应用大数据、人工智能等新技术,全面提升档案工作精细化管理水平。

1　提高对档案工作精细化管理重要性的认识

档案工作的底线是确保安全,而精细化管理是保障档案安全的重要前提。要将精细化管理融入档案管理全过程中,坚持"安全第一、预防为主"的方针,坚持日常管理和专项治理相结合,不断加强对重点部位、关键环节、敏感时段、非常状态、特殊事件、问题档案的管理,坚持人防、物防和技防相结合。以精细化管理落实档案工作责任制,做到人人有责任、层层有人抓、处处有人管、时时有监控、天天有检查,实现档案安全全流程闭环管控。以精细化管理倒逼档案人才专业化建设,提升档案管理人员的能力素质,增强他们对自己工作的信赖度和忠诚度,让他们在工作实践中观察工作开展的情况,总结工作要求,结合工作内容,更好地开展工作。以精细化管理激发档案人才活力,加强对档案管理人员的绩效考核,包括档案管理人员的工作状态、专业素养、培养效率等方面,从而激发档案管理人员的潜力,提高其管理意识。[1]

2　建立健全档案工作精细化管理制度

　　档案工作精细化管理,关键在于"细"和"精"。具体来说,"细"是基础,必须建立健全各类档案管理制度,做任何事都必须行之有据,按章办事,有规可依。档案精细化管理作为一项基础性和保障性的工作是单位工作中不可缺少的重要组成部分。要做好、做细这方面的工作必须建立健全规章制度,制度本身就是管理的一个重要部分。俗话说:"不怕做不到,就怕想不到。"只有想得细、想得全,才能做到位。管理制度需要涵盖单位档案管理的全过程,涉及资产管理制度、住宿管理制度、财务制度、食堂管理制度、维修制度等。档案管理规章制度成为单位档案管理工作的行为准则,为单位档案管理工作的规范化、制度化、科学化提供坚实的保障。"细"是衡量管理水平的标志。管理工作不但要注重工作的结果,更要注重工作的过程和细节。档案管理者要及时发现问题,及时解决问题。在抓实抓细的同时也不能整天陷在具体繁杂的事务中,而是要有计划有组织地抓落实抓安排,充分调动相关人员的工作积极性,共同做好档案精细化管理工作。[2]"精"是目标,必须提升档案工作各环节、各方面的质量,以精益求精的态度做好档案工作。

3　不断提升档案工作精细化管理能力

　　为提高各个单位档案精细化管理的效率,提升精细化服务水平,要结合党员先进性教育,在全体干部职工中开展以定岗、定位、定责为重点的"三定"活动,通过数字赋能、清单管理全面落实档案工作责任制。一是定岗。根据档案管理工作特点和工作实际需求,确定门卫员、值班员等若干档案管理工作岗位,针对每个岗位分别制定详细的工作标准。二是定位。要求每个干部职工根据自己从事档案管理工作的性质,在确定的岗位中找准自己的位置,摆正站位。三是定责。以责任状的形式规范职能、目标、时限和责任,使每个干部职工岗位职责明晰。每项工作既有质的要求,又有量的标准,每一步工作程序既有时限规定,又有程序规范依据,达到行有规范,做有标准。同时,为确保"三定"活动真正取得实效,进一步加大考核监督力度,制定考核制度,将档案管理工作直接考核到人,要求每个工作人员每天填写工作日志,每月一考评,每季一汇总,年终总排位,并将考核结果直接与绩效工资挂钩,推动各项档案管理工作的高效运转。[3]

4　结语

总而言之,档案工作精细化管理是一项涉及面广、工作量大的基础性工作,不是一朝一夕就可以完成的。档案工作千头万绪,但精细化管理是做好各单位档案工作的关键一环,是提升档案工作科学化、规范化管理水平的必由路径。

注释

[1]向前.大数据时代档案管理模式创新的探讨[J].办公室业务,2018(1):98.

[2]赵歆艳.浅谈信息化时代人事档案管理模式创新路径[J].读天下,2020(3):290.

[3]孙美珠.浅析大数据时代背景下档案管理模式转变路径[J].兰台内外,2021(8):21-22.

高校档案工作数字化转型面临的困境与对策探究

徐　骏

浙江警察学院

摘　要:推进高校档案工作数字化转型是时代发展的必然趋势,也是促进高校治理体系和治理能力现代化的应有之义。档案工作数字化转型主要体现在档案资源数字化、业务流程数字化、档案利用服务数字化和档案数据的安全性保障上。目前高校档案管理中存在着数字化理念相对滞后、信息系统迭代升级缓慢、数字资源融通共享程度不高、安全性保障不足等问题,亟须建立健全数字化档案管理标准与制度,改进数字化档案软硬件设施,重视档案数据安全防护,完善数字资源共建共享机制,加强高校档案管理队伍建设。

关键词:档案;高校;数字化转型

高校档案记录了教学科研、党政管理、师生资料、发展历史等重要信息,在学校建设发展中发挥重要的基础性作用。在当前"互联网+"背景下,推进高校档案工作数字化转型是时代发展的必然趋势,也是促进高校治理体系和治理能力现代化的应有之义。

1 高校档案工作数字化转型的内涵特点

《中华人民共和国国民经济和社会发展第十四个五年规划和2035年远景目标纲要》中指出:"迎接数字时代,激活数据要素潜能""以数字化转型整体驱动生产方式、生活方式和治理方式变革"。当前,数字化转型已成为各行业各领域新的发展引擎。2023年全国档案局长馆长会议提出,将全面贯彻落实党的二十大精神,系统谋划推进档案工作现代化建设,以高质量发展为主题,以档案依法治理为路径,以实现数字化战略转型为关键,加快推进"十四五"档案事业发展规划各项重点任务落实,强化科技和人才支撑,努力建设与社会主义现代化强国相适应的档案强国。

档案工作数字化是指利用现代技术和通信手段,促进档案工作的管理理念、目标、结构、功能、工作流程、服务模式及能力等内容由传统向数字化转化,并依此实现档案工作效率和档案服务水平的提高,以再造档案治理模式。

档案工作数字化转型集中表现为:一是档案资源数字化。推进档案资源的"存量数字化"和"增量电子化",对重要档案数字化成果进行文字识别和语音识别,逐步建立起以档案数字资源为主导的档案资源体系。二是业务流程数字化。在业务过程中对非数字信息进行即时数字化处理,将数字化文件即时纳入业务信息系统中。结合业务流程确定归档流程,实现业务系统和档案管理系统归档集成。三是档案利用服务数字化。利用数字化手段提供档案检索服务,方便利用者在线进行检索与查阅,使档案的查询利用更加精确高效,同时以数据库形式,扩充档案存储空间和载体。四是档案数据安全性保障。建立数据采集标准,实施分类分级管理,确保数据来源可见可证。加强存储介质安全、数据备份与恢复、数据脱敏、数据正当使用等工作。技术处理对外共享数据,防止数据泄露。

高校档案数字化转型是智慧校园建设的重要组成部分,是推进高等教育现代化的现实需要,是提高高校档案管理水平的必然选择。通过数字化转型能够实现高校档案管理系统与校内各业务系统的有效对接,提升档案资源共享效率,更好地发挥高校档案的服务效能,有针对性地对学校的教学科研情况进行分析和评估,促进学校的健康、可持续发展。主要特点为:一是精准服务师生。运用更先进的现代科学技术收集、分类、整理高校原本各自为政的教学、科研、学生等档案信息,加强全程化管理,围绕师生诉求对档案信息进行深度挖掘,使档案服务更为精准。二是功能向社会延伸。高校每年有大量毕业生走向社会求职就业,教职工人才流动多向化,校地共建、国际合作成为常态,科技成果推广、社会文化交流频繁,档案资源随之向社会各领域渗透。高校档案转型升级使档案检索更为简便，档案共享更加广泛。三是规范化、标准化归档。无纸化办公已在高校得到普遍应用，信息的产生方式和载体形式越来越多样化，数码照片、数字证书、电子印章、图表、视频等电子数据，成为记录高校发展且具有保存价值的重要信息，这些电子信息的收集、整理、传输、利用等必须依赖档案的数字化管理，并需要建立一套标准化体系。

2　当前高校档案工作数字化转型的现状和问题

2.1　档案管理数字化理念相对滞后

有些高校对档案工作重视不够，经费投入有限，设施设备陈旧落后。教师干部的数字化意识和观念相对薄弱，对传统的档案管理方式依赖性较强，专职档案管理人员配备不足，掌握现代化技术和设备的能力和意识不强，与新时代高校档案管理的数字化转型要求不相匹配。

2.2　档案管理信息系统迭代升级缓慢

大数据时代背景之下，高校档案数字化管理过程中需要收集的信息资源数据不断增加，网页数据、图片数据、视频数据、音频数据等非结构化信息数据占比越来越大。可是，就目前高校档案管理系统的使用情况来看，很多还是采用单一服务器系统架构，对多源异构的数据信息处理较为困难，无法有效存储和查询利用。

2.3　档案数字资源融通共享程度不高

当前智慧校园建设深入推进，高校内各部门各自建立了教务系统、科研系统、行政管理系统、学生管理系统、财务管理系统、资产管理系统、档案服务系统等各种数据库。各类数据库系统相互不兼容，导致数据传输渠道不畅，难以互联互通，档案数字资源不能与其他系统共享。

2.4　档案数字资源安全性保障不足

网络攻击、网站篡改、信息窃取等仍然不断威胁着学校网络与信息安全。有些高校和档案管理人员对档案信息安全的认识不到位，技术防护措施不健全，可能引发档案信息数据丢失和泄露、人为非法篡改数据信息等问题。

3　加快高校档案工作数字化转型的对策

3.1　建立健全数字化档案管理标准与制度

制定档案数字化管理标准,优化档案数字化管理流程,细化各项工作标准与工序交接程序,明确相关部门和人员的任务职责,并由专人进行指导和开展质量检查工作。让工作制度与管理办法更加严格,相应措施更加到位,提升高校档案管理工作的科学化与规范化水平,为加快档案工作数字化转型奠定良好基础。

3.2　改进高校数字化档案软硬件设施

加强高校档案管理发展规划和顶层设计,加强档案科学研究和技术创新,加快大数据、人工智能、区块链等新技术的应用,通过技术创新和融合为档案管理工作持续赋能。应结合档案数字化转型的实际需要,加大信息系统开发和应用力度,充分考虑教学科研、管理服务、教师学生的多样化需求,确保档案管理软硬件能够适应不同环境。以资源为核心,推进"存量数字化、增量电子化",优化馆藏资源结构,实现数据有效管理。

3.3　重视档案数据安全防护

要建立数据安全责任制度。在档案收集工作中应重视采集的数据源鉴别、数据质量保障,在档案存储中应重视存储介质安全、数据备份与恢复,在档案利用中应重视数据脱敏、数据泄露以及正当使用。为了使数字化档案更加安全,必须选择定期备份、信息加密以及访问控制等技术措施。涉密的数字化档案应严格限定在与外网隔断的专网内使用。

3.4　完善校内数字资源共建共享机制

高校应统筹全校数字化建设,打破档案管理系统与校内其他信息化应用系统的数据壁垒,实现各类数据信息在线电子归档。此外,高校档案部门要加快馆藏档案数字化扫描工作,提供电子档案全文存储和检索服务,实现电子档案信息在线共享,为服务教学科研、服务教职员工提供便利。

3.5　加强高校档案管理队伍建设

要持续开展在职档案管理人员的继续教育,提高其数字化素养,使其熟练掌握数字化操作技术,跟上新时代档案管理事业的发展步伐,更好地胜任岗位工作。同时要吸收更多优秀的专业技术人才加入档案队伍,优化档案管理队伍结构,为加快高校档案数字化转型提供有力的人才保障。

浙江省人力资源和社会保障行业档案
数字化项目招投标研究分析

郑望献

浙江星汉信息技术股份有限公司

摘　要：该文选取浙江政府采购网 2016—2022 年公布的人力资源和社会保障行业档案数字化招投标项目文本进行统计分析。对项目成交数量、成交金额、成交区域、中标单位等进行分析，以求客观反映"十三五"以来浙江省人力资源和社会保障行业档案数字化招投标市场的现状。

关键词：档案数字化；人力资源和社会保障；招投标

《"十四五"全国档案事业发展规划》中指出，"十三五"时期，档案跨区域跨部门查阅利用积极推进，档案惠民助农服务更加便捷。档案信息化建设加快发展，建成一批高水平的数字档案馆（室）。"十四五"时期，首先加速数字档案馆（室）建设，加强大数据、人工智能等新一代信息技术在数字档案馆（室）建设中的应用，推动数字档案馆（室）建设优化升级。其次推进档案信息资源共享平台建设。加大跨区域档案信息资源共享平台建设力度，扩大"一网查档、异地出证"惠民服务覆盖面。

以上所有工作都依托于纸质档案的数字化，将纸质化档案的内容经过电子设备转移与留存，方便档案保管单位对档案的再次利用与普通民众的搜索查阅。

本文通过对浙江省人力资源和社会保障行业档案数字化招投标市场的调查研究分析，归纳总结浙江省人力资源和社会保障行业档案数字化招投标经验，为各地市政府了解人力资源和社会保障行业档案数字化改革的基础现状、挑选档案数字化服务企业提供参考，为档案服务业企业开拓市场提供借鉴，为推动浙江省档案数字化外包工作的进一步发展与繁荣提供理论价值与实践意义。

1　档案数字化招投标基本情况分析

档案数字化招投标是依照国家科学合理核定档案工作经费，加强对档案项目经费的审计督查的要求，通过引入竞争机制，向社会购买档案服务的一种形式。浙江政府采购网是浙江省财政厅唯一指定政府采购信息网络发布网站，是整个浙江省域内所有经过政府招投标的项目信息公开的平台。本次调查研究以浙江政府采购网作为招投标调研的数据来源。时间跨度从 2016 年 1 月 1 日至 2022 年 12 月 31 日,标题为"档案""人力资源"的项目总成交金额为 23581 万元。

2 档案数字化招投标项目数量、成交金额分析

2016—2022 年浙江省内成交的人力资源和社会保障行业的档案数字化项目数量、项目金额统计如表 1 所示。

表 1 浙江省人力资源和社会保障行业的档案数字化项目数量、项目金额分布

年度/年	2016	2017	2018	2019	2020	2021	2022
数量/个	17	17	57	64	52	42	28
总金额/万元	1571	1156	5674	5312	4144	2928	2796
平均金额/万元	92	68	100	83	80	70	100
百万以上项目数量/个	3	3	22	17	15	9	9
百万以上项目金额/万元	824	606	3890	3205	2777	1203	1819
大项目金额占比/%	52.45	52.42	68.56	60.34	67.01	41.09	65.06

可以看出,2016 年、2017 年档案数字化的外包业务还在探索期,政府投入资金与档案管理部门对档案数字化的重视意识在逐渐成形。2018 年、2019 年、2020 年是浙江省人力资源和社会保障行业档案数字化建设大年,项目投入资金多、发布公告多,整体项目招投标周期快、完成效率高。2021 年、2022 年浙江省人力资源和社会保障行业档案数字化业务不论是投入资金还是投入数量都有所下降,多数人力资源和社会保障客户的存量档案数字化已接近尾声,为档案治理效能、档案利用服务的提升打下了坚实的基础。

3 档案数字化招投标项目成交区域分析

研究每年度各地区档案数字化项目的投入资金具体数额,有利于更清晰地了解浙江省档案数字化发展的不均衡、不平等问题,从而找出较为薄弱的地区,为浙江省人力资源和社会保障行业的档案工作指明方向。

从表 2 可以看出,浙江省 2016—2022 年 7 年时间内,档案领域共支付约 2.36 亿元,用于浙江省人力资源和社会保障行业档案数字化招投标的建设。

7 年来,杭州市与其他 10 个城市相比,排名第一,建设规模较大、发展良好,总成交金额近 1.2 亿元,说明杭州市政府重视档案数字化的基础工作,在组织领导、经费支撑、项目推动和人才保障等方面积极推动档案数字化,为数字化改革做好基础保障工作。宁波市、温州市档案数字化资金投入较少,档案数字化发展较为薄弱。特别是宁波市,作为副省级城市,中国东南沿海重要的港口城市,长江三角洲南翼经济中心,在资金保障、人才保障、项目推动上存在不足,或存在档案数字化成果质量不佳、存量档案未数字化而影响到惠民服务的问题。

表 2 2016—2022 年人力资源和社会保障行业档案数字化区域中标金额分布

（单位:万元）

区域	年份							总计
	2016 年	2017 年	2018 年	2019 年	2020 年	2021 年	2022 年	
省直	348							348
杭州	686	712	3529	2012	2069	1061	1605	11674
湖州		20	81	206	468	132	36	943
嘉兴	52	35	727	74	646	237	238	2009
金华	168		122	1130	68	78	136	1702
丽水	29	135	124	211	134	29	82	744
宁波	66	120	69	131	108	270	88	852
衢州	99		219	564	94	463		1439
绍兴	101	116	145	193	105	239	282	1181
台州			161	547	351	239		1298
温州	160	18	20	151	102	180	329	960
舟山	211		129	94				434
汇总	1572	1156	5326	5313	4145	2928	2796	23236

4 浙江省人力资源和社会保障行业档案数字化中标单位

浙江省人力资源和社会保障行业档案数字化项目实施以整体外包的模式为主,多数采用公开招标的采购方式,由评标委员会采用综合评分法,确定中标单位。研究中标单位,有助于分析浙江省人力资源和社会保障行业各中标公司在档案数字化建设时拥有的实施经验。

2016—2022 年 7 年内承包浙江省人力资源和社会保障行业档案数字化项

目的档案服务业企业共有75家,以浙江星汉信息技术股份有限公司为领头,依次有杭州中著信息科技有限公司、浙江京图科技有限公司、上海中信信息发展股份有限公司、浙江焕华档案管理有限公司、浙江研通信息科技有限公司、浙江档科信息技术有限公司等,如图1所示。档案服务业企业以省内公司为主,其中大部分位于杭州市内,省外公司主要有上海中信信息发展股份有限公司、北京航星永志科技有限公司、上海泰宇信息技术股份有限公司等。

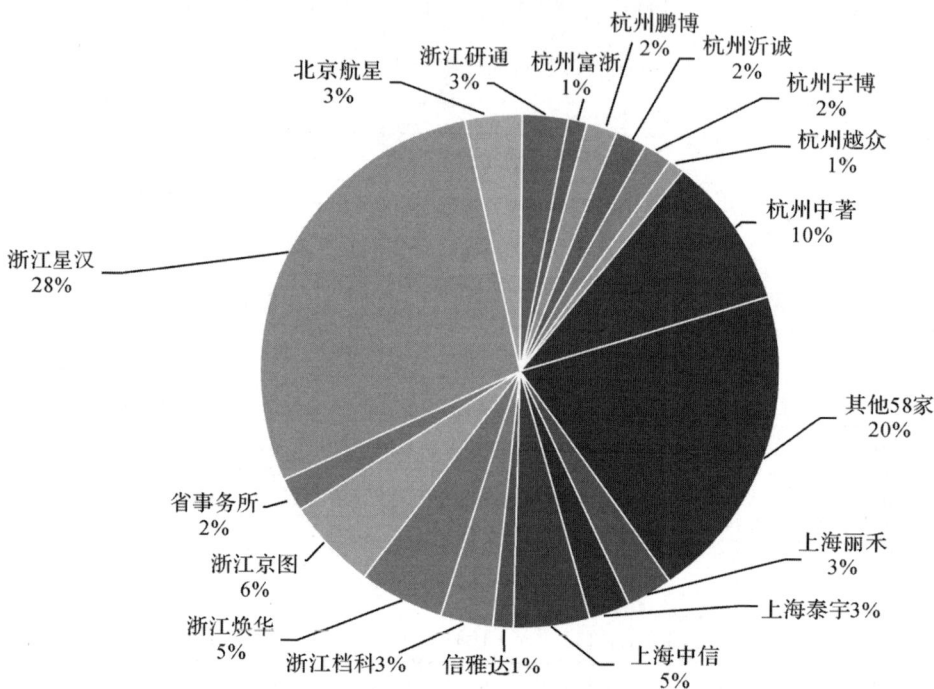

图1　2016—2022年浙江省人力资源和社会保障行业的档案数字化中标单位成交额占比

通过对调研数据的分析发现,2016—2022年7年内获得浙江省人力资源和社会保障行业的档案数字化项目的中标单位中,中标4次及以上的档案服务业企业有13家,如图2所示。

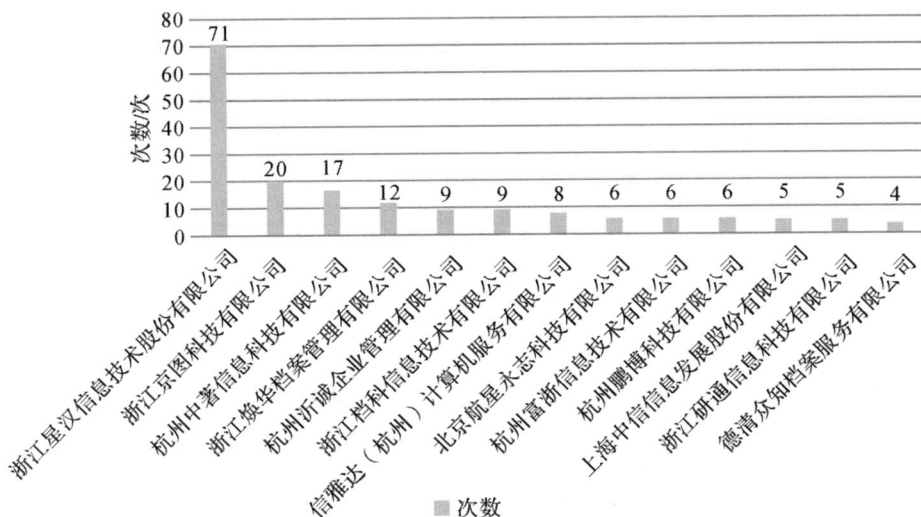

图 2　2016—2022 年浙江省人力资源和社会保障行业的档案数字化
项目中标数量 4 次及以上的单位

由图 2 可知,中标 4 次及以上的 13 家档案服务业企业中,浙江占了 11 家,占总数的 92%。在这样一个公开、透明的政府采购环境中,浙江省内的档案服务业企业能在大多数项目中胜出,与浙江省档案服务业的繁荣密切相关。这繁荣与历届省档案局领导对档案服务业企业的高度重视密不可分,与省档案服务业协会、省档案学会对档案服务业企业的支持密切关联,也与档案教育培训工作在全省范围内的充分开展休戚相关。

5　结语

浙江省委、省政府高度重视档案事业发展,将档案工作纳入整体规划、年度工作计划和考核体系,有效保障了浙江省人力资源和社会保障行业的档案数字化实施经费,为《“十四五”全国档案事业发展规划》的有效实施奠定了基础,为浙江省发展数字政务、建设数字社会、完善数字治理体系创造了条件。

在取得发展的同时,我们看到,各地存在区域发展不均衡的问题,特别是宁波、温州区域,在档案工作的组织领导、经费支撑、项目推动和人才保障方面需要加强。我们也看到,在历届档案局领导的支持下,浙江省档案服务业企业繁荣发展,在全国占着绝对领先的优势。

新时代民营企业档案管理创新路径探析

韩倩倩

浙江华海药业股份有限公司

摘　要：档案工作是一项非常重要的基础性工作。进入新时代,民营企业档案管理工作面临新的变化和挑战,需要档案工作者在认识和把握档案工作基本规律的前提下,不断创新理念和思路,全面提升档案现代化管理能力和水平。

关键词：民营企业;档案管理;创新

2003 年 5 月,习近平同志在考察浙江省档案局(馆)时发表重要讲话,指出:"档案工作是一项非常重要的工作,经验得以总结,规律得以认识,历史得以延续,各项事业得以发展,都离不开档案。在全面建成小康社会进程中,档案工作显得越来越重要。"民营企业的档案工作也是如此。民营企业的档案属企业所有,由企业管理。档案工作作为企业管理的一部分,必须适应当代社会的发展需要。档案工作人员要严格贯彻执行国家档案管理相关规定,在全面认识和把握好档案工作基本规律的前提下,不断创新管理思路和理念,全面提升档案队伍素质、能力,更好地为企业建设发展服务。

1　坚持企业档案管理理念的守正创新

1.1　把握企业档案工作的核心任务

要管好档案、用好档案,首先要熟悉档案及档案管理工作。民营企业的档案管理要紧扣企业的产业结构和生产品种,接收和管理好这些核心业务档案。档案人员要转变传统观念,主动请教产品技术人员,深入生产车间,了解产品工艺流程,对企业档案形成情况和收集范围做到心中有数。

1.2　强化档案工作依法管理的意识

一是主动归档意识。相当多的企业在档案管理工作中常常会遇到文件资料迟迟不归档的问题。有相当多的技术人员为方便自己查阅和独享,很喜欢把相关的技术资料锁在自己的抽屉里保存。这种做法在不少企业内是习以为常的现象,却是很不好的。这种做法严重违反了企业档案工作的相关规定。技术成果和工艺是企业的核心技术和软资产,万一人员调整后发生泄密或流失的情况,后果将会很严重。二是安全保密意识。企业应建立专门的档案安全保密制度,加强对员工安全保密意识的宣传教育,做到人人心中有责任感,维护企业正常发展和安全利益。

1.3 增强档案工作创新发展的意识

随着时代发展,企业档案工作的管理理念、模式、手段、方式正在发生很大变化。要做好新时代的企业档案工作,必须解放思想、与时俱进,强化数字赋能、技术赋能,配备适应现代化管理要求的相应设备设施,推动企业档案工作实现转型发展。

2 全面提升企业档案队伍的素质能力

2.1 提高档案人员的专业素质

企业应配备与研发、生产、经营和管理相适应的专职档案人员,各部门、各项目应配备专职或兼职档案人员,并发挥好兼职档案人员连接业务开展与档案移交工作的纽带作用。专职档案人员作为企业档案工作的基本力量,应保持人员的相对稳定。加强企业档案人才的引进和培养,严格把好人才选拔关,特别是对专业知识水平的考查。加强档案人员的职业精神培养,档案人员应遵纪守法、忠于职守,具备政治素质和道德修养。

2.2 完善企业档案工作激励机制

企业档案管理工作内容较为单一且烦琐,档案工作人员需要耐心、细心和不怕苦,才能做好这项基础性工作。但有的企业对档案工作不够重视,开展档案工作不是基于企业自身长远发展的需要,而只是为了应付,能拖就拖,不检查不考核就不开展,对档案工作人员也不够重视;有的企业档案人员缺乏职业精神,对待工作不够认真负责,抱着得过且过的心态。针对这些现象,要采取典型宣传、岗位培训、考核激励等措施,增强企业领导对档案工作重要性的认识,充分调动档案工作人员的积极性。

3 结 语

随着我国社会经济发展,企业档案工作的重要性越来越突出,档案资源已成为企业可持续发展不可或缺的宝贵资源。要做好新时代的企业档案管理工作,需要我们不断更新档案管理理念,积极探索和尝试新的档案管理手段,不断提高档案管理效率。同时,要将发展企业档案工作的着力点放在人才培养上,全面提高企业档案人员的综合素质。简而言之,就是要把握新时代企业档案工作的发展大势,在坚守档案工作基本规律的同时,在档案工作的理念、模式、手段和方式上来一次大创新,从人才和技术力量上来一次大提升,主动应对信息时代各种挑战,把握好新的发展机遇。

浅析国有企业改革背景下企业档案管理与创新

凌 艳

桐乡市城市建设投资有限公司

摘 要:随着国有企业改革的不断深化,现代企业制度的不断完善,档案作为企业无形资产、重要资源,其作用日益显现,而传统的档案管理模式难以满足企业改革发展的需要。该文分析了国有企业档案管理过程中存在的问题,阐释了国有企业档案的价值和意义,提出了创新和完善国有企业档案管理的途径,以期为国有企业档案工作发展提供有益参考。

关键词:国有企业;档案管理;创新;对策

国有企业档案是企业生产经营活动中产生的、有保存价值的、原始的、完整的、真实的历史记录。伴随着国有企业改革步伐的加快,国家档案局于 2019 年初发布了《关于在深化国有企业改革中加强档案工作的意见》,贯彻落实党中央、国务院关于国有企业改革和档案工作的决策部署,全面加强国有企业档案工作,加强国家档案局对国有企业档案工作的监督与业务指导。国有企业发展离不开档案工作的基础支撑,加强国有企业档案管理工作,有利于国有企业持续提高档案管理服务水平,从而更好地为企业各项经营管理活动服务。

1 加强国有企业档案工作的重要意义

1.1 企业档案是国有企业生存和发展的重要信息资源

在当今时代,信息成为企业生存发展的重要资源。档案作为信息的重要承载形式,是企业经营管理过程中各项活动的原始记录,是企业发展过程中积累的管理经验、创新历程、科技研发、工程项目等内容的重要体现,是企业核心竞争力的重要组成部分。一方面,做好国有企业档案工作,有助于为企业科学决策、提高竞争力提供信息支撑,并为国有企业深化改革、推进结构调整升级的可行性分析与预测提供基础依据;另一方面,企业财务档案所提供的资料、凭证等,是维护企业合法权益、避免企业遭受经济损失、确保国有资产保值增值和企业生存发展的重要凭据。

1.2　企业档案是国有企业深化改革不可或缺的重要资产

供给侧结构性改革中,不论企业"三供一业"移交还是"处僵治困"等工作都或多或少涉及企业档案,档案处置问题不仅关系到国有资产和职工权益的维护,还关系到企业的持续生存发展。国有企业档案包括了企业生产经营活动的文书材料、财务会计档案、人事档案、基建档案等,都是对企业发展真实、完整的记录,为解决后续工作中出现的问题、做好档案工作交接提供了重要的参考。

1.3　企业档案是提升国有企业管理水平和传承企业文化的重要手段

企业档案不仅是记录企业经营管理过程真实面貌的一项基础性工作,而且能反映一个企业的规范化管理水平。规范和加强企业档案工作,有利于提高企业工作效率和工作质量,是现代企业制度下国有企业可持续发展的必要条件。此外,在日益激烈的市场竞争中,企业档案同样记载着企业的发展理念和成果,是打造企业文化与价值理念的重要源泉。因此,增强档案价值的认同感,在充分尊重历史的基础上,制定符合时代发展、契合企业文化的战略对提升企业软实力有着重要作用。

2　当前国有企业档案管理工作中存在的主要问题

许多国有企业管理层对档案工作的重要性认识不够、重视度不高,导致企业档案工作处于边缘化的发展状况。一方面,国有企业管理人员没有为档案工作设立目标驱动机制,对核心管理要素不够明确,而且在执行过程中对前端控制考虑不周全;另一方面,档案工作自身作用发挥不够,管理手段较为落后,数字化水平不高,对档案工作的宣传和推动力度不够。

2.1　制度规范不够完善

国有企业在进行档案管理时需要遵循新修订的《档案法》要求,建立一系列内控制度,确保企业档案工作得到依法实施和有效保障。但在国有企业改革实践中,普遍缺乏对档案工作应有的重视,相关规章制度缺少针对性与适用性,导致人员在实际操作时无章可循,档案的应有价值和作用无法充分发挥。

2.2 专业能力有待提升

国有企业档案管理工作的高效开展需要专业人才支撑,但现实中国有企业为了减少人力资源使用,节约运营成本,大都没有单独设立档案管理岗位,往往由行政人员兼职完成档案管理。这就导致档案管理部门人员岗位变动频繁、人员力量不足,无法有效应对大量的档案管理事务,出现兼而不精、管而不专的现象。

3 对策措施

3.1 提高档案管理人员素质

任何工作的推进和落实,关键还是在人,档案管理工作也是如此。随着技术革新,档案管理工作对档案管理人员提出了新的更高要求,需要一批具备先进的信息化管理理念、掌握基本的计算机和网络信息技术的专业人才。只有加强对专业人才队伍的建设与完善,引导档案管理人员加强学习与培训,不断提升综合素质,才能真正推动国有企业档案管理工作高效、规范地开展。要进一步重视和加强人才培育,帮助档案管理人员树立终身学习意识,提高档案管理人员的责任心与事业心,激励档案管理人员在工作中勤劳肯干、吃苦耐劳、爱岗敬业。

3.2 完善各项规章制度

一套完善的规章制度是保障工作体系化、规范化实施的根本。要充分发挥制度规范的引导作用。根据《档案法》等法律法规和有关企业档案管理规定,从档案的收集、归档、保管、保密、利用、鉴定等方面入手,制定一套完备的档案管理制度。企业通过制度的有效执行,使档案工作有章可循、规范开展。

3.3 提高信息化管理水平

大数据时代档案工作也必须转型发展。加快实现以信息化为核心的档案工作现代化,将档案管理人员从繁重的手工操作中解脱出来,使他们有更多的时间和精力去研究档案工作规律,不断提升档案管理服务水平。

4 结语

综上所述,伴随着国有企业改革的不断深入以及信息化技术的不断提高,国有企业档案工作也需要持续发展创新。要深刻认识和把握国有企业档案工作发展方向和技术创新需求,以信息化建设持续完善和优化档案管理服务,更好地发挥国有企业档案工作的作用和社会价值。

村级档案服务基层社会治理的问题分析与对策研究

王 佳

绍兴市上虞区崧厦街道办事处

摘 要：村级档案是基层社会治理工作信息的特殊载体，事关群众切身利益，在服务美丽乡村建设、提升乡村治理能力和深化农村改革等方面发挥着重要作用。然而村级档案工作受多重因素影响，还有较大提升空间。该文基于对村级档案服务基层社会治理工作现状、问题的深入分析，提出改进工作的相关对策和措施。

关键词：村级档案；服务；基层社会治理；对策

完善基层治理是推进国家治理体系和治理能力现代化的重要基石，村级档案工作在其中发挥着不可或缺的重要作用。加强村级档案建设，有助于理顺基层档案工作环节，完善基层档案工作体制机制，创新基层档案工作管理服务模式，拓展基层档案工作服务网络，实现村级档案"存得下来、管得安全、用得方便"，值得我们探索和研究。

1 村级档案服务基层社会治理中存在的主要问题

近年来，村级档案服务基层社会治理虽取得了一些成效，但在实践中，仍然存在着不少亟须解决的问题。一是在人员队伍方面。村级档案服务工作人员年龄结构偏大，专业能力和综合素质较低，难以满足村级档案服务的需求。在本地区，村级档案服务工作大多数由社区工作者担任。以本单位的村级档案服务工作人员队伍为例，街道下辖 37 个行政村，配备 37 名兼职村级档案服务工作人员，平均年龄 46 岁，其中具有大专及以上文化程度的占比低于 50%，文化程度偏低，绝大多数没有档案专业的学习经历，严重制约了村级档案服务工作专业化发展和档案服务水平的进一步提升。二是在档案服务设施设备方面。由于投入不足，保管条件普遍较差。大多数村级档案室一屋多用的情况普遍存在，拥挤的库房无法满足档案法定存放年限需要，出现了档案库房容量年年不足的困难。库房内现有的档案柜数量缺口较大且规格不统一。有的档案库房没有配备或采取符合档案"八防"要求的设施设备或措施,许多年代久远的档案资料已经被虫蛀或发生霉变腐烂,造成了无法估量的损失。三是在村级档案服务体制机制方面。制度体系不完善,制度执行不严格,监督落实不到位。当前,村级档案服务工作中普遍存在制度不完善、职责不明确、程序不规范、手续不完备等问题。加之缺少对档案服务管理工作的事前、事中和事后的监督,并未将监督机制落实到各个环节当中,往往难以及时发现档案服务工作中存在的问题与风险。这损害了村级档案的真实性、有效性和完整性,让村级档案服务基层社会治理陷入了运行管理不规范、服务效能低的困境。

2 加强村级档案服务基层社会治理的具体对策措施

建设高素质的基层档案人员队伍。优化村级档案服务队伍的年龄结构,提升工作人员的专业技能,打造一支业务能力强、服务水平高的高素质队伍。从吸纳年轻力量与提升人才专业素养两个层面优化人才队伍建设,是当前村级档案服务工作发展中的迫切需求。因此,在村级社工队伍中优先选择年纪轻、文化程度高、工作责任心强和职业道德良好的工作人员承担档案服务工作,同时通过老师授课、现场操作、实践锻炼等模式组织开展多样化的培训教育活动,及时更新和强化工作人员的专业知识和技能结构,为做好村级档案服务工作提供人才保障。

加大村级档案软硬件保障力度。增加资金投入,加大库房建设,改善村级档案服务条件。严格落实"专房专用",根据村级档案的增加趋势,选择适应档案安全保管和利用需要的独立库房作为村级档案储存和服务的主要场所。档案库房应配备或采取符合档案"八防"要求的设施设备或措施,如应配备防盗门窗、空调、灭火器、遮光窗帘、温湿度计等设施设备。库房内应配备数量充足、质量可靠且规格统一的档案柜。在完善基础硬件设施的同时,也要积极引进档案软件系统设施,逐步实现村级档案存量数字化、增量电子化、服务网络化,加快推进村级档案信息化建设。

完善村级档案服务制度体系。加强村级档案服务工作的监督管理,以 2020 年修订的《档案法》为根本遵循,以档案相关法律法规为依据,建立健全村级档案工作责任制、档案规范化管理制度和管理绩效考核制度等体制机制。明确村党总支书记为档案工作责任人,理顺责任,任务到人,责任到岗。建立使用方便、操作性强的村级档案收集、移交和归档制度,将档案工作纳入村级岗位责任制和年度考核办法中,将村级档案室管理工作与绩效考核挂钩,提升工作人员档案服务的自觉性,促进档案管理工作的规范化、科学化、标准化。

3 结语

村级档案工作是档案事业发展的重要组成部分,在服务国家治理体系和治理能力现代化中发挥着重要作用。要以优化基层档案服务功能为抓手,深入贯彻习近平总书记关于做好新时代档案工作的重要指示精神,加快推进基层档案治理现代化,着力打通档案工作服务基层社会治理"最后一公里",真正实现档案工作服务群众"零距离"。

论《档案服务外包工作规范》对档案服务外包工作的指引作用

李云玲

杭州江南人才服务有限公司

摘　要:近年来,随着经济社会发展,档案服务外包需求快速增长,档案服务外包市场在这样的背景下快速扩张,然而与之相对应的是,在很长一段时间内缺少相应的行业管理规范和标准体系对档案服务外包工作进行规范和监督。因此,《档案服务外包工作规范》的推出对档案服务外包工作有着重大的指引作用。

关键词:档案服务;外包;工作规范;指引

进入 21 世纪以来,我国经济社会飞速发展。档案数量的激增使各单位档案管理成本大幅上升,档案服务外包作为一种可以有效节省档案管理成本的方式受到青睐。档案服务外包市场在这样的背景下快速扩张,外包服务承包方数量不断增多,但良莠不齐。在很长一段时间内缺少相应的行业管理规范和标准体系对档案服务外包工作进行规范和监督。因此,针对国内档案服务外包工作亟须建立一套既符合中国市场实际需求又顺应国际发展趋势的内容完备、权责明确、严谨务实的行业管理规范和标准体系。

1 档案服务外包工作存在的主要问题

档案服务外包是指某一机构将档案外包给其他专业机构进行管理,委托其提供档案寄存、数字化、整理、管理咨询、开发利用、销毁等一系列管理操作的行为,目的是使档案工作达到规范管理、高效运作、节约资源成本的效果。

由于缺乏统一的标准规范,档案服务外包工作存在着发包方职责体系不健全、行业管理薄弱,承包方发展水平不高、从业人员素质偏低,等等问题。主要体现在:发包方对档案服务外包项目管理松懈,未履行应尽职责;合格承包商的市场发现手段不充分,信用评级缺失,经营主体存在鱼目混珠现象;承包方服务无标准操作依据,实施流程不规范,造成服务质量参差不齐;执法检查无法常态化,项目质量评价缺乏权威认定,质量纠纷解决机制缺失;等等。

2 《档案服务外包工作规范》对档案服务外包工作的指引作用

《档案服务外包工作规范》(简称《规范》)第 1 部分"总则"、第 2 部分"档案数字化服务"、第 3 部分"档案管理咨询服务",旨在规范和引导档案服务外包行为,为各相关主体建立标准化的沟通语言,指引发包方科学开展档案服务外包工作、选择合格的承包方,指导承包方有效开展档案服务管理体系建设、提升服务能力,提供第三方机构正确评价承包方的参考依据,从而推动档案服务外包工作的良性、有序发展。

2.1 对发包方的指引作用

首先,明确了发包工作要坚持"三原则",即合法原则、安全原则和可控原则。合法原则指档案外包服务工作不得违背法律法规等有关规定,不符合法律法规的外包不得实施,如不得将涉密档案外包寄存和数字化。安全原则指发包方应当制定和落实安全管理体系,最大限度地避免因档案服务外包而引起的档案实体受到损毁,或造成国家秘密、商业秘密和个人隐私泄露。可控原则指发包方应对档案服务外包工作全过程进行监控,对承包方的人员、工作场所、基础设施、技术、管理工作、业务操作等进行必要的监督、检查,将各种风险降低到可控范围之内。

其次,规范了发包工作流程和标准。对发包方开展工作的流程提出了要求。规划与审批、承包方筛选与确定、合同签订、合同执行与监督、评估与改进 5 个环节是所有档案外包服务应遵循的流程。外包工作中遵循这个流程规范就可以有效避免外包工作的风险,保证外包工作安全。

其中最重要的指引作用体现在承包方筛选与确定要求、合同签订要求、合同执行与监督要求。根据国家有关规定,《规范》对发包方如何选择和确定承包方提出了规范性建议,建议发包方在选择承包方时应从人员、资质、能力等方面全方位地了解承包方情况。《规范》还提供了承包方的选定方法、考察要素和内容等。在合同签订方面,要求合同内容和要素要完整,特别是在保密条款、知识产权归属等方面的约定。在合同执行与监督要求方面,《规范》提出了定期巡检制和定期报告制,以便发包方及时掌握承包方动态,避免承包方内部变化给业务带来风险。

2.2 对承包方的指引作用

首先,对承包方档案服务管理体系建设的指引。

《规范》按照 PDCA(计划—实施—评估—改进)循环模型,提出了承包方的能力建设内容,绘制了内容模型,对承包方档案服务管理体系建设提出了要求。承包方能力建设模型的提出有利于提高承包方服务质量,使承包方平衡发展,改变以前承包方基础条件和业务能力良莠不齐的状况。

其次,对承包方资源管理、业务管理、安全管理方面的指引。

在承包方的资源管理,特别是人力资源管理上,对员工的学历、职称、培训等方面提出了相关要求。

在承包方业务管理方面,《规范》提出承包方应加强业务流程管理,建立标准作业程序,并要求承包方的标准作业程序应符合国家法律法规要求,符合相关标准要求。《规范》还提出承包方应建立质量管理体系,提升客户满意度。

在安全管理方面,《规范》提出承包方在开展承包业务中应合规、安全、保密、控制风险、保护知识产权、保护职工健康、保护环境等要求。

2.3 对第三方机构和监管机构的指引作用

《规范》对档案服务外包涉及的责任主体及其关系进行了规范。档案服务外包不仅涉及发包方和承包方,还涉及第三方和监管方,其中应特别关注发包方、承包方和第三方机构与监管机构的关系。

《规范》提出第三方机构应秉持独立、公正、真实的工作原则,并达到相应的工作要求。《规范》要求,发包方、承包方和第三方机构应主动接受、积极配合监管机构的指导、监督和检查。发生(可能导致)档案受损或泄密的重大事件时,发包方、承包方应及时、主动向监管机构报告。

综上,《规范》的推出有效促进了国内档案服务外包工作运作的科学化和规范化,提高了档案管理的商业性资源利用和社会分工专业化,推动了中国档案服务外包工作的健康、有序发展,同时为档案行政管理部门制定相关政策提供了支持和应用规范。

大型研究型医院临床试验档案存储外包管理探讨

陈华芳

温州医科大学附属第一医院

摘　要：该文在介绍临床试验档案的重要性及医院保存档案的现实困境的基础上，提出了档案存储外包管理的解决路径，分析了档案存储外包管理的规范依据，并结合药物临床试验档案保密性强、保存期限有明确最低年限规定等特点，探讨了临床试验档案存储外包的可行性以及外包方选择、外包风险、外包质量管理、外包效果评估，为行业解决临床试验档案管理提供参考。

关键词：临床试验档案；存储外包；管理

　　档案存储外包，是指医院（委托方）根据档案业务发展需求，将本机构的全部或部分档案存储业务委托给专业机构，专业机构（外包方）利用自身的互联网、计算机、多媒体、库房等管理档案的设施，完成委托方提出的档案存储业务要求。

　　目前大多数医院受专业化水平、场地、设施设备限制，临床试验档案管理水平有待提升。将临床试验档案存储外包，正被各家医院逐渐接受并开始推进。

　　大型医院档案存储外包有一定创新性。本文结合温州医科大学附属第一医院临床试验档案外包实践，为此外包模式的推广应用提供参考。

1　大型研究型医院临床试验档案存储外包的趋势和必然性

1.1　临床试验档案妥善保管的重要性

　　临床试验是对药物有效性、安全性进行科学评价的研究过程，是新药研发的重要环节。临床试验档案记录了药物临床试验全过程，据此档案，可核查试验过程是否遵循药物临床试验质量管理规范（Good Clinical Practice，GCP），所得结果是否科学可靠。试验档案为新药上市许可提供依据，与上市后安全性信息关联，同时保护受试者隐私，保护生产企业知识产权，可见其妥善保管的重要性和必要性。

1.2　临床试验档案管理的法规要求

　　2020年7月1日起施行的《药物临床试验质量管理规范》规定：临床试验机

构应当确认具有保存临床试验必备文件的场所和条件，有利于文件的长期保存。应当制定文件管理的标准操作规程。用于保存临床试验文件的介质应当确保源数据或者其核证副本在留存期内保存完整且可以读取。用于申请药品注册的临床试验，必备文件应当至少保存至试验药物被批准上市后5年；未用于申请药品注册的临床试验，必备文件应当至少保存至临床试验终止后5年。

国际多中心临床试验要求研究机构将档案保存至研究结束后15年或25年。一些企业甚至提倡在整个产品生存期内均应保存，以备药监部门核查或制药企业在药品上市销售期间进行回顾性的药物安全性数据查证。

实践中，药物上市多年后，仍可能被举报或临床试验数据被质疑，因而引发国家药监局组织的飞行检查。国家食品药品监督管理总局2017年第63号（2017年5月22日）颁布的《关于药物临床试验数据核查有关问题处理意见的公告》定义了7种行为属数据造假，其中第6种为"故意损毁、隐匿临床试验数据或者数据存储介质"，在此背景下，各大型研究型医院对临床试验档案极其重视，绝少主动销毁，基本长期保存。

1.3　医院管理临床试验档案的局限性

医院存储空间不足是常态。建立专用的、一定规划期内空间充裕的档案室是储存药物临床试验档案的基本条件。近年来，临床试验迅速发展，档案数量逐年累积，所需储存空间急剧扩增。大型研究型医院均存在不同程度的物理空间局限，档案存储受限凸显。

档案专业人员缺乏是短板。医院人员多是医药护等医学相关专业，档案专业人员少之又少，具体到药物临床试验档案管理，专业人员更是凤毛麟角。要提高档案管理人员专业水平，增加其知识储备量，使其具备良好的职业操守并熟悉药物临床试验档案管理各项要求，严格遵守信息保密制度等。

档案管理制度建设欠规范。药物临床试验档案的接收、存储、调阅除了有严格的GCP法规要求外，还有严谨的档案管理要求。机构档案管理员接收原始文件时，要求按照项目清单对试验文件进行全面的清点整理、审核登记、逐项落实、有序编码、分类归档，对缺失文件做详细记录。对档案建立目录、编码，设计档案封面，按照统一的格式将众多文件进行分门别类管理，避免混淆，方便查询。还应有严谨的查阅、借阅、保密等相关制度。非专业人员较难胜任。

2　纸质档案存储外包的可行性及实施步骤

2021年1月1日起施行的新版《档案法》第二十四条"档案馆和机关、团体、企业事业单位以及其他组织委托档案整理、寄存、开发利用和数字化等服务的，应当与符合条件的档案服务企业签订委托协议",从法律上明确了档案外包的合法性。据此法律规定,大型研究型医院可将档案管理委托给符合条件的外包机构。

2.1 临床试验纸质档案存储外包的可行性

对药物临床试验档案管理重要性及医院管理档案的难点进行综合评估后,为解决临床试验档案存储问题,明确档案外包的目的及需要达到的效果,则亟须做档案外包的可行性分析:外包机构是否满足临床试验档案存储要求,调阅档案时是否能高效调出;医院是否能向被委托机构正常支付档案管理费用;确定哪些档案业务需要外包,外包后档案外送保存对医院临床试验工作运行的影响是否可控。

若上述问题均预期可解决,则分步实施档案存储外包,明确医院与档案管理机构在外包前、中、后阶段各自的职责,以备档案得到完善保管。

2.2 医院临床试验纸质档案存储外包的实施步骤

医院临床试验档案存储外包管理模式包括以下步骤:其一,依据风险评估,选择有实力的可靠外包方;其二,确定哪些档案需要外包存储;其三,在档案存储外包交接中、交接后,严控质量;其四,对外包效果进行准确评估,对发生的问题及时沟通解决。

2.2.1 选择合适的外包方,控制外包风险

施行档案存储外包前,要充分做好外包风险分析,统筹全局。临床试验档案具有数据信息保密性强的特点,档案对试验过程进行了全面、详细的记录,涉及临床前生产厂家提供的药物成分、药物配方、制剂工艺等,有很高的技术含量。每个病例的原始数据以及在临床试验过程中产生的受试病人个人信息也属保密范围,仅对指定人员开放。充分考虑档案中保密信息外漏的可能,研究制定相应的策略,最大限度防范泄密。

临床试验档案有明确的最低保管时长要求,因其原始文件珍贵,须尽一切可能,选择适宜的外包方,避免出现纰漏,导致文件灭失或损毁。外包方选择是否合适将直接影响到外包效果。当面临若干外包方时,医院档案外包项目负责部门应充分调研,从中选取一个与医院档案管理最相符的外包方。挑选外包方时要充分考虑外包方的档案业务经验、业务能力、设施设备水平及管理流程规范。在选择外包方时,以下三点应考察:其一,对外包方进行实际考察,对设备进行查看检测,对工作人员的专业能力进行考察;其二,外包方是否有为大型医院提供临床试验档案外包服务的经验等;其三,外包方的声誉,是取得良好外包成果的重要参考依据。医院可向与外包方有过合作经验的其他医院进行咨询,结合自

身实际和需求,对外包单位核实、确认,谨慎决策后签订合同,进行档案的交付。

2.2.2 外包档案的分类与确定

医院药物临床试验档案管理所属部门应厘清外包的试验项目、案卷数量、类别等,包含的档案信息应该具体、明确,做到档案外送后不影响正常工作运行。根据医院临床试验档案自身业务情况,对档案进行风险等级划分,对近期不被频繁调阅查阅、不易被国家药监局抽检到的项目档案进行清理,打包外送。

2.2.3 外包质量管理

医院和档案管理机构各自履行职责,保证档案管理质量。档案部门工作人员与外包方工作人员之间的沟通与协调始终贯穿档案交接的前中后,在良好沟通与平等协商后通过协议要约双方的职责范围。

2.2.4 外包效果评估

医院对档案外包流程进行效果评估,分阶段对外包方的服务质量、服务水平进行考核,将其作为医院外包效果评估的依据。评估指标宜具有科学性、合理性、可行性和针对性。

总之,临床试验档案的外包是目前解决大型研究型医院档案保存场地不足、专业性欠缺的较好途径。目前国内有部分医院已经开始实施药物临床试验档案存储外包,尚未出现大的风险和运行阻碍。本研究对大型医院临床试验档案外包管理模式进行了初步探讨,该模式仍处于发展初期,实践过程中尚存未知风险,未来实施中需不断调整、优化及创新。

“村档镇代管”试点的实践与反思

——以宁海县西店镇为例

杨琴琴

宁海县西店镇人民政府

摘　要:村级档案怎么建、怎么管、向谁移交的问题一直困扰着基层档案工作者。在档案主管部门的指导下,宁海县西店镇创新村级档案管理机制,积极开展“村档镇代管”省级试点工作,加快推进档案管理服务基层社会治理工作,实现村级档案安全、规范管理目标。在“村档镇代管”试点实践过程中,取得了一定的成效,也存在一定的问题和待提升之处,笔者通过深入分析,为西店镇村级档案工作提出了对应的优化措施,以期为其提供一定的参考和借鉴。

关键词:"村档镇代管";实践;反思

1 "村档镇代管"实施的重要性

目前,农村档案的安全保管和开发利用受到农村各种管理现状和保管条件的制约,档案事业的发展也受到了影响。在收、管、存、用等方面,农村档案资源还存在很多问题和不足,这迫使基层档案部门寻找创新的管理模式。根据《乡镇档案工作试行办法》,宁海县为了解决农村档案缺乏人员、资金、场所和制度等所导致的存放散乱、管理失序等难题,实行了"村档镇代管"策略。在村级组织自愿的基础上,县档案馆或乡镇档案部门代管村级组织的档案。这不仅解决了农村档案的老大难问题,还为乡镇馆(室)藏提供了拓宽渠道,为征集农村珍贵档案提供了契机。随着"村档镇代管"工作的推进,大量珍贵的村史村志、乡村名人、红色文化、民间艺术、风俗民情等档案得到了抢救和保护,乡镇档案资源更加丰富。

实行"村档镇代管",可以有效降低档案资料因不可控因素或人为原因而丢失或损坏的风险,有利于规范村级档案管理工作。此外,这项措施旨在解决村级档案完整性和安全性问题,更好地管理和利用村级档案,最大限度发挥其服务价值,实现维护农民最基本、最切实利益的目的。同时,它还提供了一个良好的存、管、用环境,以缓解档案员变动、档案室环境恶劣和档案资源缺乏等问题,并在信息化时代背景下,在村级档案资料建设、镇村档案联动和新农村建设等方面发挥更加有效的作用。

2 宁海县西店镇"村档镇代管"的实践

2.1 系统梳理工作现状,积极寻找工作突破

相当长的一段时间里,受多种因素影响,西店镇的农村档案工作还较为薄弱。主要存在三方面问题:一是硬件条件的缺失。部分行政村没有专门的档案室,而是与文书的办公室合用,没有专门的档案柜,就放在普通的文件柜里,给档案保存带来了较大不便。二是管理人才的缺位。农村档案管理员水平参差不齐,有些年龄偏大、文化水平不高,对归档要求理解偏差较大,无法满足档案管理要求。三是管理制度的缺漏。因上述三方面,档案管理制度无法切实落实到村。受村干部任职变化等因素影响,随着时间的推移,村档案遗失遗漏损毁等情况也更加严重。

西店镇作为宁波市卫星城镇,随着经济的发展,农村建设开发项目颇多,档案资源也较为丰富,我们越来越紧迫地意识到必须将"村档镇代管"工作提上议程。在明确村级档案产权不变的前提下,以"村档镇代管"的形式来有效缓解村级档案的管理压力。

2.2 打造"高配"档案馆,助力工作迈上新台阶

在县档案局的指导下,我们规划建设了全新的软硬件齐全的镇档案馆,为档案工作的规范化和"村档镇代管"的开展奠定了基础。西店镇档案馆现有面积1300多平方米,其中档案库房1000多平方米,配有密集柜、温湿度自动控制系统等。另外设立了办公室、查阅大厅、全宗室等,网上查阅系统、扫描仪、照相机、防磁柜等各类档案信息化管理设施设备一应俱全,并配备了2名专职档案员,其中1名为中层干部。目前西店镇档案馆具备了"村档镇代管"的软硬件条件,能有效保存各类档案20年,同时,也满足了基层群众不出村随时查阅档案的需求。

2.3 系统制定多项措施,推动政策快速落地

一是明确"村档镇代管"工作职责,实现村级档案管理常态化。制定试点方案,确定镇村档案工作分管领导和责任人。镇党委副书记担任领导小组组长,指定镇档案管理员指导各村档案工作,参与各村"村档镇代管"工作评估。对22个行政村的文书、村务工作者开展档案业务培训。各村都配备了档案临时存放用具及档案整理场所,并打通政务服务网及档案室资源管理平台,设置档案查阅窗口,提供异地查档服务。

二是制定各项档案工作制度,实现村级档案归档规范化。制定档案归档、整理、保管等各项制度与《村级文件材料归档范围和档案保管期限》等规范。全面收集会议记录、工程档案、征地协议、民生档案、土地承包档案等各类资料。各行政村档案已全部移交镇档案室,统一整理和代管。

三是推行档案信息智慧运作,实现村级档案管理网络化。委托第三方完成村级档案的规范化整理和数字化加工,各村长期和永久保管的档案实现数字化全扫描,在县虚拟档案室建立数码影像档案专题库。在村便民服务中心推广使用县虚拟档案室系统,应用省档案服务网在线查档、浙里办 App 查档等平台,真正做到了"数据跑""就近跑""不用跑",实现群众查档不出村。

3 试点工作的几点启示

一是村级档案管理离不开镇党委政府的有效监管。村级档案收集是档案资源建设的命根子。镇档案室不能只停留在接收、保管村级档案的层面,必须同步

严格履行档案督导职责,加强对村级档案监管,否则"村档镇代管"就是一句空话。

二是村级档案管理离不开镇党委政府的大力支持。给予适当的档案工作经费补贴是做好"村档镇代管"的物质保障。如果没有镇政府的大力支持,西店镇"村档镇代管"工作必将遇到很多困难。

三是村级档案管理离不开档案队伍的有力支撑。档案的收集、整理、数字化等都离不开档案工作者。档案人员的综合能力决定档案管理的质量。西店镇为每村配备了1名年轻的档案管理员,打造了一支能干事、会干事、肯干事的档案工作者队伍。

4 存在的不足

4.1 对档案工作的重视度不够

有些行政村对档案工作的重视程度不够,缺乏明确分管档案工作的领导和负责人员,即使有也可能只是挂名。管理人员同时身兼数职,往往忽视了档案工作,不将档案工作纳入议事日程或发展规划中。此外,他们缺乏专门的档案管理人员来管护档案资料,设备和设施也不足,档案资料的规范化管理没有真正得到落实。

4.2 硬件软件保障体系不完备

目前,虽然各行政村已经意识到档案工作的重要性,但村干部和农民的档案意识仍需提高。受到人员和资金等方面的限制,档案工作管理相对滞后,无法跟上形势发展的需要。具体表现在:一是档案管理不集中,文件材料通常是由办理人员保管,缺乏统一管理。二是档案收集不齐全,管理规范性不高。三是档案保管条件滞后,保护设施不够完善。四是人员变动频繁,档案资料交接不及时。

4.3 档案不够完整齐全

一是一些村干部在集体决策方面存在问题,他们并没有通过开会研究来做决策,而是通过口头传达的方式进行沟通,也没有进行会议记录。由于缺少影像资料,大多数应该保留的档案资料没有得到保存,这使得形成档案比较困难。二是即使形成了文件材料,也没有人进行专门的归档,或者归档不及时,比如开展"千村美丽"、文明村建设等工作时,档案没有留下来,这使得档案存留相对较少,而且没有进行规范性整理归档。三是虽然保存了一些档案资料,但是档案利用率偏低,工作中往往凭经验和老办法办事,没有真正用档案资料来取证、研究工作、解决问题。

4.4　档案管理专业人才缺乏

在许多村镇,档案管理工作往往由村镇中的文书兼职负责。然而,这些人员缺乏系统的档案业务培训,对于档案业务知识的了解十分有限,因此,他们通常只扮演一个简单的资料保管员的角色。此外,在村镇工作人员变动比较频繁的情况下,交接程序不规范,新手们又缺乏专业知识,因此在档案整理方面遇到困难,这导致了档案工作滞后和"断片"现象的出现。

5　工作优化对策

5.1　进一步重视

首先,加强宣传教育。向全体档案管理工作人员普及档案管理知识和意义,让他们认识到档案管理的重要性和必要性。

其次,制定相关规章制度。制定档案管理规章制度,明确各部门的职责和义务,强化档案管理的制度化、规范化。

再次,加大资金投入力度。政府应当加大对档案管理的投入,用于改善档案管理软硬件设备设施。

最后,加强监督检查。对各部门的档案管理情况进行监督检查,发现问题及时纠正,确保档案管理工作的严谨性和有效性。

5.2　强化档案管理和服务利用

首先,建立完善的档案管理制度和流程,包括档案归档规定、档案流转流程、档案保管期限、档案借阅制度等,确保档案管理按照规定有序进行。

其次,档案数字化和电子化管理。通过数字化和电子化技术对档案进行存储和管理,可以提高档案利用效率,减少档案管理的工作量。

最后,加强档案服务利用。建立档案借阅制度和制定档案利用申请流程,方便用户查询、使用档案资料。同时,开展相关档案教育和宣传,提高公众对档案的重视程度和认识。

5.3　加强队伍建设

首先,建立引进档案管理专业人才的渠道。可以通过聘请招聘机构、在行业专业网站和人才交流会上发布招聘信息、建立人才库等多种方式,建立有效的引才渠道。

其次,确定引进人才的考核机制。对于引进的档案管理专业人才,需要建立相应的考核机制,以确保其作用得到发挥。可以通过定期考核、绩效评估等方式,对其进行评价和激励。

最后,提供适宜的培训和发展机会。引进的档案管理专业人才也需要不断的培训和发展,以便不断提高其专业素质和能力水平。应该为其提供相应的培训计划、知识共享平台、交流机会和职业发展规划等,以便其在职业道路上获得支持和发展。

加强医院档案工作的几点思考

陈学芳

浙医健长兴医院

摘　　要:医院的档案工作在医院日常管理中有着非常重要的作用,但当前笔者所供职的医院在档案工作中还存在这样那样的问题,希望通过强化档案意识、健全管理体系、加强队伍建设、加强基础设施建设提升医院档案工作管理水平。

关键词:医院;档案工作;现状;思考

档案工作是医院管理的重要组成部分。医院在日常工作中形成的文件、图表、照片、录音、录像等有保存价值的历史记录均是医院的宝贵财富。但目前有些医院档案工作滞后,一定程度上影响了临床、医疗、科研、教学工作的开展,阻碍了医院事业的发展。特别是在参与等级医院评审工作过程中,我们愈加看到档案工作的重要性。本文就笔者所供职的医院档案工作现状及如何开展档案工作谈几点看法。

1　医院档案工作现状

1.1　对档案工作的重视程度不够

医院管理的重点工作较多,主要有医疗服务、医疗质量、护理管理、安全生产等。档案工作不能像医疗诊断那样为医院带来经济效益,医院的管理人员往往认识不到其在医院管理工作中的重要性和必要性,因此,全院上下对档案工作没有足够重视。

1.2　档案管理工作体系不健全

医院档案工作缺乏整体性,制度和工作流程均不健全,档案没有做到集中统一管理。目前除了医务科下设病案室管理病案,有专职工作人员,有一定管理规范外,其他像人事档案、会计档案、文书档案、科研档案、工程项目档案等都没有进行专门管理。对档案工作重视程度不够,工作流程也不健全。档案分散且不规范,不利于收集整理和完整保管。

1.3　档案工作人员专业素质不高

医院的档案工作人员较少,大多是兼职的从业者,人员配置随意,流动性大。档案工作人员虽然有一定的医疗卫生工作知识和经验,但对档案工作相关的法律法规不够了解,大多都没有经过档案专业系统的学习和培训,这就导致档案工作责任落实不到位。

1.4　档案基础设施建设不到位

医院档案工作的基础设施包括硬件、软件两个方面。硬件方面的档案用房,存在不固定的情况,很多档案就因为搬迁而遗失,并且档案用房狭小,不利于档案的安全保管和服务利用。档案管理的设备陈旧、技术落后,同时信息化建设滞后,没有专业的档案管理软件,无法建立档案信息服务系统。

2　加强医院档案工作的思考

2.1　增强领导和全员档案意识

一是必须加大宣传教育力度,特别是加强《档案法》的宣传教育,使医院管理人员和档案工作人员都能够认识到做好档案工作的重要性,更新干部员工的思想观念,树立现代档案管理意识。

二是要让档案工作得到领导的重视,使领导能够认识到档案工作是医院管理工作的重要组成部分,对规范医院的管理、提升医院的管理水平有着重大意义,应该与其他业务同步规划和发展。保障相应的经费,加强档案基础设施建设。

三是要让广大干部员工认识到档案工作不仅仅是档案工作人员的事,日常工作中一定要注意积累、收集、整理、归档。

2.2　建立健全档案工作体系

一要建立档案工作组织架构。结合医院当前管理工作实际,应设立档案机构,对医院的档案工作实行分级管理,明确相关职能科室对档案进行统一管理。

二要健全制度及工作流程。明确档案工作具体负责科室的职责,明确相关科室的职责,严格按照各项规章制度将档案工作落实到人,同时将档案工作纳入岗位责任制,为档案工作的有序开展提供保证。

三要严格执行档案收集、整理、保管、利用等各环节的工作流程,按照统一的程序和科学的方法对档案进行管理。对医院来说,病案在各类档案中数量最大,已经有一定的管理规范和流程,可以设立相应的档案管理岗位,和病案管理人员合署办公。制定各类档案的归档要求和流程。一般科室形成的档案,每年 6 月底前完成整理,归档到档案室;特殊档案,例如会计档案,5 年内的由财务科自行管理,满 5 年的移交到档案室管理。

2.3 加强档案专业人才队伍建设

一要培养专业的档案人才。医院档案的形成过程都是分散的,直接参与档案形成的工作人员未必熟悉档案的形成和整理过程,这就需要有专业的档案人员能够全面负责医院的档案工作,并对相关档案人员进行业务指导。

二要加强对兼职档案人员的培训。培养一大批熟悉档案业务的兼职档案人员。

三要扩大档案专业知识培训的范围,让广大员工均对档案专业知识有初步了解。经过档案基础知识的培训,每个工作人员都能结合自己的工作岗位,对日常工作中形成的文件材料进行规范管理。

四要将激励制度纳入档案工作制度之内。对及时规范完成档案工作的相关人员进行奖励,而对于工作不积极、存在诸多问题的工作人员给予一定的惩罚。

医院档案工作不仅能对了解医院发展变化、借鉴经验以及指导工作起到重要作用,同时也为提高领导决策能力、提升医护人员服务能力提供有力支撑,为医院各项工作的开展提供基础保障。

做好新时代残联档案工作的几点思考

余 燕

衢州市残疾人康复指导中心

摘 要:残联档案是在残疾人事业发展过程中形成的与残疾人切身利益直接相关的档案,是民生档案的一部分。应增强新时代残联档案工作的责任感和使命感,不断巩固和提升残联档案工作水平,开创新时代残联档案工作新局面。

关键词:新时代;残联;档案工作;思考

残联档案是指残联组织形成的与残疾人切身利益直接相关的档案。它具有原始性、基础性、凭证性的特征,是改善残疾人生活、保障残疾人合法权益、减少纠纷、推进共同富裕不可或缺的原始材料,是"残疾人最关心、最直接、最现实的利益问题"在档案工作中的具体体现。随着推进残疾人共同富裕的不断深入,新时代残联档案工作面临着良好的发展机遇,也面临着转型发展的巨大挑战。

1 切实增强做好新时代残联档案工作的责任感和使命感

残联档案工作是残联的一项基础性工作。但我们必须清醒地认识到,残联档案工作还有不到位的地方,比如:档案没有做到应归尽归,收集不齐全、不完整、不准确;有的档案没有经过整理,有的整理不规范;到期迟迟不能移交档案馆;等等。因此,我们必须从新的高度、新的视角,充分认识做好新时代残联档案工作的责任感和使命感。

首先,做好残联档案工作是残联履行各项社会职能、保障广大残疾人在现代化和共同富裕道路上"一个不掉队"的必然要求。残疾人事业是中国特色社会主义事业的重要组成部分。当前,残联档案工作要紧紧围绕残疾人在现代化和共同富裕道路上,持续提升民生福祉,明显改善残疾人生活品质,有效维护合法权益,加速推进残疾人事业现代化,发挥残联组织特别是特殊群体民生保障不可替代的独特作用。积极开展残联档案工作,全面反映残联工作动态,不仅是残联立足全局、自觉地把档案工作放到党和国家工作大局中去把握和部署、努力找准位置、有效发挥作用的重要举措,也是残疾人工作者为高质量发展建设共同富裕示范区的必然要求。

其次,做好残联档案工作是残联履行"代表、服务、管理"职能,维护残疾人合法权益的根本要求。残联档案与残疾人生产生活休戚相关。它是工作的考查依据,也是维护残疾人合法权益的凭证。2003 年 8 月 1 日,浙江省委书记习近平同志出席省残联第四次代表大会开幕式并发表重要讲话,希望"全体残疾人工作者要努力成为残疾人的第一知情者、第一代言者、第一维护者,把党和政府以及全社会对残疾人的关心、重视、支持及时传达给广大残疾人"。做好残联档案工作,也是对这一讲话的践行。

最后,做好残联档案工作是残联发挥党和政府联系人民群众的桥梁和纽带作用的客观要求。党和政府一系列重大政策的制定与实施,要符合民意,得到广大残疾人的支持,党和政府必须通过一定的渠道,了解社情民意。做好残联档案工作，正是残联向党和政府反映广大残疾人情况及意愿的途径。因此，当好党和政府的"顺风耳""千里眼"，是残联找准定位、发挥桥梁和纽带作用的客观要求。

2　加强领导，不断巩固和提升残联档案工作水平

做好残联档案工作关键在领导，根本在人才。

一是抓认识，领导重视常态化。领导重视是做好残联档案工作的根本保证。成立档案工作领导小组，由分管领导担任组长，办公室主任为副组长，档案工作人员为组员。要坚持把档案工作列入重要议事日程，研究和部署档案工作，建立健全档案工作各项制度。要明确档案室的职责，配强力量，形成一支由专兼职人员组成的残联档案工作队伍。要保障工作经费和项目资金。

二是抓人才，发挥档案人员积极性、主动性。残联档案工作的水平，说到底取决于档案工作人员的素质。要从实际出发，通过举办短期培训班、专题讲座、选派人员外出进修等方式，开展有计划的专业培训。要为档案工作人员列席有关会议、阅读某些重要文件、参加残联重要调研活动等创造条件，以便其更好地了解领导意图和工作思路，更有效地开展档案工作。

3　更新理念，开创新时代残联档案工作新局面

面对新形势、新任务、新要求，做好新时代的残联档案工作必须始终保持开拓创新、与时俱进的精神状态，全方位提升残联档案工作水平，开创残联档案工作新局面。

3.1　残联档案工作要坚持"三个原则"

一是坚持围绕中心，服务大局。紧紧围绕残疾人事业发展"十四五"规划的目标任务和高质量发展建设共同富裕示范区的要求，以及残联档案工作发展的主要目标任务，确保残联档案工作更好地服务残疾人事业，保障和改善残疾人生活，维护社会和谐稳定。二是坚持以人为本，服务群众。着眼于广大残疾人对涉及民生、权益保障等档案领域工作的实际需求，把残联档案工作与服务残疾人工作紧密结合起来，不断增强履行服务职责的能力，不断满足广大残疾人和残疾人工作者在开放和利用档案等方面对档案服务的需求。三是坚持与时俱进，改革创新。把握残联档案工作出现的新情况、新规律，创新理念，拓展领域，完善机制，改进方式，体现残联档案工作的时代性、规律性和创造性。

3.2　残联档案工作要实现"三个转变"

一是从边缘部门走向前沿一线。残联档案工作往往是"边缘部门的边缘工

作",造成档案工作游离于中心工作边缘。新时代新形势下,残联档案工作要更好地为大局服务,为建设现代化和推进共同富裕服务,为广大残疾人服务,坚持"一个不掉队"理念,努力推动档案工作从后台走向前台,从边缘走向前沿。二是从单纯保管走向主动服务。残疾人工作涉及方方面面,残疾人教育就业、康复服务、文化体育等数据,可以说是民生"晴雨表",要努力做到"民生服务到哪里,档案就延伸服务到哪里"。要围绕领导关心、残疾人关注的难点、痛点、堵点问题,对照历史,总结形势,分析态势,主动适应中心工作大局,开展有效档案服务。三是改变档案工作"只是少数人的工作,是少数人的事"的错误认识,加大对《档案法》的宣传、贯彻力度,加强依法治档。

3.3 残联档案工作要持续"三个推进"

一是推进档案"三合一"制度落实。在档案工作中全面推进档案分类方案、文件材料归档范围和档案保管期限表"三合一"制度。进一步提升档案基础业务和信息化水平,建设覆盖面更加广泛、内容更加丰富、结构更加优化的档案资源体系,促进残联档案工作健康长远发展。二是推进档案数字化转型。持续推进残联档案资源存量数字化、增量电子化,逐步实现数字档案资源网络化管理,以及分层次多渠道地提供档案资源利用和社会共享服务。三是推进档案数字化改革。推进残联档案服务数字化改革,强化数据和应用支撑,同步推动流程再造和制度重塑,突出多跨协同和致残源头改革治理,比如:在残疾人证办理上,实现数据全量归集、智能分析,变被动申请为无感办证;在惠残政策落实上,变"人找政策"为"政策找人"的精准匹配;切实变革档案信息服务方式,构建具有残联特色的档案信息化管理体系,全面提升残联档案工作现代化管理水平。

加强新时代残联档案工作不仅能促进残疾人事业发展,不断满足残疾人对美好生活的需要,也是社会主义建设事业的重要组成部分,需要从业者与时俱进,本着对残疾人事业的高度责任感和使命感,努力开创新时代残联档案工作新局面。

新《档案法》视域下档案职业角色定位探析

孙叶丽

浙江省档案事务所有限责任公司

摘　要：档案职业角色称谓和角色定位存在界限模糊、互不统一的情况，一定程度上反映了档案职业社会地位不高的状况。这一状况影响到档案工作的社会认可度、社会档案意识水平、档案人员的职业发展等问题。提升档案职业发展水平，首先要从角色称谓与角色定位入手。对角色定位进行标准化和统一化，提高档案工作的专业门槛和社会影响力，彰显出档案工作的专业性和技术性。

关键词：档案；新《档案法》；档案职业；职业定位

在党和国家的高度重视和众多档案工作者的共同努力下，在党和国家领导人对档案工作一系列重要批示的鼓舞和指引下，档案工作、档案职业日益受到社会各界的广泛关注，特别是新《档案法》的颁布实施，为档案职业发展提供了十分广阔的发展前景。2020年3月发布的《浙江省档案事业发展"十四五"规划》强调，要大力实施"人才强档"工程，创新优化档案人才培养、使用和激励机制，加大档案专家人才、中青年业务骨干和"浙江档案工匠"培育力度，争取建成一支高素质专业化的档案人才队伍，保障档案事业和档案工作更高质量更高水平发展。2020年6月召开的省委十四届七次全会审议通过了《关于建设高素质强大人才队伍打造高水平创新型省份的决定》，明确提出"实施新时代工匠培育工程""启动'金蓝领'职业技能提升行动"。2020年8月，省"两办"制定下发《关于实施新时代浙江工匠培育工程的意见》，提出加快培养适应经济社会发展需要的技术技能人才，引领广大劳动者大力弘扬工匠精神，走技能成才之路。2021年11月24日至26日，由浙江省档案局、浙江省档案馆、浙江省总工会主办，浙江省档案教育培训中心协办的全省档案职业技能大赛在杭州圆满成功举办。

1　档案职业角色称谓及其现状

根据新修订的《档案法》，档案是国家和社会生活各领域的历史记录，是过去和现在的机关、团体、企事业单位和其他组织以及个人从事经济、政治、文化、社会、生态文明、军事、外事、科技等方面活动直接形成的对国家和社会具有保存价值的各种文字、图表、声像等不同形式的历史记录。

新《档案法》及其实施办法将档案行业从业主体统称为档案工作人员。1999年我国颁布了第一部《中华人民共和国职业分类大典》,其中档案从业者被称为"档案业务人员"。2015年经过修订,将"档案业务人员"变更为"档案专业人员",并把"档案专业人员"列入第二大类"专业技术人员"下"新闻出版、文化专业人员"中的小类。2022年最新版分类大典中将"档案专业人员"解释为"从事档案接收、征集、整理、编目、鉴定、保管、保护、利用、编研的专业人员"。主要工作任务是:接收或征集档案资料;进行档案资料登记造册、价值鉴定,确定保管期限;进行档案资料分类、编号和组卷;等等。

从这个定义我们可以知道,档案工作人员主要是指在各级档案行政管理部门、各级各类档案馆、地级市以上的事业单位的档案室、省级以上主管单位、大型企业的档案部门从事档案工作的人员。这部分人员是档案职业人员的主体,也是我们常常说的"专职档案员"。

2　角色定位的问题

档案职业的角色定位已然发生变化,档案工作者的身份由档案实体的守护者变为信息资源的管理者,但是档案工作者的素质并未因此而有很大改观,已经无法满足信息社会对档案职业的要求。这些现实使档案工作者不仅要具备传统的档案职业技能,更需要掌握现代信息技术。就档案利用服务而言,档案是为现实和未来服务的,利用服务性、社会性是档案的本质属性。新媒体时代,公众可以在网站上下载具有传播性、交互性的档案信息资源。通过档案门户网站,利用网站技术手段,将档案信息产品通过浏览器快速地提供给档案利用者。利用网络平台,开展网上利用服务,成为社会上各单位和个人利用档案的一种重要形式。新媒体环境下,档案用户信息需求决定档案信息利用服务的方向。档案信息服务应突破传统档案信息服务的限制,构建传统纸质档案信息化和数字化双管齐下的现代信息服务模式,秉承用户至上的服务理念,围绕用户的信息诉求,为用户提供有效的信息服务和知识服务。档案工作者定位为全面转型的信息服务者。

3　重塑档案工作者职业定位

3.1　升级档案工作者思维模式

2020年新修订的《档案法》第五章"档案信息化建设"第三十七条规定:"电

子档案与传统载体档案具有同等效力,可以以电子形式作为凭证使用。"其为电子档案单套制改革提供了法律保障。随着计算机信息技术的飞速发展及其在档案管理中的实际应用,浙江、广东、上海等地陆续实行电子记录单轨管理,实现了电子文件单套归档模式从纸质化到无纸化、双轨制到单轨制的突破,档案管理效率显著提升,有力地促进了智慧档案建设。

传统的档案管理工作主要依赖于档案管理员的人工作业,不仅工作量繁重,而且很容易发生质量问题。随着电子技术的深入发展,档案管理工作在形式上已经跟上节奏,但个别单位在内控制度管理的思维模式上还没有真正卡在节点上,亟须理念更新、思维升级。

3.2 优化档案工作者知识结构

由于受年龄和知识水平的限制,面对新媒体时代,档案工作者在对媒介的掌控能力、对媒介信息的理解和处理能力等方面呈现出参差不齐的现状,这直接影响档案部门利用新媒体进行档案管理工作的效果。档案门户网站、微博、公众号、手机媒体等新媒体的主要覆盖面呈现出年轻化、高学识的趋势,而高龄、知识水平低、网络操作能力差的档案工作者需要提高自身专业素质和技能操作方面的能力,夯实自己的业务功底,树立信息意识,具备与档案工作有密切联系的辅助技能。只有通过学习提升自己的知识水平,才能熟练使用新兴媒体,熟悉其操作方法及运作规律,对档案用户的信息需求做出正确的判断与认知。

2008年6月,笔者刚接触档案工作,对档案的概念陌生又模糊,起初也只是做一些简单的档案编号、编目、装订等工作。当被问是做什么工作的时候,总是无法清楚表述工作内容,也很少有人听过笔者所说的职业。经过十多年的档案实操经验,笔者的工作从无序到有序,从凌乱到整齐,从纸质化到数字化,从档案专项验收到档案达标认定,从一次次的验收中得到专家的认可,从年复一年的工作中得到业主单位的认可。笔者参加全省档案职业技能大赛,看到那么多和自己一样的匠人汇聚在一起,改变了对档案工作的认识。虽然我们的工作枯燥乏味,心里却因自己从事档案工作而无比自豪。"档案工作存史资政育人,是一项利国利民、惠及千秋万代的崇高事业"这句话就铭刻在心了。

3.3 提升档案工作者能力素养

作为档案外包服务机构的档案工作者,笔者认为应从以下两个方面来提升档案工作者的能力素养:

一是业务能力素养。从事档案工作应具有扎实深厚的档案学专业知识,能运用现代信息技术和工具按档案工作业务规范熟练开展档案收集、整理、鉴定、保管、编目、统计、编研、利用等工作。同时,档案工作者不仅需认真开展继续教育,不断更新专业知识和技能,还应结合"十四五"发展规划实际,不断提升信息素养和信息资源开发能力,根据用户的信息需求,对各种档案信息资源进行评估、筛选和整合,形成档案信息产品,将其及时传达给用户,以满足用户需求,充分发挥出档案的应用价值。

二是综合能力素养。档案工作者的工作任务不可能全部是孤立的、单一的,很多工作任务还需要通过和业主单位、档案管理部门协同完成。所以,档案工作者不仅要具有扎实的专业能力,还要有良好的人际交往能力、沟通能力、组织协调能力、团结合作能力、宣传策划能力、公文写作能力和综合表达能力。档案外包服务机构的档案工作者还要具有较强的学习能力和学习愿望,树立"终身学习"理念,认真参加各类继续教育培训和岗位专业培训,不断促进知识和技能更新,优化知识结构,以适应新时代档案外包服务机构的档案工作要求。

档案工作者,就其在社会分工系统和更广的社会交换系统中的地位来说,肩负着传承历史和文化,保存社会记忆,让历史告诉未来的社会责任。档案在构建社会记忆这个过程中起着重要的作用。档案工作者充分意识到自己在这个过程中的重要性,并勇于肩负起社会责任,更好地理解档案工作在社会发展过程中的地位与作用。档案工作者站在社会的高度去理解自身职业对社会发展的意义和价值,并为之奋斗,必将有助于推动档案事业的健康发展。档案工作者在进行职业生涯规划时,要充分考虑时代变化,以既有的成就为基础,确立人生的方向。立足发展、责任、转变思路来规划职业生涯,这样在档案工作中会以自身的进步、使命感、责任感、自豪感作为导向,在实践工作中获取经验和技能,在职业历练的过程中不断挑战自己、鞭策自己向前迈进。在这个人才、行业、知识快速更新的时代,只有根据实际情况快速转移职业规划的支点,才能立于不败之地。

信息化背景下设计院档案管理创新机制研究

张丽赛

华东勘测设计研究院 杭州华辰印务有限公司

摘　要:在当前信息化背景下,档案管理工作也发生着变化,在新时期想要系统化地开展档案管理工作,推动档案管理工作的创新发展,就需要革新技术、更新理念、创新工作,形成信息化、数字化的档案管理新模式。对此,该文旨在研究信息化背景下设计院档案管理创新机制,以分析档案管理创新机制趋势为载体,提出设计院档案管理创新机制对策。

关键词:信息化背景;设计院;档案管理;创新机制

　　档案管理工作关系着各个企业的长期发展,是对各个企事业单位的历史进程、发展轨迹、生产经营成果、技术资料和经济指标等要素的记录和总结,是各个市场主体发展的重要组成部分。当前人们正处于信息时代,信息化水平不断提高,信息技术也随之不断发展,这对设计院传统的档案管理模式提出了新要求、新标准和新目标。为此设计院的档案管理人员需要树立新时代思想,采用现代信息技术对落后的传统档案管理模式进行创新改进,提高管理水平,有效满足目前归档需求。此外,在信息化背景下设计院还需要重视档案管理创新工作,制定新的档案管理创新机制,在此基础上开发出一整套先进、可靠的档案管理信息系统,更好地处理档案信息资料。

1 信息化背景下设计院档案管理创新趋势

1.1 档案内容数字化

　　在早期的档案工作中,档案内容包括图纸、图表、文件等,内容繁杂,涉及环节多,档案整理和归类难度大,现在可以利用信息技术有效解决以上问题,为档案管理工作提供技术支撑。将这些纸质的档案内容转换成数字化的符号,建立电子信息档案,通过信息化平台系统将其存储和归档,然后在平台上创建项目目录表,便于后期查询和调用。对于纸质档案,可以将其作为原始资料存储,科学管理,确保其安全。经数字化处理后的档案如工程档案、公文档案、合同档案、荣誉档案、声像档案等,在得到相关部门或领导审批后,可以通过 PC 端或移动端查询或调用,这大大降低了传统纸质调档工作量,确保档案管理的便捷和高效,以此提升档案管理效率和水平。

1.2 管理手段信息化

　　传统的档案管理模式落后、单一、效率低,需要人工分类、归档、存储和利用,对人员的专业性、素质、品质和责任心要求较高。因为人员因素的影响,档案处理效率低下、工作量大,无法满足工作的时效要求。对此需要科学利用计算机技术加强档案管理,运用计算机自动识别归档文本,采用归档系统调查、分析和整理归档文件,确保资料采集、整理、分析和利用的一体化,并实现档案资料的共享和互通,以此提高工作效率,避免影响档案管理进度和时效,达到降低成本、节约资源的目的。

1.3　管理方式多样化

在信息技术下,传统的人工管理可以向着信息化、数字化方向转变。档案管理人员在进行档案管理时可以创建信息化的档案管理体系和平台,直接通过平台终端、系统和软件等处理档案信息,管理档案,减少人员的工作量。信息化档案管理可以确保工作人员在档案管理过程中深度分析档案内容,检查其完整性、可靠性、有用性,深度筛选和解读档案的内在价值。

2　信息化背景下设计院档案管理创新机制

2.1　归档机制和形式创新

伴随着信息化建设,大量的电子档案产生,比如设计院在办公自动化发展的过程中产生了大量的电子档案。在电子档案管理中归档是非常重要的,为了做好该工作就需要创新归档机制,创新归档移交管理办法。从原来的注重纸质归档转变为以电子归档为主,电子和纸质归档相结合的归档机制。以本设计院为例,不局限于在本地承接工程,在国内其他地区甚至国际都有项目,若按照以往的归档流程,存在以下问题:(1)项目当地归档人员不专业,导致归档文件不完整,错误率高;(2)受限于地域,归档时效低;(3)纸质资料运回过程中存在遗漏、丢失等风险且运输成本高。综上所述,原来的归档机制已经无法满足当下归档要求。从归档机制创新入手,根据电子档案及时、便捷、高效的特点,转变归档思路,制定符合设计院档案归档要求的相关制度及规范,指导设计人员自行制作合规归档文件,运用计算机信息技术识别归档文件的正确性,确保电子档案在档案管理创新机制中发挥实际作用,使电子档案实时归档,保证电子档案数据信息的完整、及时、可靠、安全。也可以建立文控管理系统,实现电子文档的在线校核、审查、印制、归档、查询、下载等。对于重要的纸质原件,在归档要求时间内送回归档。如需纸质归档,则可以下载归档电子版再输出纸质版,以达到准确、及时、高效且节省成本的效果。

2.2　档案保存机制创新

设计院员工计算机水平普遍较高,档案管理部门可科学利用内部的人力、技术、经验等优势,充分发掘档案、库房、设备等资源优势,创新档案保存机制。首先,可通过信息化存储的方式,采用多维度、多格式、多类型的存储单元,以便拓宽档案保存途径;其次,制定规范和标准,尽可能遵循国内乃至国际归档标准,避免不同人员存储时格式、类型、次序等细节不同引起后期交归和再利用的不便;最后,为降低档案数字化和保存成本,在同一集团下多个设计院可联合开展档案数字化项目,使数字化人员和设备集中配置并合理使用,分工也更为明确。这样的保存机制可以解放一部分人力物力,使专职档案人员进行传统保存的工作量大大减少,人员配置也可以更为合理和优化。

2.3 档案利用机制创新

信息时代下,想要在海量化的档案资料中及时辨别和提取出关键和有价值的信息,也需要依赖信息技术。在日常档案利用的过程中需要一些辅助检索手段,比如记录、查找、搜索、存储、归档、更新等,通过这些手段保证档案资料完整、真实、安全。创新档案的利用机制。首先,规范关键字的编写和提取,尽可能用简明精练的文字予以总结,便于检索工具的搜索及提取,以满足档案的高效利用,实现档案资料科学管理的目标,满足设计院信息化建设的基本要求。其次,设计院归档部门在开发归档系统时,还需要引进先进的技术来更新现有的检索工具,构建现代化、智能化、高效化的微机存储、检索或者计算机存储、检索机制,结合原有的手工检索工具,将两者有机融合在一起,进一步提高利用效率。最后,不断提升档案管理人员业务能力和服务水平,通过手段、方法和形式的更新,让档案的查阅、调取、运用更加高效便捷,以此提升档案的利用率。现阶段采用的在线阅读、移动终端调取等方式,正有效实现档案资源的共享,为档案使用人员提供更高效的档案服务。

2.4 档案监管机制创新

电子档案归档的法规制度和规范标准关键在于落实。档案管理部门应依据信息化电子档案归档相关制度和规范标准,制定严格的考核目标,细化和量化考核标准,对档案的正确性、保密性工作等严格按照法律法规和企业标准实施。在此基础上,开展创新工作,以档案信息化数据为每个档案的纽带,将不同分项的档案以数据形式串联在一起,形成一条完整的数据链,让各类相关联的数据源有效结合。创新监管方式,使档案监督人员和档案处理、管理人员独立开来,从"线下监督"转为"线上线下共同监督",从"独立监督"转为"统筹监督"。档案监督人员应全面掌握电子档案相关法规制度和规范标准的执行情况,及时解决电子档案归档管理中的问题,推动档案监管机制创新工作的有效进行。通过监管机制的创新,可有效加强档案监管人员对电子档案的线上监管和线下监管的有机结合。

3 结语

在当前信息时代,档案管理信息化发展是必要的,也是档案工作的未来趋势。档案工作本身就是一项服务性工作,虽然看似简单,但是对社会、企业和人民都有着非常重要的作用和价值。对此,设计院需要重视档案管理信息化建设,科学利用信息技术和计算机技术优势,加强档案管理信息化系统和平台的建设。档案工作人员也需要明确自身的责任,提高自身专业能力,创新机制,保证档案管理工作的顺利进行。

规范化建设背景下民主党派基层档案工作探析
——以浙江民进基层组织为例

张玉雁

杭州市财经职业学校

摘　要:档案工作是民进基层组织工作的重要内容,对促进中国民主促进会宣传教育、规范化建设有着重要意义。该文从民进基层组织档案管理的现实意义和存在的问题出发,提出了加大投入、明确分工、统一标准,规范指导、有章可循,开发系统、强化技术等具体策略,力求从根源上——破解难题,进一步促进民进基层组织档案管理的规范化和创新管理。

关键词:民进基层组织;规范化建设;档案管理

中国民主促进会(简称民进)标准化、规范化建设是实现统战工作发展、加强民主党派自身建设的重要途径。民进基层组织档案工作具有文化传播、社会调节、辅助决策等功能,这些功能能够更好地为新时代中国特色社会主义服务。为此,在规范化建设背景下,开展档案工作,做好档案资料保存工作,有着重要的现实意义。

1　基层组织档案工作的现实意义

1.1　具有宣传教育价值

中国民主促进会是爱国统一战线的重要组成部分,由中国共产党领导。民进基层组织掌握着第一手资料,做好档案工作,对民进的组织宣传有着重要的价值。党的二十大报告以习近平新时代中国特色社会主义思想为指导,全面贯彻落实党的二十大精神,深入贯彻落实习近平总书记对档案工作的重要指示批示,加快推进"十四五"档案事业发展规划各项重点任务落实,不断加强档案治理体系和档案资源、利用、安全体系建设,补短板、强弱项,强基础、提质量,守正创新、真抓实干,奋力书写档案事业现代化和高质量发展的新篇章,为完成党的二十大确定的目标任务贡献力量。中国民主促进会是中国特色社会主义建设和发展的实践者和捍卫者,在我国社会主义现代化建设中做出了重要贡献,这些历史经历都记录在档案中。做好档案工作,可以为开展爱国主义教育提供重要素材。

1.2 为民主党派基层组织规范化建设提供经验

民进基层组织的规范化建设包含了组织建设、工作条件、工作履职等各方面内容,具体包括基层组织的日常工作、办公条件、干部管理等。做好档案工作,对文书档案、实物档案、声像档案等进行保存和管理,系统地记录民主党派的基础条件和工作内容,有助于组织规范化管理,如组织建设规范化、专职干部管理规范化、党派工作内容规范化等。建立科学、系统的档案资料库,对党派历史和组织建设进行全面总结,为民主党派基层组织规范化建设提供经验。例如 2022 年12 月 28 日杭州民进成立 70 周年和 2023 年 2 月 25 日浙江民进成立 60 周年活动中,组织档案都起到了非常大的作用。

2 民主党派基层组织档案工作存在的问题

浙江民进有各级基层组织 500 多个,其中省直属基层组织 61 个,主要档案分布在省部属高校、省级医院、省属文艺院团和教育文化出版单位,部分科研单位,以及联合性支部,11 个省辖市民进市委会,65 个县(市、区)区域性民进组织。档案工作存在的问题如下。

2.1 人员少、任务重:档案管理意识薄弱

基层组织由于工作繁忙、琐碎等,档案管理意识薄弱,且档案资料繁杂,管理人员少,管理任务重,许多基层组织没有专门安排负责档案工作的人员,在日常工作中,对有价值的声像、文字等内容不能及时记录和保管,在开展社会服务、组织会议等活动时,缺乏活动记录保留意识,不能有意识地做好活动记录,导致许多有价值的信息没有被记录下来。同时,由于基层组织人员分散,许多档案资料散落在不同成员手中,在调用档案时,不能及时、完整地收集档案资料,给档案工作的开展带来阻碍。

2.2 交叉重复、疏于保留:对档案的重视程度不够

民进基层单位和上级部门共同承担着指导基层党组织工作的任务,但上级

部门对基层组织档案的重视程度不够,没有正确认识档案工作的职责。民进基层组织档案与基层单位党委统战部的档案交叉重复,基层组织档案可以在基层单位党委统战部档案保留,使得基层组织对基层单位党委统战部产生了依赖性,再加上日常工作中上级部门没有对档案工作进行要求和指导,档案工作缺乏相应的条件,导致基层组织认为档案资料工作不重要,对自身的档案资料关注度较低,没有保存基层单位党委统战部要求以外的档案资料。

2.3　无章可循、缺乏标准:档案信息化管理程度偏低

在民进基层组织工作中,没有制定适用于档案工作的规章制度,如缺乏档案收录标准、分类方法、立卷归档、移交接收等制度,档案工作无章可循,不能有效安排和落实,对已收集的档案资料管理较为随意,缺乏规范的标准,导致档案利用困难。同时,单位档案室容易忽视民主党派基层组织档案。民主党派基层组织并不隶属于基层单位部门,是基层单位中的横向组织,而单位档案室对档案的收集通常以部门为单位,没有将民主党派基层组织档案资料纳入收集管理范围。此外,档案信息化管理程度低。现代技术的发展提高了办公自动化程度。电子资料在档案工作中的应用比例不断提升,档案电子化程度的提升,为档案管理工作提供了诸多便利,但民进基层组织档案工作仍然存在一些问题。相比于传统的纸质资料,电子资料具有查阅方便、管理简单、容量大等特点,但在实际应用中,仍然存在档案丢失、设备损坏等情况,影响档案管理效果。

3　规范化建设背景下民主党派基层组织档案建设思路

首先,加大投入、明确分工、统一标准,提升基层组织成员的档案工作意识和水平。

在民进基层组织档案工作方面,有关单位要加大对档案工作的支持力度,指导基层组织开展档案工作,做好档案管理。第一,民进上级组织要将档案工作纳入建设的一部分,建立档案工作小组,明确分管内容和具体负责人,为基层组织提供指导,落实档案工作制度。第二,基层单位要与上级组织、基层组织之间建立沟通机制,明确档案工作具体要求和责任范围,统一管理标准。基层单位与基层组织共同推进,形成合力,拓宽民进基层组织的档案资料获取渠道。同时,民进上级组织加强对档案工作的重视,明确自身的指导职责,对档案收集、档案管理等进行指导,提升基层组织成员的档案工作意识和水平。

其次,规范指导、有章可循,强化档案工作规范化管理。

其一,要加强文书工作的规范化。对民进的基本组织情况、人员情况、分工情况等资料做好收集和管理工作,并规范台账和文化工作。如工作汇报要按行

文规范书写,会议要做好记录,计划表等材料要准备详细,在日常工作、活动中做好记录,做到大事突出、要事不漏、有档可存。其二,要完善档案工作制度。工作制度在具体的执行中具有强制性。建立档案工作制度,能够改变档案工作的误区,加强基层组织成员对档案工作的重视,使档案工作有章可循,为工作的开展提供规范化的指导。如制定《民进基层组织档案管理方法》,明确成员的工作内容、责任和义务。如对档案的收录范围、收录标准、分类方法、立卷归档等,通过制定程序和标准,实现档案工作规范化管理。

最后,开发系统、强化技术,提升档案工作信息化管理水平。

现代信息技术的发展和应用,极大地改变了人们的工作方式,网络数据库成为存储信息的主流方式。然而,在民进基层组织档案管理中,档案信息化管理程度低,基层组织人员的信息化素养较低,他们不能灵活运用现代技术设备,如对数据的统计长期停留在使用表格、文档阶段,缺乏统一的档案管理系统,档案资料保存散乱,没有形成联系,对档案信息的调取存在较大的难度,信息化管理水平低。与纸质信息记录相比,网络数据库具有存储容量大、信息共享范围广、数据资源使用形式灵活、易分步处理等优势。在民进基层组织中,开发信息集成管理系统,有利于对档案信息进行收集与整合,提高工作效率,解决档案信息收集、管理的问题。

4　结语

总而言之,做好档案工作,能够使浙江民进基层组织记录更加完整地保存。档案资料包括民进基层组织的人事信息、机构基本资料,开展社会服务及参政议政等活动的资料,既是民进工作的客观反映,也是民进建设和发展的重要依据。在规范化背景下,民进基层党组织要更加重视档案工作,加强上级组织对档案工作的指导,做好浙江民进基层组织规范化建设,推进浙江民进基层组织档案管理信息化。

关于档案管理咨询工作外包服务的若干思考

樊女丽

杭州中大档案管理咨询有限公司

摘　要:随着社会专业化程度的提高、档案工作要求的日益提升和《档案法》的修订实施,档案管理服务外包正成为档案工作的重要发展趋势。该文提出了关于制定并实施对档案管理咨询服务工作外包规范的紧迫性、必要性以及确保执行档案管理外包服务规范和行业要求的相关思考。

关键词:档案服务企业;档案咨询服务;服务外包

随着社会专业化程度的提高、档案工作要求的日益提升和《档案法》的修订实施,档案管理服务外包正成为档案工作的重要发展趋势。截至 2022 年年底,我国档案管理咨询外包服务企业日益增多,其中浙江省内档案服务单位就有近7000 家,档案外包服务项目内容、分类也日趋多样化,外包服务市场不断扩大。但在当前档案管理服务外包工作中,几乎无门槛的低入行要求,加上缺乏统一标准化的行业服务监督,项目档案自主验收时,各需求方和供应方在操作时的执行标准各不相同,往往造成一个服务企业自成一种服务模式和标准这种现状,使档案管理外包服务质量堪忧,同时供需双方行为均存在管理不科学、操作不规范、标准不统一等问题,不利于档案的统一领导、分级管理,也对档案的科学安全保密保管和便捷提供利用提出了严峻的考验。

1　档案管理咨询工作外包服务综述

档案管理咨询服务就是档案咨询服务机构根据委托人需求向其提供相应的档案管理咨询服务,在约定的时限内,通过投入一定的人力资源、设备资源、耗材资源等,经过决策、策划、实施和验收等一系列项目档案管理程序,实现甲方委托目标的服务活动。

从以上概念来说,其重点首先是我们应当立足于"档案管理咨询是一项服务",是一项具有一定专业技术要求的管理咨询服务。因此,我们作为外包企业,应该积极主动、全力以赴地为业主做好档案专业的系列服务工作,让业主对服务感到满意。同时,档案管理咨询服务含有档案专业技术要求,也有专门的权限职能范围。我们在做服务的时候,不仅要主动、及时地对业主进行档案专业知识和技能方面的指导和培训,而且当业主要求我们去做不合理(超权限职能范围)的辅助工作时,应从专业的角度晓之以理、动之以情,做好解释工作,告知这样做的风险和危害,并指导其应用恰当合规的辅助方式加以解决,最终让业主满意和认同。

确实,"专业的人做专业的事"更为高效。目前档案管理咨询服务外包已经成为市场常态,不仅可以把档案归档工作做得更有效、规范、标准,同时也可以节约本单位的人力物力资源。但是,很多发包方在请了第三方服务后,自己方就没有配备专职档案管理人员,虽然有的配了专职人员,但他们是新手,对档案工作不太懂。因此在档案管理咨询服务过程中发包方缺乏对服务方的监督和需求沟通,也不清楚第三方的具体服务内容,有时会搞错职权范围,让第三方兼了办公室的收发文件工作。有的项目结束后,第三方移交工作完毕撤场,发包方却没有专门的档案人员来接收管理档案,导致后续新增档案的征集、征收、催缴、移交接收、借阅利用、统计和库房管理、数据库的维护更新和利用等都不能自如规范地展开。其实这样的档案工作状态和方法,对于档案管理工作来说是十分被动的。因此,档案管理咨询外包服务不是简单地把别人的资料拿过来分类整理和编制装订就好,而是承担着对业主的档案管理人员培训、指导的服务和责任。现阶段档案管理咨询服务机构不断发展,但缺乏监管和规范标准,造成档案管理工作标准不统一,档案管理业务外包质量普遍堪忧。因此,笔者仅对此提出一些自己的思考,并进行分享。

2 档案管理咨询工作外包服务的类型与流程

2.1 档案管理咨询工作外包服务的类型

档案外包服务的类型主要包括档案寄存服务、档案数字化服务、档案整理服务、档案管理咨询服务、档案开发利用服务、档案销毁服务等。而档案管理咨询服务的范围涉及面很广,类型很多,主要有档案工作规范化管理咨询、建设项目档案管理和项目档案专项验收咨询、档案数字化登记备份咨询、示范化数字信息化/综合档案室达标咨询、档案库房建设管理咨询、各级各类的档案馆(室)/数字档案馆(室)建设咨询、档案信息化建设方案咨询、档案法律咨询等。

2.2 档案管理咨询工作外包服务的流程

从档案管理咨询服务外包工作流程来看,第一,要确定对方的服务需求,了解项目情况,跟业主一起拟定各类档案管理办法和制度,并落实颁布实施和进行培训,让每个相关单位明确自身职责和归档范围及移交要求,明确统一执行的标准。第二,要建立合适稳定的档案管理团队(档案管理网络)。每个人都要明确自己在这个档案管理团队里的责任和工作内容、权利和义务。第三,对驻场服务团队进行岗前培训,了解项目概况、项目服务目标要求、进度计划、预计完成计划、验收计划和操作准则。第四,驻场服务:(1)对待整理档案全部摸排一遍,跟业主做好档案点交登记手续。(2)根据档案摸排情况,对各类档案进行分类、排序、整理、组卷等。(3)经跟业主各部门的交流沟通,最终确定各类档案的分类、整理、排序、组卷的方案。(4)严格执行办法规定和方案规定的规范标准,整理组卷或组件。(5)发现归档文件存在问题,要及时跟相关部门人员联系,并集中问题,组织在资料形成、收集、归档方面的专业培训。对业主档案管理人员进行各类资料收集、管理、归档和利用、统计等方面的指导培训。目的是让业主的档案管理人员随着我们的服务进度全面了解本单位的档案结构、档案内容、库房档案放置结构、日常维护和提供利用等情况,对本单位的档案情况可以脱离第三方全面掌控。(6)对完成后的档案服务内容进行验收、整改。(7)整改复审和项目档案移交、数据移交、结算和档案工作人员工作移交。(8)售后、回访(双方联系人员电话应保持畅通,第一时间处理和解决问题)。

3　档案管理咨询工作外包服务存在的问题分析

3.1　有的档案服务企业资质差

新兴档案服务企业在资质、基础设施、技术水平、评价体系上大都未达到承接外包服务的基本要求,但因低价也能拿到大项目,导致在实际操作过程发生困难或出现无法弥补和整改的错误,使档案管理工作出现严重的安全隐患。这不仅会造成被服务单位的档案管理人员概念上和操作上的错误,同时更严重地阻碍档案管理规范标准化建设的落实,甚至导致项目档案专项验收工作不能顺利进行,使发包单位的正常业务开展、工作进度、成果报告均受到严重影响和损失,让企业信誉受到破坏,给档案咨询服务外包工作带来了不应有的混乱和安全隐患,得不偿失。

3.2　"低价中标"现象普遍存在

发包方在选择时经常更在意服务价格的实惠却忽视了服务标准质量的要求。"低价中标"是普遍现象,导致一些服务供应企业为了中标抛弃了服务规范标准的要求,无限制地压低投标价。中标后如果要按国家档案规范标准来提供全程服务,必定没有利润甚至负利润,因此为了节约成本,降低操作要求,忽视规范标准,减少核查环节和整改指导等,最短时间内完成档案的整理、著录、装订工作,特别是分类排序不准确、题名著录追求简单快速,至于归档文件不符合归档质量的问题和因缺损、不准确需要查漏补缺的整改问题就忽略了,造成最终档案的完整、齐全、真实、有效性完全不能实现。

3.3 咨询服务标准不统一

如果一个单位的国家、省重点建设项目的档案咨询服务有两家甚至更多的承包商一起负责,最终档案就需要整合排序,结果必然出现档案整理规范标准和组卷排序归档方式、数字化成果质量、格式都存在很大差异,给档案的统一保管利用和整合提出了很大的难题。这不仅造成档案验收时间的严重滞后,并且导致档案的核查要求、整理组卷、编目编制均不统一,需要大力整改完善。

3.4 档案咨询服务不规范

从当今社会档案服务现状来看,从事外包档案咨询服务的企业,大部分随意性很大,没有固定和规范的服务程序,也不调研甲方的档案分布和管理情况、服务需求,拿到什么做什么。没有审查核对,没有查漏补缺,容易导致归档文件的质量、完整性、真实有效性、分类、整理、组卷、组件、著录规则的标准和顺序等不符合规范要求,在档案提供利用率和高效率方面均无法达成预期目标。最终的档案咨询服务结果往往不尽如人意,不能真正发挥档案见证历史、提供利用的作用,导致发包方在档案管理工作上花费了冤枉钱,不仅浪费国家财力物力,同时也做了无用功。

3.5 档案咨询服务监管不到位

国家、省、市相关主管部门对档案咨询服务外包行为的监督和指导还比较欠缺,缺少对格式化、固定化、标准化的服务程序与规范化的实操步骤,合规化资质的监管监督、审查指导,以及阶段性提交数据等档案系列工作计划和方案。

4 档案管理咨询工作外包服务的管理与质量要求

4.1 咨询服务机构资质要求

根据档案管理工作规范的需要,咨询服务机构一般应具备以下条件:依法取得执业资格和特许资质;具有与业务范围相适应的固定工作场所、设备设施;具备与业务范围相适应的专职专业技术人员;根据业务需要,建立兼职培训专家队伍和人才储备;具备完善的业务管理、服务考评制度,并能有效组织实施;从业过程符合相关法律法规的要求。对档案咨询服务从业人员也有一定的条件,包括:

通过专业培训、岗位培训、继续教育培训(每个人);经专业资格评审,取得相应的执业资格(项目经理、驻点人员);具备与所从事咨询、服务业务相关的知识储备和工作经验;具备一定的综合分析能力、语言文字表达能力、理解能力和概括能力;遵纪守法,有良好的职业道德和素养;坚持高质量的服务标准,自觉增强行业自律意识;等等。承接档案外包工作的企业必须具备相应咨询服务类别的资质及服务能力水平,根据发包方具体咨询要求,通过提供调研、分析,全面系统地指导客户进行档案管理工作建设,提供满足可持续发展需要的咨询服务。不具备相关类别咨询服务资质及服务能力的咨询服务单位,不得承接此类别的咨询业务。

4.2 推进档案咨询服务标准化

档案管理工作的专业化、标准化、数字化、信息化要求,促使尽快制定并实施科学可行的档案咨询服务外包规范成为必然。有了必须遵照执行的统一的档案咨询服务外包规范,才能使外包服务单位有章可循,有法可依,依法做好各种类别的档案咨询服务工作,例如企业档案整理规范、机关文件归档规范管理办法、公路工程建设项目、铁路工程建设项目、轨道交通建设项目、房建工程项目、水利建设项目、核电建设项目……这些各不相同的项目档案咨询服务必须遵照不同的专业国家项目档案归档规范和专业行业标准实施开展。标准办法一旦颁布实施,就要求不同的专业统一执行,而不是我行我素。同一个项目执行不同的专业行业标准,导致同一项目的归档文件归档标准、分类方案、编制办法不统一,不便于保管利用。

4.3 档案咨询服务质量管控要求

档案咨询服务质量管控要求应该从进场开始,可以层层递进,常抓不懈,坚持一致统一。在服务准备阶段,应该做好充分的准备,确认客户需求。咨询服务机构应通过与客户的沟通交流,了解咨询服务对象及内容,确认咨询服务需求,避免沟通出现偏离,影响服务完成时间和服务目标的达成。进场之前,必须事先制订咨询服务方案。咨询服务机构应对客户需求进行调研分析,整理、归纳调研访谈记录,并在此基础上制订咨询服务方案。充分讨论、分析客户需求,撰写咨询服务建议方案和实施计划。在咨询服务阶段,做好项目现状调研分析和服务需求对接确认,并根据需求和实际情况调整咨询服务方案、计划,并和业主确认。在实施阶段,做好方案实施准备和组织实施,开展服务工作效果评估,并做好后续售后服务,应在项目结束后依据合同对客户进行回访,依据合同约定向客户提供技术指导,指导客户使用档案数据库,使用档案管理系统,指导客户做好数据维护,并对新增档案及时规范地整理归档,完善和增补数据。

4.4　咨询服务质量监管要求

业主单位应跟紧第三方档案整理服务的步伐,若发现有不符合档案服务行业规范标准的,应及时对服务提供方加以处罚和通报整改,从而实现档案咨询服务外包行为的统一规范性,体现用户至上、服务至上的档案行业严谨性和档案人的责任心。档案管理咨询服务机构有义务接受各地区行政主管部门的监督检查。依照《企业信用评价指标》(GB/T 23794—2015)和《信用中介组织评价服务规范信用评级机构》(GB/T 22119—2008)的有关要求执行,对咨询服务机构建立企业信用评价档案。企业应建立服务质量监督与投诉平台和服务质量监督机制。自觉接受国家有关部门和社会的监督,对外公布投诉联系方式;定期或不定期对所属从业人员进行服务质量检查,若发现服务质量有问题,督促其改正,并对其改正过程和结果进行跟踪监控;定期或不定期收集各方反馈意见和建议并建立反馈意见档案。对服务质量低劣、造成一定社会影响的从业人员,应视情节予以批评、处罚甚至辞退处理。

医院高质量发展要求下档案管理新思路

黄馥郁

嘉兴市妇幼保健院

摘　要:该文分析了医院高质量发展下医院档案管理的重要性。医院档案记载了医院建设发展的过程,是内涵丰富的重要文化、数据资源。做好档案管理,是新时期医院建设发展的重要工作。该文重点论述了医院高质量发展要求下档案管理存在的问题,并提出了相应的解决策略。

关键词:医院档案;管理;高质量发展

1　医院高质量发展要求下档案管理的重要性

2021年国务院办公厅发布的《关于推动公立医院高质量发展的意见》,旨在推动公立医院高质量发展及更好地满足人民日益增长的医疗卫生服务需求,其中的六个方面重点任务中提到要提升公立医院高质量发展新效能,建设公立医院高质量发展新文化,而档案工作在其中发挥着重要作用。

首先,医院档案见证了医院的开创和发展,是重要的历史材料,为医院的院史建设和文化建设提供了难以替代的档案价值,为医院后续高质量发展提供了坚实的文化力量。

其次,医院高质量发展离不开各方面的档案数据资源。医院档案中存在着丰富的数据资源,例如关于职工数量、学历、职称、科研情况等的人员数据,关于医院业务收入、床位使用率、门急诊数量等的业务数据,都可以反映医院未来的发展趋势和方向,为医院高质量发展提供了有力的数据支持。

最后,档案的收集整合以及档案利用的高效便捷,为医院人员提供了越来越有效的工作依据,提高了医院整体的工作效率。

在医院高质量发展要求下,档案部门的作用和价值日益凸显,但同时,对档案工作和档案工作人员的要求也越来越高。档案部门需要不断完善、不断创新,从而为医院高质量发展做贡献。

2　现阶段医院档案管理存在的问题

2.1　医院对档案工作的重视度有待提升

一是医院以临床业务为主,很多领导认为档案工作对医疗业务没有直接的贡献,所以没有加以重视,甚至有不少临床工作人员缺乏档案管理意识。这种情况导致档案收集不完整,档案利用效率低下。二是医院用地用房往往紧张,主要用于满足业务需求,因此档案用房紧张:一方面是面积较小,存放量有限,难以满足多类型档案的分类存放要求;另一方面是库房设置不符合档案管理要求,不符合档案温湿度管理标准,影响档案保管的安全性。

2.2　档案人员的专业能力有待提升

一是有些医院没有聘请专业人员进行档案管理,仅仅由医院的护士或者行政人员兼管,或者采用护理人员借调、离退休人员返聘等方式管理档案。在岗在编的档案管理人员也因为是医院里的极少数,缺少参加培训的机会,缺少沟通交流的平台,往往只能把过去的经验作为档案工作的参考依据,缺少对新时期档案工作的学习和了解。二是在数字化、信息化的当下,要求档案人员有信息管理能力,不仅要对纸质档案进行管理,而且要学习使用电脑、扫描仪、档案管理软件等,了解电子文件保管要求、档案数字化管理要求等。而在这些方面,目前不少医院档案人员的能力水平是亟须提升的。

2.3 档案管理的机制体制不够完善

一是很多医院缺乏完善的评价机制,没有把档案工作列入 KPI 或目标责任制考核中,从而导致档案工作缺少评价标准,不利于档案工作向更高层次发展。二是档案归档制度缺少或不完善,没有制定符合医院实际的分类方案、归档范围、档案保管期限表,对归档材料、归档时间等没有明确的制度规定,导致材料不完整,收集不齐全,文件较分散,特别是一些照片、实物、特种载体档案没有被很好地归档,从而影响档案发挥出相应的作用。

3 高质量发展要求下医院档案管理的改进措施

3.1 进一步提升医院领导对档案工作的重视程度

一是组建档案工作领导小组,由分管院领导担任组长,科室主任担任组员,一方面以更高的站位谋划档案工作,另一方面提高领导对档案工作的重视度。二是在领导小组下设档案工作网格队伍,各科室指定一名工作人员担任档案网格员,兼职管理各科室内的归档资料,在档案产生的源头做好收集整理工作,丰富和完善档案资源。三是定期开展档案工作总结交流会,分享档案收集利用成果,从思想和行动两个层面来提升对档案的重视度。

3.2 进一步提升医院档案人员的专业能力

一是鼓励档案工作人员在不同阶段不同时期参加相应的各种专业培训,例如新入职档案人员可参加新员工培训,档案青年干部参加档案能力提升培训,等等,通过符合阶段需求的培训提升档案工作人员能力。二是档案人员自身要积极主动拥抱变化,一方面可通过网络了解和学习先进的档案管理理念和技术,另一方面可与不同医院的档案工作者加强沟通与交流,主动了解医院档案工作。三是医院应安排档案专业毕业或有档案专业技术资格的正式员工担任档案工作人员,保证档案工作的稳定和连续。

3.3 进一步完善医院档案管理机制体制

一是制定符合医院实际的标准化档案分类方案、归档范围、档案保管期限表,并根据医院业务发展情况每年进行更新和完善。学习档案"三合一"制度,逐步将分类方案、归档范围、档案保管期限表三合一,规范基础业务。二是制定档案管理制度、档案保密制度等,以制度方式明确档案管理组织架构、归档资料移交要求(时间、内容等)、借阅登记管理要求、档案保密管理要求等,以制度管人管事,细化管理颗粒度,提高管理的精细度,提升档案管理的现代化水平。

3.4　充分利用信息化手段提高医院档案管理水平

档案中蕴含着丰富的数据资源,而这些数据资源之前因为手段的有限性,多以纸质的方式保存下来。随着信息化的发展,计算机技术覆盖到了档案工作的方方面面。一是要对前期的未数字化的档案进行数字化扫描,方便后续的查找利用;二是根据制度法规要求对新产生的档案进行归档并完成数字化加工;三是加强对电子档案的收集,包括电子文件、数码照片、音频影像、网站网页等,丰富档案内容;四是提升查找利用信息化水平,在利用关键词搜索的基础上,可增加照片人脸识别、影像录音语音文本识别等先进的信息技术手段,提升档案的利用效率;五是拓展电子档案查找利用范围,可给不同人员开通相应的查找权限,借阅人可通过网络异地查看电子文件,提高利用效率。

女同志更适合做档案工作

——以舟山定海为例

董　艳

舟山市定海区教育局

摘　要:舟山市定海区档案工作交流群共 107 人,其中女同志 103 人,占档案工作人员的 96.3%。该文以此为例,结合女同志善于沟通、细致、耐心、有韧性、更追求工作稳定的性格特征,认为女同志更适合从事档案工作。

关键词:女同志;性格特征;档案工作

2003 年 5 月,习近平同志在考察浙江省档案局(馆)时发表重要讲话并指出:"档案工作是一项非常重要的工作,经验得以总结,规律得以认识,历史得以延续,各项事业得以发展,都离不开档案。"这"四个得以"高度概括了档案工作的重要意义,要做好档案工作关键在人,关键在队伍。建设一支政治过硬、爱岗敬业、业务精湛、服务高效的档案员队伍是做好档案工作的重要保障。《机关档案管理规定》第十二条强调,档案工作人员应当为机关"正式在编人员",政治可靠、遵纪守法、忠于职守,具备胜任岗位要求的工作能力,并且具备"档案管理、信息管理等相关知识背景",对档案工作人员提出了身份和专业要求。那么档案人员的性别呢?是不是有男女有别?笔者从事机关档案工作数年,作为一名从教师岗位转岗而来的档案专技人员,对档案工作从最初的摸索到慢慢熟悉,也对从事档案工作的人员的性别进行观察思考,认为女同志更适合做档案工作。

以笔者所在的浙江定海为例。本区档案工作交流群中共有107位从事档案工作的同志,其中女同志103人,占档案工作人员的96.3%,而群里仅有的4位男同志中1位是档案局领导,1位是系统技术维护人员,仅有2位男同志从事实际档案工作,以此为例,从事档案工作的女同志和男同志的人数比为51.5∶1。黑格尔在《法哲学原理》中提出存在即合理。凡是合乎理性的东西都是现实的,凡是现实的东西都是理性的,以女同志为主的档案工作人员的实际现象,证实女同志更适合做档案工作。

那么女同志为什么更适合做档案工作呢?笔者认为这与女同志的性格特征和档案工作的特点息息相关。

首先,女同志更善于沟通。

档案工作不是一项孤立的,需要和本单位其他工作、社会各行各业融合在一起,以提高社会档案意识,扩大档案工作影响,使档案工作更好地发展。女同志温柔,善于沟通。首先,档案工作者要加强和领导部门的联系,争取领导部门对档案工作的支持;其次,要协调好与本单位其他部门的联系,保证各部门按时保质向档案部门归档,同时根据利用需求,向利用者提供主动服务;最后,要协调好与档案馆的关系,将本单位形成的、纳入移交范围的档案按照要求移交档案馆,加强交流与合作,努力实现全社会档案信息资源的共享。

其次,女同志更细致。

档案工作的基本内容包括收集、整理、保管、鉴定、统计、编目与检索、提供利用、编研等八项工作。其中档案的收集工作是档案出分散到集中的过程,它既是档案工作的起点也是档案工作的首要环节。因为档案数量繁多、内容复杂,收集档案的过程是凌乱的,女同志做事细致,能够更好地对凌乱的档案进行整理,筛选出有价值的档案并分门别类,加以条理化,使之规范有序,使档案从凌乱到系统,从无序到有序。

再次,女同志更耐心。

档案工作是一项服务性工作。档案工作人员需要通过管理档案和提供档案信息为各项工作服务。实践证明,只要积极开展档案服务利用工作,不断提供档案信息和各项工作服务,这个地区和单位的档案工作就能迅速开展,档案工作的地位和影响也就得到相应提高和扩大。女同志更耐心,能更快地树立服务思想,进入服务角色,自觉地为各项事业提供服务,让档案工作更好地为政治、经济、文化等事业提供服务。

又次,女同志更有韧性。

档案是随着人们实践活动的开展而逐步积累起来的。档案不像图书资料一样大量印刷和广泛发行。档案大多是"孤本",不能随意复制,尤其是历史档案,能够流传至今的很少。因此,档案资源的积累是比较缓慢的。笔者在从事档案工作中也发现,档案的利用常常是在档案整理完成数年甚至数十年以后,档案利用的延迟性注定档案工作是寂寞的。所以笔者认为档案工作在任何一个单位、地区都是一项幕后工作,需要档案工作人员数十年持之以恒耐得住寂寞。女同志较男同志更沉得下心,受得住寂寞,甘愿在人后日复一日重复枯燥沉寂的工作,经年累月沉下心来做一件"功在当下,利在千秋"的事业。

最后,女同志更追求工作稳定性。

特别是已婚已育女性,既要做好工作,又要照顾好家庭,对工作稳定性的追求进一步上升。档案工作是一项基础性工作,从古至今,只要有单位、有业务、有人员就会产生档案。可以说,档案工作社会需求大,工作稳定,经济收入上虽不一定比得上社会上的热门职业,但是只要愿意做,是能做好、能长期从事的。根据省人社厅和档案局的相关文件,从事档案工作可以评职称,从助理馆员到馆员、副研究馆员到研究馆员。从事档案工作有稳定的专业发展前途。

综上所述,女同志更适合从事档案工作。

国有企业党建与档案工作深度融合的问题与对策

夏海燕

温州市铁路与轨道交通投资集团有限公司运营分公司

摘　要:党建工作与档案工作深度融合,才能找准定位。该文对国有企业党建与档案工作深度融合存在的问题进行分析,并提出相应的解决策略。

关键词:国有企业;党建;档案工作;对策

新修订的《档案法》及《"十四五"全国档案事业发展规划》旗帜鲜明地把坚持中国共产党对档案工作的领导写入了法律和规划之中,明确提出:"与中心工作同研究、同部署、同推进。把档案工作开展情况纳入地方党政领导班子和领导干部综合考核评价内容,把党管档案工作要求落到实处。"这为党建与档案工作深度融合发展指明了实践路径。推进党建与档案工作深度融合,具有十分重要的意义。

1 国有企业党建和档案工作深度融合存在的问题

党建工作与档案工作深度融合,这是新时代落实全面从严治党与现阶段中心工作总任务的必然要求。但部分国有企业党建与档案工作融合不紧密,主要表现在以下四点。

第一,思想认识问题。部分国有企业党组织领导党建"第一责任人"意识不够强,"一岗双责"履行不到位,重党建轻业务。有的政治站位不高,缺乏党建与档案工作融合推进的意识,往往认为党建工作是硬指标,有上级考核任务,而档案工作是基础性的软任务,只是档案员的事。

第二,方式方法问题。由于党建与档案工作内容不同、特点不一样等(主要对象差异问题,党建工作主要做人的工作,而档案工作主要做事或物的工作),往往在理论和实践中很难找到有效机制和载体,难以实现党建与档案工作的有效结合。

第三,缺少交融力量。部分国有企业党组织领导在党建和档案工作的融合上缺谋划、欠统筹,主要是因为没有掌握两者间的内涵规律。有的一线党务工作者档案意识不强、缺乏档案专业技能,而有的档案工作者政治敏锐性不强,就档案工作论档案工作,党建与档案工作未能形成同频共振的机制。

第四,考评体系不同。相对来说,档案工作考核标准较明确,周期短,成效容易量化;党建工作考核标准较复杂,工作周期长,成效不易量化。

2 国有企业党建与档案工作深度融合的对策

2.1 在思想认识提高上下功夫

一要落实好"第一责任人"和"一岗双责"制度。明确工作职责,健全"一把手负总责,分管领导各负其责,班子成员齐抓共管"的工作机制,从机制上推进党建和档案工作融合开展。二要提高深度融合意识。思想是行动的先导,要想党建与档案工作发展达到同频共振,领导干部、党务工作者和档案工作者首先要从思想认识上融合起来,尤其是领导干部,要牢固树立"围绕党建抓业务,抓好业务促党建"理念,自觉主动地推动党建与档案工作深度融合。三要提高统筹谋划能力。领导干部要树立起党建与档案工作"一盘棋"思想和同频共振、同步发展的整体观念,加强顶层设计,将党建和档案工作交融纳入年度工作计划,让两者发展目标一致,同谋划、同部署、同落实。

2.2　在方式方法创新上下功夫

一要注重提升领导力。把档案工作纳入党校领导干部和支部书记等培训班的学习课程，不断增强党建与档案工作融合推进的领导力。二要注重培育复合型人才队伍。选齐配强党务工作者和档案工作者队伍，注重两者间的交叉学习和横向沟通交流，全面提升专业素养和综合素质，使之有能力去钻研推动党建和档案工作融合的有效机制和载体。三要注重发挥典型引路作用。抓住关键少数，选树典型，进而达到凝聚干事创业的合力，提高党建与档案工作融合的协调效率。

2.3　在找准融合点上下功夫

一要为互促互融创造条件。在党组织班子建设上，可考虑吸收档案工作者担任支委成员或党小组组长，也可在档案部门设立党小组，并结合工作职能组织开展一些具有特色的主题联学活动，解决党建与档案工作沟通协调渠道不畅通的问题。二要加强融合品牌创建意识。强化"党建＋"实践工作，可从队伍建设、资源开发和服务利用等方面着手，联合开展一些符合本企业实际且有特色的"党建＋"项目，如"党建＋档案业务""党建＋档案文化"等，以解决党建与档案工作联系不紧密的问题。三要增强融合力量。推进"双培双提"计划，建立优秀党务骨干与档案工作者交流渠道，保持队伍稳定性，为党建与档案工作深度融合提供原生动力。

2.4　在考评机制建设上下功夫

一要建立科学的融合考核长效机制。将融合工作纳入企业一把手和分管领导年终述职考核内容。同时结合业务特点设置交融考评指标，建立任务清单，量化考评指标，并注重和强化过程管理、跟踪问效的力度，为推动融合工作落地提供制度保障。二要强化激励机制。提高党建和档案工作融合在考核中所占的比例，对于做出成果的，予以表彰嘉奖。三要加强考评结果应用。把考评结果与党务工作者、档案工作人员的绩效、评优评先等结合起来。

第二部分

文件与档案管理

重大科技项目档案管理的问题与对策

——以国家重点研发计划"合成生物学"专项项目为例

杨　凝

浙江省肿瘤医院

摘　要：该文以浙江省肿瘤医院牵头承担的某项国家重点研发计划项目为例，分析了重大科技项目档案管理中存在的业务与档案管理"两张皮"、档案归属流向不明、科研过程档案管理欠缺等问题，提出了明确归档范围要求、建立协同管理模式、探索分阶段归档方案的管理对策，为档案工作者提供借鉴与参考。

关键词：重大科技；项目档案；问题；对策

国家重点研发计划项目档案对完整记录这些重大科技项目部署和实施的全过程，留存珍贵科研记录和关键数据，以及为后续科学研究提供知识储备都具有重要意义。[1]本文以笔者所在单位的国家重点研发计划"合成生物学"专项项目为例，分析科研档案管理现状并提出相应的管理对策。

1　重大科技项目档案管理的问题

项目产生的科研档案没有文书档案、会计档案那样固定的程序和格式，往往呈现出与其他门类档案不同的特点[2]，其管理贯穿了项目设计、答辩、实施、评价、验收等全过程。"合成生物学"专项项目执行期为 2021—2026 年，中央财政专用资金拨付研究经费共 1962 万元，包含 4 个子课题、5 家参与单位，分布在杭州、上海、湖南，机构类型包括高校、科研机构及企业，项目参加人数共计 31 人。项目档案管理中主要存在以下问题。

1.1　业务和档案管理"两张皮"

该项目被纳入医院重点项目管理体系，科研部负责该项目的全流程管理，但管理中缺少科研档案收集与管理的体系及要求。牵头单位及承担单位各自的科研任务以合同书的形式进行约定，项目的实施及日常管理由科研管理部门负责，但未明确该项目科研档案的归档范围及专职档案管理人员，存在档案收集工作与项目实施未同步进行的潜在风险。

1.2 科研档案归属流向不明

该项目囊括了众多合作单位,这些单位分属不同行业与领域,互相之间不存在行政隶属关系。因此,较难用某一单位的档案管理制度要求所有承担单位照章执行。项目执行过程中,只明确了承担单位各自承担的科研任务,但未指定专人负责各承担单位的项目档案保管、鉴定与归档,也未明确各承担单位产生的科研档案是各自归档还是提交至牵头单位存档。

1.3 科研过程档案管理欠缺

该项目横跨不同地区的 5 家合作单位,科研档案内容和载体各不相同。且由于研究方向前沿,前期可借鉴内容较少,需要大量的计算、推演、试验、比对,因此会产生大量的科研数据。[3]在项目科研档案管理中,往往只强调对立项、验收及成果档案的管理,对诸如实验记录等过程档案的重视程度不够,存在部分重要过程档案未按要求及时归档的风险。

2 重大科技项目档案管理的对策

2.1 明确归档范围要求

项目牵头单位和各子课题承担单位的科研管理部门、档案管理部门、课题负责人应在项目立项后,以合同书或任务书附件协议的形式,明确科研档案归档工作要求。一般来说,每个子课题应成立由专职档案员、所在单位档案部门负责人、课题负责人等组成的项目档案管理小组,负责收集项目档案尤其是过程档案。过程档案对于复原研究全过程、复核实验数据具有重要意义。档案管理小组要深入临床科研一线,了解科学研究工作的规律并针对项目实际情况,明确项目文件的归档范围,编写归档计划表,作为项目后期考核、验收及归档的一项依据。[4]科学研究是一个动态变化的过程,过程档案的归档范围要根据研究思路、实验方法等的调整进行相应的调整。

2.2 建立协同管理模式

除了明确课题内部档案管理体系外,牵头单位与承担单位也应明确谁收集、谁保管、谁管理的问题。实际工作中,应统筹兼顾各承担单位档案管理水平差异,由牵头单位负责协调各方,统筹制定统一的归档标准和建档规范,建立自上而下的档案协同管理体系。承担单位对照该标准和规范做好单位内部项目档案收集工作,牵头单位按照该标准和规范对承担单位的档案工作进行检查、反馈、指导。

　　承担单位应将各自产生的成果档案、过程档案、管理文件和相关的音视频、电子文件以及其他所有受该项目资金支持产出的研究成果及其档案目录一并收集并移交给牵头单位。移交原件确有困难的,可以移交盖有单位公章的复印件或电子文件复制件。为便于档案的查找利用,应建立"目录集中、实体分散"的保管模式[5],即牵头单位除了保管本单位和子课题承担单位产生的实体科研档案外,还需保管各承担单位的全套档案目录,而承担单位保管本单位产生的项目档案及其目录。

2.3　探索分阶段归档方案

　　国家重点研发计划项目按实施过程,可划分为科研准备阶段、研究实验阶段、总结鉴定验收阶段、成果和奖励申报阶段、推广应用阶段等。[6]如果该项目研究周期超过一年,无法人为地拆分项目执行过程、机械地按年度归档,可探索采用按阶段归档的模式,将科研工作和档案工作进行同步管理。在下达项目任务时,档案管理人员应抓住任务书签订的关键时间点,同步提出归档要求,实施源头控,加强立卷指导;在中期、年度考核时,评估当前阶段档案归档情况并做反馈;在验收时,档案收集情况未达要求的,须整改完成后方可验收。在项目执行的不同阶段,专职档案人员会同单位档案管理负责人共同做好过程档案的鉴定工作并合理划分保管期限。分阶段归档模式要求各单位在开展项目的同时,同步检查科研档案收集、归档情况并及时做出反馈与整改,避免在项目验收时为了归档而归档,科研档案的完整性、成套性、规范性得不到应有保障。

注释

　　[1] 孙琛辉.重大科技项目归档工作挑战与对策[J].北京档案,2020(8):29-31.

　　[2] 朱武梅,王鹏.科研档案归档难、归档不全问题及对策[J].北京档案,2019(9):37-39.

　　[3] 高朝阳.国家科技重大专项档案管理存在的问题及思考[J].北京档案,2022(8):32-34.

　　[4] 孙建红,孙晓峰.构建科技档案管理模式 提高科技档案管理水平[J].兰台世界,2012(S3):89.

　　[5] 李盛楠,王芳.e-Science背景下重大科技项目档案收集归档研究[J].北京档案,2018(9):15-18.

　　[6] 宣艺翔.加强科研档案管理的若干要务[J].浙江档案,2017(11):66.

如何加强医院党代会档案收集工作

沈园园

宁波市妇女儿童医院

摘　要：新时代党的建设对医院党代会的档案质量提出了新的要求。档案收集是档案业务管理工作的首个环节，直接决定了档案质量。该文从加强医院党代会档案收集工作的现实意义出发，分析收集工作存在的主要问题，进一步明确档案收集范围、收集方法与要求，为以后的换届工作提供借鉴与参考。

关键词：党代会；档案；标准化；收集

党代会是医院发展进程中的标志性事件。建立系统、完整的党代会档案，是医院加强党的建设和健全党代表大会制度的一项非常重要的基础性工作。笔者结合工作实践，谈谈如何加强医院党代会档案的收集工作。

1　加强医院党代会档案收集工作的现实意义

近年来，中央和地方相继出台了推动公立医院高质量发展的意见和实施方案，多次强调坚持和加强党对公立医院的全面领导。党代会作为医院重大会议，承载着举旗定向、谋篇布局、凝聚力量的重大使命，对医院党的建设发展产生了重大影响。档案收集是党代会档案管理工作的基础和起点，其质量直接影响档案工作质量。加强党代会档案收集工作，确保档案完整、安全与有效利用，既是落实《重大活动和突发事件档案管理办法》的重要措施，也是加强医疗服务领域党的建设的现实要求。

2　党代会档案收集工作存在的主要问题

2.1　收集工作不够重视

有的领导对党代会档案的重要性认识不足，缺乏提前谋划、整体推进意识。部分民营医院建立党组织时间不长，对党代会档案收集工作没有足够重视，也缺乏相应的经验。

2.2　收集范围不够明确

医院综合档案室工作人员对党建业务了解较少，无法明确清晰地界定党代会材料的归档范围，不能对党代会档案收集工作给出合理化指导，档案移交存在一定困难。

2.3　收集质量有待提高

党代会档案中混有未生效或作废的文件材料，部分文件未加盖印章直接归档，如果日后出现人事问题，将无从问责；手签材料中有圆珠笔、铅笔等不耐久的书写材料，不符合档案字迹耐久性要求。

3　加强党代会档案收集工作的措施

3.1　加强组织领导

将党代会事宜纳入党委会议题，进行专题研讨部署，成立筹备工作领导组，下设办公室和秘书组、宣传组、会务组三个工作小组。将党代会档案收集工作列入会务组工作范畴，设专人负责。以笔者所在医院为例，党政综合办公室档案管理员全程参与收集工作。在筹备阶段，提前制订采集计划和档案收集目录。党代会召开期间，遵循"应收尽收"原则，对照收集目录全面收集。如办公室人员不足可抽调人员，一边为大会做会务服务，一边开展档案收集工作。党代会闭幕后，及时整理归档。

3.2　明确收集范围

党代会按照党章和《机关基层党组织工作指南》要求，有固定的会议程序，大会形成的文件材料有明显的成套性和规范性。只有明确档案收集范围，才能有效地做好收集工作。可根据时间顺序和工作程序，分六个阶段开展收集工作，如表1所示。

表1　档案收集各阶段工作情况

阶段	序号	内容
党代会筹备阶段	1	医院召开党代会的请示和上级党委的批复
	2	医院党委和纪委换届选举工作方案
	3	党代会代表候选人推荐名册
	4	党代表候选人确认（党委会记录）
	5	党代表候选人公示单

阶段	序号	内容
党代会 筹备阶段	6	党代会代表推荐名册
	7	党代会代表通过党委会（党委会记录）
	8	党代会代表公示单
	9	党委、纪委（以下简称"两委"）委员候选人支部推荐人选汇总表
	10	两委委员候选人预备人选党委会建议名单（党委会记录）
	11	两委委员候选人预备人选支部推荐名单汇总表
	12	两委委员候选人预备人选通过党委会（党委会记录）
	13	两委候选人预备人选的请示和上级党委的批复
党代会 预备会议	1	预备会议主持词
	2	大会筹备工作情况报告
	3	代表资格审查报告
	4	大会议程
党代会 正式会议	1	党代会主持词
	2	大会选举办法
	3	党委工作报告
	4	纪委工作报告
	5	监票人名单
	6	计票人名单
	7	清点到会人数报告单
	8	分发选票情况报告单
	9	清点选票报告单
	10	党委委员选票
	11	纪委委员选票
	12	党委委员计票单
	13	纪委委员计票单
	14	党委委员选举结果报告单
	15	纪委委员选举结果报告单
	16	新党委成员代表发言稿
	17	上级党委领导讲话稿

阶段	序号	内容
纪委第一次 全体会议	1	纪委第一次全体会议主持词
	2	纪委书记建议名单
	3	纪委书记选票
	4	纪委书记计票单
党委第一次 全体会议	1	党委第一次全体会议主持词
	2	党委书记、副书记建议名单
	3	党委书记、副书记选票
	4	党委书记、副书记计票单
	5	纪委选举结果报告
党代会闭 幕后	1	闭幕式讲话稿
	2	医院两委委员选举结果的请示和上级党委的批复

3.3　严把档案质量

坚持严字当头，紧扣"两看"，对每一份文字材料进行认真审阅，为召开党代会奠定坚实基础。一看完整性。从会议程序上核实资料收集是否齐全。从文件内容上审查有无漏项，如日期、署名、页码等，未加盖公章的，应及时补盖。二看规范性。重点审查文件文种、格式，文本信息用词，避免多字、漏字、错别字，避免使用不耐久的书写材料。

总之，我们应该充分认识党代会档案的政治价值、历史价值，及时发现和解决档案收集过程中的种种问题，高效有序地开展收集工作，探索标准化收集流程，为医院留下真实、清晰、完整的历史资料，为以后的换届工作提供可复制可借鉴的宝贵经验。

浅析如何加强建设工程档案管理

沈于兰

嘉兴市嘉城建设发展有限公司

摘　要:该文分析了当前建设工程档案管理存在思想上不重视、档案意识不强,重项目轻档案、档案归集不到位,管理比较粗放、档案整理不规范,保管员不固定、档案人员不匹配等问题,提出要明确档案管理机构及职责,明确工程文件归档范围,提升工程文件材料归档质量,加强工程档案全周期管理,提升档案管理人员业务素质,促进工程档案管理质量持续提升。

关键词:建设工程;档案;管理

近年来,嘉兴市嘉城建设发展有限公司作为嘉兴中心城区城市建设主力军、主平台、主战场,先后承担实施了子城遗址公园建设工程、市区"一环四路"整治提升工程、南湖区域景观提升改造工程、南湖天地建设工程、九水连心景观提升工程等重大建设工程项目。嘉兴市区城市面貌日新月异,城市建设档案的数量与日俱增,库房已经不堪重负,没有足够空间继续存放新的项目资料。作为公司档案管理员,笔者深感压力大、责任重,同时也觉得自己的工作使命光荣。如何将近几年建设工程项目资料及时收集归档,为嘉兴城市变化留下宝贵的历史档案和工程技术资料,为保留城市记忆,也为今后运维管理、改扩建提供科学依据,是值得思考的。加强建设工程档案管理工作责任重大、迫在眉睫。本文围绕自2019年11月嘉兴启动中心城市品质提升工作迎接建党百年以来,公司承担实施的重大工程建设项目档案,结合自身工作实践体会,就如何加强建设工程档案管理提出粗浅的想法。

1　当前建设工程档案管理存在的主要问题

1.1　思想上不重视,档案意识不强

有些工程施工单位和监理单位认为,建设项目主要以建设工程实体为主,不重视工程资料的收集整理。片面认为档案资料是为了应付建设单位和建设管理部门的,对工程本身没有重大影响。由于认识不到位,对工程建设档案不重视,

档案管理制度不落实,往往到了建设项目竣工验收时,才突击进行资料补收。由于平常不注意资料的积累和收集,严重影响了城建档案真实性、原始性和准确性,将对工程后期的管理、改扩建留下不可估量的隐患。

1.2　重项目轻档案,档案归集不到位

档案的形成主要分为收集、整理、归档三个重要阶段,而收集工作是档案形成的关键阶段,如果收集工作不到位,档案工作便成为无米之炊。因此,资料收集的重要性不言而喻,其中收集的及时性显得更为重要。若没有及时收集,就很有可能将原始资料遗失,待到整理归档时,不但不能保证档案材料的完整与准确,而且缺失的原始资料补起来相当困难。作为建设单位,公司领导和项目管理人员往往非常重视建设项目的进度和质量,但对工程档案往往缺少相应的归档管理和监督制约措施,分散工程建设资料的集中管理,造成档案资料收集的不及时、不齐全和不系统,使建设工程档案不能真实准确反映工程全过程。

1.3　管理比较粗放,档案整理不规范

对工程资料的收集、整理和保管随意,工程资料混乱堆放。重视工程资料管理的建设单位还能及时整理交付甲方,而重建设轻档案的建设单位,因没有相应的归档制约措施,对工程资料的归集没有具体要求,资料都积压在资料员手中,时间一长,工程档案资料因未被管理而变成废纸一堆,极大地影响了档案的质量。

1.4　保管员不固定,档案人员不匹配

工程资料无专人管理,工地资料员一人多职,承包多个工地的施工资料,包括安全资料、工程资料,还要对原材料进行报检报验。由于建设、施工单位存在档案临时管理的观念,不少建设单位和施工单位的工地资料员都是兼职档案员,队伍不稳定、人员变动频繁、职务调整频繁,使得工程档案管理和人员不匹配问题比较明显。

2　全面加强建设工程档案管理的对策

2.1　明确工程档案管理机构及职责

作为建设单位,要明确建设工程文件整理归档管理的部门和人员职责。公司应明确各建设项目的建设工程文件档案,由项目部及时报送公司档案室存档、验收,并列入项目管理目标考核办法,与项目进度、质量同步进行考核。项目部应落实相关部门和人员履行档案管理职责,对本级档案归档负责,在工程竣工验

收合格 3 个月内完成归档和移交工作,务必做到电子文档和纸质文件同步移交,并与公司档案管理部门履行文件交接手续。公司档案管理部门应对工程文件的整理归档工作进行服务、监督和检查,对检查的结果提出改进的意见,并进行奖励和处罚,同时对本级档案归档负责。

2.2　明确工程文件材料归档范围

工程文件按照建设程序可以分为工程准备阶段文件、监理文件、施工文件、竣工图、竣工验收文件等 5 个部分进行编制和组卷。工程准备阶段,归档文件中主要有项目建议书及批复、可行性研究报告及批复、技术准备的各类报表等资料。监理阶段和施工阶段,归档文件按建设主管政府部门的要求和国家标准的规定来确定。涉及重要结构安全和工艺设备重要安装部位的隐蔽工程,在隐蔽前要拍照归档,拍照前在现场要标识所属部位,归档时附照片说明。竣工验收阶段,工程文件主要有工程竣工总结、工程验收报告、工程质量保修书、工程预决算文件、集团监察审计部工程审计结论报告等。重要的、具有可追溯保存价值的照片、录像等影像资料和文字、图样文件的电子版要整理归档。

2.3　提升工程文件材料归档质量

归档的工程文件应为原件,必须真实,与工程实际相符合。归档文件的内容必须符合相关技术标准、规范和法律法规,相关责任人签字、签章齐全有效。文字材料的幅面宜为 A4 纸规格,采用能长期保存的纸张。采用耐久性强不易褪色的书写材料,如碳素墨水。不采用红色墨水、纯蓝墨水、铅笔、圆珠笔、复写纸等。设计图纸应符合国家标准,一般采用兰晒图,加盖不易褪色的红印泥设计专用出图章,按 A4 幅面折叠。竣工图应是新蓝图,加盖竣工图红印泥章,竣工图章上必须有施工单位名称、施工单位技术负责人姓名、监理单位名称、总监姓名、编制日期等内容。计算机出图时,不得使用其复印件存档。在施工中对施工图做修改的,在原施工图上文字、数字变更应做画改,图样局部变更应做圈改,并标注变更依据后作为竣工图。图样变动较大,不能清晰表明变动前后的情况,要重新绘制竣工图,在竣工图图样上标明变更的依据。

2.4　加强工程档案全周期管理

坚持工程文件的分类原则,所有文件应有专柜存放、妥善保管,加锁,每月定期清理翻动,通风、防湿、防虫、防霉、防丢失,保证文件的安全。建立严格的借阅、移交和保密制度,凡因工作需要借阅文件必须进行登记。外单位的人员如需借阅有关非保密资料时,须征得公司总经理同意,并做好登记。保密资料概不外借。因人员变动等因素造成工程资料移交,必须做好资料清单,移交人、接收人、监督人分别签字确认。机密文件按密级保管,不得随便放置于公共场所,不得私自摘录或对外泄露。任何人不得私自销毁文件。所有工程合同原件在工程未完成之前必须存放在项目部由专人保管。其他部门只能使用复印件,工程竣工后一起归类入档。

2.5　提升档案管理人员业务素质

工程项目要按照要求配备档案管理人员。档案管理人员上岗前,培训要以学习工程档案管理相关法律法规、标准规范为主要内容,增强档案管理人员规范化、科学化管理的基本意识;同时,要加强档案管理人员专业技能方面的培训,提升档案管理人员规范化、科学化管理的操作水平。档案管理人员在参加培训后,要积极做好宣教、推广档案管理培训内容的工作,自觉扩大档案培训的效益。强化培训全员参与。加强对参与工程建设管理全员的档案培训工作,对所有参与工程建设管理、接触工程档案的人员进行档案管理知识的宣传,增强全员的档案管理意识。参与工程项目建设管理的全体人员要自觉转变观念,积极主动地参与工程档案管理活动,自觉认识到档案管理不仅是档案管理人员和档案管理部门的职责,只要参与工程项目建设管理、接触工程档案,就有义务和责任做好工程档案的收集保护工作。

建设工程项目档案验收方式创新策略

——以宁海县城建档案馆为例

赖超芳

宁海县城建档案馆

摘　要:工程档案验收事项涉及的实体档案数量多、专业性强,城建档案部门在没有对实体档案进行查验的前提下,实施承诺办结,存在案卷质量不高、返工率高、材料欠缺无法补齐补正等一系列问题。笔者在实践中创新了一系列方法策略,实现了档案验收的先办后验承诺制,为优化营商环境提供借鉴。

关键词:工程项目;档案验收;创新;策略

《建设工程文件归档规范》指出,对列入城建档案管理机构接受范围的工程,在工程竣工验收备案前,应向当地城建档案管理机构移交一套符合规定的档案。建设工程档案的验收应纳入建设工程竣工验收联合验收环节。城建档案管理机构应对工程文件的立卷归档工作进行指导和服务,并按本规范的要求对建设单位移交的建设工程档案进行联合验收。

1 建设工程项目档案验收存在的问题及原因

"最多跑一次"改革要求各级建设行政主管部门加强对建设单位承诺后的档案移交事中提醒、事后监管、失信处罚的力度,最终走向业主承诺、核验移交,实现"最多跑一次"和"跑零次"的目标。但是由于建设工程档案验收事项涉及的实体档案数量多、专业性强,城建档案部门在没有对实体档案进行查验的前提下,实施承诺办结,存在案卷质量不高、返工率高、材料欠缺无法补齐补正等一系列问题,所以近几年浙江省绝大多数地区未能真正实现建设工程档案验收承诺办结或"跑零次"。

1.1 对档案中介服务机构监管力度不够

目前档案中介服务机构管理的机制尚不完善,档案主管部门也未能有效加强档案中介服务机构的监督管理,监管实施力度还不够,档案中介服务机构从业门槛低,专业化能力不足,没有形成行业权威和体系的评级认定。

1.2 专业化档案工作人员欠缺

确保稳定的建设工程项目档案工作团队,有助于了解档案业务情况和增强业务能力,进而确保项目档案工作的长远发展。但由于各方面因素,专业化的档案人才队伍日益萎缩,档案人才队伍建设方面的问题日益突出,严重制约了新时代档案事业的可持续发展。

1.3 建设工程档案验收时间过长

一个项目形成的工程竣工档案从项目前期准备文件、监理文件、施工技术文件到工程竣工验收文件,整理数量少则十几卷,多则几百卷,档案收集整理及数字化加工周期较长。同样,城建档案部门对实体档案及数字化成果的查验也需要一定的时间。在工程项目的验收阶段,档案验收事项整个流程所需时间较长,已经不能适应现行的建设工程竣工联合验收模式,也不能满足建设单位迫切的办证需求。

2 建设工程档案验收方式的创新举措

宁海县城建档案馆按照"数据共享、告知承诺、提前服务、承诺办结、加强监管"的工作思路,通过在建设工程档案验收前强化事前服务、事中指导、事后监管的模式,在整个档案验收过程中实现承诺办结,验收结束后加强事后监管。

2.1　实施告知承诺

建设单位应在组织工程竣工验收时签订《工程档案限期移交承诺书》,由宁海县建筑工程质量安全监督站在工程竣工验收时共享给宁海县城建档案馆。承诺期限原则上要求自竣工验收合格之日起一个月内,最长不得超过三个月。

2.2　实行事前服务

城建档案管理部门应根据建设工程进度主动做好服务,指导、帮助建设单位、施工单位、监理单位等参建单位按照相关标准规范做好建设工程文件的收集、积累、整理以及移交归档工作。

2.3　实行建设工程档案评估制度

档案中介服务机构在宁海城建档案馆提供的电子文件接收平台上推送的电子文件数据条目经宁海县城建档案馆指导并整改无误,经城建档案馆同意后,可以向委托的建设单位出具《工程档案评估报告》,评估报告内容包括该工程档案的真实性、完整性、准确性及数量信息等。建设单位凭《工程档案评估报告》可以向宁海县城建档案馆申请工程档案验收承诺办结。

2.4　实施承诺办结

宁海县城建档案馆收到建设单位提供的《工程档案评估报告》和建设工程档案验收申请后,于半天内办结该工程档案验收事项,出具《建设工程档案验收意见书》,同时,通过网络及时共享给其他竣工联合验收单位。《建设工程档案验收意见书》一式三份,其中一份同步快递寄送给建设单位,真正实现了建设工程档案验收承诺办结或"跑零次"。

3　建设工程档案验收方式创新成效

近几年来,宁海县城建档案馆已有500多个项目通过承诺办结,按照先办后验的方式办理,不仅实现了建设工程竣工档案接收进馆的真实性、完整性、准确性、可读性、可用性,还加快了建设工程档案验收的审批事项速度,同时群众和企业满意度和获得感也显著提升。

3.1　为建设单位争取时间

宁海县城建档案馆在建设工程档案验收时,凭之前建设单位提交的《工程档案评估报告》和已做出的《工程档案限期移交承诺》,将档案的整理、数字化加工、实体档案的审核等各环节后置,以先办后验的模式,实施承诺办结。

3.2 加强事后监管、保障档案验收

实施事后档案验收工作。建设单位应在承诺期限内,督促、配合代理档案服务机构完成竣工档案的整理和数字化加工等工作。宁海县城建档案馆在收到档案后,城建档案馆专业人员开始组织对档案的验收。验收检测合格后,及时通知建设单位提出网上申请建设工程档案移交事项,档案馆在收到申请事项后进行实时办结,同步出具《建设工程档案移交书》,并以快递方式寄送建设单位一份,实现建设工程档案移交事项"零次跑"。建设工程档案经验收后,应严格执法、确保工程档案完整接收。对承诺办结的项目,如超过法定期限未能完成建设工程档案移交的,建设行政主管部门应根据规定进行处罚。

3.3 加强档案中介服务机构的监督管理

宁海县档案主管部门根据有关规定,加强对档案中介服务机构的监督和指导,建立档案中介服务机构和档案从业人员的诚信档案,将档案中介服务机构纳入诚信管理体系,以促进档案中介服务市场的规范性,使档案中介机构服务水平得到全面提升。

提高办公室档案收集管理效率的几点思考

沈海波

海盐县农业农村局

摘　要:档案的收集管理,是重要的基础性工作,也最能直接体现档案工作的成效。提高办公室档案收集管理的效率,收集落实要细致,形成一套自有全员收集体系;收集内容要全面,涉及条线工作应收尽收;收集整理要靠前,做好科室内预处理;收集分类要多样,体现行业领域特色;收集指导要全程,强化形成之前指导;收集利用要重视,激发工作内生动力。从收集到管理,需要进行统筹协调,才能更好地做好档案工作。

关键词:档案;收集;管理;效率;思考

档案的收集管理,是档案工作的重点,也是最能直接体现档案工作成效的。

办公室作为档案归集的集散地,综合海盐县农业农村局各部门的文件资料,做好档案的管理,发挥其作用至关重要。

第一,收集落实要细致,形成一套全员收集体系。

档案收集并不是资料的堆积,可别小看了资料收集,这里是有大学问的。档案收集需要有规章,有程序。局内部有一套档案收集管理体系,以局办公室主任为主要负责人,局档案员为直接责任人,每一个科室都确定一名联络员,建立局档案工作群。除了每年的科室档案移交外,每月每季度都要进行档案资料的梳理。如每月进行照片档案的收集,每季度进行重要活动项目的资料整理,每年进行一次局档案业务培训等。有了这样的档案工作体系,收集工作才比较得力。

第二,收集内容要全面,涉及条线工作应收尽收。

在收集档案的过程中,我们把体现本单位或条线工作的所有资料进行整理。办公室工作综合性较强,对于全局的收发文资料,工作过程中形成的各类材料都要收集。同时要求各业务科室,根据各自的工作职责,把体现工作的内容以多种方式保存好。因为每个科室的业务不同,展示的内容也不同,有的以政策文件的形式体现,有的以开展活动项目为载体,有的以下乡入户指导为主要方式,所以呈现的档案资料也各有侧重。无论以哪种形式展现,只要对社会具有保存价值,都可以作为档案进行保存。

第三,收集整理要靠前,做好科室内预处理。

一般情况下,局各部门都是把自己认为比较重要的资料直接送到办公室,由办公室档案员进行分类整理。各条线工作都比较专业,内容也比较多,涉及农田建设、美丽乡村、产业发展、农技推广、土肥值保、经作管理、农业执法等。在整理时,发现很多资料的整理都要求档案员对条线工作有所了解,否则档案员分类困难比较大。比如执法类的,全部要做成案卷,每份的案卷目录、卷内目录都有一定要求。所以,要求每个部门在移交上一年度资料的时候,各部门的档案联络员对资料进行预整理。对于项目类、案卷类的,要求先进行预处理,特别是对一些先后顺序、资料完整度等进行核对,对于已经交到档案室的资料基本不再进行调整,如需改动,必须和业务科室档案员或负责人一起商量决定。

第四,收集分类要多样,体现农业领域特色。

单位综合档案室的档案分类虽有大框架,但涉及具体内容,也是可以多分细分的。业务档案的内容可以多样化,可根据专门的内容进行收集。比如海盐县农业农村局近几年开展的农业特色明显的活动,农民丰收节、稻田龙虾节、葡萄擂台赛、美丽乡村精品旅游线等,这些活动的开展都有一定过程,前期进行统筹协调,开展会议讨论、现场落实、人员确认、联系部门乡镇、会场策划等。为此,局成立活动项目的领导组、宣传报道组、会务后勤组、舞台节目组、现场秩序组等,每个组都由负责人带领,大家分工合作,保障活动顺利举行。有些活动在举行之后,还有许多后续延伸,比如美丽乡村旅游热、龙虾产品推销会、葡萄品鉴会等。针对这些内容,我们要求各科室及时把活动过程中的一些文字、照片、声像资料等都收集起来,形成活动档案的鲜活内容。档案资料收集得好,也能成为我们行业的一张金名片。

第五,收集指导要全程,强化形成之前指导。

每一份档案的形成都有一个过程,那么在这些资料形成之前就进行指导,会让档案收集得更齐全、整理得更规范,利用时也更方便。比如前几年开展的土地确权颁证工作,当时是由县档案馆专门派专家组下沉到各个乡镇进行实地指导,因为这项工作开展时牵涉到家家户户,所以每一份资料的收集都很不容易。根据之前的经验,接下来几年,县内又将开展土地承包的延包工作,对于这类大工程,我们提前参与进来,定期关注,这样就能更好地做最后的档案整理工作。

第六,收集利用要重视,激发工作内生动力。

要重视档案的利用,彰显档案价值,激发大家做好档案收集工作的积极性、主动性。收集工作除了一般的文件查阅,还可以根据已有资料做一些梳理性的编研。针对农业行业的特点,可以做年鉴、行政处罚安全汇编、规范性文件汇编等,还可以梳理葡萄栽培技术、菌菇暖房培育注意事项、龙虾养殖方法等,汇编后的材料,不仅本业务条线的同志可以学习钻研,其他行政科室或其他业务条线的同志也可以学习借鉴,有很好的指导意义。

国有企业建设项目档案管理存在问题及对策探讨

冯雅琴

义乌市社会事业工程管理有限公司

摘　要:因项目建设周期长、参与单位多、流程环节复杂,且档案管理专业性强、人员不固定、受重视程度不够,国有企业建设项目档案管理工作中存在诸多问题。该文浅析原因,并尝试提出具有针对性的解决措施。

关键词:国有企业;建设项目档案;问题;对策

国有企业建设项目档案是指由国有企业参与建设的工程项目,在工程前期、建设实施、竣工验收等全过程中形成的具有保存、利用价值的文字、图表、声像、电子文件等,是项目管理中不可缺少的一项重要内容。但因建设周期长、参与单位多、流程环节复杂,加上档案管理专业性强、人员不固定、受重视程度不够等因素,国有企业项目档案管理工作面临诸多问题。本文将浅析原因,并尝试提出具有针对性的解决措施。

1　国有企业建设项目档案管理的常见问题

近年来,义乌市建设项目工程量大,一些建设项目由于档案收集不齐全、管理不到位、移交不及时等因素,造成工程竣工验收推迟、竣工备案不全、交付使用不及时、资金支付滞后等一系列问题。

1.1　档案工作责任制落实不到位

部分建设项目责任主体单位对工程档案重视程度不足,将工程档案的收集、整理、验收、移交等工作全部交给施工企业,甚至认为工程档案管理就是施工企业的工作,没有按照《档案法》《浙江省重点建设项目档案管理办法》的要求,规范制定和履行档案工作责任制,设置相应监督管理岗位,并将建设项目档案工作纳入议事日程。有的档案管理人员岗位设置存在重文书轻项目工程的情况,最终使项目工程档案收集不齐全、整理不规范、保管不集中。有的建设项目责任主体单位仅是挂名,工程实际建设过程涉及多家单位,致使工程档案的收集缺乏监督,进度缓慢。事实上,很多项目,前期立项和后期建设并不是同一个单位,这就需要有一家贯穿始终的单位负起建设项目档案统一收集管理的责任,避免项目档案四处分散,未统一成套组卷。

1.2　档案归档范围不正确

部分建设项目责任主体单位没有按照国家标准《建设工程文件归档规范》(GB/T 50328—2014)或行业标准《建设项目档案管理规范》(DA/T 28—2018),制定本单位有关建设项目档案的归档范围,片面地认为完成城建档案馆要求提交的工程文件收集工作,即为归档工作已完成,未对所有参建单位的有关建设项目档案进行全面收集,存在归档材料不齐全、应归未归、盖章签字不完备、事件前后事实不对应、著录信息不准确等诸多问题。

1.3　档案库房建设不标准

部分建设项目责任主体单位将建设项目档案管理责任转移给下属单位,没有规划用于存放建设项目档案且符合档案"八防"要求的档案室,甚至以仓库代替档案室。部分建设项目存在以下情况:档案未成套保管,分散放置在不同科室,甚至不同单位;没有按规定组卷,档案分类、装订、组卷、编号等整理标准不统一,资料散落,未一起归档保存或者异地保存;内容不完整,特别是一些短小工程,项目管理性文件、合同协议、招投标等重要文件材料以复制件居多,文件的真实性和准确性大打折扣甚至无效等。

1.4 工程资料收集与工程进度不同步

大部分工程项目由多个单位共同承建,涉及参建单位多、流程环节复杂,而参与收集相关资料的人员专业水平普遍不高、人员流动性较强;部分单位又存在互不沟通、各自为战的问题,导致协调难度大;再加上部分建设项目责任主体单位存在重实体工程轻文件资料收集的思想,未在工程实施阶段同步收集资料,文件材料及归档时间、责任人、归档格式、归档份数等规定不明确,档案收集不完整、不及时,甚至部分档案资料遗失,造成竣工阶段文件资料收集困难,直接影响工程的竣工验收、竣工备案、交付等一系列工作。

2 产生问题的原因分析

2.1 档案管理制度不规范

一是大局意识薄弱。部分国有企业尚未认识到项目档案管理的重要作用,错误地将建设项目档案的收集视为施工、监理等少数参建单位的资料收集,导致档案管理工作与项目建设脱节。二是缺乏严格的规章制度。部分国有企业的档案管理制度并不健全,没有形成符合本单位实际的一整套完善的档案规章制度,认为档案管理仅满足于日常收发、借查阅等事务性工作,监督执行不到位,缺乏合理的奖罚,导致档案工作人员在日常开展管理工作时或随意散漫,或缩手缩脚,工作积极性不高。

2.2 档案管理人员专业性不强

主观上,档案管理人员参与不深,在项目档案管理的工作中,履职不充分,工程项目档案交底、中间检查等工作要求执行不到位,项目建设过程中缺少资料收集规范指导,审核把关流于形式,资料内容常常出现前后矛盾的错误。客观上,项目建设涉及单位多、建设周期长、专业性强,档案管理人员难以全程参与项目建设的各个阶段和环节,收集项目材料,参与项目建设的各方建设者又不明确项目档案材料收集的具体范围和标准,这就导致项目档案材料收集困难,材料不完整、不系统,整理归档不及时。

3　优化国有企业建设项目档案管理的若干措施

3.1　强化档案工作责任制

国有企业作为建设项目责任主体单位要提高认识,发挥主导作用,切实履行党委领导下的档案工作责任制。健全档案工作组织架构,建立清晰的档案管理网络,明确第一责任人,形成分管领导挂帅、档案管理主任分管、档案室具体负责、各项目协助抓的四级档案管理网络,保证工程项目档案收集与工程进度同步,确保档案工作落实到位、责任到人。将项目档案的归档率、归档质量、归档时间等纳入档案管理人员的绩效考核中,并将考核结果和个人薪资待遇挂钩,切实提升其履职能力。

3.2　明确档案归集整理范围

建设项目责任主体单位要制定或更新本单位"建设项目档案归档范围和保管期限表",并按制定的归档范围收集档案,做好电子档案、照片档案、实物档案、录音录像等各门类工程档案的收集归档工作,确保门类齐全。建设项目责任主体单位必须保存一套完整的项目工程档案,包括项目前期的立项、设计,项目建设过程中的决策、施工、竣工验收等各环节的档案资料,内容包括地上建筑、地下管线、景观绿化、附属等,并按规定组卷,同时向城建档案馆等其他部门提供所需项目文件资料。

3.3　加强项目档案工作队伍建设

国有企业牵头,成立由不同参建单位组成的具有专业资质的档案工作队伍,多渠道跟进项目,针对不同的参建单位、不同的任务分工,以现场示范操作、当场纠正的方式,开展具有针对性的档案知识及技能培训。定期组织优秀档案管理工作观摩会,以具体可参考的模板,示范带动规范文档,着力查漏补缺,比学赶超。面对新情况、新问题,组织档案专业人员定期到各项目现场开展技术帮扶,从制度建设、存档流程、新技术应用等方面提出更具针对性且有效的处理办法,第一时间解决档案问题的同时,做好共性问题汇编,降低同类问题的重复发生率。

3.4　强化项目档案过程管控

用于存放建设项目档案的档案室由建设项目责任主体单位直接管理,严格按"八防"要求和"四统一"标准建设档案室,彻底解决档案"无所归"的现象。但随着项目建设的快速发展,档案室承受着庞大的库存压力,且纸质档案护理不善容易自然老化、退化。国有企业应起到先进技术模范引领作用,加大资金投入,建立专业的数字化信息系统,实时收集,在纸质档案的基础上,同步上传电子档案,便于查询、整理、归档、借阅。这就要求各级各类档案员切实履行职责,各司其职,强化沟通交流。工程立项时,即提早介入,在第一次工程例会上开展档案工作交底,明确详细归档要求,项目建设过程中,在各重要时间节点、关键节点开展档案中间检查,做好检查记录,始终做到档案管理与项目建设同步开始、同步进行、同步验收,过程资料档案同步上传专业信息系统,避免资料遗失、造假。

当前,国有企业参与建设的项目规模不断增大,数量不断增加,且各单位档案管理意识、管理能力参差不齐,档案收集难度大。面对实际,国有企业作为项目建设的中坚力量,应发挥主导表率作用,建立健全档案管理制度,细化档案收集范围和细则,明确档案收集责任和考核措施,督促各方履行档案管理责任,保障工程项目档案收集的完整性和有效性。

市政园林工程档案管理的特点及提升策略

万红梅

杭州和达市政园林建设有限公司

摘　要: 市政园林工程档案资料管理具有完整性、时效性、实用性和易查阅性等特点。建立科学规范的档案管理制度,加强员工培训,以及加强信息化建设是提高市政园林工程档案管理水平的重要对策。同时,加强质量控制,明确各个部门的工作职责和协作方式,树立正确的档案管理意识,也是提高档案管理效率和质量的关键。

关键词: 市政园林;工程档案;管理;策略

市政工程档案是在城市建设活动过程中产生的,是市政及基础设施建设的活动状况和历史记录。随着城市建设步伐的加快,投资规模不断扩大、工程数量持续猛增,项目涵盖类型也越来越多,呈现多元化,市政建设也由原先的地面道路工程、排水工程及桥梁工程,发展到地下管网工程、拆迁安置房、环境卫生、公园绿地等工程的建设和养护管理。其中,市政工程档案对于工程项目的前期建设和后期养护管理显得越来越重要,进一步提升对市政工程档案的管理水平显得越来越有必要和急迫。

1　市政园林工程档案资料管理的主要特点

档案是各种社会组织中的重要载体之一,它记录了一个组织的历史、工作经验、科技成果和技术规范等方面的信息。而对于市政园林工程来说,档案则是一项具有重要历史价值和文化意义的资料材料,它对于城市的建设、环境保护等方面具有不可替代的作用。市政园林工程档案资料管理也存在着显著的特点。

1.1　档案资料的完整性

市政园林工程是一项长期工程,需要经过设计、施工、验收等多个环节。因此,在档案资料管理方面,需要保证档案资料的完整性。档案资料应该包含项目的规划和设计、评审意见、招标文件、合同协议、施工图纸、工程验收报告等全套资料,这样才能够对工程进行全面、准确的记录和管理。

1.2　档案资料的时效性与实用性

市政园林工程档案资料管理也有其时效性要求。随着城市建设工程的不断推进和升级,相关的档案资料也需要及时更新和完善,以保持其有效性和实用性。同时,需要制订合理的周期性档案调阅计划,及时对档案资料进行整理、筛选、更新,确保档案资料能够畅通无阻地被有关人员或单位所调用。

1.3　档案资料的易查阅性

市政园林工程档案资料是为了方便工程建设和城市环境管理而存储的,因此,对市政园林工程档案资料的管理还要求易查阅性高。档案资料的存储和分类应该规范化,以便于查阅和使用。同时,在档案管理中应该制订明确的查阅流程和规定,确保档案资料能够快速、准确地被查阅。

2　进一步提高市政园林工程档案管理水平的对策措施

市政园林工程档案管理是城市管理的重要组成部分,也是城市建设发展的重要保障。正确科学的管理方法能够提高档案管理的效率和质量,为城市建设提供可靠的保障。

2.1　建立档案管理制度,完善工作机制

提高市政园林工程档案管理水平和质量需要从多方面入手,包括完善工作机制、加强信息化建设、加强档案信息的采集和归档、积极推动数字化转型等。只有不断完善和创新工作方式,才能更好地发挥市政园林工程档案管理的重要

作用,为城市建设和环境提升事业发展提供有力保障。但放在首位的是要建立健全档案管理工作机制。一是建立科学、规范的档案管理制度,将档案管理的各个环节进行规范化,制定完善的工作流程和工作标准,保证档案管理工作的有序进行。二是明确各个部门的工作职责和协作方式,使工作流程清晰、流畅。三是加强质量控制,对每一个环节的质量进行监管和管理,确保档案信息的准确性和完整性。

2.2　强化档案管理意识,加强员工培训

要做好市政园林工程档案管理,首先要树立正确的档案管理意识。档案管理的好坏直接影响到组织管理效率和社会发展进程。因此,领导和档案管理人员必须认识到档案管理的重要性,树立正确的档案管理观念,严格按照档案管理规定进行管理。强化档案管理意识,加强员工培训对提高档案管理意识具有重要作用。培训内容应包括档案管理的概念、档案管理的法律法规、档案管理的技术和档案管理的流程等。通过培训,档案管理人员可以更好地了解档案管理的要求和标准,从而提高档案管理意识和能力,逐步了解档案管理的意义和关键性,提高员工对档案管理的认识和重视程度。

2.3　加强信息化建设数字化转型

随着信息技术的不断发展,信息化已经成为现代档案管理的必要条件之一。对于市政园林工程档案管理来说,建立完善的信息化系统可以快速地实现档案信息的采集、处理、存储和检索,将纸质档案信息转换成数字化信息,实现档案信息的快速检索和共享,加强档案信息的安全性,提高档案信息的传递效率,提高工程管理和服务水平。

杭州西湖景区重点建设项目档案立卷归档工作实践探索

韩　琼

杭州西湖风景名胜区建设管理中心

摘　要:杭州西湖景区重点建设项目的民生关注度高,投资额和建设规模较大,建设工艺复杂,参建单位数量众多,项目档案归档不齐全、整理不规范、鉴定不准确的问题时有发生。杭州西湖风景名胜区建设管理中心严格执行国家和省

市要求,结合景区实际和重点建设项目特色,积极探索做好重点建设项目档案立卷归档工作的方法,为实现景区重点建设项目档案规范管理打下扎实基础,为今后其他同类项目工作提供借鉴参考。

关键词:重点建设项目;立卷归档;实践探索

杭州西湖风景名胜区建设管理中心,作为西湖景区专业的建设管理单位,多年来负责景区重点建设项目的前期报批、施工管理、竣工验收等工作。重点建设项目档案立卷归档整理既是项目建设的重要组成部分,也是单位档案工作的重点和难点之一,特别是西湖景区重点建设项目,民生关注度高,投资额和建设规模较大,建设工艺复杂,参建单位数量众多,项目档案形成的环节、内容、立卷整理有时难以把握,项目档案验收时,归档不齐全、整理不规范、鉴定不准确的问题时有发生。

杭州西湖风景名胜区建设管理中心按照《国家重大建设项目文件归档要求与档案整理规范》(DA/T 28—2002)以及杭州市城建档案馆规定的进馆档案质量标准,结合西湖景区实际和重点建设项目特色,积极探索做好重点建设项目档案立卷归档工作的有效方法,为实现重点建设项目档案完整、准确、真实、齐全以及规范管理打好基础,为做好项目的全方位总结、不断吸取经验、持续优化管理提供科学依据,也为今后其他同类项目的实施提供良好的参考和借鉴。

1　明确责任,强化各部门人员档案意识责任意识

建立健全重点建设项目档案管理网络。组建由单位主管项目建设的分管领导任组长,综合办公室负责人任副组长,档案室人员、各业务科室负责人及项目部负责人为成员的档案管理网络;在各相关业务科室及项目部设立兼职档案员,具体负责项目各阶段文件材料的立卷归档工作;将立卷归档工作纳入各科室及项目部的职责范围,强调档案立卷归档工作的重要性,强化各部门人员的档案意识和责任心,确保项目各阶段档案收集渠道的畅通。

2　强化督查,坚持项目档案收集与项目建设同步

严格执行重点建设项目档案管理"四参加""四同步"档案前期控制制度。档案管理人员包括兼职档案员,自重点建设项目启动之时,就积极介入,经常深入工程现场,定期参加工程例会,切实履行好档案立卷归档工作的督查和指导职责。通过实地参与,详细了解各相关单位档案收集归档情况,及时掌握档案收集归档进度及存在的困难和问题,并积极研究、出谋划策,提出针对性的解决办法

和下一步的工作计划,有效推动项目档案收集归档与项目建设施工的同步发展。要求施工前完成各项施工技术交底记录,以及材料质量证明资料等的收集、整理工作;施工过程中,及时如实填写施工记录、单位、分部、分项及隐蔽工程验收记录和检查记录,按照规范要求进行各项测试,并及时记录、整理,所有记录均须签字齐全、数据准确、内容准确;编制竣工图时,做到每一分部分项工程完成后,及时依据隐蔽记录和设计变更文件进行编制,保证工程竣工图的及时性、系统性、真实性以及规范有效。

为确保每个重点建设项目的档案能按时按质量标准收集归档齐全,还应把档案工作职责、要求列入合同条款,对勘察、设计施工、监理等各单位应承担的档案管理职责以及所需收集材料的范围、质量、移交份数和时间提出明确要求,作为履行合约、违约责任的条件,有效加强制约和监督。按照《重大建设项目档案验收办法》第一章第四条规定,"项目档案验收是项目竣工验收的重要组成部分,未经项目档案验收或档案验收不合格的项目,不得进行或通过项目的竣工验收",这一点在合同中得到充分体现。明确规定项目档案未经审查验收或验收未通过的,不办理项目移交、竣工验收手续,不得进行工程费用结算;预留一定百分比的项目档案质量保证金,在项目档案经验收合格、接相关部门通知后返还档案质量保证金。

3 层层把关,保障项目档案案卷质量符合移交标准

充分利用监理、项目部等部门的专业技术力量,多方配合,对移交竣工档案的质量进行细致审核、严格把关,确保竣工档案符合移交的标准,顺利完成移交工作。第一,项目监理作为第一审核责任人,负责对施工单位移交的竣工档案的真实性、完整性和竣工图质量等方面进行把关;第二,项目部作为工程直接管理部门是第二审核责任人,负责对整个施工过程产生的档案的质量以及监理单位审核情况进行检查、审核;第三,单位工程管理科肩负工程项目建设的管理职能,负责对项目竣工档案是否符合要求以及监理、项目部的把关行为进行审核;第四,单位档案室着重对竣工档案的案卷质量进行把关,对不符合要求,特别是签字不全的文件坚决拒收。通过充分发挥施工、监理等各方力量,层层严谨细致把关,基本保障了重点工程项目档案的案卷质量,确保顺利移交。

4 深入挖掘,注重项目特色档案收集归档

杭州西湖景区建设项目由于所处地理位置和环境特殊,项目的实施必须严格遵守《杭州西湖文化景观保护管理办法》《西湖风景名胜区保护管理条例》《西

湖风景名胜区总体规划》《西湖风景名胜区九大景区控制性详细规划》等一系列关于景区保护管理建设的法规条例,要求项目建设坚持保护第一、生态优先,不触碰生态红线、基本农田和生态保育区范围,确保景区风景资源得到严格保护、统一管理、合理开发、永续利用。因此,与杭州其他城区重点建设项目相比,景区建设项目从前期报批到施工设计再到施工管理、竣工验收等各个环节,对施工的方案设计、技术、工艺以及文明施工、安全施工的要求特别高,必须要打造民生工程、精品工程,这也正是景区建设项目的特色所在。

2022年刚竣工的双西绿道项目,是沟通西湖与西溪的慢行通道,具有独特辨识度的山岭架空栈道,既是一个提升西湖西溪景区旅游品质的重点项目,也是一个保护西湖西溪景区生态的重要项目。项目秉持"尊重景区原生态、坚持以民为本、绿色发展"的设计理念,做到不触碰生态红线、基本农田和生态保育区范围,尽可能减少对周边自然环境和居民生活环境的影响。如项目前期报批中,由于项目景区段涉及部分一级保护林地,调整西湖风景名胜区林地保护利用规划,开展使用林地审批是非常重要的一个环节。所以涉及使用林地审批方面的档案要进行准确、系统、全面的收集整理归档。项目大部分位于西湖区,项目实施过程中建设范围途经沿线居民社区或单位部分用地,项目组需与西湖区沿线主体沟通协调,确保项目顺利实施。如建设范围占用东岳社区的村道、山体便道、绿化以及材料堆场,与东岳村社进行多次对接沟通,不仅维护了居民利益,也整合了区域人文历史,确保绿道贯通,挖掘出文化亮点。这部分档案要做到应收尽收、应存尽存。施工组织设计中,钢结构专项施工是本工程施工的重点和难点。本工程位于杭州市西湖景区山区内,结构所处位置场地地形起伏变化大,钢结构施工安装存在的重点和难点问题比一般工程的钢结构施工突出。钢构件的加工、制作、运输和安装技术要求方面的施工组织设计方案档案必须全面收集保存归档。

同时针对重点建设项目特色档案,还要注重加强领导实地调研指导、做出重大决策的照片、视频、音频等特种载体档案的收集归档,这方面的档案往往具有重要意义,对于全面完整地保存项目整体档案也非常重要和必要。

加强城建档案归档管理的实践思考

王　娜

台州市椒江城建置业有限公司

摘　要：为适应现代化城市规划、建设和管理的需要，城建档案在城市化进程、政府公共服务方面发挥着举足轻重的作用。鉴于当前城建档案收集工作的特点及存在问题，分析当前工程档案管理工作存在的问题，进一步拓宽思维，强化全过程管理，加强档案收集，提高质量管控，以满足档案长期保存的需求。该文提出了改进策略，旨在进一步强化工程档案的高质量管理与开发，对城建档案的规范化管理具有重要的促进作用。

关键词：城建档案；归档范围；档案管理

城市建设档案简称城建档案，它是一个城市建设的缩影，是指在城市规划、建设及其管理活动中直接形成的对国家和社会具有保存价值的文字、图表、图纸、声像等各种载体的文件材料。城建档案工作在城市规划、建设、管理中发挥着越来越重要的作用，在新时代新征程中应进一步加强。

1　城建档案归档的重要性及意义

首先，城建档案承载、保存着这座城市的历史记忆。城建档案紧跟城市发展的最新趋势，记录着城市的一砖一瓦，建筑实体与工程档案构成了城乡建设活动的真实写照。随着城市建设的发展和社会公众对档案认知度的提高，城建档案越来越被人们所熟悉和利用。

其次，城建档案是城市自然面貌、城市建筑物及构筑物、地上及地下管线等各项工程建设的原始记录。全面记录了城市工程建设、城乡面貌以及居民生活发展变化的历史进程，是社会管理和公共服务的重要信息。

最后，城建档案是工程建设、维修、防（抗）灾等的重要依据和凭证。"以史为鉴，方能知兴替"，城建档案是城市建设发展的见证者，更是时代的产物。当城市遭遇自然灾害时，如在"5·12"汶川地震后，在城市的恢复重建中，可以有效利用城建档案，有序开展救援工作，为修复城市管线、设立城市的功能分区、恢复城市标志性建筑、重建城市风貌等提供重要的参考价值。

2　城建档案归档工作现状及存在的问题

城建档案馆是负责接收和保管本区域内城乡建设档案资料的主体,负责对重点建设工程档案的业务指导、检查和专项验收,负责建设工程档案接收、保管和利用,负责城建档案信息化建设和科研项目指导工作及编研工作。根据《建设工程文件归档规范》(GB/T 50328—2019)的要求,对于与工程建设有关的重要活动、记载工程建设主要过程和现状、具有保存价值的各种载体的文件,均应收集归档,工程文件的归档范围按附录 A 和附录 B 的要求。该附录里详细列出了建设单位、设计单位、施工单位、监理单位及城建档案馆各方的收集、归档范围(必须归档的以及选择性归档的),每一归档单位的收集范围都有差异。

在笔者所在区,城建档案馆在项目前期就提前介入档案管理工作,与建设单位签订《建设工程档案报送和移交告知书》,告知书里明确了建设工程竣工档案报送和移交内容、范围及要求。建设工程在联合竣工验收时,区城建档案馆管理机构对建设单位移交的建设工程档案进行验收并出具《建设工程档案验收意见》,持此意见方可办理工程竣工验收备案。因此,建设单位一般均能较好地完成城建档案归档进馆工作,但也不免存在一些问题:

第一,忽略非进馆档案的收集归档工作。为了确保开发项目顺利完成竣工验收,各建设单位严格根据城建档案进馆的要求,都能较好地完成工程档案进馆的报送和移交归档工作,但对非进馆的档案资料重视度不够,认知不充分。建设单位认为只要完成了移交进馆的档案,通过竣工验收备案即可,而忽视了无须移交进馆的部分档案资料,忽略了工程档案的整体性,致使文件不齐全、不完整,在日后的利用过程中往往不利查找。

第二,移交进馆的档案未备份。建设单位虽然对进馆档案高度重视,但往往忽略了对它们的备份,以为工程档案都有移交进馆,所在单位就可以不用存档了,如有利用需要,去城建档案馆查找也是可以的,致使部分工作受阻,无法高效开展。2022 年,某市一医院门诊大楼改造,但该医院综合档案室工程档案归档不齐全,无法提供相应的图纸,致使改造工程受阻,几经周折,最终在该市城建档案馆调阅了老综合门诊大楼的竣工图纸,为该楼的提质改造工程顺利推进提供了很大帮助,但影响了项目推进效率。

3　加强城建档案归档的对策措施

首先,提高认识,加强全过程管理。收集整理档案不仅是为了满足竣工验收备案需要,还应本着为工程质量创优、为有效管控开发公司的目标贯彻到整个建设项目全过程。这就要求建设单位在健全的档案管理制度基础上对其档案管理提出更高的要求,严格按照《浙江省重点建设项目档案管理办法》等有关规定进行收集归档,特别是要关注容易被忽略的、无须移交城建档案馆的文件,进一步加强收集质量管控,避免项目档案丢失现象发生,确保档案工作与项目建设同步推进,注重过程控制。

其次,转变观念,加强多套制管理。切实改变以往档案一旦移交进馆后,原所在单位就无须再行保存的错误观念。《城建档案业务管理规范》中指出工程档案的编制不得少于两套,一套应由建设单位保管,一套(原件)应移交当地城建档案管理机构保存。为满足日后利用需求,可以适当增加一至两套归档文件,在项目竣工后移交物业管理公司一套,方便今后对工程档案的利用查找。

再次,明确责任,实现专人专管。因参建单位众多,档案内容丰富、复杂。在项目筹备阶段就应指定专人负责,并在台州房管政务网城建档案馆板块下载工程竣工档案验收有关规定,同时与城建档案馆取得联系,明确相关责任事项。

最后,严格措施,加强归档自查。建设项目施工中、竣工验收前建设单位应对项目所形成的工程准备阶段文件、监理文件、施工文件、竣工图、声像档案等建设工程档案进行收集与整理,并按"工程竣工档案标准目录"对档案文件的完整性、准确性及案卷的质量进行自查自纠,及时进行整改提升,从而确保完整、合格的建设工程档案,确保项目档案高质量,为工程质量创优保驾护航。

文件材料收集归档的若干问题及改进对策

高亚娟

浙江省电力建设有限公司

摘　要:该文根据企业文件材料收集及归档管理现状,分析其产生的原因,提出相关对策,旨在为企业的文件材料管理提供实际参考。

关键词:文件材料;收集;现状;对策

企业文件材料是反映企业党务、行政管理等活动的档案,记录了一个企业所从事的各类管理活动,如党群管理、行政管理、财务管理、人事管理、业务管理等,是企业档案的重要组成部分,与企业的发展息息相关,其重要性不言而喻。随着社会不断进步,文件材料收集及归档的管理水平虽然在不断提升,但还是存在若干问题，必须重视并加以解决。

1 文件材料收集及归档中的主要问题

收集是形成档案的第一个环节，也是至关重要的环节，它不仅影响档案的归档时间，还影响档案归档质量，更影响档案利用服务。在实际档案管理中，收集和归档都存在着不同的问题。

1.1 文件材料收集及归档时间滞后

档案人员在每年开展文件材料收集工作时，经常不能在规定时间内将文件材料收集完毕，部分文件材料还会滞后数月。出现这一问题的原因主要有以下两点：

第一，文件材料来源广泛且复杂。不管在机关、事业单位、还是国有企业，文件收集工作都会涉及多个部门，文件散落在不同的经办人手里，且各个部门大多没有设置专兼职文件管理人，这就导致档案人员要跨部门催要文件。如果一个部门不明确由谁负责移交文件，这将导致文件移交时间一拖再拖，最后影响文件收集及归档工作。部分年度报表需要上报回复后才能闭环，因为流程时间耗费过长，收集及归档时间也会受影响。

第二，文件材料管理制度执行力度差。很多人对文件材料重视不够，觉得档案工作就是简单收发，无技术含量。并且，领导也更重视其他主营业务工作，导致文书档案管理制度形同虚设，执行力度差。例如每年到文件材料规定收集时间时，员工打着工作忙、晚点交的旗号，拖延不交，后续再催交又是同样的说法，大大拖延了收集时间，影响了工作效率。

1.2 文件材料收集及归档不齐全

国家机关、事业单位、国有企业等的文件材料归档管理制度中都会编制文件材料归档范围。但还是会出现文件收集及归档不齐全的现象，主要原因有以下三点：

第一，对归档范围的认知不同。文件材料归档范围的编制都是依据相关法律法规、规章制度，是一个比较笼统的范围，不会详细到每一份文件。各部门文件经办人对档案知识认知不够，对归档范围内的档案名称不能完全明白，他们只会按照自己的理解去移交文件。档案人员虽然有较丰富的档案知识，但是没有从事过其他部门的工作，不了解每个部门实际产生了哪些文件，所以在收集时要么是其他部门交啥收啥，要么是按照往年的归档文件目录清单结合文件材料归档范围收集，这些都会导致文件收集不齐全。

第二，对档案集中统一保管的认知不同。档案人员在收集文件时，常常会遇到文件经办人自行保管或者只移交部分文件的现象，比如一份物资采购合同，他们只移交合同，不移交合同签订过程文件，导致这份合同文件收集得不齐全。他们对档案需要集中统一保管的认知不足，只考虑了自己工作便利。

第三，对账外文件是否需要归档的认知不同。每个企业除了固定形成的文件外，还有很多账外文件，没有固定的来源、台账或者文件编号。比如，出差或参加会议活动会产生相关文件，但大多都没有移交，企业认为这些只是会议资料或者参考资料，不需要归档。

1.3　文件材料收集及归档质量差

收集文件时，要进行检查鉴定，确保其无问题后才可整理归档，但是现实中往往会出现文件质量差、无法归档的情况，其主要原因有以下两点：

第一，对归档文件质量要求不重视。归档文件应齐全、完整、准确，做到字迹清楚、印鉴清晰等，但档案人员在文件材料收集过程中，常常发现文件质量不过关，例如文件签章不全、格式不对，复印件、纸质文件与电子文件不对版等，影响了归档工作。很多人不重视文件归档质量要求，按照自己的方式形成文件，很多表式已经更新换代了，生成文件时还在沿用作废的表式，临到移交时才发现。

第二，对文件保管不重视。很多文件在最初形成时没有质量问题，但常常因为文件保管者未重视，没有妥善保管，在移交时出现脏污、纸张破损、霉变等问题。还有一些文件材质特殊，如不妥善保管，会导致字迹模糊、消失等问题。

2　改进文件材料收集归档的若干对策

2.1　从人的角度去改善

第一，加强领导对档案工作的重视。首先，领导重视档案工作，员工才会重视。企业领导要将档案管理纳入日常工作，经常性地听取档案管理情况汇报，提出意见并要求闭环。定期要求相关人员进行档案工作制度和管理体系更新，以便更符合实际工作要求。这样文件材料收集、归档等工作才会开展得很顺利。其次，各部门要设置1名兼职档案人员，负责本部门相关文件的收集、保管，等一个年度结束就将本部门文件移交给公司档案人员，可以有效地节约时间、人力、物力。最后，企业领导要将档案工作纳入考核范畴。对于工作表现突出的，予以表彰肯定；对于工作表现落后的，设置一些处罚措施。

第二，加强对档案管理制度的宣传。制度宣贯对档案工作的开展至关重要，很多人工作前不看制度，等做完后才发现问题，这样就会出现返工。对企业相关人员进行制度宣贯,可以帮助他们深刻理解制度的内容和意义,更好地进行文件的形成、收集、保管等工作,有效地保证文件的质量。

第三,加强档案业务培训。很多企业的培训都是针对本职专业人员的,几乎没有跨专业人员参加培训。在笔者看来,档案培训的对象不应该局限于档案人员,各部门的相关人员也要接受档案培训,从理论的角度更好地掌握档案知识,增强档案意识,和档案人员共同做好本企业档案工作。档案人员若有机会也可去其他部门进行轮岗培训,接触不同岗位的工作内容,更好地了解公司文件的来源与构成。

2.2　从软硬件设施的角度去改善

早期,档案的收集及归档工作都是靠档案人员纯手工去完成的,现在随着科技的快速发展,利用信息化和现代化设施设备,可减少大量的手工劳动,解放人力;利用专业扫描设备和软件,可实现双套制管理;利用各个办公软件和系统,可减少大量的重复性工作。一个企业在有条件的情况下,可以运用软硬件设施。如利用电脑及 WPS、PDF 软件可以做台账、附件、电子文件,将数据批量导入或者挂接到档案管理系统;办公自动化系统(OA)可以进行公文管理,招投标管理系统可进行招投标文件管理,合同管理系统可进行合同文件管理,等等,这些系统都可以和档案管理系统建立接口,不仅能定期进行数据传送,大大减少档案人员和其他人员的收集及归档工作量,还能查漏补缺,根据系统台账及电子文件收集相应的纸质文件。

企业档案分类编号编制实践思考

——以温州市现代服务业发展集团有限公司为例

邵　靓

温州市现代服务业发展集团有限公司

摘　要: 科学的档案分类编号方法对于提高企业档案管理水平,推进档案数字化、整理、保管、利用等工作具有重要意义。该文以温州市现代服务业发展集团为例,分析现行档案分类编号存在的问题,探索实践集团各门类档案分类编制的应用。

关键词: 企业档案;分类;编号

科学的档案分类编号方法对于提高企业档案管理水平,推进档案数字化、整理、保管、利用等工作具有重要意义。温州市现代服务业发展集团有限公司(以下简称"市现代集团")是温州市人民政府直属的国有企业之一,主要经营业务涵盖农贸物流、贸易会展、文化旅游及职业教育和养老产业。市现代集团档案记录了公司经营管理工作中形成的各种具有保存价值的文件、图像、影音、实物等原始材料。笔者以市现代集团为例,分析现行档案分类编号存在的问题,探索实践集团各门类档案分类编制的应用。

1 企业档案分类编号存在的问题

1.1 档案分类问题

国家档案局于 1991 年印发了《工业企业档案分类试行规则》,设置了 10 个一级类目。虽然各企业派生出各种版本,但基本上是在这个分类规则上进行拓展的,保留了企业档案十大类别的基本特征。市现代集团于 2013 年制定《档案分类方案》,共设 9 个一级门类 32 个二级类目。然而,某些类目形成的文件较少,如"外事工作""协会工作""统战工作"一年只产生几份文件,使得在档案整理时必须作为一类,从而增加了档案整理的工作量及排架的复杂度。此外,在档案信息化的大背景下,室藏档案目录及全文均已数字化,档案线上检索利用成为常态,过细的档案类目划分反而会让查档人员眼花缭乱、无从下手,查准率和利用率也会大打折扣。

1.2 档案档号编制问题

第一,档号结构多样性。从标准规定来看,不同门类档案档号编制规则各不相同。如:《归档文件整理规则》规定档号为"全宗号—档案门类代码·年度—保管期限—机构(问题)代码—件号";《照片档案管理规范》规定档号为"全宗号—保管期限代码—(册号—)张号";《印章档案整理规则》档号结构为"印章代号—保管期限—分类号—印章枚号";《科学技术档案案卷构成的一般要求》规定"档号,由全宗号、分类号(或项目代号或目录号)、案卷号组成"。然而,在档案管理中,档案档号结构不同,可能会导致同一全宗内的档号缺乏一致性、唯一性和连贯性;缺少全宗号或门类代码等要素使档号门类识别性差,影响档案检索和利用的效率。

第二,档号元素代码(编号)规则多样性。梳理档号编制规则不难发现,在同门类、不同门类之间档号各元素代码(编号)编制规则不尽相同。如照片档案,传统照片档案保管期限"永久""30 年""10 年"分别采用"Y""C""D"代码标识,而数码照片档案分别采用"YJ""30""10"标识;不同门类档案之间,如党群管理类、行政管理类采用汉语拼音大写首字母为类别号,而会计、科技、基建档案却使用阿拉伯数字作为类别号。档号元素的代码标识规则不统一,不仅会增加档案编制工作的复杂性和难度,而且会对档号的稳定性、简单性、可扩充性产生较大影响。

2　企业档号分类档号编制实践应用

2.1　合理设置档案各级门类

市现代集团整体分类基于原有分类方案,设置党群工作、行政管理、经营管理、基本建设、设备仪器、科研开发、会计档案、人事档案、特殊载体 9 个门类作为档案分类基础。二级类目合并空类及档案材料过少的类目,力争以最小的变动达到最佳的分类效果。集团党群工作、行政管理类按照年度—保管期限划分,不设置二级类目;经营管理类按照集团业务职能下设合同管理、采购管理等二级类目;会计档案按照《会计档案管理办法》要求下设会计凭证、会计账簿、财务报告、其他等 4 个二级类目;特殊载体类按照载体类型设照片、实物、录音、录像等二级类目;基本建设、设备仪器、科研开发按项目(设备/课题)分类。除多样性、复杂性项目外,一般不再设置三级类目。

2.2　统一档号各元素代码

档号是固定档案分类成果,提供排架管理依据及检索的一组符号,市现代集团采用全宗内各门类档案统一规则、整体编号。既便于管理和检索,又满足今后档案增长的需求,以较少的层次和清晰的代号包含较多的档案。

一般档号由全宗号、类别号、案卷号/组号/册号/件号/页号等元素组成。集团全宗号采用 4 位代码标识,由档案馆确定。

类别号的构成元素包括一级类别号(档案门类代码)、二级及三级类别号、目录号、项目号、年度、保管期限代码。为使全宗内各门类档案易于识别、方便管理,市现代集团对一级类别号、二级及三级类别号统一采用两位大写汉语拼音字母标识,如一级门类"党群工作类"用"DQ","行政管理类"用"XZ"标识;考虑到市现代集团属于经营类企业,设备类、基建类项目不多且均属于简单项目,因此,项目号使用两位阿拉伯数字按项目归档时间先后顺序依次标识,如设备类第一个项目用"SB·01"标识,基建类第一个项目用"JJ·01"标识;文件(档案)的形成年度采用 4 位阿拉伯数字标识;保管期限的"永久""30 年""10 年",分别以代码

"Y""D30""D10"标识。

案卷号/组号/册号采用3位阿拉伯数字标识、件号/页号采用4位阿拉伯数字标识,按排列次流水序编制,如第一卷用"001",第一页用"0001"标识。

2.3 规范档号结构

《归档文件整理规则》规定了按卷、按件整理两种档号基本结构,结合集团各门类档案归档方式、整理规则、排架管理情况,设置党群工作类、行政管理类、经营类、特种载体类等按件整理的档案,档号结构为"全宗号—档案门类代码(·二级类别号)·年度·保管期限—件号",按卷整理的档号结构为"全宗号—档案门类代码(·二级类别号)·年度·保管期限—案卷号—件号"。基本建设、设备仪器、科研开发等按课题、项目类型设置类目的,档案结构为"全宗号—档案门类代码·项目号—案卷号—件号";会计档案按卷整理,档号结构设置为"全宗号—档案门类代码·二级类别号·年度—卷号";人事档案按照人事档案相关规定执行。

加强轨道交通项目档案管理的实践思考

——以杭州地铁10号线2标施工图设计档案为例

王晨亮

杭州铁路设计院有限责任公司

摘　要:该文结合杭州地铁10号线施工图设计档案整理实践,就当前城市轨道交通项目建设过程中存在的归档滞后性问题,在项目立项、中期施工图审查交底、后期竣工验收等阶段对项目资料管理进行探讨,从而提升项目归档的效率和质量。

关键词:轨道交通;归档滞后性;效率;质量

城市轨道交通项目施工图设计档案是设计单位和建设单位、监理单位以及施工单位沟通交流不可或缺的重要媒介。轨道交通项目在设计立项之初形成档案,经过方案的初步设计、施工图设计,每一阶段都会产生资料。而轨道交通项目本身建设周期偏长、涵盖专业种类繁多、人员流动性(尤其是资料整理的人员)很大,这些因素对最终资料的归档是不利的。本文以设计单位对杭州地铁10号线2标施工图设计档案编制中存在的问题进行分析,结合档案整理实际操作中遇到的重难点部分探讨,以期为工程设计项目的"资料有效归档"提供参考。

1 杭州地铁10号线施工图设计实体档案编制现状和存在的问题

首先,项目前期没有将资料整理计划列入项目任务书中。项目部资料整理人员基本上都是兼职,设计过程产生的过程资料以及与相关单位的联系资料如未能及时统一归口管理,会给后期档案整理工作埋下隐患。

其次,项目中期施工图审查交底时,没有对设计文件质量进行把关,在紧凑的出图工作中,资料整理工作往往会被忽略。例如:施工图文件中图纸目录与实际图纸内容不匹配,这就是项目在设计质量上没有做到严谨、规范的体现。

最后,在进入项目收尾阶段后,考虑到成本因素,大部分专业技术人员会被调离至另外的项目,如果资料交接工作不到位,归档资料编制的准确性和完整性将会大打折扣,档案工作始终会比对应的项目进程慢一拍。

2 杭州地铁10号线施工图设计档案现阶段编制要点及方法

档案系统整理是指结合档案管理规定,档案专业人员根据每个项目独有的特点,完成归档资料分类、标识、折叠、裁边、入盒、盒外润色、入库上架、汇编电子目录等工序。

(1)分类、标识。先将10号线资料按照不同车站、区间、人防、消防分为4个部分,分别赋予其中每一部分的每一册蓝图一串档案号(档案号相当于这一册文件的身份证号码)。

(2)蓝图折叠。根据档案管理规定将项目蓝图折叠成符合归档要求的幅面大小。在折叠过程中,需要特别留意破损和重复的图纸:破损的图纸需要修补,重复的图纸需要剔除。

(3)裁边。经过折叠工序之后的幅面大小,还需要进行裁边才能符合归档要求。裁边的时候是存在一定风险的,例如将有内容的部分裁掉了,或者裁剪之后的图纸形状不一。

(4)入盒。裁边之后,图纸迎来了入档案盒仪式。每一份档案盒都应备一份卷内目录和卷内备考表:卷内目录记载了本档案盒里的档案内容信息;备考表记录了本档案盒里的档案审核信息和特殊情况备注。而选取档案盒的规格由每册图纸的厚度决定,如本册图纸厚度约为11.5厘米,则应选取8厘米和4厘米规格的2个档案盒。

（5）盒外润色。为确保今后档案利用便捷高效，还需要对档案盒进行润色加工，贴上档案盒封面和脊背。档案盒封面记载了档案号、案卷标题、档案形成单位、档案形成时间、保管期限以及密级情况。档案盒脊背记录了档案号和案卷标题。

（6）入库上架。以上（1）—（5）工序全部完成后，按照从上到下、从左到右的原则有序将档案盒摆放至密集架上。如果在摆放的过程中，偶遇突发事件，比如此前预留空间不足以容纳即将进库的档案，此时，我们需要进行倒库，将已放置在密集架上的档案盒倒库，寻找其他列合适的空位。

（7）汇编电子目录。随着杭州地铁 10 号线纸质档案悉数上架，与之相匹配的档案电子目录也随之产生。档案电子目录分为文件级目录和案卷级目录：文件级目录涵盖了 10 号线每个车站或区间所有专业已经归档的图纸信息，方便设计人员今后查询利用；案卷级目录反映了 10 号线所有归档数量的总和，方便档案专业人员统计。

3 就目前档案整理存在的问题的应对策略

第一，针对项目前期没有将档案工作纳入项目任务书的问题。首先，企业应实行统一领导、分级管理的原则，建立科学实用的档案管理机制，将档案管理工作纳入工程建设项目过程中，实行院级档案部门统一汇总领导，各部门级资料员分别整理资料。其次，项目部在项目建设初期，遵照国家、地方、企业有关重大建设项目档案管理的要求，结合实际轨道交通项目档案管理情况，制定适合本项目的档案或资料管理办法。在小法制定的过程中，应与所属企业档案馆、建设单位档案馆充分沟通，明确双方的归档内容及要求，将双方主要的档案整理工序，例如分类、编码、整理等分别罗列出来，整理两套归档资料。

第二，针对档案归档工作比项目进度慢一拍的问题。首先，企业应采取"三纳入""三同步"措施——将工程档案工作计划纳入前期项目任务书中，纳入工程规章制度中，纳入岗位责任制中；工程档案工作与项目立项同步，与工程设计阶段同步，与工程竣工验收同步。其次，建立合同约束机制，档案部门从项目中标之后开始介入，在合同文件中设定相关条款，明确项目档案的收集整理范围、移交数量、归档质量和移交时间，将归档情况与年末部门绩效考核挂钩。

第三，针对档案归档质量提升问题。首先，档案部门应在工程项目立项后组织各专业资料员参加档案业务培训，介绍设计文件编制规范，如目录上的信息与正文部分的信息需要一致，档案整理的立卷规范和整理操作方法，等等，使各专业资料员了解工程档案管理知识，档案专业人员了解工程建设和工程专业知识。其次，组织档案专业人员不定期深入施工现场。一方面有针对性地对现场档案工作人员进行跟踪指导服务,提高其业务技能和水平;另一方面有助于档案专业人员了解工程动态和资料流向,确保资料收集齐全、完整、准确、高效。最后,设计单位档案人员应与时俱进,了解工程建设和工程技术专业知识,优化知识结构,拓宽知识面,成为现代复合型人才。

优化企业涉密档案利用流程探析

曾立春

宁波海工集团公司

摘　要:企业档案管理的重要目的是为企业发展服务。因此,为企业发展提供档案利用服务,是企业档案管理部门的重要职责。而企业涉密档案往往是企业的核心档案,事关企业发展乃至生存,这类档案往往也是利用需求比较大、利用比较频繁的档案,因此处理好档案利用与档案安全之间的关系,就显得尤为重要。该文通过对涉密档案利用状况的分析,针对当前企业涉密档案利用中存在的一些问题,提出有关的解决方案。

关键词:涉密档案;利用;流程

涉密档案资料是企业档案中必不可少的存在,其特殊性令需要利用档案的部门觉得烦琐而无奈,最终导致涉密档案的利用率非常低。但是,档案管理的根本目的是提供利用服务,涉密档案也不例外,如何在工作中做到既不违反相关保密规定,又实现涉密档案的合理利用,把握好涉密档案安全与有效利用两者之间的矛盾,是新时期企业档案利用工作中需要认真对待的一个课题。

1　涉密档案利用状况及分析

近年来,企业对保密工作更加重视,加强了对各部门涉密档案、涉密资料、涉密载体的安全保密管理工作。涉密技术档案、资料的利用对研发等生产技术工作起着重要作用。实际工作中,既要保密又要保产,就需要优化涉密档案资料利用流程,在符合保密制度的要求下,充分发挥涉密档案资料的价值。但保密检查中仍存在一些问题,制约着涉密档案的利用。

1.1 重档案保管,轻档案利用

档案利用工作是档案管理的中心工作。只有通过有效的开发利用,才能使档案为企业科研生产等各项工作服务,以达到档案工作的根本目的。否则,档案工作就会失去方向,失去存在意义。例如,对于科研档案中的涉密文件及相关内容,为降低泄密风险,奉行知悉范围最小化的原则,往往是领导阅后即归档保存,降低了利用率。又如,对于密级编研资料,如编辑出版的企业年鉴、大事记、技术成果资料汇编等,由于内容涉及型号研制等涉密信息,利用者不愿意保管利用。

1.2 载体多样化,管理复杂

目前笔者所在单位涉密档案载体主要以纸质和电子档案为主,涉密纸质档案利用率不高,一是手续较多,二是利用者担心借出后自己管理不善。随着企业信息化的大力发展,企业档案管理部门在档案资料利用过程中,采用借阅、复印、刻录等方式基本摆脱了纸质的束缚,方便快捷地供各部门使用,这是档案部门提高服务能力的体现,也是企业档案数字化水平的体现。涉密档案载体多样化。纸质档案利用一般审批流程较长,利用便捷度不及电子档案;电子档案主要通过企业内网提供,特点是利用方便,但对保密的技术防控要求高,流转后很难实现闭环管理,下载、导出、打印都存在保密安全隐患;其他载体档案的利用,也存在着与电子档案利用相同的安全隐患。

1.3 管理制约多,效率不高

利用者通常因为需要办理多项审批手续,利用率下降,无法将企业涉密档案的价值发挥到最大。先借用后补单,在某种程度上来说,方便了利用者,但这样的操作也为保密工作带来了隐患。同时,申请单需要档案管理人员经常性催促上交,无形中给档案管理人员增添了心理负担和工作压力。有些利用者需要电子版或者复印件,内网传送涉密档案缺少相应流程等。企业涉密档案的密级未能实现动态管理,致使档案中涉密文件资料自始至终管理一成不变,企业档案室没有降密和解密权限,就不能根据实际情况进行密级的动态调整。

2 优化涉密档案利用流程的思路举措

第一,将档案工作融入企业信息化数字化战略,通过流程再造和数字化改革,实现档案利用流程无缝嵌入、不再繁复。笔者针对企业档案利用上述状况和问题,在经得部门领导和保密部门的同意后,开展了一系列涉密档案利用优化流程实践。

档案室会同信息部门,在办公自动区(OA)系统内网开设了档案、资料借阅流程,并在 OA 系统知识库内增添涉密文献目录,同时设置了目录文献查阅权限。使用人员登录自己的 OA 系统账号,在权限内的人员可以查看到相应权限的目录,然后提交借阅流程;档案室根据提交内容及人员权限进行审核,无误后批准进入领导审批流程,经过领导批准后,该流程信息就会直接上传到档案管理系统,使用人员前往档案室取用所需的档案资料,办理借阅登记。具体操作如下:登录自己的 OA 系统账号→查找文献目录→提交借阅流程→档案室初查借阅人权限→部门领导审批→审批通过→借用人到档案室登记、取用。

在涉密档案借阅复印方面,笔者发现,随着"增量档案电子化,存量档案数字化",使用人员可以不使用纸质档案。经过档案部门与保密部门协调,档案室与文印室协商,开通一个档案室专用的打印客户端,当利用人员需要复印涉密档案时,档案人员找到档案并扫描或者找到电子档案,用档案室专用客户端提交打印,文印室负责打印、登记交给使用人,使用人只需一次审批流程。档案室在提供电子版档案并提交打印流程时,同时注明使用人及使用目的,使用人使用完毕直接交回文印室闭环。

第二,加强档案人员业务培训和科学管理,有效处理好利用与保密的关系。笔者所在企业档案室在档案利用服务上,实现了管理理念从"管好档案"到"用好档案"的转移。近十年来,"存量档案数字化,增量档案电子化"进程明显,极大地提高了档案的利用价值和工作效率。但充分发挥档案价值,与档案人员的能力素质息息相关,档案管理人员不仅要进行档案相关知识的培训,也要认真学习《保密法》等相关法律法规,掌握保密知识技能,严格遵守企业保密规章制度,熟悉存量档案的涉密情况和知悉范围。只有具备了这些能力,才能在日常工作中做到心中有数,才能更有效地管理和利用好涉密档案。与此同时,涉密档案载体已不局限于纸质,光介质和电磁介质等形式的存储与传输,给档案管理工作带来了极大的便利。只有档案人员提高能力,加强科学管理,才能更有效、正确地利用涉密档案,真正发挥出涉密档案应有的价值。

第三,建立健全涉密档案借阅管理制度,有法可依。合理利用涉密档案,使其转化为企业技术推动和生产经营发展的强劲后力,是其存在的根本目的。根据企业档案实际运作管理,为了让涉密档案发挥价值,不断优化涉密档案保管和利用,建立健全涉密档案借阅管理制度和其他相关的档案管理制度。至 2023 年,笔者所在企业再一次完成档案管理相关制度的修订,流程更加合理、规范。

广播电视播出系统项目关键性材料归档控制

徐晓云

桐庐县融媒体中心（桐庐县广播电视台）

摘　要：该文以广播电视播出系统项目关键性材料的归档控制为研究对象，对广播电视播出系统项目材料的日常管理情况进行了分析，简述了目前一些县级广播电视播出系统项目实施过程中归档存在的问题，并在此基础上，提出了播出系统项目关键性材料归档的有效控制措施。

关键词：广播电视播出系统项目；关键性材料；归档控制

随着科技水平飞速进步，我国广播电视播出技术发展日新月异，为了提高播出节目的质量，提高先进文化的辐射力和影响力，广播电视播出系统的更新迭代是必然趋势。在这个过程中如何做好关键性材料的归档控制，成了档案工作人员目前必须思考的问题。这些档案资料真实记录了项目建设过程中形成的相关数据和状况，具有一定的参考价值，可以为以后其他广播电视播出系统项目建设提供宝贵经验。

1　广播电视播出系统项目关键性材料的范围及特点

广播电视播出系统项目关键性材料主要是在项目方案设计、方案提出、专家论证、立项建设、项目施工、系统试运行、系统验收、系统试播、项目总验收等阶段形成的各种技术资料，其归档材料具有来源分散、归档数量庞大、归档材料形式不统一等特点。这些归档材料大致包括以下内容：

（1）项目方案材料。广播电视在确定某项建设、改造项目时，首先要有完整的项目方案和可行性研究报告，对项目实施的意义、可行性、参数、用地、用房、设备清单、项目实施时间、资金使用计划、效益、后续拓展等有详细的介绍。这些是项目立项的初始材料，是下一步项目实施、验收及改进的基础。

（2）专家论证材料。针对该项目的可行性，组织专家论证，专家的背景、资质资料、论证的结论资料等都需要有详细的纪录。

（3）项目招投标、公示文件材料。一旦项目论证通过，准备实施，需要开展招投标工作，中标结果需要公示，这些都要留存档案，以备查。

（4）项目监理、施工过程中的各种文件材料。在施工过程中，对每个阶段、每个环节以及实施中途方案改进都要保留完整的记载资料。原始的可行性研究报告、工程施工批准文件、工程设计文件、工程施工图、工程质量检测报告、计量认证报告、各类标准和规范等都要做到分类保存。

（5）验收、试运行材料。施工项目结束进入验收阶段，要有详细的竣工验收报告、设备安装调试报告等。试运行期间要有试运行状况的详细记录。

（6）其他。除以上项目关键性材料归档外，其他在运行中出现故障和排除的记录资料，日常维护、检修等资料以及播出事故和解决方案等的记录材料都应分门别类归档保存。

广播电视播出系统项目关键性材料的归档直接影响到广播电视媒体的播出质量和效果，因此在项目实施过程中需要仔细分类、认真保管，确保项目的顺利实施和运营。

2 广播电视播出系统项目文件材料归档存在的问题及原因

广播电视播出系统项目关键性材料归档是保障广播电视台正常工作的重要环节。目前，许多广播电视台都已经建立了电子档案管理系统，将播出系统项目文件关键性材料数字化存储，以便于查阅和管理。但是，还有一些地方的广播电视台由于经费有限，没能建立完善的电子档案管理系统，关键性材料的归档现状相对落后。部分实施电子化归档的单位在思想认识、管理和技术等方面还存在一些问题。

2.1 归档权限不清

广播电视系统项目涉及建设、设计、监理、代理、施工等一些单位，项目的每个阶段都有不同的资料产生。一些系统项目中未明确归档职责的划分，导致项目建设过程中产生的资料归档不全，资料较为分散，没有专人负责整个过程的资料归档工作，到了验收环节或者项目结束时，有时存在项目资料缺失的情况。

2.2 归档意识不强

从目前一些县级媒体的实际情况来看，部分单位尚未形成规范的档案管理长效机制。尽管目前媒体融合处于关键期，但档案管理机制未能跟进改革步伐，加之部分领导对于档案管理工作重视程度不足，造成档案管理工作规范性不强。一些建设单位、施工单位，包括一些监理单位从未经过专业的项目档案管理培训，也未制定完善相关的归档规章制度，对项目过程中产生的一些关键性资料不够重视。且一些单位归档意识薄弱，导致过程资料流失，未形成完整的资料包，甚至项目结束,关键性资料仍未上交单位归档保管。

2.3 档案信息化建设亟待加强

目前一些媒体单位在广播电视播出系统项目进行过程中,对关键性资料的前期收集归档更多的还是采用纸质化的手段。项目过程中要用到具体某一些资料时往往需要找不同单位的不同人员,且在使用过程中易出现关键性资料破损、遗失等情况。在整个资料收集归档的过程中使用信息化平台的单位不多。有些单位只是对资料进行简单的电子归档,并不规范,没有完整记录相关信息,例如时间、地点、责任人等,给日后的使用和管理带来了困难。人员流动造成的电子档案丢失或遭到破坏的情况也时有发生,存在一定的信息安全隐患。

3 加强广播电视播出系统项目文件材料归档的举措

加强广播电视播出系统项目关键性材料归档的有效举措是一项具有管理和服务双重性质的工作,最终是为了系统项目的更好开展和技术档案的更好利用。做好广播电视播出系统项目文件材料归档工作不仅要加强对电子档案管理系统的维护和规范化管理,完善项目材料的归档流程和标准,建立完善的权限设置和备份机制,确保数据安全可靠,还要加强对员工档案管理意识的培训,营造全员参与、共同维护的管理氛围,使归档工作得到更好的实施和推广。

3.1 构建组织,明确职责,规范管理

播出系统项目建设过程中,建设、监理、施工等单位应在各自职责范围内做好关键性文件资料的形成积累、归档工作。当一个播出系统项目准备开展实施前,可以组建项目资料归档专项工作领导小组,明确由建设单位安排1名工作人员为档案总负责人进驻项目组,监理、施工等单位各安排1名工作人员为其成员,小组成员根据各自职责对各自单位在不同环节形成的资料按一定的档案管理要求做好收集保管。同时阶段性地及时将相关资料交建设方指定的项目档案总负责人汇总整理归档,有效控制项目的每个环节。

3.2 加强领导,建立机制,完善制度

日常工作中需要加强领导,对于播出系统项目关键性资料的归档控制流程进行严格规范,做到制度化、流程化、清单化,加大监督与管理力度,为关键性资料归档的有效控制提供保障。为了促进档案在媒体融合中发挥更强优势,针对目前一些县级媒体单位播出系统项目档案管理不完善,应在广播电视播出系统项目建设中建立档案管理长效机制,把项目档案管理制度纳入单位档案管理制度中,建立分管领导责任制、档案保管人员积分制,完善考核,绩效挂钩。同时为

确保资料的安全性与保密性,应在档案制度中列入工作人员的相关保密工作规定。建立完善规范的文件管理制度,对每份文件进行分类汇总、审核、编号、登记,并按照项目文件管理规定归档存放。除此之外,定期进行文档处置,清理无用文件和资料,及时淘汰已过期、无用或重复的文件。

3.3 创建平台,提升效率,实现联动

为提高文件利用效率,需及时处理用户的咨询和查阅档案的需求,确保为用户提供及时、准确、完善的信息服务。不定期进行盘点和整理,确保项目文件档案的准确性和规范性。同时为了操作方便,可以考虑创建"多单位协作归档"数字平台。该数字平台将一目了然地告诉每个单位在不同环节不同时间段需要上传哪些关键性资料,资料上传后由数字平台自动按流程进行排列。所有资料建设单位都可以查阅并调取利用,同时和单位档案数字系统绑定,项目结束后可以将电子数据直接转存到单位档案系统。

基于大数据的城建档案管理实践与思考

汪文菁

淳安县建设工程安全监督站（城建档案馆）

摘 要:随着科技发展的日益深入和当代社会数字化水平的不断提高,我们的生活方式有了很大的变化,在数字化发展的推动下,如今的中国社会已然进入了一个大数字社会。城建档案是涉及城市生活各个领域的重要资料,对于保存城市发展的有关信息具有重要作用,不仅有利于传承城市的文化,还有利于促进在天灾时期的城市救援工作的开展,在新时代重视城建档案数据化管理工作意义重大,影响深远。该文针对我国当前城建档案管理机制中存在的一些问题,分析在大数据时代下城建档案管理迎来的机遇与挑战,提出有关的解决方案,以期促进我国大数据时代下的城建档案管理工作顺利高效开展。

关键词:大数据时代;城建档案;档案管理;实践与思考

城建档案资料是对城市建设过程中以及有关的施工建设成果的记录和继承,城建档案对于促进城市建设工作的长远发展意义重大、影响深远,为当前加快我国城市建设技术的改善、创新以及城市建设工程的发展等都提供了重要的

参考依据。城建档案的管理工作主要是指相关的组织人员通过互联网、电子计算机、数字化等工具与手段,对城建文档材料实行搜集、整理、保存、研究与运用的各种行为。城建档案信息化工程,主要涉及两个方面的内容:一方面是要充分意识到对在城市建设过程中存在的现有文件实行资源化和数字化管理工作的重要性,也就是通过采用数字化扫描、微缩等现代化手段将城建档案纸质文档转换为城建电子档案;另一方面就是要实现城建过程中有关文档的信息化建设和管理利用一体化,打造出一个能够实现资源全方面高度共享的服务平台。

1 城建档案管理在城市建设中的作用

城建档案对城市的发展有着巨大的积极促进作用。城市的发展有一个长期过程,在城市建设管理工作的开展过程中,城建档案资料的使用能够为整个城市的发展提供一定的经验教训,在一定程度上有利于促进该城市文化的传承与发展。城建档案资料的保存在一定程度上有利于发生灾害的城市重建与救援工作的开展。城市建设工作也是城市发展历史的一种体现,城建档案的保管有利于促进城市文化的继承以及文明的传承,在研究城市发展历史的进程中,城建档案可以被看作一种较为重要的历史史料。因此,完善的城建档案管理机制的建立对于城市文化的传承也有一定的积极作用,我们要重视城建档案的管理工作。

2 城建档案数字化建设的条件

2.1 城建档案数字化建设的现状

目前,我国有关的建设部门十分重视在大数据时代开展城建档案数字化建设工作,相关的负责人员正不断地对城建过程中出现的各种信息管理资料进行整合并加以集成,从而达到城建信息资源效率最大化的目的,但是我们也要充分认识到——在实际档案信息管理过程中,由于会受到各种因素的影响,档案管理数字化工程进展会出现相对滞后的问题,档案管理数字化工程才刚刚开始就引起了社会的高度重视。在大数据管理时期,档案管理工作的重要性也进一步显现,有关的城建部门对城建档案管理工作中存在的各种问题也给予了高度的关注,因此在当前的时代背景下,我国城建档案数字化建设工作的重点任务是要实现档案数据管理的全面信息化,并且做到档案数据管理资料传输方式的网络化和智能化,进而实现城建档案信息管理业务发展的远程目标。根据上述存在的主要问题,有关部门对档案信息系统进行了高效以及高度的集成,从而避免内部人员之间出现数据信息使用标准不统一的问题,进而提高了工作效率,极大幅度地提高城建档案数据的传输速率,进一步提升信息系统的传递能力和应用效果,促进我国城建档案数字化建设工作的全面健康稳定发展。

2.2　信息化进程创造了科技条件

大数时代的迅速发展促进了信息化技术的发展,为城建档案的数据化建设创造了有力的科技条件。文档信息化建设工作的现代化发展基本上经过了三个时期。第一阶段是 20 世纪 80 年代中期到 90 年代中期,此阶段基本是摸索发展,重点是利用计算机逐步实现档案文件编制与目录信息检索功能。第二阶段是 20 世纪 90 年代中期到 21 世纪初,是档案数字化工作的准备阶段,在该阶段,我们着重研究的课题是纸质档案的原文数据信息和转化、多媒体数字化的运用、分布式资讯数据库系统的建立、文档信息网络的建设等。第三阶段是 21 世纪初至今,这个时期基本上是电子文件数字化发展时期,其研究的焦点也由电子归档条目、纸质文档扫描件副本等展开逐步向电子文书存档、电子文档的安全保管等领域转移,并逐渐发展形成电子化的信息应用及一体化服务平台。

3　城建档案管理中存在的主要问题

3.1　城建档案与信息化建设的安全意识欠缺

我国的城建档案资源丰富,大数据的开发与应用是未来信息资源管理领域的发展趋势,但是飞速发展的信息技术也给档案管理工作带来一定的安全隐患,有关负责人员安全意识的缺乏导致档案资料的泄露,部分管理人员在管理城建档案的过程中易出现失职、渎职的行为,容易忽视存在的安全隐患,这些问题的存在都极易导致城建档案资料安全问题的产生。针对这些问题,我们在开展城建档案数字化建设的过程中,要充分意识到互联网技术存在的安全隐患以及在互联网环境中的文档信息安全问题。在城建档案数字化转型的过程中面临的最主要的问题就是信息安全保护问题,城建工程的内部档案机密性较强,因此我们要格外重视并且防范病毒的攻击,严控措施,严把环节,提高档案保管的安全性。

3.2　开发与共享远未满足需求

城建档案数字化管理工作的高效实施与开展离不开对社会有关数据的利用,但是我国当前有关城建档案资源的开发与共享远不能满足我们的需求,由于历史因素以及档案自身属性等不利因素的存在,我国目前对档案的利用仍然较为保守,进程较慢,对有关数据以及资料的开发还停留在较低层面,极大限制了城建档案管理工作的开展。加之新时代下我国能掌握新兴技术的相关人才供给远远不足,很多人对档案管理的认识都仅仅停留在单纯的如整理、保存全宗资料等基本层面。目前我国城建档案事业信息化管理水平整体层次还较低,总体发展进程较慢,无法充分满足整个社会的共同需求。受到开发与共享条件的限制,尤其是在新时代下面临着新的挑战,我国城建管理工作的开展进程较慢。目前,一些地区的城建档案管理仍属于分散式管理,规划、国土、建设、房管等部门产生的城建档案仍分散在各个部门,但由于网络无法互通、数据标准不统一、开发平台不一致等因素,无法实现直接联网使用,对于城建项目信息的二次开发利用十分不便。

3.3 档案备份和问责制度不完善

在对城建档案实施管理的过程中,对城建档案开展好备份工作是保证信息资料不丢失的重要措施,除此之外,有关负责部门的责任划分是提高档案管理工作效率以及质量的关键,档案备份工作的缺失易导致有关数据的丢失,且相应的问责制度不完善会导致责任的推诿,不利于城建档案管理工作的有序开展。如果不能对档案数据进行技术备份和保存,则可能会造成重要档案文件的丢失,不利于重要文件资料的保存,也会在一定程度上限制城建档案管理工作的开展,且我国城建档案管理问责制度还停留在批评的阶段,对有关渎职人员的惩罚力度较小,并未建立一个科学的奖惩机制,这在一定程度上限制了城建档案管理工作的科学有效开展。我国城建档案的实际管理工作还存在信息泄露等问题,这也加大了城建电子档案信息的安全风险。

4 促进城建电子档案建设的措施

首先,集成城建电子档案信息资源,满足多元化的利用需求。城建档案的保管工作对于促进国家与城市的长远发展等都具有较为深远的意义,城建档案与信息资源整合,是将各种来源的信息采用一定的形式、特点整合,并将其在物理数据上加以有机集成,为有关管理部门实现信息共享创造条件。在整个城建档案数据集中管理过程中,相关负责人需要全面、合理而准确地搜集城市在建设过程中所形成的各类知识信息和管理数据,并且做到将与城市建设相关的诸多资料加以科学梳理,转换为统一的数据库格式,并利用计算机技术加工整合后置于城市建设的档案库中,供城市建设人员利用。在推动城建档案数字化管理的过程中要重视借助快速发展的新媒体技术,线上搜集符合使用需要的资料,且在不泄露自身机密的情况下利用互联网平台进行档案资料的分析,多渠道拓宽对档案资料的利用方式,进而实现对信息资源的共享与高效利用。在知识经济时代,让城建档案资源迅速转化为知识资源,促进以后档案管理工作的顺利高效开展,更好地满足多元化的档案需求。

其次,完善档案备份和问责制度。我国目前对城建电子档案的管理主要依赖于计算机,大数据时代的网络信息安全无法得到充分保障。随着网络技术的发展,网络安全问题日益严重,极易导致有关档案的泄露与丢失,在城建档案电子化建设的过程中应该重视完善对有关档案备份工作的开展,防止重要数据的丢失,尽可能保障电子档案的安全,引进优秀人才,重视研发利用安全性较高的管理软件工具,保障信息安全。除此之外,还必须完善相关的问责制度,将具体的责任下分至个人,加强对员工素养的培养,防止从员工内部泄露档案信息,对于泄露内部信息的员工及时给予惩处,提高有关制度的威慑力。针对网络信息安全问题,可以投入资金招聘技术型人才为城市建设档案的保管创建安全性较高的保管系统。城市建设从设计到施工,使用的电子档案管理系统都要一致,提高档案条目的安全性,同时也方便监管,利于及时发现档案使用中出现的安全问题,可以在一定程度上促进城建档案信息化管理工作的顺利高效开展。

再次,创新城建档案管理方法。确立大档案理念后的目标是既要形成富有大数据时代特点以及能够高效率服务中心工作的大档案系统,又要充分体现出以时代性的"网络＋智能"提升档案的智慧化水平,做到将大档案系统信息化建设纳入城建档案管理工作信息化战略工作中去,要高度强调大文档信息系统构建与城建档案管理工作的有机融合,尤其要在新系统研发前期进行研究和策划,重视有关部门和其他系统之间的协调性、衔接性。城建档案管理数字化建设的关键是管理模式以及管理方法的科学高效。我们要重视对现代城建档案管理方法的创新,档案管理必须现代化,不局限于人工整理,创新档案管理技术,实现档案管理的数字化,收集、集合、存储各类城建档案管理电子文档,并且纳入统一的信息库中,重视实施档案管理应用系统和基础设施等的建设工作,在实际工作中要创新声像档案、文书档案等的整理办法以及相关的整理规则,可以建立三维信息模型,针对城建档案电子化建设的要求,利用大数据技术来为档案信息的查找以及利用提供便利。根据时代的特点对档案管理的模式进行大胆创新,将现代管理中较为先进的、更加服务化和开放化的元素融入档案管理工作中,将应用信息技术的档案数据开发利用,作为在下一阶段城建档案数据开发利用的基础,促进档案管理工作向多元化发展。

最后,培养复合型档案管理人才,提高对电子档案管理工作重要性的认识。目前我国一些城建档案管理部门存在部分档案工作负责人和工作人员对电子化的了解不够深入、忽视电子化建设工作的开展等问题,这不利于促进城建电子档案的建设工作。因此,在推动城建档案电子化的过程中,要重视宣传电子档案建设的重要性,利用好书本、广播等传媒工具开展宣传工作,加强档案工作负责人和工作人员的培训,革新其较为守旧的思想,提高其运用新兴技术的能力,为推动城建电子档案的建设提供活力。除此之外,还可以通过积极招纳年轻人才,为城市建设团队注入新活力,通过发挥拥有较高知识水平以及接受能力的年轻工作者的感召力,提高团队整体意识,进而提高其对电子档案管理工作重要性的认识,推动城建电子档案管理工作的顺利开展。除此之外,还应提高电子档案保管工作人员的基本素质,培养复合型档案管理人才是新大数据处理时期城市建设工作保管电子档案的关键问题,这种管理基本素质包括专门的知识技术、业务管理才能和专门的档案保管计算机技术。针对大部分的档案保管工作人员现代化管理信息技术缺乏的情况,我们可以开设专门的计算机技术培训课程,提高员工进行信息处理的能力。除此之外,可以了解国外先进技术思想,充分利用计算机及档案管理软件对城市建设档案进行管理,并制作与之相对应的工程档案电子数据,提高存档质量和工作效率。

随着社会经济以及科技的快速发展、信息化时代的到来,信息技术已经被广泛地应用到我国的众多领域中,大数据管理时代的来临已是大势所趋。而城建档案作为具有重要的社会价值以及历史文化价值的资料,其管理工作的完善意义重大,顺应时代发展,对城建档案的管理工作进行一定的创新,作用重大。在这个大背景下,城建档案管理数字化工程将是十分重要的一步。推动城建档案信息管理的电子化发展,有利于促进我国城建档案管理工作的高效开展。

加强集团企业归档文件材料前端控制

裘优君

浙江华海药业股份有限公司

摘　要:企业档案是企业在生产经营和管理活动中形成的对国家、社会和企业有保存价值的各种形式的文件材料。随着信息技术时代的到来,企业档案的类型、数量都发生着巨大的变化,特别是大型的集团企业要想保障文件材料归档的齐全、完整、准确、系统与安全,引入前端控制思想显得尤为重要。

关键词:企业档案;归档;前端控制

1　前端控制思想的含义

前端控制思想由来已久,也是档案学界档案管理思维和理念的重要内容,它以文件生命周期理论为基础,把文件从形成到现行效用、永久保存(或销毁)的不同阶段看作一个完整的过程,是实现文件全过程管理的重要保障,是全面、系统、优化思想的集中体现。在这个过程中,文件的形成是前端,保障档案的真实性、完整性和有效性是前端控制的目的。前端控制思想也是档案工作适应现实发展的一种必然。

2 企业档案工作面临的问题

2.1 文档遗失及漏归现象严重

职能部门在日常工作中只注重业务工作,却忽视了对文件的管理工作,特别是在人员流动时,未做好文件的交接工作,导致文件的遗失;也有个别员工为了方便自身工作,将工作中形成的后期可能经常用到的文件自行保管,不主动归档,文件材料分散保管,久而久之,造成文件材料的漏归甚至遗失。

2.2 企业对档案工作认同度不高

在企业各项工作中,档案工作往往被认为是各项业务工作中的一项辅助工作。有的负责人在谈到档案部门时,认为这是个清闲的部门,把档案收进来看好它就可以了,致使档案人员在开展档案工作时遇到不同程度的困难,比如:领导不重视、不支持,同事不配合;档案人员队伍流动频繁,稳定性差,档案人员队伍提素增质流于形式;等等。

2.3 档案工作不规范,归档文件质量较差

档案人员专业知识和技能不高,导致归档文件的质量较差,表现为文件分类不清、文件密级及保管期限划分不准确、装订不规范等,致使归档文件返工现象频发。

2.4 档案工作信息化程度较低

当前大多数企业的档案工作还停留在对传统的纸质档案、实物档案进行整理归档上,尽管也投入了较多的人力和物力,但因信息化程度低,难以为各职能部门提供快速、高效的服务;再者,档案人员的信息化意识较弱,也是制约企业档案工作发展的一个重要因素,很多档案人员信息技术知识匮乏,没有将信息技术和档案管理工作结合起来。

3　集团企业加强档案前端控制的措施

3.1　建立健全各项档案规章制度

前端控制的实施离不开标准化、规范化的指引和助推,专业、良好的制度规范是前端控制顺利开展的基础。以笔者所在集团公司为例,为提升集团公司及下属各分子公司档案管理的标准化、规范化水平,同时兼具可执行性,根据《归档文件整理规则》《企业档案工作规范》《科学技术档案案卷构成的一般要求》等十余项国家和行业内规范性文件,同时与公司管理实际相结合,集团档案管理部起草修订了集团公司档案管理制度。同时,在这一基础上组建了由各二级档案管理部门共同参与的制度工作小组,制订了集团公司档案管理程序,将总公司及各分子公司对档案具体业务的操作流程融入进来,以制度为抓手,确保档案工作标准化、规范化,确保前端控制思想在公司的贯彻实施。

3.2　建立部门文件目录备案制度

档案前端控制的一项重要措施是建立部门文件目录备案制度。所谓部门文件目录备案,是指各部门要在第二年的一季度将上一年部门形成的各类文件目录报档案管理部门备案,档案部门对各部门形成的文件材料内容及数量有一个大概的方向,同时方便档案部门对各业务部门形成的文件材料开展后期的整理、归档及保管方面的业务指导。集团公司可根据各二级单位上报的部门文件目录备案,加强对重要单位及部门文件材料的管控,确保对公司有保存价值的各类文件材料得到妥善的收集、整理、归档及保管,保障对档案的前端控制落到实处。

3.3　加快档案信息化建设

信息技术飞速发展、办公自动化的应用以及电子文件的井喷式增长,都要求档案工作必须走向信息化;企业应加快信息化基础建设,配备相应的计算机、高速扫描仪等信息设备,推进库藏档案的数字化建设,购置信息化系统软件;以完善的制度结合档案信息系统,加快档案信息资源建设,为各业务部门提供高效的信息化服务,同时集团企业也可借助信息化系统加强对各分子公司文件资料的管控,提升二级管控的水平,从整体上提升企业档案管理的水平和效果。

3.4　加强档案工作的监督检查及处罚的力度

档案各项制度实施是否到位,人员培训是否有效,就体现在档案日常业务工作中。档案管理部门要狠抓档案监督、检查工作,增加监督、检查的频次,对监督、检查过程中发现的不规范现象及时予以制止,同时对违反制度的行为加以处罚。以笔者公司为例,除了对各二级单位的档案管理情况进行季度性检查外,还针对文件等级分类,定期对涉密等级最高的文件进行不定期抽查。

3.5 加强档案人员团队建设

再完美的制度都离不开对人才的依赖,前端控制思想的实施更离不开人的因素。特别是各单位各部门专兼职档案管理人员,要求他们具备高度的工作责任感和严谨的工作作风以及专业水准的业务水平,既具备档案专业知识,又要掌握一定的信息技术相关知识。为加强档案人员队伍建设,集团公司制订了"档案基础知识""档案工作规范""建设项目档案管理规范"等课程,定期开展《档案法》等法律法规的培训课程,充实各专职档案人员的专业知识,同时与公司信息部门合作定期开展信息技术方面的培训,切实加强档案人员队伍的培养与建设,提升档案人员队伍的专业水平和技能。

基于利用视角的文件材料收集归档工作策略研究

陈一莉

新昌县农业农村局

摘　要:该文从具体的档案利用案例出发,分析探讨文件收集归档工作中存在的问题和短板,并提出了针对性的改进策略和具体措施。

关键词:利用视角;收集归档;问题;策略

早在 2003 年 6 月 26 日,时任浙江省委书记的习近平同志在考察浙江省档案局(馆)时指出,档案工作是一项基础性工作,经验得以总结,规律得以认识,历史得以延续,各项事业的发展,都离不开档案。档案工作是一项重要的基础性工作,而文件材料的收集归档则是做好档案工作的重要基础。收集归档是档案工作的首要环节,其最终是为了利用。没有收集归档,后续的整理、保管就无法开展,也谈不上利用、开发。笔者围绕一个具体的查档利用案例,谈谈对文件材料收集归档工作的粗浅思考。

1　查档案例

　　该查档案例的故事可谓一波三折。刘某出生于 1942 年,初中毕业,在某乡政府担任辅导员多年,1989 年被聘为某乡农科员,1991 年 8 月被县人事局发文解聘。2016 年国家出台了离退职精简人员享受养老金待遇的政策,刘某属于可以享受政策的人员。可是刘某原先工作的乡政府早在机构改革中被撤并,刘某跑了几趟所并入的镇政府,都没有查到能证明其身份的档案。后来考虑到农科员当时也同时受农业局的管理,2017 年 3 月 7 日,刘某在农业局文书档案里查找到红头文件新人字〔1991〕91 号《关于对刘某解除聘用合同的通知》。"刘某长期与有夫之妇董某通奸导致对方家庭破裂,还借春节值班之机在 26 张乡政府的空白信笺上私盖乡人民政府公章,造成严重不良影响而被解聘。"虽然这份档案记载的是刘某人生的一大污点,但恰恰是这份档案确认了他此前农科员的身份,帮他取得了享受离退职精简人员养老金待遇的资格。

　　2019 年 8 月 7 日,刘某第二次来查档案,目的是查清实际工龄,算清他能享受的养老金数额。科技档案里有一份当时区农技站报送给农业局的《××区乡(镇)农业服务组织情况调查》,让刘某获得了有用信息。

　　关于刘某的第三次查档则令人大跌眼镜。2021 年 1 月 20 日,负责信访工作的张科长来档案室了解刘某的情况。原来刘某去信访局信访,说当年农业局里人事干部朱某等人恶意整他,捏造违纪材料上报人事局,才导致他被解聘,现在诉求还他清白给予赔偿。也是无巧不成书,2019 年秋冬季,因创建数字档案室,现任档案员和人事干部在清理一组搁置档案室多年的人事档案柜时无意中发现了刘某违纪事件的调查材料,包括纪检干部的调查报告、刘某的自我检查及当事人的反映材料、信件,还有盖了某乡政府公章的 24 张空白红头便笺(2 张已被刘某使用)。由于年代已久,保管不善,纸张泛黄、边角皱褶,甚至有几处破损,因为刘某此前两次查档给档案员留下了深刻的印象,所以这些材料引起了档案员的关注,出于归档材料完整性的考虑,经与人事干部协商,将材料纳入文书档案管理。对破损的纸张进行了粘贴修补,重新整理成卷,归入文书档案中永久保存。没想到这不经意中修复抢救的档案材料很快就有了用武之地。白纸黑字亲笔手写,署了名字按了手印,这份原始调查材料有力地反击了刘某的诬告。80多岁的刘某这一次却被档案狠狠地打了老脸。

　　在这个利用案例中,档案既维护了刘某的权益,也挫败了他的恶行,更维护了机关的形象和国家的利益。这一案例彰显的档案力量显而易见,收集归档工作的意义不言而喻。通过剖析案例,审视基层单位档案工作的状况,可以发现文件材料收集归档中存在的问题和短板。

2　从利用案例反映的收集归档问题分析

　　档案收集时"重红头轻白头""重登记略账外"。总结、报告、调研、分析材料等事务性材料和没进行收发登记的文件材料常被疏漏,流于档外。该案例中,人事局的红头文件毫无疑问地收集在文书档案里永久保存,区农技站报送的《新昌县乡镇招聘农技干部基本情况调查登记表》则是一份手写的上报材料,罗列了当时该区各乡镇农技人员的年龄、学历、参加工作时间、具体工作岗位、月工资等诸多信息,文末盖有农技站的公章,具有一定的归档价值。这份材料收集到位,处置得当,保管 30 多年后发挥了较大的利用价值,体现了农业局档案工作的扎实有效。反观刘某原工作过的乡政府和所归并的镇政府,此两家单位的档案工作状况不容乐观,作为直接管理单位,居然连解聘刘某这样重要的人事资料都无法查到,暴露出基层乡镇归档制度不健全,归档意识、档案服务意识淡薄,存在收集不全、保管不当等缺陷,甚至可以怀疑在撤区并乡机构改革中没有按规定进行档案移交处置,存在档案流失、丢失的高风险。

　　至于刘某的那份违纪调查材料形成于 1991 年,参照 1988 年施行的《国家档案局关于机关档案保管期限的规定》附件《文书档案保管期限表》第 19.1 条规定"本机关对有关人员的处分材料,影响大问题严重的,永久保存",依据现行的国家档案局 8 号令《机关文件材料归档范围和文书档案保管期限规定》附件《文书档案保管期限表》第 9.11 条规定"纪检工作中形成的综合性报告、调查材料,重要的永久保存,一般的保存 30 年",刘某的违纪调查材料是人事局解聘刘某的真凭实据,属重要材料,应作为永久性凭证收集归档。可以单独组卷,也可以作为人事局红头文件的附件或者补充材料组卷,移交综合档案室永久保管。如果考虑到保密性或者按照人事档案管理的规定,也应当规范整理,装订成卷,永久保管。也许在人事干部的意识里,结论性的红头文件归档即可,过程性的调查材料可以留存科室。再看整组军绿色的铁皮档案柜,几任人事干部或退休或调离,柜子里的人事资料始终没有进行规范有序的整理,没有按照规定装订成卷,没有外加卷皮或卷盒妥善保护,没有方便查阅的索引目录。移至档案室后,所有权、管理权仍属于人事科。极少几次,人事科也是在凌乱中翻阅。"收而不归""收而不理",这些归档不规范的现象,在基层档案工作中并不少见。年代长远的档案资料几经人手,久而久之,最终受损毁坏,甚至流失也无从查考。

3　完善收集归档工作的对策和建议

3.1　靠前一步,预控收集质量

为了预防出现收集不齐全、归档不规范、文件不标准等问题,可采取以下预控措施:

第一,加强宣传与学习。在案例中我们看到,要做好收集归档工作,首先应强化归档意识,明确归档材料范围和归档责任,确保文件材料及时归档,归档门类齐全完整,归档程序规范有效。应针对各单位实际情况,开展归档制度的宣传,组织学习本单位的档案分类方案和保管期限规定,必要的时候邀请专家解读《档案法》和《机关文件材料归档范围和文书档案保管期限规定》等档案工作法规条文,加强文书处理部门、业务部门以及相关人员的归档意识。要让全体机关干部认识到,档案是历史的记录,是人类的共同记忆,是党和国家的宝贵财富,归档不仅仅是档案员和文书的工作,而且是每个公民的法定义务。对本机关各类文件材料的收集归档,要列出清单,具体分解落实到各个部门,确保明确职责、照单立卷、应归尽归、收集齐全。

第二,做好收集归档工作的超前控制。要从源头抓起,对文件形成实施超前控制,对文印员强调文件的格式规范,对文书处理提出一定的标准和要求。要靠前指导,根据单位工作计划,关注重大、重要活动,提前和牵头部门、相关人员打好招呼,布置落实收集文件、拍摄照片等归档的任务。要提供标准要求,例如发送数码照片归档样本供学习参考,保证照片格式规范,文字说明要素齐全,达到确保归档照片质量的目的。

3.2　平时收集,以免遗漏

即使建立了比较健全的归档制度,也总有一些文件材料和实物会分散在科室和个人手里,不能按规定及时归档,特别是一些未经登记的账外文件。平时收集是对归档制度必要的有效补充措施。档案员在平时要多留意,适时跟进,做好收集,以免遗漏。应抓住以下几个开展收集归档工作的关键时间节点:

第一,机构调整、人事变动之际。机构调整、人事变动、调离和退休是导致文件收集遗漏的部分因素。所以档案员要适时提出建议,或者主动跟进,介入收集。比如领导调离之前,可以主动上门,帮助领导清理无价值的材料,收集他办公室里诸如发言材料、会议报告、专题调研材料、专项工作总结等有归档价值的账外文件。内部人事调整之际,建议做好档案的交接工作,特别要强调做好计算机里储存文件材料的线上交接或者打印后的纸质归档。

第二,获奖之际。对于各科室单位在相关领域获得的奖牌、奖杯、奖章、荣誉证书等实物,上门收集,属于个人的荣誉,收集实物照片或扫描件存档。

第三,新公章启用之际。停止使用的公章,要及时收集。

第四,项目验收之际。科研、基建项目验收时,档案员参加项目的档案验收,并做好档案的清点接收。

3.3　摸清底细,集中收(征)集

加强调查研究,了解存放在科室里应归未归的专业档案、实物档案状况,有计划地收集到综合档案室,集中整理,统一保管。对于有联系有交集的本系统行业协会、公司企业自行保管的牌匾、实物、照片也要摸清底细,必要时收集实物或照片、复制件,为建设专题数据库积累丰富的档案资源。

3.4　到期鉴定,收集仍有保存价值的档案

对于 10 年及短期保管的档案,在档案保管期限到期后,档案室不能一概销毁。受归档人员个人的认识、档案施行标准的变更、经济社会和时代变迁的需要等因素影响,同一份档案,当今利用价值的认定、保管期限的确定也可能出现偏差,所以对到期档案,要用现在的目光来重新审视鉴定。例如会计档案的保管期限就出现了明显的变化,以前凭证的保存期限是 15 年,现在延长到 30 年。可是在实际利用中发现,30 年的保管期限对于工资发放凭证来说,还是不够。临退工作人员和之前的离退职精简人员中,不少人的工龄核算存在争议,原始工资发放凭证就是最有说服力的凭据,他们最终都会通过查阅会计档案中的工资凭证来加以确认,这样的例子不少。而且工龄超过 30 年的人比比皆是,所以应该把工资凭证重新收集起来,继续保存,以满足利用需要。短期保管的档案里头,也可能夹着具有长期保存价值的档案,需要仔细鉴别,重新收集。

4　结语

提供利用是档案工作的重要目的。基于利用视角,可以反思和发现文件材料收集归档工作中存在的不少问题和短板。这个典型利用案例启示我们要注重和加强对档案利用工作的深入分析研究,完善档案利用反馈和闭环落实机制,从利用需求角度不断改进和完善文件材料收集归档工作,推动档案工作高质量发展。

加强工程建设项目全过程档案管理的几点思考

——以城市轨道交通行业为例

汪宁宁

金华市金义东轨道交通有限公司

摘　要：城市轨道交通档案如实反映了城市交通工程建设和运营管理的全过程，是工程建设、运营和经营活动的真实反映，是工程建设全生命周期中各项计划、决策的重要凭证和依据，对城市轨道交通工程的安全运行和充分发挥效益至关重要。

关键词：城市轨道交通；档案；全过程；管理

1　概述

城市轨道交通工程建设是城市轨道交通企业的主要业务，其产生的档案也是以相关的工程建设为主线，包括围绕城市轨道交通工程建设乃至运行维护整个流程所形成的各种档案。城市轨道交通档案在公司发展过程中发挥着支撑日常工作运转、辅助管理决策、监督合规运行、开展科技创新、维护合法权益、塑造品牌形象、传承企业精神等作用。管理好城市轨道交通企业档案，是建设好、运营好、经营好城市轨道交通的重要保障。这些档案不仅是城市轨道交通企业的成长记录，也是建设工程日后维护、改造、审计的重要依据，是有效保障城市轨道交通工程安全、可控、可追溯的重要工具，对于企业运营和工程管理具有非常重要的作用。

城市轨道交通企业档案具有种类繁多、数量庞大、涉及面广等特点。仅工程施工类文件，就涉及施工管理、技术方案、原材料报验、试验报告、单位工程验收等文件，以及车站工程，区间工程，隧道工程，车辆段、停车场及基地工程，主变电工程，供电工程，信号系统工程，自动售检票系统工程，站台门工程，电扶梯工程，等等几十项工程的中间质量控制文件。这就要求城市轨道交通企业必须以工程项目的建设过程为核心和主线，配备高素质的档案管理人员，建立科学完备的档案管理体系。

2　加强工程建设项目全过程档案管理的对策措施

2.1　构建科学完备的档案管理组织架构

城市轨道交通企业档案管理应遵循"统一领导、集中管理"的原则,采用两级管理架构,即"综合档案管理中心—各档案形成单位"的层级式管理。这种管理架构的设置有两个特点:(1)自上而下。依据我国档案工作要实行"统一领导"这一基本原则,可以综合档案管理中心为核心,企业档案工作自上而下协调统一,监管到位。(2)集中统一。有利于完整、全面地收集和管理各项业务活动产生的档案,能够有机地反映档案的形成过程,在较大程度上保障档案的整体性和完整性,便于提供利用。

2.2　配备专业化的档案管理人才队伍

结合城市轨道交通企业工程建设的复杂性和档案种类的多样性,档案管理人员结构采用复合式专业搭配,配备档案学、工程学和信息管理学等不同专业、领域的档案人才。具体要求如下:

首先,档案专业人才具备综合能力和系统观念,能够较好地把握档案工作的整体流程、要求和根本原则,能够制定企业档案管理制度并进行监督指导。

其次,档案专业人才具备工程建设领域的专业知识。工程类专业人才能够对整个工程项目档案中具体内容的规范性、合理性进行较好的把握,比如针对竣工图修改、方案的审批流程以及工序的质检等问题,能够提供更加专业的判断,更好地保障相关档案工作的验收。

最后,档案专业人才具备较强的技能和现代化能力。企业档案管理进入了数字化时代,信息管理专业人才具备信息资源规划以及一定的计算机和数据分析等知识,能够更好地参与档案信息化工作,为档案信息资源的开发利用提供专业保障。

2.3　建立规范高效的档案管理制度体系

根据城市轨道交通企业的行业特点,制定完善三个层次的档案管理制度。第一层次的管理制度为综合性的企业档案管理办法,明确企业档案管理职责、目标。第二层次的管理制度为档案专项管理规定,结合档案的"收、管、存、用",制定完善档案借阅管理制度、档案归档保管期限表、档号分类管理制度、科技档案管理制度、电子档案管理制度、声像档案管理制度、会计档案管理制度、库房管理制度等。第三层次的管理制度为工程档案全过程管理细则,从工程档案管理前期、竣工、移交等方面展开,主要适用于工程建设的各参建单位。如科技档案移交管理规定、项目档案验收移交管理规定、前期文件及设计档案移交规定、施工监理单位档案移交规定等。

2.4 健全工程建设档案工作全过程参与机制

城市轨道交通工程项目周期长、参建单位多,能够把握重要节点是工程档案管理的关键。需要从前期立项、招投标、合同签订、施工建设过程、项目验收、竣工决算等各个阶段入手,全面保障工程档案的应收尽收和齐全完整。在工程前期准备和招投标阶段,在签订的合同中应设立专门条款,明确设计、施工、监理等参建单位对城市轨道交通项目档案工作的责任;档案管理人员应从档案交底、档案业务指导方面深入参建单位,及时了解把控参建单位档案收集、整理情况,避免影响后期档案验收和移交。在工程实施和验收阶段,档案管理人员参与工程项目验收,验收时,着重对参建单位档案整理的质量、档案的原始性和完整性等方面进行检查,避免档案内容记录不清或者有遗漏;参建单位档案移交完成后办理移交手续,作为项目结算的必备条件。

3 小结

我国档案工作发展已进入新时代、新阶段,数字化、网络化、智能化成为大数据时代的发展潮流。城市轨道交通企业档案发展趋势必将紧跟时代发展步伐,从传统的档案管理模式向档案工作整体智治方向改变,档案管理人员的素质能力要求也必然会向数据化、智能化提升。这就要求我们紧跟时代发展潮流,瞄准档案工作发展的大方向、大趋势,不断推动城市轨道交通企业档案管理工作走向现代化。

医院党建档案规范化管理探讨

陈 蓉

宁海县中医医院

摘 要:党建档案是医院档案的重要组成部分,党建档案的规范化管理能够强化档案信息的利用效果。该文论述了医院党建档案归档范围和价值作用,分析了党建档案管理中存在的问题,提出了加强和改进党建档案管理的举措。

关键词：医院；党建档案；规范化；措施

党建档案是新医改背景下医院党建工作见证的历史记录，是新时代公立医院档案工作的组成部分。档案工作服务党建工作，立足医院实际，推动党建档案规范化建设，切实发挥党建档案在实际工作运用中的辅助功能，不断适应新时代公立医院党建工作的高标准和严要求。

1　医院党建档案归档范围

党建档案是医院档案的重要组成部分，是指在党建工作中形成的文字、声像等不同形式的历史记录，主要包括：一是制度类，有党支部机构设置、议事规则、党务公开、支部工作制度等；二是党建工作相关规定；三是工作计划、会议记录类，有医院党建年度工作计划、"三会一课"、主题党日活动记录、党建工作目标、党建工作年度总结等；四是理论探索、经验交流类，有主题活动讨论、公立医院与民营医院党建经验交流等；五是台账类，党员名册等；六是文件类，有上级党委文件、公立医院制定的相关文件等；七是发展党员过程中形成的入党材料。

综上，党建档案可以按照组织建设类、制度建设类、活动开展类、理论学习类等四方面指标分类进行整理。归档工作严格落实档案分类方案、归档范围、保管期限表"三合一"制度。

2　党建档案的重要性

近年来，党建档案逐步成为医院顺利开展党建工作的重要抓手。党建档案不仅记录了医院党建工作的开展情况，而且见证着公立医院党建业务同部署同推进同落实的各项进程。

党建档案在党员思想动态分析、教育管理等方面具有非常重要的作用。完善的党员档案可以反映出党员的思想轨迹，便于党组织及时研究解决党员队伍建设中的苗头性、倾向性问题。党建档案从侧面可以反映出医院党建工作与业务工作的实际开展情况以及紧密结合程度。因此，党建档案规范化管理对新形势下医院全面发展意义重大。

3　当前医院党建档案管理中存在的问题

党的十八大以来，党建引领公立医院全面发展，党建档案管理逐步呈现规范化趋势，但在实际工作中还存在一些不足。

一是医院管理层重视程度不够。党建业务齐抓共进方面仍存在重业务轻党建现象,进而出现党建档案管理体系普遍不够完善的现象,例如党建档案管理制度不够完善、专职档案人员配备不足、基础设施更新频率低等。

二是档案管理队伍专业能力参差不齐,人员兼职现象普遍,档案人员思想认识不高,管理手段落后,缺乏继续教育培训,党建档案存在收集不齐全、归档不及时的现象。

三是部分档案的保管仍存在保密性较差的问题,信息化投入不足,数字化改革背景下基层医院档案管理信息化水平普遍落后。

四是党建档案利用价值有待提升。近年来,省市县巡视巡察等工作开展以及医院党建工作探讨中会调用党建档案,但存在规范化管理未到位的情况,导致不能及时有效地提供党建相关档案。

4 加强和改进党建档案管理的措施

首先,提高认识,加强组织领导。医院领导层面的重视是做好党建档案管理的重要保证,不断完善党建工作制度,促进档案管理体系健全发展,分类别细化建立党员档案、党支部档案等,科学规范地统筹管理党建档案。

其次,强化意识,提升整体素质。建立党建档案管理人员队伍,通过继续教育培训、专业技能比武、定期考核与不定期监督等方式,提高基层党建档案管理人员的职业素养,巩固专业技能成效。同时通过党建工作培训、实务操作等线上线下多元化方式,强化党务干部的党性意识和服务宗旨,促进党支部规范化建设,为党建档案收集整理归纳打下前期基础。

再次,合理规划,建设标准化档案室。结合医院实际,挖掘现有空间,建立标准化档案室,设立公共服务区和非公共服务区,整体布局既要方便利用者享受到人性化服务,又要满足档案室自身服务的需求。注重数字化档案建设,配备计算机等必要的信息化载体,实现标准化电子存储。

最后,适应"党建+数字化",加快党建档案信息化步伐。探索建立"党建档案+数字化"管理,推进党建档案信息化建设,逐步实现档案信息系统化和网络化的目标,不断提升党建档案的现实利用价值。一是党建档案管理人员要准确录入、及时更新党员信息数据库,有利于党务工作者对党员的日常管理及信息提取;完善组织生活台账,将"三会一课"、民主评议党员、锋领指数考评等组织生活实时上传、签到、记录及归档,持续推进基层党组织工作,为医院党建档案管理体系的建立奠定基础。二是重视信息安全建设。在信息化软件安装时注意做好防火墙的布设,提升保密层级,以免恶意代码通过边界进入系统。同时,加强党建档案工作者培训,不断提高认识,精准把控操作权限,防止因日常操作不当而造成的档案信息安全漏洞。

做好党建档案规范化管理工作,党支部围绕医院中心工作积极开展党建工作,是新时代公立医院发挥党建档案现实价值的重要途径。明确党建档案规范化、系统化路径,善于总结提炼医疗卫生行业党建工作的特点和规律,使党建档案更好地服务于医院党建工作,进一步实现党建引领医院高质量发展。

科研诚信视角下的医院科研档案管理

陆　寅

宁波大学附属精神卫生中心　宁波市康宁医院

陈琦君

宁波市康宁医院

摘　要: 该文结合当前科研诚信、科学技术研究档案政策相关内容,理清科研诚信与科研档案之间的关系,从医院科研档案管理的现状出发,探索医院科研诚信档案的建设,加强医院科研档案的管理,引导医务人员规范科研文件材料的归档工作,推动医务人员对科研诚信的重视、规范与管理,营造诚实守信的医学科研环境,促进医学科技的发展。

关键词: 科研诚信;科研档案;现状;对策

科研档案是指科研项目在立项论证、研究实施、过程管理、结题验收及绩效评价、成果管理等过程中形成的,具有保存价值的文字、图表、数据、图像、音频、视频等各种形式和载体的历史记录以及标本、样本等实物。科研档案工作是科研管理的重要组成部分和科研活动的重要环节。在国家加强科研诚信体系建设的大背景下,有必要探索医院科研诚信档案建设,加强科研档案管理,共同促进医学科技的发展。

1　正确处理科研诚信与科研档案的关系

科研诚信,也称为科学诚信或者学术诚信,它是指科研工作者在科学研究中实事求是、不抄袭、不伪造欺骗,恪守科学价值准则、科学伦理及追求科学精神的行为规范。在科学研究中,严重违反基本的科学诚信的行为被称为学术不端。

近年来,国家卫生健康委多次通报医学科研诚信案件。2020年9月,国家档案局、中华人民共和国科学技术部公布了修订后的《科学技术研究档案管理规定》。2021年1月,国家卫生健康委员会修订了《医学科研诚信和相关行为规范》。医院是近年来科研失信行为的重灾区,法律法规的相互衔接与配合有助于医院厘清科研诚信建设与科研档案管理之间的关系。

首先,医院科研诚信建设与科研档案都是科研管理必不可少的环节,但又相对独立。医院科研诚信建设有助于提高广大医学科研人员的诚信意识,遵守诚信原则,养成良好的科研行为习惯,是切实筑牢医疗机构科研诚信体系的重要手段,是科研管理的重要环节。科研档案是科研活动过程中的真实记录和反映,是科研管理的重要组成部分和科研活动的重要环节,往往与科研诚信管理、科研计划管理、科研课题管理、科研成果管理紧密结合,共同构成了科研管理的五个环节。

其次,医院科研诚信建设与科研档案密切联系,互相促进。医院科研诚信建设推动科研档案完善,根据政策内容,在诚信事件发生时,科研档案是还原科研过程的重要依据。因此,科研人员要及时将论文撰写所用的数据、研究实验记录、成果管理文件等关系科研人员诚信的科研文件材料及时归档。同时,明确科研档案的归档要求,加强科研档案的监督检查,真实、完整、规范的科研档案记录有助于规范科研行为,防止因科研档案管理漏洞带来的学术不端和科研失信,推动科研诚信建设。

最后,医院科研诚信建设与科研档案彼此依存,相互制约。科研诚信档案与科研档案虽然所属范畴不一样,但是随着科研活动的开展同步进行,彼此依存,科研诚信建设应该涵盖科研项目的申请、预实验研究、实施研究、结果报告、项目检查、执行过程管理、成果总结及发表、评估审议、验收等科研活动全流程,科研档案的内容同样涵盖科研项目的申请、预实验研究、实施研究、结果报告、项目检查、执行过程管理、成果总结及发表、评估审议、验收等科研活动。因此两者是彼此依存而又相互制约的,而科研诚信档案建设是连接医院科研诚信建设与科研档案的重要纽带。

2 医院科研档案管理现状

2.1 重视程度不够

科技创新是驱动医院高质量发展的动力,科研项目对医院学术水平和影响力的提升都有巨大推动力,医院无论是领导层面还是管理层面,都非常重视科研项目的申报与立项、成果与转化,而对科研档案的管理没有给予足够重视,医院科研档案的管理缺乏具有实际操作意义的实施细则和要求。同时科研档案形成的周期长、涉及人员多,加上领导层与管理层没有给予足够的重视,往往会缺乏规范,势必会造成科研档案的缺失与不真实,给科研失信行为带来可乘之机。

2.2　信息化相对滞后

近年来,医院为鼓励并调动临床人员的科研积极性,建立了以临床为导向的科研激励政策,鼓励医务人员积极进行科研申报。科研项目不断增加,医务人员从事科学研究的比例大大增加,而医院目前科研档案信息化建设落后,没法实现科研数据实时"纸质档案＋电子登记",医务人员往往不具备良好的档案管理意识和档案管理能力,往往未做到全要素、全过程真实记录,给科研档案审核带来了巨大压力,而管理部门往往埋首于行政事务的处理,疲于应付大量实验数据的审核。医务人员出于对实验数据、科研成果等的结果追求,容易人为取舍实验数据生成原始记录。

3　加强医院科研档案管理

3.1　实行医院科研档案全周期管理

医院领导、档案管理部门、科研项目管理部门、科研人员对科研档案管理重要性的充分认识是做好科研档案收集、整理工作的基础。《科学技术研究档案管理规定》规定,科研项目负责人对归档科研文件材料的完整性、准确性、系统性负责。科研项目应当明确专人负责科研文件材料的收集、整理、审核,结题验收后按照要求及时归档。科研档案工作实行既统一又分工协作的管理体制,即在档案部门的集中统一管理下,科研项目管理部门、科研人员负责验收前科研文件材料的收集、整理、审核及验收等工作,档案部门负责验收后的保管和利用,并协助科研项目管理部门和科研档案人员做好档案的验收工作。两个部门既分工又协作,共同对科研档案进行管理。

档案管理部门要通过各种方式和渠道向全院人员尤其是科研人员宣传《档案法》《科学技术研究档案管理规定》等相关法律法规,要通过制度层面确定医院科研档案管理规定,并组织学习,从思想上和行动上重视科研档案的收集和管理工作,要在日常工作过程中自觉、主动、规范地提交科研档案。

医院科研档案是科研过程中积累的科研成果,作为医院科研的过程性资料,通过查阅档案可还原科研过程,有助于传播科研成果,推动医学事业的发展。此外,由于科研诚信的要求,科研档案应该进行全周期管理,对从申报到立项、开展、结题、验收、报奖等各个环节加强监管,并在全过程强调科研诚信,尤其重视课题组科研诚信承诺书、实验记录本等科研档案。

3.2　推进医院科研档案信息化建设

根据《医学科研诚信和相关行为规范》规定,论文等相关资料和数据应当齐全、完整、真实和准确,相关论文等科研成果发表后 1 个月内,要将所涉及的原始图片、实验记录、实验数据、生物信息等原始数据资料交所在机构统一管理、留存备查。随着公立医院高质量快速发展,科研管理部门可以依托医院科研管理系统和档案管理软件,建立齐全、完整的医院科研档案信息数据库,内容涵盖从申报到立项、开展、结题、验收、报奖等各个环节,从而有效促进科研档案信息查询的高效和便捷化。此外,档案管理工作最重要的价值就是对保存档案进行有效的开发利用,在符合保密原则的前提下,加强对医学科研档案信息的加工、归纳整理,编写科研档案编研材料。

3.3　推动科研诚信档案建设

科研诚信档案建设是连接医院科研诚信建设与科研档案的重要纽带。科研诚信档案是科研人员在从事科研工作中形成的,反映科研人员科研信用的原始记录,同时也反映了科研人员的诚信状况,重点展示了科研人员在科研活动中的道德行为,在社会信用记录中占有重要地位,因此是属于个人档案的一部分。个人科研诚信档案应包括以下主要内容:个人基本信息、专业技术职称、承担研究项目、取得科技成果、取得专利、发表论文、出版论著教材、科技成果转化、获得科研荣誉、学术兼职、带教学生、研究数据的上传与存储、学术不端审查及处理情况。科研诚信档案的部分内容应和科研管理工作统一,作为科研管理工作的一部分,和科研管理的中期检查、督导同时进行,从而促进医学科技良性发展。

医院作为临床医学科研的主要阵地,医务人员是医学科研的主力军,临床工作压力及科研成果所带来的诱惑导致近年来科研失信频频发生,给医院医务人员科研诚信建设带来了巨大的挑战,加强医务人员科研诚信建设迫在眉睫,而建立医务人员科研诚信档案是防止学术不端的一项非常有力的措施,同时医务人员在进行科研活动中要严格落实全流程的记录,全过程加强科研档案管理,使科研档案真正承担起保证科研失信行为可追溯性的责任。

加强公立医院基层党务档案管理探讨

曾静钰

丽水市第二人民医院

摘　要: 近年来,党中央对公立医院党的建设工作越来越重视,提出了加大党对公立医院的全面领导力度、促进公立医院党组织以及党员队伍建设质量全面提高等一系列新的要求。为进一步加强公立医院基层党务档案管理,全面提升其档案管理标准化、规范化建设水平,该文以丽水市第二人民医院为例,重点探讨了医院基层党务档案管理的主要内容,并根据当下档案管理情况,提出了如何加强公立医院基层党务档案管理的几点举措。

关键词: 公立医院;基层党务档案管理;举措

1　公立医院基层党务档案主要内容

党支部作为党的基础组织,是医院党组织开展工作的基本单元,在贯彻执行上级党组织安排部署、做好支部内党员管理教育、落实"三会一课"等组织生活制度的过程中必然会形成具有保存价值的档案材料。

笔者根据多年从事档案工作的经验,认为基层党务档案内容应概括为以下几方面:一是各基层党组织年度工作计划、总结汇报及上级党组织下发的相关文件材料;二是各基层党组织支委班子组成情况、党员花名册及换届选举形成的换届工作方案、支部调整设置方案、换届工作手册、换届结果及分工等;三是各基层党组织在落实"三会一课""第一议题"等制度过程中,形成的各种会议记录、党课课件、学习资料及参与科室重要决策的征求意见表等;四是各基层党组织在开展党内活动中产生的各类活动方案、签到表、信息报道、图片影像等;五是各基层党组织的支部述职评议和民主生活会形成的民主生活会方案、会议议程、征求意见、会议记录、个人发言提纲等;六是各基层党组织开展党员教育培训和发展党员工作情况,包括党员民主评议及党内年报统计等;七是各基层党组织开展党风廉政建设和意识形态建设工作情况,包括"不合格"党员处理情况等;八是各基层党组织开展党员阵地建设、党建活动经费使用及党费收缴等情况。

2 公立医院基层党务档案管理现状

以丽水市第二人民医院为例,基层党务档案管理工作主要是各基层党组织以年度为单位对本支部党务工作中所产生的各类文件材料进行收集、分类、初步整理后移交至医院综合档案室统一保管。该档案管理机制整体比较简单,效率上也能基本满足医院自身发展需要,但在多年实践中,笔者亦发现不足。当下基层党务档案管理存在以下几个问题:

一是基层党务档案管理均由本支部委员兼职负责,支委大多来自临床一线的医护人员,尤其是临床医技党支部。由于基层党务工作人员档案思想认识不到位,缺乏归档意识,在开展活动过程中没有及时做好留痕,经常忽略了活动通知、活动图片及后续报道资料的归档工作,从而导致基层党务档案不够完善。

二是各基层党组织委员作为兼职档案管理员,其档案专业知识不够,缺乏系统的基层党务档案管理经验,主要体现在不清楚如何收集整理相关党务文件材料、对基层党务档案分类太随意、对文件材料存档价值判断不准确,导致基层党务档案信息价值大打折扣等。

三是由于基层党务工作繁多,每个支部委员都有各自分管领域的工作,因此工作中形成的各种文件材料散落在各个支委手中,这就导致基层党务档案材料在收集、整理过程中出现交接不全或是遗漏等情况。

四是基层党务档案管理中忽略了质量评价,会出现档案缺失、编目不规范、档案文件泄密等问题。若在档案管理中长期缺乏质量评价,除了无法直接发现党务档案管理存在问题外,还会对党务工作造成负面影响,影响党务档案管理的整体水平。

3 加强公立医院基层党务档案管理的有效举措

当前医院在管理党务档案时存在工作人员档案意识不强、党务知识和管理经验不足、管理质量评价欠缺等问题,不利于基层党务档案发挥其作用,更不利于基层党务工作得到进一步的提升,因此急需探寻行之有效的措施加以改进。

3.1 完善基层党务档案管理制度

首先,落实责任。各党支部指定专人负责本支部党务档案管理,制订年度归档计划(坚持每月一梳理,每季度一整理,每半年一汇总,统一在下年度的3月集中归档),及时全面收集各项文件材料。

其次,统一标准。针对党支部党务档案中各项内容——"三会一课"材料、主题党日活动材料、组织生活会材料、基层党建述职评议材料、党员民主评议材料、党费收缴台账等，我院汇编了《支部党务工作手册》《发展党员工作手册》，列出标准统一的存档目录和要求。尤其是对发展党员中会议记录、政审报告，组织生活会中的会议流程等均给出清晰具体的参考模板，确保在档案材料形成过程中规范、准确。

最后，强化意识。通过开展"线上＋线下"的党务知识培训，定期或不定期召开基层党组织党务工作(台账)交流指导会，强化档案管理意识，提升党务工作人员专业素养。同时，注重其他党务工作人员档案思想认识的提高，及时收集自己在工作中形成(接触)的第一手材料，并严格按照要求进行有效分类归档。

3.2　提升专兼职档案管理员之间的契合度

一是融会贯通，主要是指党务、档案两部门之间专业领域的相互学习。如：党务工作部门人员要加强档案专业领域的学习，提高归档意识，不断明确党务档案收集的范围，切实保证归档文件材料的完整齐全。档案工作人员也要进一步加强对党务专业知识的学习，准确把握党务工作和档案材料的分类，这样才能确保在党务档案管理的过程中实现准确、高效的管理。

二是通力协作，主要是指党务、档案管理部门之间相互沟通交流。党务工作部门要主动向档案管理部门说明基层党务当年的工作重点、变化情况，使档案管理部门能更加及时全面地了解基层党务工作部门的具体需求。而档案管理部门要向党务工作部门普及档案管理规范，并针对党务档案管理中的问题，加强沟通协调，如召开碰头会(线上或线下)，及时做好答疑解惑，使基层党务档案管理更合理、科学。

3.3　建立党务档案管理质量评价机制

一是采取 PDCA 管理模式。通过明确党务工作部门归档计划任务，列出具体存档目录和要求；再按照档案管理要求收集整理基层党务档案材料，并定期或不定期对各党支部党务档案管理工作进行督导检查，重点督查党务档案的完整性和规范性；针对督导检查过程中未能立行立改的问题，在及时跟踪督促的同时，重点剖析基层党务档案管理的共性问题，探究其根本原因，并将其本质问题作为新问题转入下一循环，通过持续性质量评价，不断推动基层党务档案管理质量和水平的持续提升。

二是依托"党务查房"等相关机制跟踪督查。通过医院党务查房等制度，制订党务查房细则，由党委书记带领各党支部书记及党务部门工作人员，定期对各党支部"三会一课"、主题党日等组织生活的开展、记录情况进行跟踪督查，认真负责地记录各党支部存在的问题，深入具体挖掘其工作亮点，并以交办单的形式,将督查情况及时反馈给各党支部,要求其明确整改期限,列出处理结果,确保督查问题落实整改到位。

基层党务档案作为公立医院基层党务工作的重要载体,充分反映了医院基层党务工作的发展现状和历史发展足迹,加强基层党务档案管理势在必行。尤其是在加强公立医院党的建设这个大背景下,做好医院基层党务档案管理对推动基层党务工作持续创新、不断突破具有积极的指导作用,在实现基层党组织全面提升的同时,促进医院党的建设,为医院高质量发展夯实基础。

建设项目档案闭环管理困境及对策研究

董雯雯

余姚市住房和城乡建设局

摘　要:伴随着社会的进步和中国市场经济时代的发展,各行各业也越来越重视内部档案管理工作,尤其是建筑工程行业。建设项目档案主要是工程项目实施过程中形成的文件资料,是静态的;而档案的管理是动态的。这一过程旨在建立一个系统、真实和完整的档案管理环。

关键词:建设项目;档案;闭环;困境

建设项目(本文专指纳入城建档案管理机构验收范围的项目)档案是指在项目建议书、调研、评估、决策、规划、征地、拆迁、勘察、设计、施工、生产准备、竣工运营、交付使用等全过程中形成的各种形式的文件和资料,应归档保存,如文本、图纸、图表、音频和视频,前期档案的性质在整个项目建设中至关重要。

建设项目档案是企业的宝贵财产,企业在施工过程中积累了经验和施工技术,可以说建设档案在工程管理中发挥着极其重要的作用。有效管理档案资料,不仅能提高工程质量,还能提高企业经营效益。

1　建设项目档案闭环管理的重要意义

1.1　建设项目档案的闭环管理

建设项目档案的闭环管理分三步:第一步,建设单位在工程竣工验收之前,组织人员,按照《建设项目文件归档规范》的要求收集并归档所有文件和材料;第二步,竣工验收阶段,对项目档案进行验收,并在项目竣工验收报告和专家组竣工验收意见中明确验收结论;第三步,在项目竣工验收备案前,向当地城建档案管理机关移交一套符合要求的工程档案。通过以上三步,实现建设项目档案归档工作全流程闭环管理。

1.2　建设工程闭环管理的重要意义

在实际工作中,对于建设项目来说,工程档案管理是否得到有效实施,关系到项目的施工质量,影响到各相关单位的整体效率。此外,作为整个项目的见证和真实记录,建设项目档案的完整性和准确性可以为未来的项目竣工验收、审计部门验证、日常维护或翻新扩建及各项实际工作需要提供可靠的依据。

2　建设项目档案闭环管理的困境成因

2.1　参建单位重工程建设,轻档案管理

实际工作中,往往到了项目完工时,各单位才开始应付整理工程资料。这些因素导致项目档案管理混乱,数据流向不清,档案收集不完整。因此,有关单位应加强数据归档和档案管理工作的专业化教育和提升改进。

2.2　项目档案问题发现机制不完善

项目开工前,在施工审批阶段,档案主管部门就已对项目档案的管理工作进行前期介入。实行"一次性告知制",做好城建档案政策宣传和答疑解惑。在开展指导服务工作的基础上,全面梳理和完善城建档案接收、查询、利用全流程图,为企业和群众办事提供更多便利。在单位公众号公布本地区的《城建档案接收标准》及收件、查档电话,提高企业办事效率。实际工作中,建设单位往往到了竣工验收后期才会组织资料的收集和档案的整理,类似"临时起意",在交付日期倒逼的情况下,让档案管理机构相当被动,往往陷入两难的境地。

2.3　项目档案问题整改不到位

在文件归档过程中,由于整体业务能力较弱,存在归档不完整和不及时的问题。此外,业务不严谨,档案员对各种文件资料的归档范围不熟悉。不经研究和甄别,出现资料经办人给什么,就存什么,归档什么的情况,没有明确本项目应归档的范围,因此,无法做到"应收尽收""应归尽归"。

2.4　项目档案人员能力不适应

由于建设单位人员成本控制等因素,档案人员职数有限,甚至项目工程中不

配备档案员,档案人员往往连兼职都算不上,项目档案管理知识严重缺乏,对项目建设的合规性文件概念模糊不清,更无法提醒、督促企业内部相关职能部门开展合规性文件的获取工作。

3   破解建设项目档案闭环管理困境的对策

做好工程项目档案闭环管理,要扎实开展工程项目档案基础工作,特别是在工程项目建设初期,及时建立各项档案管理制度,并严格加强对前期产生的文件资料的管理。施工合同中应明确档案和各项材料的编制、组织和提交的具体要求。在检查和实施建设项目的过程中,还需要检查建设项目档案管理工作的实施情况。

3.1   将侧重技术性发展转向管理性与技术性并重

形成"档案与工程都是建设项目重要组成部分"的观念,使两者相辅相成,不能分割对待。将项目档案工作一并纳入项目建设,明确档案和电子档案管理的要求应适应实际工作的发展需要。科学构建工作机制,加强档案前端管控,提前进行培训和交底。主动对接企业,做好服务,及时做好建设工程档案验收各项制度制定、指导培训、工作衔接、监督和监管等工作。从项目办理施工许可证开始,档案工作提前介入,对项目存档工作实施"一档一策",建立全流程台账制度,对档案移交滞后的建设单位进行电话提醒、预警,并严格组织档案验收。

3.2   合同管理,节点管控

3.2.1   合同管理

在合同条款中,要明确项目档案工作的责任和违约责任,在合同绩效评估中对项目档案工作绩效进行评估,并与合同付款直接挂钩。开工前,施工单位应及时组织对参建单位进行培训或交底。培训的主要内容包括项目档案管理的机制和方法,以及档案的运作流程和组织标准,使参与单位能够明确项目档案工作是什么、为什么做、如何做;交底主要关注点在档案工作的工作流程和标准上。交底内容规范明确,不能模棱两可,规章制度没有具体要求的,应当在交底中提出具体要求。参建单位应签字并确认各项档案要求,作为后续评估和检查的依据。

3.2.2   节点管控方式

项目文件形成后,应跟踪项目文件的流转,流转完成后及时收集,实现项目文件清单化收集。同时开展各类项目验收活动,并同步验收项目文件,对于预归档文件的完整性、系统性、准确性、规范性、安全性等指标一一把关。在项目阶段性专项验收中,对本阶段项目预立卷质量进行检查,发现档案不合格的,不得继续施工;单位工程竣工验收时,应对单位工程预立卷档案的质量进行检查。档案不合格的,不予支付单位工程进度款;在整体竣工验收过程中,检查项目文件的整体归档情况,档案不合格的,不得办理竣工备案。档案管理机构应根据需要参加工程竣工验收。

3.3 严控项目档案归档质量

建设单位将档案和工程检查要求写入项目管理制度规范,在项目检查活动中检查项目文件预立卷的完整、准确、系统、规范和安全等指标,并做好检查结果的监督考核。工程管理相关部门和参建单位在开展项目检查或专项检查时,同步检查项目文件材料收集和预立卷情况,并留存相关检查记录。监理单位档案人员参加设备开箱检查,并检查开箱资料的完整性。

建设单位的档案管理机构或档案行政部门以及上级监管单位应当组织档案检查,作为落实档案业务指导责任的手段之一。检查的目的是发现问题、解决问题,并根据实际情况提出整改措施,以有效提高现场项目档案的管理水平。但是,对于档案管理不规范、项目文件收集进度严重滞后于建设进度、档案质量低下、内容错漏突出、运行使用中埋有隐患的情况,要追究相关单位的责任。

3.4 搭建平台促进档案人才队伍建设

档案员、资料员是工程建设全流程"最后一公里"的实现者,该人群的整体素质是工程档案治理水平再上台阶的制约因素。为此,在常规培训的基础上,档案主管部门要进一步探索能促进人才队伍建设的活动方式,创新举办工程档案业务竞赛,设置环节各异、形式多样、内容丰富的竞赛活动。适当扩大参与范围,参赛对象既可以包括档案员,也可以包括参建单位资料员,还可以包括项目组内与资料形成有关联的监管人员及社会公众。此外,试题的内容设置尽可能丰富,内容不仅涵盖建设项目相关法律法规和条文、建设项目工程档案业务知识、工程资料等,还应该涉及新修订的《档案法》等通用知识。通过档案业务竞赛活动,激发档案人员工作热情,有效促进业务技能提升和档案知识普及。

负责建设工程档案管理工作的人员及相关档案工作者要深刻理解自身职责,以对国家和单位高度负责的责任心与使命感,主动学习总结和提升档案管理工作技能,严格审核档案的质量,确保每一项基本建设项目都有齐全、完整、准确、系统的档案资料,确保档案的合法性、有效性,进而推动建设工程档案管理工作的正常开展,以便最大限度地发挥工程项目档案在经济建设和社会发展中的作用。

4　结语

充分利用工程档案这个科技成果，进行经验总结、技术交流，这样也可以大大提高城市规划、设计、施工与管理水平。从源头上解决建设项目档案"归什么""谁来归""归哪里""及时归"的问题。

基于食品制造企业产品全生命周期档案资源建设的实践与思考

——以杭州娃哈哈集团有限公司为例

田芳容

杭州娃哈哈集团有限公司

摘　要： 食品质量安全管理，贯穿食品制造企业产品设计、原料采购、生产、流通、消费等各个环节。良好的企业档案工作，有助于企业抓好产品全生命周期的管理，实现产品历史信息与产品价值链、供应链高度融合，实现"逆向可溯源、风险可管控"的食品安全管理追溯机制。笔者从多年的档案工作实际出发，阐述了对档案工作服务于企业产品生产经营的效能提升、助力企业数字化转型的思考。

关键词： 食品制造企业；产品全生命周期；企业档案；产品档案；档案资源

对食品企业来说，必须将食品质量安全放在首要地位，来守护人们"舌尖上的安全"。作为食品饮料行业龙头企业，杭州娃哈哈集团有限公司库藏的丰富档案，真实地记录了公司 10 大类 300 多个饮料产品，以及从诞生到上市销售的全生命周期管理状况。适逢企业数字化转型，积极构建和充分发掘企业产品的各类档案资源，助力企业经营发展，应是企业档案工作的应有之义。

1　构建产品全生命周期档案资源体系的探索实践

食品制造企业产品全生命周期，是指从市场需求调研、产品立项开发到批量生产上市销售、销售萎缩退市或优化升级再上市的整个过程。产品全生命周期档案资源是指产品全生命周期各阶段产生的、具有保存价值和利用价值的真实记录,涵盖产品全生命周期相关联的由企业内外部形成的各类载体档案,是企业核心的信息资源和知识资产。

1.1　构建食品制造企业产品全生命周期的档案资源体系

截至 2022 年 12 月底,集团本部全宗档案已突破 110 万卷(件)、所属单位全宗已近 380 万卷(件)。集团本部全宗纸质档案库藏数量逾 60 万卷(件),涵盖了企业产品全生命周期各阶段,包括立项研发、包装设计、专利商标申请、原材料采备、广告策划、市场营销、售后服务等阶段所产生的各类档案。很多早期特色产品、拳头产品的技术性材料和管理类材料,已有近 40 年历史,内容翔实,保存价值和利用价值突出,彰显了档案助推企业高质量发展的特殊作用。

科研档案保存了立项研发材料,包括市场需求调研、数据分析评估、立项及批复、小试中试评审、贮备结题评审、投产试制材料,还有生产配方、工艺规程、原辅物料验收标准、企业标准等技术文件。

产品档案收集保存了产品包装设计、签样审批、生产执行的作业指导书、投产"三表一总结"(项目投产申请表、项目工艺跟踪记录表、项目工艺验收移交单、项目投产总结)、物料验收标准、规范操作指导书、上市前自检报告和外部行政部门历次抽检检测报告、变更或升级历次再签样等材料。

文书档案收集存储了产品组织实施的各类发文、原材料的招投标材料、采购材料、核算评估定价材料、新品市场开发及样板打造规范、广告词及代言人等确认材料、不同地区宣传文稿、各市场销售合同和上市后的服务材料(如大型卖场进入授权材料、售后处理材料、市场维权打假材料)等。

特殊载体档案收集了产品的商标证书、专利证书、荣誉证书和牌匾,以及产品原版照片、市场陈列照片、媒介宣传视频、产品投产至售后过程中的重要事件视频等。

会计档案则清晰记载和反映了产品在研发、投产、广告宣传、销售等全生命周期各环节的投入和产出状况。

1.2　对部分产品档案原始信息再加工形成专题库

档案室根据集团库藏丰富翔实的档案,编制了各类有关产品信息的专题库,如根据历年投产上市成功的产品信息而编制的《历年产品简介》,根据公司历年发布的制度形成的《食品质量安全管理制度汇编》,根据历年产品获奖情况编制的《历年产品获得科技奖项汇总》,根据商标专利等信息编制的《企业知识产权汇编》,根据公司历年参与国家或行业标准制定情况编制的《娃哈哈参与制定的国家或行业标准汇编》,根据质监部定期发布的工作通报材料整理编制的《历年食品安全飞检工作通报》,根据企业领导人历次讲话稿材料而甄选形成的《宗庆后名人专题库——历年关于食品质量安全的讲话汇编》。

1.3 对有关产品的部分纸质档案和实物档案进行修复保护或翻拍留存

承载着产品原始数据、产品衍生文化的技术类和管理类纸质档案,最早的案卷已有近 40 年的历史,由于载体比较脆弱,加上频繁的借阅翻查,案卷出现老化破损现象。为确保这批高龄案卷、珍贵案卷的实体安全,档案室按照案卷年份、是否属于核心产品等原则进行甄选,对部分案卷进行了托裱修复,最大限度地保持了档案原貌。针对部分早期的食品饮料产品实物,根据 2022 年出台的《实物档案数字化规范》(DA/T 89—2022),在政治部专职摄影师和专业设备的支持下,档案室对部分荣誉实物、产品原样实物、包材实物等重新进行了数字化加工,建档保存。

2 深化产品全生命周期档案资源体系建设的对策

2.1 拓宽产品电子文件在线归档范围,实现产品全生命周期电子档案单套制管理

企业在产品全生命周期运行过程中涉及不少业务系统,积累了大量的电子数据。业务系统电子文件归档是当前企业对档案工作数字化转型的最大需求。做好业务系统电子文件归档,确保产品全生命周期数据完整保存和高效利用,是档案工作数字化转型支撑和促进企业数字化转型发展的必要手段和重要体现。完成公司档案信息管理系统与 BPM 系统、HR 系统、SAP 系统的对接,实现产品事项的请示批复、发文、电子签章采购合同和销售协议、人员信息、会计资料等电子文件管理及电子档案单套制归档。后续业务系统电子文件归档范围应进一步拓宽,将产品研发系统、产品包材管理系统和产品外包装设计系统纳入档案管理系统数据集成下一步计划,实现产品全生命周期主要业务环节产生数据的在线归档,丰富数字档案数量,提升数字档案质量。

2.2 提供个性化产品档案成果,力促产品档案资源共享

根据高频利用者角色,分析档案实际利用需求和室藏产品有关档案属性的特点,利用技术手段深挖分布在各档案大类中的产品数据之间的内在关联,通过数据标签、语义关联、增加备注著录项中的关键词信息等,搭建各档案大类产品数据链路,多维度分类在库产品档案资源信息,完善权限设置规则,提供定制化的产品档案信息需求服务,譬如将产品研发档案推送给科研人员共享,将产品资质证书和荣誉实物档案推送给市场销售人员共享,将产品签样原始档案推送给

品牌设计人员共享,将产品历次设定参数和外检报告档案推送给质监人员共享,将产品广告声像档案推送给宣传人员共享,等等。依托档案管理系统功能,实现多维度下信息查找、重组和聚类,建立产品档案资源服务平台,形成可共享的数据库。

2.3　提升产品实体档案展览和电子档案线上展陈的融合集成

一是梳理库藏有关产品方面的档案资源,如历年饮料产品原物留样、历年产品外包装样稿、历年产品原始检测报告等,深化对公司产品更新迭代的研究和理解,有规划有步骤地推进饮料产品生命周期档案资源的开发进度,开辟产品档案特色实物展室,举办产品专项展览,让档案来讲述龙头饮料企业发展历史,阐释饮料产品文化;二是基于产品系列实物档案建设,扩大产品电子档案专题的发布途径,在确保信息安全和审计安全的情况下,于集团内网(公司所有员工可见)和外网(公司对外门户网站)、微信公众号、短视频平台等线上发布产品不同主题的虚拟展厅,通过档案来呈现饮料企业不同年代的产品特色和亮点。

2.4　加强集团各部门间的协同合作,提供历史档案信息供决策层参考

依托公司良好的信息化基础建设,充分运用互联网、大数据等信息技术,将档案管理系统中部分数据信息与企业数据驾驶舱等系统,进行有效的集成和共享,实现产品全生命周期的信息、过程集成和协同应用,供给各级领导层参考,推动企业食品安全管理水平、企业品牌价值、企业社会效益和经济效益的提升。

工程前期材料收集存在的问题和对策

吴亚玲

杭州良渚新城城建投资有限公司

摘　要:工程前期的资料收集过程中经常存在一些问题。这些问题不仅会影响工程前期的准备工作,也会影响整个工程的质量和安全。因此,该研究旨在探讨工程前期材料收集存在的问题及其对策,为工程前期的准备工作提供有益的参考。工程前期材料收集的问题主要有信息收集不完善、信息整理不规范、人员协调配合不当等。针对这些问题,该文提出完善前期材料收集机制、利用现代技术手段提高收集效率、加强人员协调配合等对策和建议。总之,该文对工程前

期材料收集问题进行了深入研究,提出了一些有益的对策和建议,可以为相关工作提供有益的参考。

关键词:工程前期;材料收集;问题;对策

目前的工程建设前期材料收集中存在着许多问题,主要表现在以下几个方面:重建设进度而轻文件材料收集和积累,机构和制度不健全,档案人员与工程管理、技术人员协作配合不够,忽视了工程前期文件的收集积累以及技术改造、技术引进中档案资料的收集和管理。

为了解决目前存在的问题,本文将基于实践经验,对工程前期材料收集问题进行深入研究,并提出具体的对策。研究方法包括文献调研、实地调研、案例分析等。本研究旨在为进一步完善档案管理工作提供参考,同时也为工程建设提供更好的支持。

1　工程前期材料收集的问题

1.1　前期材料收集不全面

前期材料收集是工程准备工作中的关键环节,其全面性直接决定了后续项目的开展进程和质量。然而,当前前期材料收集工作普遍存在不全面的问题,主要体现在以下方面。

首先,在前期材料收集过程中,往往只注重某几个方面的资料收集,忽略了其他同样重要的方面。以工程项目中的土地规划为例,对于环保方面的材料收集比较重视,却忽视了土地用途和规划审批等方面的资料收集,从而导致后续项目建设中出现方案调整等问题。

其次,前期材料收集时往往没有充分调查每个环节所需的材料和资料,导致材料收集不全面。以城市建设规划材料收集为例,应该调查每个阶段都有哪些材料需要收集,例如方案研究阶段,需要的资料包括当地的人口和就业情况、交通状况以及同类工程的实施情况等。只有充分调查各个环节的资料和材料需求,才能保证材料收集全面。

最后,由于收集项目前期材料的时间跨度长,涉及的相关单位和人员也多,容易出现脱节问题,从而导致材料收集不全面。

1.2　前期材料收集不及时

在工程前期的材料收集过程中,不及时的问题一直是困扰我们的一大难题。例如,对于一些非常关键的信息,或是出于各种原因未能及时发现,或是相关人员没有及时汇报,还有管理的缺失、人员方面的问题等。从项目开工到竣工往往需要几年的时间,这期间也容易产生遗失等问题。

举例来说,在管理方面,由于缺少有效的管理措施,信息收集的反馈不及时,不得不拖延工程的时间。人员方面的问题也不能忽视,如果相关人员没有及时汇报、处理、反馈、纠正问题,也会极大地影响前期材料的及时获取。

2　工程前期材料收集的对策

2.1　确定前期材料收集范围和内容

在工程前期材料收集中,确定收集范围和内容是非常重要的一步。首先,需要明确收集哪些前期材料。其次,要明确收集的范围,也就是在哪些领域、区域内进行收集。确定好范围和内容,有助于提高工作效率,避免浪费时间和资源。

确定收集范围和内容是工程前期材料收集中的重要一步,需要采用科学的方法和策略,并注意信息的可靠性和准确性,保证收集工作的效率和结果。

2.2　制订前期材料收集计划

为保证前期材料收集的高效性和有效性,制订完整的收集计划至关重要。

首先,制订收集计划要考虑到收集的范围和内容。在前期工作中,材料的涵盖面较广,所以要明确收集的范围和内容,避免收集材料过多而分散了实际需要的内容,或者收集不全而影响研究结果的客观性。

其次,制订收集计划需要根据时间和人力资源的情况。基于材料收集的难易程度和工作量大小,制订收集计划的时间节点和时间长度。为了避免收集过程中出现重复、遗漏等情况,制订计划的同时还需要明确定义收集方式、渠道,明确责任人和工作方法。

在计划的实施过程中,还需不断进行跟进和调整,及时发现问题和不足,对于未按时收集到的前期材料要及时补充收集并记录,对于收集到的前期材料要逐一核实,并保密、分类、管理好。

总之,在制订收集前期材料计划时,要深度思考,全面考虑,以制订出一份可操作性和实用性强的计划,为后续的前期材料收集和研究工作奠定坚实的基础。

2.3　利用现代技术手段提高收集效率

随着科技的进步,我们可以利用现代技术手段来提高前期材料收集的效率,改造传统的档案管理模式,加快电子档案建设。同时可聘用专业档案人员指导和检查前期材料收集工作,使得每一项工作完成后,材料都能及时收集。

2.4　加强人员协调配合

在具体实践中,项目决策者应制定相应的材料收集管理制度,确立各部门及人员在前期材料收集过程的职责,确保各项工作有序开展,明确各方责任,相互配合与协调。

3　应用案例分析

3.1　工程前期材料收集实践案例

前期材料收集工作是工程项目开展过程中至关重要的一环,其质量和有效性对工程后续步骤的顺利进行和项目成功的实现都有着重要的影响。

以实践案例为例,在一项土地开发工程项目中,材料收集存在以下问题:第一,信息来源较为分散,无法全面获取各个方面的相关资料;第二,在信息的合理利用方面,相关的信息专业性不强,让利用者产生误解和偏差;第三,针对不同信息来源的信息筛选和整合方式不一致,导致材料收集后期难以进行材料的整合。

针对上述问题,我们提出了一些有效的对策。首先,在收集信息的过程中,要采用多种途径,包括与相关部门的沟通、网站查询、资料调研等方式,确保信息的完整性和覆盖面。其次,应该加强专业人员的培养和引进,以保证信息的准确性。最后,在信息整合方面,应该采用标准化的方式,并结合项目的实际情况,将信息整合成适合项目需求的格式,提高信息的适用性和可读性。

总之,在实践过程中,只有充分认识到工程前期材料收集的重要性,并采取有效的收集、整合、利用方式,才能为工程项目后续的顺利进行提供有力的保证。

3.2　前期材料收集对工程后续步骤的影响

前期材料收集是工程项目必不可少的一个部分,在整个工程的生命周期中起着极其重要的作用。其在工程后续步骤中所扮演的角色也要引起足够的注意。具体而言,前期材料收集会影响到工程的可行性分析、设计方案的制订、施工方案的编制和工程后期运营维护等方面。

首先,从可行性分析的角度来看,如果在前期材料收集的过程中,未能彻底收集工程相关的数据和信息,那么在可行性分析阶段就会出现严重的问题。比如说,在收集阶段漏掉了某些重要的材料数据,就会导致在分析中无法清晰地反映出该材料在工程中的作用和导致的其他影响。而这些影响又可能给后续的设计方案和施工方案制订带来极大的困扰,可能造成极大的经济损失。

其次,从设计方案的制订角度来看,在材料收集阶段,如未能完整地收集有关的数据和信息,就会导致方案的设计失真,从而给工程后续的工作带来无法预期的问题。同时,如果某个设计方案能够充分考虑到材料的收集情况,就能够极大地优化这个工程项目,确保其具有更好的可行性和更高的经济效益。

4　结束语

对于未来如何解决工程前期材料收集的问题,我们需要高度关注。只有不断地适应时代的变化,把握新技术、新方法的应用,才能更好地挖掘和利用工程前期材料内容,提高工程前期活动的效率和质量,为工程后期的顺利开展提供坚实的支撑。

重特大事件档案特征和价值研究①

廖梅杰

浙江中医药大学

摘　要:重特大事件档案具有产生的不可预见性、形成主体的多元性、记录载体的多样性、收集的紧迫性、开发利用的紧要性等特征。重特大事件档案有独特的存史资政育人价值,建设好重特大事件档案资源有利于保存重特大事件记忆、总结重特大事件应对管理经验、开展重特大事件宣传教育、提升档案工作现代化水平,推动档案工作服务党和国家工作大局、服务人民群众。

关键词:重特大事件;重特大事件档案;特征;价值

习近平总书记高度重视档案工作及重特大事件档案工作,在其"7·6重要批示"等关于档案工作重要论述的指引下,2022年12月,中共中央办公厅、国务院办公厅印发了《关于加强重特大事件档案工作的通知》(以下简称《通知》)。此前,2020年6月,《档案法》修订时新增了相关条款,"国家档案主管部门应当建立健全突发事件应对活动相关档案收集、整理、保护、利用工作机制。档案馆应当加强对突发事件应对活动相关档案的研究整理和开发利用,为突发事件应对活动提供文献参考和决策支持"。2020年12月,国家档案局出台了《重大活动

---

①　本文系浙江中医药大学2022年度校级科研项目"重大突发事件数字档案资源建设研究"(2022JKESD11)的阶段性成果。

和突发事件档案管理办法》（以下简称《管理办法》），从国家层面形成了重大活动和突发事件档案管理的统一规范。2021 年 12 月，全国人大常委会公布的《突发事件应对管理法（草案）》也新增了突发事件应对管理工作的档案工作要求，"国家档案主管部门应当建立健全突发事件应对管理工作相关档案收集、整理、保护、利用工作机制。单位和个人在突发事件应对管理工作中形成的材料，应当按照国家规定归档，并向相关档案馆移交"[1]。一系列针对突发事件档案工作的法律规定、规章出台，将重特大事件档案工作上升到了新高度。收集好、保管好、利用好重特大事件档案，对更好地保存重特大事件记忆、总结突发事件应对经验、提高公共安全治理水平均具有重要意义。研究重特大事件档案的特征及价值是做好重特大事件档案工作、提升档案工作现代化水平的前提。

1 重特大事件档案的特征

《通知》指出："重特大事件档案是党和国家组织应对自然灾害、事故灾难、公共卫生事件、社会安全事件等突发事件所形成的具有保存价值的历史记录。"[2]关于"突发事件"，《突发事件应对管理法（草案）》和《管理办法》均规定："突发事件是指突然发生，造成或者可能造成严重社会危害，需要采取应急处置措施予以应对的自然灾害、事故灾难、公共卫生事件和社会安全事件。"可见，突发事件具有"突然发生"的本质属性，事发突然、涉及面广、危害性大、处置难度高，伴随着突发性、公共性、紧迫性、破坏性、不确定性等特点。因重特大事件应对和应对管理工作而产生的档案与常规档案相比，也有着与重特大事件"突然发生"属性相关的一些特征，其对档案工作提出了更高的要求。

1.1 产生的不可预见性

重特大事件档案是突发事件预防与应急准备、监测与预警、应急处置与救援、事后恢复与重建等各项应急管理工作的真实记录，突然发生、应急处置的过程随时可能产生档案。普通档案的产生具有规律性、周期性，相应的档案收集、整理、归档工作也有计划性、预判性。不可预见性对重特大事件档案工作提出了更高的要求，需要进一步建立健全突发事件的档案工作机制、加强档案收集工作、加大档案工作保障力度。

1.2 形成主体的多元性

突发事件应对管理工作是一个"党委领导、政府负责、部门联动、军地联合、社会协同、公众参与、科技支撑、法治保障的治理体系"，应对管理主管部门、参与应对管理各方均是重特大事件档案的形成主体，范围远超常规的文书档案、科技档案、会计档案等档案的形成主体。重特大事件包含自然灾害、事故灾难、公共卫生事件和社会安全事件等类型的突发事件,事件性质、危害程度、影响范围决定了不同类别的突发事件有不同的应对主体。此外,社会力量在重特大突发事件应对中的作用不断凸显,红十字会、慈善组织、志愿服务组织、志愿者等社会组织和个人参与处置工作的记录也是重特大事件档案的组成部分。尤其在社交媒体高度发达的时代,微信、微博、抖音等社交媒体都能记录重特大事件相关信息,社交媒体使用者也能成为档案信息的形成者。档案的形成主体不同,应对管理主管部门、参与应对管理各方相应的档案工作职责、归档范围、收集要求也不尽相同。

1.3 记录载体的多样性

《管理办法》规定了突发事件档案是各种文字、图表、声像等不同形式的历史记录,档案馆可以采取拍照、录音、录像等方式直接形成突发事件档案。重特大事件档案载体有文字、图表、照片、录音、录像、实物、口述史料等,仅文书档案就有命令、报告、请示、批复、决定、公告、通知、函、纪要、简报、计划、总结等,电子档案也包括业务数据、公务电子邮件、网页信息、社交媒体信息、数码影像等。不同载体的档案如电子档案、声像档案、实物档案在记录、留存时需要符合相应的收集和保管要求。

1.4 收集的紧迫性

重特大事件应对是临时性、阶段性工作,档案工作责任部门有主办单位、协办单位或多个主办单位、协办单位以及临时机构,反映突发事件应对管理活动过程的第一手资料的收集、整理工作可能受事件发展变化或处置主体变化的影响,需要及时收集,甚至边形成边收集、边收集边补充。《通知》对档案收集、捐赠收集、补充收集等收集工作做出了具体规定,《管理办法》也规定"责任部门应当在重大活动和突发事件应对工作结束 6 个月内,向同级档案主管部门报告档案工作方案落实情况"[3]。重特大事件档案收集的紧迫性需要档案工作前端控制和及时介入,将档案工作纳入应急预案,档案部门加入应急协调机构,突发事件应对与档案工作"同部署、同推进、同落实",档案馆根据需要提前介入档案工作,等等。

1.5 开发利用的紧要性

原始记录突发事件发生、应对、处置、总结的档案信息对新发生的重特大事件应对决策制订和应对策略实施具有重要的参考和借鉴作用。近年来,历史上的突发事件档案在应对处置新冠疫情、地震、台风、空难等公共卫生事件、自然灾害、事故灾难中发挥了重要作用。重特大事件档案是总结突发事件应对经验教训的第一手资料,利用数字化、信息化技术充分开发利用重大特档案资源,为突发事件处置提供决策支持,显得迫切且紧要。

2　重特大事件档案的价值

重特大事件档案是国家和社会重要的信息资源和文化资源,具有特殊的存史资政育人价值,建设、开发和利用重特大事件档案将有助于保存重特大突发事件记忆、总结事件应对经验教训、开展重特大事件宣传教育、促进档案工作走向现代化等。

2.1　保存重特大突发事件记忆,丰富国家档案资源

当今世界地震、海啸、空难、爆炸、新冠疫情、恐怖袭击、重大刑事案件等各类突发事件严重影响了公众生命财产安全、经济社会发展和国家安全。我国也面临复杂多变的国内外环境,进入战略机遇和风险挑战并存时期,不确定难预料因素增多,突发事件也时有发生。重特大事件档案真实记录了各类重特大事件发生及应对处置过程,反映政治、经济、文化、教育、科技、军事及外交等各领域的应对活动,是重现重特大事件的第一手珍贵史料。"今世赖之以知古,后世赖之以知今者也",重特大事件档案是国家记忆和民族记忆的重要组成部分,记录好、留存好、收集好重特大事件档案将大大丰富我国的档案资源。对此,《通知》对重特大事件档案收集除了常规要求外,还特别提出"鼓励参加志愿服务的组织和个人留存相关记录,并捐赠给有关单位","重特大事件记录不完整的,要通过媒体信息采集、口述信息采录、社会征集等方式及时予以补充"。[4]

2.2　总结重特大事件应对经验,提升公共安全治理水平

近年来,重特大事件档案在服务突发事件应急决策、应急处置等方面发挥了越来越重要的作用。2017 年 8 月在四川省九寨沟 7.0 级地震电力抢险抢修中,通过利用档案优化抢修方案,提前 120 个小时完成抢修任务。[5]2020 年 2 月,新冠疫情发生后,北京小汤山医院建设工程档案为 10 天建成武汉火神山医院提供了有力支撑。[6]2022 年 9 月 19 日,浙江省委常委会召开专题会议,全面总结复盘防御台风"梅花"的经验做法和短板不足。[7]重特大事件档案提供了再现历史的各种信息,是总结历史经验教训、提供应对决策支持、提高突发事件处置能力的信息资源库。《突发事件应对管理法(草案)》提出"建立健全突发事件专家咨询论证制度",已有的重特大事件档案将为专家咨询论证制度的实施提供有力的文献参考和决策支持。保管好、利用好重特大事件档案资源对实现党的二十大报告提出的"提高公共安全治理水平"、推进国家治理体系和治理能力现代化具

有积极的意义。

2.3　开展重特大事件宣传教育，增强中华民族文化自信

"哈布瓦赫指出：'集体记忆具有双重性质——既是一种物质客体，物质现实，比如一尊塑像、一座纪念碑、空间中的一个地点，又是一种象征符号，或某种具有精神含义的东西、某种附着于并被强加在这种物质现实之上的为群体共享的东西。'"[8]作为重要的文化资源，重特大事件档案记录了国家和人民在突发事件中凝聚的精神力量和精神追求，蕴含着中华民族"精神含义的东西""在物质现实之上的东西"。档案是中华民族精神传承与延续的重要载体，重特大事件档案记录了同舟共济、众志成城、不畏艰险的抗"疫"精神，一方有难、八方支援的抗震救灾精神，见证和传播了以爱国主义为核心的民族精神。"对历史负责、为现实服务、替未来着想"，重特大事件档案是爱国主义、集体主义、防灾减灾宣传教育的最好教材，通过档案编研、陈列展览、讲座、媒体宣传等形式开展宣传教育活动，培育和践行社会主义核心价值观，增强文化自信和文化自强。

2.4　促进档案四个体系建设，提高档案工作现代化水平

"7·6重要批示再次强调'档案工作存史资政育人，是一项利国利民、惠及千秋万代的崇高事业'"[9]，重特大事件档案工作是贯彻落实习近平总书记"四个好"（保管好、利用好、记录好、留存好）、"两个服务"（服务党和国家工作大局、服务人民群众）的批示要求，深入推进档案治理、资源、安全、利用体系建设的具体实践。重特大事件档案工作的工作机制、实施方案、具体做法、标准规范可为重大战略、重大活动、重大工程、重大会议等档案工作提供参考和借鉴，借以提高此类档案工作水平。利用大数据、云计算、物联网、人工智能、区块链等新技术深度建设和开发重特大事件档案，开展数字赋能重特大事件档案，以提高档案工作现代化水平，更好地服务政治文明建设、国家记忆构建、文化强国建设和重大公共危机治理等国家治理。

3　结语

重特大事件档案因突发事件"突然发生"的属性而有着不同于一般档案的特征，具有特殊的信息价值和文化价值。建设、开发重特大事件档案资源是丰富国家档案资源、总结历史经验教训、提升公共安全治理水平和提高档案工作现代化水平之所需。要以习近平总书记关于档案工作的"7·6重要批示"精神为遵循，以贯彻落实《通知》和《管理规定》为契机，系统谋划、科学实施重特大事件档案工作，保管好、利用好、记录好、留存好重特大事件档案，充分实现重特大事件档案

的存史资政育人价值,更好地服务党和国家工作大局、服务人民群众。

注释

[1] 中国应急管理.来了!突发事件应对管理法(草案)征求意见[EB/OL]. (2021-12-25)[2023-04-05].https://mp.weixin.qq.com/s/jYP6QnnSNjgp ZVW8TyNbnQ.

[2] 国家档案局.中共中央办公厅 国务院办公厅印发《关于加强重特大事件档案工作的通知》[EB/OL].(2022-12-12)[2023-04-05].https://www.saac.gov.cn/daj/yaow/202212/7c986acaa26c48ada9943e485a4892d2.shtml.

[3] 重大活动和突发事件档案管理办法[N].中国档案报,2021-01-14(2).

[4] 蔡盈芳.着力强化重特大事件档案收集工作——《关于加强重特大事件档案工作的通知》解读之三[J].中国档案,2023(3):12-13.

[5] 蔡盈芳.为提高突发事件应对管理能力贡献档案力量——《关于加强重特大事件档案工作的通知》解读之一[J].中国档案,2023(1):16-17.

[6] 李安涛.档案见证小汤山传奇[N].中国档案报,2020-04-09(1).

[7] 刘乐平.省委常委会会议总结复盘防御台风"梅花"工作 持续提升台风洪涝灾害科学防控能力[N].浙江日报,2022-09-20(1).

[8] 办刊人语.也谈社会记忆[J].档案学通讯,2012(6):1.

[9] 郑金月.习近平7·6重要批示的核心要义和实践要求[J].档案与建设,2021(8):11-15.

建设项目档案监管难及应对措施

於　敏

浙江浙能乐清发电有限责任公司

摘　要:建设项目档案是项目建设全过程的真实记录,是项目管理、维护、扩建的重要依据。一个项目建设往往具有建设周期长、参建单位多、流动性大、管理环节复杂等特点,这对主管档案业务的部门来说,大大提升了监管难度。笔者就监管项目档案中发现的问题,从监管主体、监管机制、监管手段等各个角度出发,提出应对措施,为优化档案监管提供借鉴。

关键词:项目档案;监管;措施

项目档案准确、完整、系统记录了一个工程的建设进展和成效,其参考价值、凭证作用都弥足珍贵。一个项目周期包括立项、设计、监理、施工、验收等环节,档案工作坚持事前介入、事中指导、事后把关原则,进行全流程监督指导,能为项目竣工后档案移交奠定良好基础。笔者就职于装机总容量达 2640MW 的火力发电厂,曾参与封闭煤场改造、超低排放改造、压缩空气、光伏等重要项目档案工作,针对当前档案监管中存在的问题,探究其应对措施。

1　项目档案监管存在的问题

建设工程是一个由多个单位、多个部门共同参与的复杂系统,项目档案缺乏统一监管,时常有档案整理保存不规范、收集不齐全、组卷不合理、编目不清楚等现象出现,极大降低了档案管理质量。总的来说,当前档案管理还存在监管主体、监管制度和监管手段等方面的问题。

1.1　参建单位各自为政,缺少统一管理

一方面,建设项目由设计、施工、监理、调试等多方单位参与,这就决定了各家档案管理的多样性,彼此之间各自为政,又没有隶属关系,工程技术人员缺乏档案意识,档案管理人员又缺乏技术专业知识,档案管理缺少统一性,不利于档案质量管控。如出现材料跟踪管理记录表格样式不统一、填写方法不正确、施工记录表格未预留装订线等各种情况。

另一方面,由于建设项目周期长、工程量大、烦琐,参建单位很难长期待在一个项目上,往往完成各自所承包的工程项目后,去另外一个项目或者多个项目来回跑,造成人员流动性大,档案资料阶段性检查无法开展,建设单位档案管理人员难以持续性监管,也无法约束参建单位。

1.2　监管制度不完善,考核无据可依

监管制度是实现档案监管工作规范化、标准化、科学化的制度保障。在项目建设过程中,各单位由于对档案工作不重视,很少制定规范性的项目档案管理考核制度。往往在项目档案管理制度中,对各单位职责、项目文件编制要求、项目档案分类、文件整理等都有详细的说明,却缺少档案管理考核奖惩这一内容,由于对档案收集不齐全、移交不及时、整理不规范的单位没有考核依据,无法提出考核意见。

1.3　监管手段单一,效果不突出

监管手段是档案监管工作效果的关键因素,是档案质量的技术保障。笔者

所在档案室一般采取事前介入、事中指导、事后把关原则,阶段性地对项目档案进行现场检查。但是现场检查往往需要多名档案人员互相协作,由于档案室人员配置少,力量薄弱,还要整理组卷所在单位日常形成的资料,监管效果并不突出,仍然有很多归档资料不符合归档要求,比如部分书写使用圆珠笔,需要盖章的地方未盖章,需要原件保存的材料用复印件代替,存在涂改现象,等等。而且,在当前信息化社会,档案监管方式还以现场检查传统纸质资料为主,已经不符合新时代信息化的要求。

2 项目档案监管难的应对措施

基于项目档案监管存在的问题和当前的管理现状,笔者从监管主体、监管机制、监管手段各环节之间的联系出发,探究应对措施,助推形成界限清晰、运作顺畅、管控有力的档案工作格局。

2.1 明确责任主体,协同监管

明确建设单位档案室作为项目档案工作的中心枢纽,负责制定项目档案管理制度,并负责落实;工程部是项目管理的具体部门,要负责项目档案材料的牵头管理和组织协调,将档案管理作为工程管理的重要组成部分之一;各参建单位、监理单位、调试单位等按照各自分工,完成业务范围内产生的档案材料收集整理工作。

打破档案监督管理工作只限于档案室的固有思维,监管主体不再局限于档案室,通过与工程部、质量监督管理部、物资采购部、监理单位等跨部门、跨单位联合行动的方式,渗透到项目档案日常监管中去,发挥其主体作用,实现档案工作的多部门协同治理。例如,将建设项目档案工作纳入周例会、协调会进行常规议事议题,根据工程进展安排档案检查、推进工作。

2.2 完善监督与考核制度

建立完善的监督与考核制度,平衡各主体之间的关系。根据制度制订各单位、各部门档案监管权责清单,建立公司、档案室两级工作考核机制,具体档案业务工作细化考绩分值,倒逼各参建单位、部门重视档案工作,做实做细各项任务,积极参与项目档案监管,从根源上解决日常档案管理不规范、散乱、损毁等问题。

对归档不完整、超过移交时间的单位提出考核意见,并将档案工作纳入各单位项目负责人个人业绩的考核指标中,根据项目完成情况,开展档案工作考核评价,做到一项目一考核,并加强考核评价结果的应用,实现档案质量管控全流程的良性发展。

2.3　利用"互联网＋",提升档案监管效果

信息化、数字化的时代已经到来,为创新档案监管从线下向线上转型提供了难得的机遇,更有利于实现档案质量全流程管控。通过信息化、智能化、数据化技术,搭建可供建设单位、施工单位、监理单位、档案管理方等紧密联系的"互联网＋监管"平台,打破时间和空间的局限,减少层级过多造成的信息失真和耗损,促进部门协同、条块联动、跨界整合,进而推进监管立体化,大幅提升档案监管效果。

对建设项目形成的各阶段资料,可以利用搭建的平台进行线上核查、线上评审、线上归档的同步监管方式,充分发挥互联网技术在档案监管中的作用,同时建立线上评分机制,通过线上评分对监管主体实施不同的奖惩措施。

LNG 接收站项目建设分阶段档案管理关注点探究

邵科毅

中海油绿能港浙江宁波能源有限公司

摘　要:LNG 接收站项目从立项到竣工投产是一个时间跨度长、人员变动频繁、参与单位众多的系统工程。该文系统阐述了 LNG 接收站项目前期、施工、试生产、竣工验收各阶段项目文件收集和档案管理的关注点。

关键词:LNG;液化天然气;接收站;项目档案;管理

LNG (Liquefied Natural Gas)中文名是液化天然气,是将气田生产的天然气净化处理后,经一连串超低温液化而获得的常压低温(−162℃)液体天然气,被公认是地球上最清洁的化石能源。LNG 接收站是 LNG 产业链的中间站,担负着接收资源国船运而来的 LNG,储存后再根据实际需求,采取不同的工艺设施以液态(LNG 槽车)或气态(输气管网)形式输出。LNG 接收站项目以项目进展时间为序,一般可分为前期、施工、试生产、竣工验收这几个阶段,要保证项目整体档案的质量,必须因阶段制宜。本文将根据各阶段的不同特点,来谈谈LNG 接收站项目的档案管理工作。

1 前期阶段项目文件收集和档案管理的关注点

从项目立项到工程开工这段时间一般称为项目的前期阶段。在这个阶段档案工作重点主要以收集为主,前期阶段文件主要包括:

项目立项筹备、科研、投资概算、各类咨询、评估、论证报告及请示批复文件,过程专家审查纪要;

选址、征地、拆迁、移民、水土保持及防洪、三同时(职业健康、安全、环保设计文件)、节能、消防、建设用地用海、文物、地震评估、矿产资源、林地、水资源等报审或备案批复文件,测量、初设、地勘、水文等技术报告或成果文件;

水、暖、电、气、通信、排水等审批、配套协议;

招投标过程及合同文件,与有关单位的纪要、往来信函、请示、批复等。

本阶段的难点在于项目时间跨度大,不确定因素多,文件来源形式多样,人员变动频繁且档案意识弱。二期项目从 2011 年开始开展各项准备工作,2013 年获得国家发改委核准批复,2015 年核准延期,2015 年二期项目下的槽车工程开工建设,2017 年开始储罐施工。前期阶段历时 7 年,最终实施工程的人员与最初进行项目立项的人员已发生很大变化,各类专项报告由于条件变化也进行了多次论证。

要做好本阶段的档案工作,当项目立项之后必须指定专人集中管理相关文件,对经办人进行文件收集要求的宣贯,跟踪各事项的办理情况。经办人员在事项办理完毕后应及时提交相关事项的全过程文件并办理移交手续,经办人员变动时应及时清理相关文件并移交,文件集中管理人员变动时应与继任者做好文件交接手续。文件集中管理人员应定期将项目文件移交公司档案部门,公司档案部门应对提交的项目文件进行预归档,将不符合归档要求的文件移交部门整改。

2 施工阶段项目文件收集和档案管理的关注点

从工程开工到进入试生产为施工阶段。在这个阶段项目档案管理工作主要为前期阶段预归档文件的组卷,根据发布的归档实施细则或归档范围检查、指导各参建单位档案工作,接收各参建单位/部门形成的文件或档案。本阶段产生的文件按来源分为:

业主产生的项目管理类及收到的技术文件。项目管理类主要包括项目组织机构文件、人员任免文件、项目管理制度文件、质保体系文件、质量安全管理文件、会议纪要、信函、工作总结、通知、奖惩文件等;收到的技术文件主要包括自主采购的设备文件、各类业主方委托的试验或评估出具的成果文件等。

监理单位产生的监理类文件。主要包括项目组建文件,印章启用文件,总监任命文件,人员资质文件,监理大纲、规划及实施细则,旁站记录,平行检验文件,监理通知单及回复、往来信函,监理例会、日志及总结,等等。

施工单位产生的施工文件及收到的技术文件。主要包括项目成立文件,印章启用文件,人员任免及资质文件,施工计量器具文件,开工报告,施工组织及方案报审文件,图纸会审技术交底文件,供货商资质文件,原材料及复试报审文件,混凝土相关质量控制文件,桩基检测报告,定位测量放线记录,地基验槽、隐蔽记录,试压包(焊接相关文件,管道清洗试压相关文件),按技术标准形成的各类施工记录,单位工程、分部、分项、检验批报审记录,施工日志及总结,验收报告,遗留问题清单,设计变更文件,往来信函文件,施工日志,音像材料。收到的技术文件主要包括业主委托采购的设备文件、由施工单位委托的试验或评估出具的成果文件等。

检测单位主要提交项目成立、人员报审、方案及各类检测报告、总结等。监造及其他单位提交的总结或工作报告、技术文件等。

本阶段的难点在于参建单位众多,各家单位进退场时间不同,人员变动频繁,参建单位档案人员多为兼职人员,档案意识薄弱。二期项目是以总承包形式进行建设的,除总承包单位外,其他进场单位多达13家,各家都有丰富的档案经验,分包单位的档案质量又取决于总承包单位的档案管理力度。

要做好本阶段的档案管理工作,则要成立涵盖业主、监理、总承包、分包单位等参建单位的项目档案管理机构,明确各参建单位的档案分管领导、档案负责人及专兼职档案管理人员,这是本阶段档案管理工作能有序开展的基础。

对新入场的单位第一时间进行文件收集要求的宣贯,定期或不定期召开档案管理会议,检查各单位形成的文件,对不符合项提出整改要求,限期整改。对工作任务完成后提前退场的承包单位(如桩基单位),在退场前应要求完成档案组卷及审查整改工作才允许退场。

为保证项目档案管理制度的有效实施,应将档案考核纳入项目质量或安全考核体系中,在考核质量或安全时同步考核档案情况,这是提高档案质量的有效手段。

3 试生产阶段项目文件收集和档案管理的关注点

各单位工程通过验收并完成机械完工验收,经上级单位或试生产指挥部等机构同意开展试生产,项目就进入了试生产阶段。本阶段的难点在于项目进入了尾声,参建单位的人员开始撤离,无法满足档案工作开展(如竣工档案审查)的需求,施工单位与运行单位工作界面不清晰带来文件收集困难。以本项目为例,机械完工后有些单位仅留资料员一人全权负责档案相关的工作,竣工文件审查流于形式。运行部门与施工单位互相推诿调试或试生产文件。

本阶段产生的文件主要有:试生产技术准备计划、方案及审批文件;试运行管理、技术规程规范;运行方案、操作规程、作业指导书、运行手册、应急预案;试车、验收、运行、维护记录;缺陷处理、事故分析记录、报告;试生产工作总结、试运行考核报告;技术培训材料;环保、水保、消防、职业安全卫生等运行检测监测记录、报告。

竣工档案未移交的,施工单位需留技术人员对接资料事宜。明确竣工档案审查流程,单位自查竣工档案,有总包单位的由总包单位对竣工档案进行第一次审查,监理单位对竣工档案进行第二次审查,业主对竣工档案进行第三次审查;监理文件由业主单位进行审查,所有审查均应有技术人员参与,技术人员从技术角度审查档案的准确性与完整性,档案人员从档案角度审查规范性、可用性,做好审查及闭环记录。审查无误的档案才可进行页码编制、扫描、装订等,档案人员应对装订完成的档案进行审查,核对目录与文件的对应情况,审核无误后办理移交手续。为加快文件的审查进度,档案部门与参建各方沟通协商后,可召集审查各方进行联合审查,共同提出问题,一次性完成整改。

对于施工单位和试生产部门资料互相推诿事宜,工程管理部门、施工单位、试生产部门应对各类调试和运行文件进行梳理,明确各自的资料形成范围。各自移交组卷对应的文件。

4 竣工验收阶段项目文件收集和档案管理的关注点

竣工验收阶段一般从试生产结束到完成竣工验收为止,此阶段难点在于工程管理部门人员开始陆续调离原工作岗位,工程管理部门甚至存在机构并改的情况,各项验收工作往往是从各部门临时抽调人手过来完成相关工作,档案收集较混乱。本阶段需收集的文件主要包括:建设单位编制的项目管理总结,结算、决算、造价分析等经济类文件,各类验收及汇报相关文件,创优相关文件、后评价文件、项目专题片、宣传文件等。

这个阶段有点类似前期阶段,人员调离时应及时做好相关文件的交接工作,在离开岗位前将应当移交的文件移交给档案人员,各项验收或会议的召集方应在完成一项工作后立即移交相关文件。对于一些形成周期较长的文件(如创优申报与评定结果往往存在一个较长的时间跨度),档案管理人员应根据移交人员提交的相关信息,定期跟踪,将一些互为前因后果的文件一并组卷。

5　结　语

　　工程项目周期长,参与人员众多,档案的质量离不开每一个经办人和档案专/兼人员的辛勤付出。项目的参与方都应安排专人负责收集、整理、移交文件,人员变动时应做好文件交接工作,凡是与项目相关的纸质原件均应归档,尽可能多地收集与项目相关的电子文件,为今后的查考利用提供便利。前期及竣工验收阶段档案部门应对移交的项目文件进行预归档,在工作未完之前须有专人跟进该项工作的进展及文件形成情况。在施工阶段参建各方应加强沟通、互相学习、达成共识,以共识推进项目档案优质形成、优质移交。可引入专业的档案事务所团队,提供项目档案监督、指导、审查、组卷等服务,全过程控制施工档案的质量。

　　随着信息技术的发展以及电子文件法律效力的确立,与纸质档案相适应的传统档案管理方式急需转型,一些文件如电子政务系统出具的备案或批复已不提供传统的纸质盖章版。因此,档案管理系统与电子档案相关标准规范的符合性论证,项目档案单套制的可行性研究,乃至实现无纸化档案室是今后一段时间档案管理的方向。

第三部分

专业档案与特殊载体档案管理

彰显公共资源交易档案核心价值的若干思考

潘青青

泰顺县政务服务中心

摘　要:公共资源交易档案是公共资源交易活动的客观记录,其核心价值——凭证作用在优化公共资源配置、规范公共资源交易活动、加强公共资源交易监管等方面起到很关键的作用。该文提出以突出凭证作用重要性、规范归档内容、优化档案管理等为抓手,全面激发公共资源交易档案核心价值,为市场资源配置提供有力保障。

关键词:公共资源交易;档案;核心价值;凭证作用

当今,公共资源交易已成为市场资源配置中必不可少的一个环节,是市场经济的重要调节手段。公共资源交易档案是在公共资源交易活动中直接形成的具有保存价值的文字、图表、声像等各种形式的历史记录。公共资源交易档案的核心价值——凭证作用是构筑整个公共资源交易市场的基石,在优化公共资源配置、规范公共资源交易活动、加强公共资源交易监管等方面起到很关键的作用,为维护公共资源市场化配置"公开、公平、公正"运行提供法律保障。

1　充分认识公共资源交易档案的核心价值

公共资源交易档案是对招投标各个环节的客观记录,记录了活动主体、文件资料、审批备案、专家评审、平台监督等是否遵循法律法规程序,真实反映了公共资源交易活动的全过程。交易活动所有环节紧密结合,环环相扣,上一环节均为下一环节的证明材料,具有极强的凭证作用,是解决工程质量、工程付款等纠纷的依据,也是政府部门开展交易监管和政府资金监管的重要实现手段,具有法律效力,是法律证据。

随着我国市场化程度的不断提高,市场资源配置作用日益显著,公共资源交易档案越来越多,价值也越来越高。以泰顺县公共资源交易项目为例,2022年度共交易项目598项,其中工程类124项,政府采购446宗,国有土地使用权挂牌出让23宗,产权交易5宗,总中标额25.77亿元,较上年度交易增加86宗,交易额增加8.6534亿元。公共资源交易档案的凭证作用也逐年凸显,2022年为泰顺县纪委、公安局、检察院、审计局及企业主体提供档案调查、查询151卷次。

2　规范归档是凸显核心价值的基础

招投标文件收集归档是确保招投标档案质量的基础环节,是确保招投标档案完整性、系统性、准确性、规范性的重要保证,也是实现凭证作用的根本要素。但招投标档案涉及的流程多,需收集齐全招标、投标、开标、评标、定标及订立合同等六个阶段的全部文件。涉及主体单位多,既有业主、招标代理机构等,又有公共资源交易中心、住建、水利、财政等政府主管部门;涉及类别多,有建设工程、产权交易、土地交易、政府采购以及其他招投标项目。只有在每一阶段完成各自职责范围内资料的收集、整理与归档,才能明确责任、实现超前控制,保证公共资源交易档案质量。

以建设工程档案为例,规范文件归档内容。一是公开招投标部分。招标登记阶段:招标登记表(含附件)、招标备案表、资格预审文件及须知。报名阶段:投标报名表、投标报名汇总表。资格预审阶段:资格预审情况报告(含附件)或资格预审联系单(含附件)、投标人联系函。购领招标文件:招标文件、签收记录、答疑、修改、补充纪要。专家抽取阶段:专家抽取表。开标、评标阶段:开标、评标书面情况报告(含附件),开标、评标视频录制。发中标通知书阶段:中标通知书、合同。二是邀请招投标部分。招标登记阶段:招标登记表(含附件)、招标备案表、投标报名表、投标人联系函。购领招标文件阶段:招标文件、签收记录、答疑、修改、补充纪要。专家抽取阶段:专家抽取表。开标、评标阶段:开标、评标书面情况报告(含附件)。发中标通知书阶段:中标通知书、合同。归档内容必须覆盖公共资源交易活动全过程,档案管理部门要自始至终介入归档工作中,严格按照程序依次确定,胶片、照片、录像、磁带、磁盘等特殊载体档案采用专用设备保存,并配备防磁化设施。

3　深化探究纸质档案与电子档案集成点

传统公共资源交易业务纸质档案具有真实性、原始性,具有凭证作用,受到法律认可;具有耐久性,存储得当可保存成百上千年;具有直接阅读性,可在多场合直接阅读。但纸质文件立档效率低,需人工慢慢收集整理,耗时较长;保存成本高,占用空间大,存储环境要求高;共享性低,借阅不方便,文件检索和处理时间长;管理模式落后,很多单位对档案工作不够重视,不注重专业档案管理人员的配备及档案管理,在借阅过程中公共资源交易档案损毁、丢失、篡改等现象时有发生。

公共资源电子档案是能被计算机系统识别、处理的文字图纸、图表、声像等材料,按一定格式存储在磁带、磁盘、优盘、光盘和各种存储器等介质上,并可在网络上传达的数字代码序列。电子档案具有极强的共享性、多样性、经济环保性等特点,可直接浏览、输出、检索查询文件信息,交互性强,响应的时间较短,更能满足查阅者不同需求,也为下一步开展网上招投标工作创造了必备条件。但电子档案易改性、不安全性、载体不稳定性等特点限制了公共资源交易电子档案的发展。

公共资源纸质档案与电子档案的局限性要求我们必须找到纸质与电子的集成点,发挥二者优势,采取有效措施克服其缺点。一是纸质档案数字化。将纸质档案进行数字化操作,存储方式从纸质档案转变成数字档案,存储载体发生改变,由纸变成计算机,档案信息对象转为机读档案,不仅节约了保管费用,节省了占地空间,而且查阅起来极为方便迅速,从而避免了反复印制资料造成的纸张和人员浪费。同时,实现信息共享,信息的超时空流动可让信息查阅者在同一时间、不同地点查阅档案,提高公共资源交易档案利用率。再者,经过纸质档案数字化处理后,原始档案得到更好的保存,不因借阅而损毁或篡改,档案使用更加安全,保存年限更加久远。二是重要电子档案与纸质档案"双套制"管理,即应用系统的电子信息通过数字证书、电子印章等先进技术保证电子档案的不可抵赖性及其凭证价值,再将电子信息从应用系统中独立出来,形成与应用无关、不可抵赖、能够直接阅读的带样式文档。再者,要有安全机制保证电子档案在封装、传输过程,整理、归档过程,保管和利用过程中的信息安全。实现对电子档案安全级别的划分和标识,并根据不同的级别和权限进行访问控制。特别重要、需长期保存的电子档案应打印出来,以纸质形式存于档案室。

4 公共资源交易电子档案的利用与作用

电子招投标档案现阶段在工程、采购招投标中得到了广泛的应用,特别是在近几年科技不断更新壮大的过程中,电子招投标档案归档技术迎来了新的发展机遇,凭借它自身的优势获得了更高水平的发展。一是电子招投标档案在应用中提升了工程建设的整体规范性。在招投标开展过程中应用电子化可以真正实现网络归档,使各个环节的归档工作密切相关,加强了招投标流程的控制与管理,可以在根本上提升档案规范性,避免招投标各种虚假、违规行为的出现。二是电子招投标档案的应用增强了整个招标领域的保密性。招标人通过官方的网站进行信息发布,利用加密 CA 锁提交相关招标文档文件,对整个招标、投标、评标行为全程网络记录,提高了档案的保密性和安全性。三是提高档案归档工作效率,有效降低了各项成本。通过网络技术手段,电子招投标档案真正实现了各种资源的有效整合,提高了归档工作效率。电子招标档案可以给业主方、投标方、评审专家提供更为精准的信息,进而保障项目进展更加便捷,有效缩短了档案整理、审核以及归档等相关时间,进而保障整个归档全流程稳定运行。

5 优化管理是凸显核心价值的关键手段

为进一步规范公共资源交易平台档案管理工作,维护档案的完整与安全,应从加强组织领导、提升人员素质、提升智能化等方面着手,切实扭转公共资源交易档案管理的弱势地位。一是健全档案管理体制,强化层级管理,确定档案工作分管领导、档案机构、专职档案员,将档案工作纳入整体规划、年度工作计划和考核体系,与业务工作同步部署、同步实施、同步发展。二是提升档案管理员素质。档案工作人员应当为机关正式在编人员,且政治可靠、遵纪守法、忠于职守,熟悉公共资源交易工作,具备档案管理、信息管理等专业技能,并定期参加业务培训。三是提升档案智能利用水平,实行纸质档案与电子档案"双套制"管理,对档案流通的每个环节进行数据采集和监控,开展档案系统查询、库房盘点、实体追溯、非法出入报警、人员身份识别、自助借还管理、统计与数据同步等业务,真正实现档案管理智能化、信息化,方便查阅者,提高档案利用率。

浅谈企业实物档案的价值和管理

黄小燕

浙江珊溪水利水电开发股份有限公司

摘　要:实物档案记载了企业各个发展阶段的历史,不仅承载了企业的历史与荣誉,也体现了企业文化的沉淀与积累,具有很高的保存价值和利用价值。该文以企业实物档案为研究对象,对其价值加以剖析,并就加强企业实物档案管理工作提出建议。

关键词:企业;实物档案;价值;管理

实物档案是企业在其生产经营管理活动中直接形成、获得、接受、赠予或者征集的各种以实物为载体,具有保存和利用价值的历史记录。它是企业档案的重要组成部分,具有档案的原始性,种类繁多、形态各异,直观性和鲜活性并存。

主要包括：奖状、证书、锦旗、奖杯、牌匾、题词、字画、印章、实体科技成果、纪念品、互赠礼品等。

1　实物档案在企业发展中的价值

企业从创立到发展壮大,会产生大量的实物档案,它客观真实地记载着企业发展的轨迹,展示企业文化的特性,再现企业辉煌的业绩,是企业发展的历史见证。

1.1　实物档案是企业精神的展现

实物档案产生于企业不断发展的过程中,记录了企业的发展轨迹,体现了企业精神和价值观的沉淀。这些记忆和精神附着于实物档案之上被传承下去,伴随着企业的继续发展,传递给更多的人。实物档案不仅对老员工是一种激励,也能让新员工更快地了解企业的发展历程,认同企业的精神和价值观。

1.2　实物档案是企业文化的体现

企业文化既要注重共性建设,又要注重个性的设计和塑造,以反映本企业的特色。这些都离不开实物档案。通过实物档案可以挖掘沉淀和积累于其中的企业文化精髓,展示企业优良传统,体现企业特色和文化个性;通过企业发展历史轨迹和辉煌业绩的呈现,能让员工从中感悟企业精神,调动员工的积极性和创造性,增强自豪感、凝聚力,为爱岗敬业教育提供良好素材,在企业文化建设中体现教育价值。

2　加强企业实物档案的管理

2.1　建立管理制度,在实物档案规范管理上下功夫

建立实物档案管理制度是做好实物档案管理的基础保障,对于已经产生且实际存在的实物档案要通过多渠道追寻并归档。企业要打破固有思维,将管理落实到每一个细节,包括明确归档范围、归档时间、归档流程、交接程序、开发利用等,并根据企业发展情况及时修订和完善,使管理人员有章可循,能更加系统地规范管理,避免不必要的工作纰漏,让企业实物档案管理工作走上规范化、制度化的道路。

2.2　加强价值宣传,在实物档案功能实现上下功夫

企业要加强实物档案价值的宣传,让员工深层次地认识到实物档案所承载

的历史意义和目的。从思想上提升对实物档案的价值认知，最直观的方法就是建设实物档案陈列室，实现宣传和利用双重功能。其既可以作为员工特别是新入职员工了解本企业发展沿革、辉煌历史的基地，也是对外展示企业形象和宣传企业文化的窗口。在此基础上也可以结合企业的重点工作、重大活动等举办专题展览，突出展现企业的文化元素，提升影响力，使员工生成强烈的自豪感和归属感，增强企业凝聚力。

2.3 提高人才素质，在实物档案专业管理上下功夫

要想深挖实物档案的价值，进一步提升利用效果，需要提高档案管理人员的综合素养和专业技能。档案管理人员除了要经常参加档案技能培训、不断更新业务知识外，还要同步掌握企业业务的发展和变化情况，否则对于实物档案的收集就缺乏前瞻性。

2.4 提升信息技能，在实物档案利用便捷上下功夫

在信息现代化的挑战下，档案管理不能再停留在接收、保管、提供利用这种传统简单的工作层面上，应该提高档案管理人员的信息技能，建立实物档案收集网络，采用拍摄、三维扫描等方式对实物档案进行数字化加工，转化存储为数字文件，再建立目录数据与数字文件的关联关系，实现实物档案网络化管理与利用。

环境监测档案管理的问题与对策

柳红波

杭州市生态环境局富阳分局

摘　要：环境监测档案越来越重要。该文分析了目前环境监测档案存在的档案管理制度体系不够完善、档案管理信息化相对滞后、档案人员业务能力不够强等问题，提出要建立科学的环境监测档案管理制度，强化环境监测档案的信息化建设，着力提升档案人员业务能力，切实提高环境监测档案水平，为加强环境保护以及治理环境污染提供有力的档案支撑。

关键词：环境监测；档案管理；问题；对策

环境监测是环境保护中的基础性工作,主要包含环境质量检测、污染源监督性监测和有关技术管理,向政府和有关部门提供依法管理环境的各种数据资源。环境监测档案忠实地记录着一个地区所发生的环境状况和数据,在资料积累、环境科研、环境监测管理中起着显著的作用。因此,做好环境监测档案管理非常重要。当前,环境监测档案工作还存在一些问题,需要我们采取切实有效的措施加以解决。

1　环境监测档案管理的主要问题

1.1　档案管理制度体系不够完善

环境监测工作涉及的工作面较广且比较琐碎,如果没有一个整体完善的档案管理制度体系,会让监测者在工作上感到归档程序不明确以及归档范围模糊,从而带来一系列的问题,如归档速度慢、使用效率低、处理效率低等。有的档案管理制度不健全,有的流于形式,致使将档案材料据为己有、材料不齐备完整、不实行集中统一管理的现象时有发生。环境监测档案资源不够丰富,日后难以满足档案利用需求。

1.2　档案管理信息化相对滞后

目前,基层环境监测档案信息技术比较落后,可用于信息处理与传输的技术装备条件比较差,档案信息网上全文查询的平台技术更是缺乏,仍然以传统的纸质档案为主,对于在日常工作中产生的大量电子文件的归档管理基本是空白。纸质档案基本没有数字化,利用时只能按年逐项查找,比较烦琐。而且查阅好之后,档案管理人员还要检查档案的页数有没有缺少,排列次序位置有没有被打乱,传统的纸质档案管理已无法满足需求。各地各部门档案管理软硬件不统一,相互不能通用共享,缺乏信息化管理功能。

1.3　档案人员业务能力不够强

环境监测档案管理工作是一个专业性比较强的工作。有些单位,档案管理人员并非专业人员,没有接受过专业的培训,而且时常调动,具有不稳定性。有些档案人员甚至仅凭以往档案人员口头相传的知识就上岗,缺乏档案管理方面的方法、经验和知识,连归档立卷的基本规范都难以保证,更别谈对档案的开发。有的环境监测档案管理人员身兼多职,业务素质不强,严重影响了环境监测档案管理质量,不能很好地适应档案信息网络化建设的发展需要。

2 环境监测档案管理的对策

2.1 建立科学的环境监测档案管理制度

环境监测工作牵扯面广、技术性强、工作量大，只有建立严谨的、科学的档案分类系统，才能达到更好地保存信息与便捷调阅的目的。《中国档案分类法》中的"环境保护档案分类表"对环保文件的类别和属性有明确要求。基层环境监测档案管理部门应该按照要求，建立健全档案管理规章制度，从监测质量档案、监测技术档案、监测行政档案、仪器设备档案等方面进行规范收集、整理和利用。

2.2 强化环境监测档案的信息化建设

各级环境监测部门需要争取上级部门及本级财政支持，加大档案信息化投入，及时更新设备或配备新设施，如摄像机、刻录机、扫描仪等，便于收集整理环境监测档案以及实现环境监测资料的共享，如通过电子文档、图片和光盘等。全面地建立起计算机编目系统、计算机借阅管理系统、计算机检索系统，利用科学合理的信息技术，加快环境监测档案数字化工作，实现环境监测档案信息资源的著录与管理、集成与共享功能，促进各级各部门环境监测档案信息资源的分类、分级共享，不仅能使同系统的单位对本单位档案信息资源进行科学化管理，而且能够与其他系统的单位进行联网，共同构成分布式的环保档案服务网络。根据工作需要和相应权限，在确保安全的前提下，不用到档案室就能随时查询档案资料，有效实现跨部门、跨地区环保档案信息资源共享。

2.3 着力提升档案人员业务能力

高素质的档案管理人员是提高环境监测档案管理水平的关键所在。要加强档案业务的知识培训，特别是计算机网络技术、应用系统软件及相应设备的操作技术等方面的培训。档案人员要边学习边实践，缩短自身素质与新形势对档案工作需要的差距，在管理的过程中学习和掌握信息化的有关知识，不断提高档案信息化管理水平，以适应档案工作数字化改革和信息化建设的需求。上级监测部门应加大对下级监测站档案工作的业务指导力度，可不定期组织档案业务交流、检查和评比等活动，使档案人员能够适应环境监测档案管理科学化的要求，使档案工作跟上时代发展步伐，为加强环境保护以及治理环境污染提供有力的档案支撑。

影视照片档案管理的探索和实践

王　健

新昌县旅游集团有限公司

摘　要：影视照片档案有其独特的价值。该文从影视照片档案管理要健全制度、关口前移、规范整理、加大利用等方面进行了分析，并在此基础上探寻影视照片档案为宣传景区利用，彰显档案价值，推动景区可持续化发展的实践方法。

关键词：影视；照片；档案；探索；实践

档案是人类活动的真实记录，是人们认识和把握客观规律的重要依据。借助档案，我们能够更好地了解过去、把握现在、预见未来。照片档案作为档案的一种特殊载体，以其特殊的形式，生动、翔实、形象地记录再现历史的一个个精彩瞬间。新昌县旅游集团有限公司拥有两大风景名胜区：大佛寺风景名胜区和十九峰风景名胜区，早在 2004 年两大景区就被选为"中央电视台影视拍摄基地"，不少大片都有两大景区的身影。浙江横店影视剧组服务有限公司也和集团签订了影视拍摄外景基地合作合同，每年有近 50 部大剧来景区取景拍摄。面对如此好的资源，笔者在景区影视照片档案管理方面进行了一些实践与探索，以更好地彰显档案价值，推动景区可持续高质量发展。

1　健全制度，落实管理责任

影视照片档案有较强的时效性和特殊的归档要求，如果不及时归档，日后就难以做到齐全完整，使原本很珍贵的照片失去了其应有的保存价值和利用价值。我们出台了一系列制度，制定切合实际的管理办法，规范影视照片档案管理工作，包括制定照片收集制度、归档制度、保管制度、利用制度等，防止照片档案分散流失，杜绝归为己有，制定责任追究制度，明确责任，确保各项制度落到实处，提高照片档案归档质量，实现长久保护和开发利用。广泛宣传制度，切实按制度执行，让大家知道主动归档，确保影视档案的齐全完整是一种责任、一项义务。

2 关口前移，丰富收集方式

全方位、多渠道收集在景区拍摄的相关影视照片。除了常规渠道外，来景区拍摄的影视剧组必须事先签订协议，明确我方指定人员可以跟随剧组拍摄相关照片，等正式播放时，剧组需提供给我方在景区拍摄的相关影视剧照和影视片段。当然，为了保证不剧透，同时也写上相关保密条款。有了此协议，我们可以及时收集剧组在景区日常拍摄的一手资料，使档案的时效性得到充分保证。还可以跟踪收集剧组在景区拍摄的官方资料，让我们更直观地看到银屏里美丽的景区，以进一步保障剧组在景区拍摄的影视照片和影视档案的完整性和齐全性。

3 规范整理，确保归档质量

首先，要对影视照片的真实性进行鉴定。特别是剧组提供的剧照，因为计算机对数码照片的增、删和修改十分容易，所以要判别图像是否经过修改、添加、合成、挖补等后期编辑处理，以确保归档数码照片的有效性和真实性。其次，要对归档照片的质量进行鉴定。应加强对归档照片的筛选，去粗取精，对反映同一内容的若干张照片，应选择其中具有代表性和典型性的照片归档，所选照片应能反映该项活动的全貌，且主题鲜明，影像清晰、完整。反映同一场景的照片一般只归档一张，归档的照片推荐采用 JPEG 格式。最后，要对归档照片进行规范整理。归档的影视照片应附加文字说明，简要介绍剧组名称、时间、地点、场景、在剧中集数及时段、摄影者等要素，概括揭示该张数码照片所反映的主要内容。

4 加大利用，彰显档案价值

做好影视照片和影视片段的归档工作不是最终目的，开发利用才是加强影视档案管理的最终目的。利用影视档案广泛宣传景区，是景区宣传的极好方式，上央视播放几秒的广告费就是天价，更别说这种免费的、进入千家万户的、占据我们茶余饭后的、在各大电视频道播放的影视剧，通过影视来宣传景区，以小见大，以小杠杆的力量来撬动旅游大市场。在影视热播时可以从以下方面做好影视档案的宣传利用：一是通过单位官网、微信公众号、抖音、小红书等社交平台，对在景区拍摄的影视照片大力宣传推广；二是编制影视宣传手册，向各大旅行社、招商团队、广大市民发放手册宣传；三是在景区拍摄地进行现场展示宣传，以进一步告知游客，既丰富游客的观赏体验，又能通过游客的朋友圈动态做进一步宣传；四是举办影视展览，让游客更系统、直观、全方位地了解景区的影视历程、影视景观和影视作品;五是影视沉浸式体验宣传,根据影视照片和影视档案,还原拍摄场景,给游客提供沉浸式的体验。

酒香也怕巷子深,我们既要积极做好影视文章,大力推广影视剧来景区拍摄,也要做好影视照片档案的收集整理归档和利用工作,让影视档案活起来,以进一步宣传景区,吸引游客来景区旅游,推动景区可持续高质量发展。

蕨类植物资源档案归集与管理工作思考

——以杭州西山国家森林公园蕨类植物资源调查工作为例

王　瑾

杭州市西湖区农业农村局

摘　要:蕨类植物资源调查工作时间跨度较长,过程环节较多,形成的材料种类丰富、形态多样,调查工作档案的归集、管理和常规档案的有所区别。该文从蕨类植物资源调查工作产生的不同形态、不同类型的材料出发,分析其档案形成特点,进行建档研究,对植物资源调查工作档案的归集与管理进行思考,探索形成相应的方法。

关键词:蕨类植物;档案归集;档案管理

植物种质资源是世界各国及有关国际组织公认的国家重要战略资源和国家主权的重要组成部分。我国高度重视植物种质资源的保护和利用,《种子法》明确规定国家依法保护植物种质资源,要求各级人民政府开展植物种质资源的调查、收集、研究、保存与利用。

1　蕨类植物资源调查工作现状

杭州西山国家森林公园位于杭州市主城区西湖区西部,园内生物多样性丰富,植被保存较好,是中亚热带植被类型的"展览馆"和"基因库"。据历史资料,园内有蕨类植物 32 科、65 属、138 种,但目前仅有统计数据和植物名录,蕨类植物种质资源信息不完整,无相应植物标本和图片记录等原始档案留存。基于以上背景,自 2022 年始,杭州西山森林公园管理服务中心对园内的植物资源进行现状调查,通过实地搜找、拍照、采集、制作腊叶标本等方式,对植物的生境及分布、种类与现状等进行调研与总结,编写采集手册,对原记载的种类进行考证,对一些原来鉴定错误或经调查已无栽培的种类进行更正与删减,最终构建西山森林公园植物资源数据库,为保护、研究和开发利用西山植物资源做基础性工作。

2 蕨类植物资源调查文件材料形成特点

蕨类植物资源调查工作大体分为四个阶段,每个阶段形成的文件材料不同,反映出资源调查档案的不同特点。

2.1 调查准备阶段

主要是明确调查目的与任务,建立临时机构,组织队伍,落实资金,购置设备,制订计划,培训人员,收集基础材料。相应形成的主要文件材料有:(1)组织领导工作文件材料。包括指导性文件、会议记录、计划任务文件、项目经费预算、组织管理文件等。(2)专业技术材料。包括项目指南、可行性研究报告、调查工作方案或计划、申报书及相关证明材料等。(3)技术准备材料。包括历史调查资料、资源基础数据、地形地貌材料、气候资料、权威性鉴定书籍及其他参考资料等。

2.2 外业工作阶段

主要工作内容是进行野外调查考察,本阶段时间最长,形成的原始材料也最多,是整个资源调查工作的基础。形成的主要材料有:预先制订的各类记录表格、实物以及相关数码照片等。

2.3 内业工作阶段

主要是在外业工作的基础上,对各种调查材料进行加工整理,形成资源调查成果材料,主要有文字材料、资料报表、图构、数码照片等,以及标本鉴定和制作及其形成的实物材料。相应形成的主要文件材料有:(1)文字材料。包括资源数据分析报告、调查工作阶段性汇报材料、调查成果报告。(2)表格、图构材料。包括植物标本鉴定表、植物资源物种名录、物种资源分布图等。(3)照片材料。包括植物生境照片(或视频)、植物照片(或视频)、现场采集视频。(注:植物照片均为数码照片)。(4)实物材料。包括加工制作的植物标本、采集的植物活体盆栽。

2.4 调查工作验收总结、成果推广应用阶段

主要材料有:资源调查工作验收报告、鉴定评价材料、项目经费决算材料、论文、成果获奖材料、利用推广反馈材料等。

3　加强蕨类植物资源档案归集工作

蕨类植物资源调查文件材料的形成过程和成分内容决定了其档案的特点，即种类丰富、形态多样。所以在资源调查文件形成的同时，单位档案部门就应同步做好档案的归集与对接工作。

3.1　拟制归档类目，建立制度规范

国家对植物物种资源调查技术有相应的归档要求，在《全国植物物种资源调查技术规定（试行）》第一部分总则"5.3 调查资源和成果归档"中简单阐述了"归档内容""归档要求"和"归档时间"。在项目实施前，单位档案部门应先与调查工作组人员进行对接沟通，根据项目实施情况和文件材料形成的规律进行预测，拟制出资源调查档案的归档文件类目表，包括类号、档案门类名称、案卷题名（一组有机文件的集合标题）、归档文件名称、保管期限及备注，作为项目结束立卷归档的参考依据，同时也是平时文件归档的指南。

植物标本是资源调查档案中的灵魂。借助此次标本档案的归集工作，尝试编制了本单位标本档案管理制度，包括归档范围、保管期限、归档时间、归档要求、标本档案整理、标本档案著录、标本档案保管、标本档案利用、标本档案鉴定销毁等方面内容，提出一整套全面的归档制度及要求，在项目推进过程中加以执行，收到不错的效果。

3.2　超前标准控制，及时收集整理

资源档案的特点就是跨度时间长，原始材料多，载体形态各异。所以，在形成档案前要进行有效的标准控制，及时收集与整理，做好预归档，以确保调查工作中各类归档材料齐全、规范、完整。例如，对标本形成的超前控制，包括标本野外采集、标本制作、标本鉴定归档等环节，提前对接，严把归档标本和材料的质量关。平时归档的材料要及时整理、归类。例如标本档案及其归档材料，应当做到标本实物与鉴定标签、采集记录、拍摄照片相符合，否则只要其中一项散失，就要等到植物的下一个生长周期（至少一年），重新采集，拖延了整个项目的进度。

3.3　科学分类组卷，合理归档保存

资源调查各阶段产生的归档文字材料、数码照片、实物标本要根据不同特征和保管要求分类归档。本次资源档案按本单位的档案分类标准分别归入科技档案、照片档案、实物（标本）档案三个不同门类。

第一，科技档案。包括准备阶段产生的计划任务文件、项目经费预算、组织管理文件、可行性研究报告、调查工作方案等文字材料；外业调查时的各类信息

记录表;内业整理好的调查资料、调查数据、统计表格、图件;蕨类植物名录、分科属种检索表和蕨类植物调查报告等具有归档保存价值的各类纸质材料。以课题分类法按科技档案归档整理要求立卷,参考"植物资源档案归档类目表"中拟定的案卷题名,装订组卷后归入科技档案门类,以上材料的电子资料同时作为科技档案的数字化成果保存。

第二,照片档案。从外业采集现场拍摄的植物照片(视频)挑选具有保存价值的照片,按植物种类分组归类,遵循《数码照片归档与管理规范》(DA/T 50—2014)规定整理归档,归入照片档案门类。

第三,实物档案。野外采集的植物,经鉴定后,通过压制、脱水、防腐、整理成为标本,消毒后装入标本盒,贴好标签。实物标本以"盒"为单位,按《中国植物分类与代码》(GB/T 14467—2021)中的代码号排列,一盒一号归档。根据《实物档案数字化规范》(DA/T 89—2022)要求,"采用拍摄、扫描等方式对实物档案进行数字化加工,将其转化为存储在磁带、磁盘、光盘等载体上的数字文件,并按照实物档案的内在联系,建立目录数据与数字文件关联关系"。蕨类植物标本是以二维静态形式展示的,因此可采用数码相机拍照方式,以 JPEG 的格式进行数字化加工。

4 做好蕨类植物资源档案管理利用工作

4.1 科学规范著录,便于检索利用

植物资源档案中的科技档案按《科学技术档案案卷构成的一般要求》(GB/T 11822—2008)编制案卷目录;植物照片档案参照《数码照片归档与管理规范》(DA/T 50—2014)要求著录;科技档案与标本档案著录按《档案著录规则》(DA/T 18—2022)执行。三种门类的档案著录时应分别填写互见号,附加专题属性,并按照内在联系,建立关联关系。同时还需编制专题档案目录,便于日后检索。在此基础上,可以探索开发建设"西山蕨类植物资源"档案专题数据库。

4.2 规范保管保护,确保档案安全

档案保管工作质量的高低对延长档案寿命具有决定性作用。标本档案是蕨类植物资源档案中最具特色的组成部分,它的保管重点是保形、保色,应与文书、科技类档案分开保存,设置标本专门档案室。光照与氧化会引起标本的变形和褪色,标本本身含有丰富的有机物质,既是虫最爱吃的食料,又是霉菌繁殖的良好培养基。因此防光、防潮、防虫霉是蕨类植物标本保护的主要工作。根据《档案馆建筑设计规范》(JGJ 25—2010)做好标本库房建设,按《档案虫霉防治一般

规则》(DA/T 35—2017)规定做好防虫霉工作。

4.3　合理开发利用,发挥档案功能

对档案资源的开发利用是档案部门和业务部门的共同需求,应予统筹开发利用。(1)日常对内提供资源档案的查借阅服务。(2)从蕨类植物的形态特征、分布生境、主要功能等角度,以图文并茂的形式编研《杭州西山蕨类植物资源图谱》。(3)设置植物标本专业陈列室,对外开放,定期按蕨类植物科、属、种分类分区块更换陈列。让参观者和档案利用者直观且形象地了解西山森林资源,变沉寂的死档案为生动的活信息。

电子化归档视角下的不动产登记创新实践

——"带押过户"

汪　沅

杭州市不动产登记服务中心(杭州市规划和自然资源档案馆)

摘　要:近年来,全省各地不动产登记部门积极改革探索,充分运用数字化改革成果,不断提升为民办实事水平,持续优化为企服务效能,在不动产登记领域创新推出二手房交易"带押过户"新模式,有效破解二手房过户存在的"转贷"时间长、流程环节多、交易风险高、资金负担重等问题。该文基于电子化归档的视角,对不动产登记"带押过户"的流程及归档材料形成情况进行跟踪、分析,旨在以不动产登记"带押过户"为例,探讨数字化改革背景下电子归档方式的新路径,以期为其他领域的政务服务改革及电子化归档工作提供参考。

关键词:不动产登记;带押过户;电子化归档;创新;实践

1　背景

习近平总书记指出,要把有利于增强人民群众获得感的改革放到更加突出的位置来抓,结合群众的现实需求,有针对性地推出一批改革举措。为深化"放管服"改革和推进数字化改革,2022年年底,杭州市针对二手房过户存在的"转贷"时间长、交易风险高、资金负担重等问题,创新推行掌上快办"带押过户"改

革,推动传统二手房交易"先还贷后过户"转变为"抵押贷款跟随房产同步过户",并坚持数智赋能,着力打造掌上快办智服场景,推进"带押过户"全程网上闭环办理,实现最少环节、最快速度、最低成本、最小风险完成"带押过户"。从 2023 年年初上线至 2 月 21 日,通过掌上快办"带押过户"交易 1.05 亿元。

2 主要做法和成效

2.1 以智慧服务为要,打造口袋办事大厅

一是打造全流程掌办平台。依托浙里办"不动产智治"应用,上线"二手房转移登记"平台,将多个部门、单位的事项置于一个平台,创新"带押过户"办理流程,免去传统二手房过户卖方提前筹款还贷解押环节,将原先"卖方筹集资金""还贷""解除抵押""买卖双方过户""买方按揭抵押"等 5 个环节精简为"买卖双方产权过户及抵押权转换"1 个环节,群众只需 1 次登录,即可同步办理。二是畅通全场景掌办渠道。通过多部门数据归集,打通平台电脑端和手机端通道,买卖双方可在任一地点通过手机端掌上申请登记缴税,不用固守电脑、免于路上奔波、无须现场等待,完税后 30 分钟内即可收到电子不动产权证,卖方在家就能拿到房款。三是创新全事项掌办链路。运用"区块链+电子证照"技术,构建不动产登记、缴税等各类事项"零材料递交"的掌上申请办理链路,群众在掌上办理事项时,全程"不拍照、不上传、不补件",所有申请材料自动生成可视化电子件,各部门通过材料电子化归档,保证收件资料齐全、网办依据充分。通过以上创新举措,实现办理在线化、材料电子化、归档最优化。

2.2 以惠民利民为本,创新"三零"过户模式

一是创新"零过桥"模式。"带押过户"转变以往二手房过户卖方需先还清银行贷款才能和买方进行登记转移过户的模式,实现已抵押的房产不用提前还贷也能过户,卖方无须再去筹借过桥资金而支付"过桥费"。2023 年以来,已减少筹集过桥资金 5800 多万元。二是创新"零中介"模式。依托掌办平台,买卖双方只需登录即可进行自主交易,原本通过中介机构成交后动辄需支付几万至几十万元的中介服务费实现完全减免,这也确保了办理流程的全程在线化和办理材料的全程电子化。2023 年以来,已为群众节约中介费 50 多万元。三是创新"零委托"模式。依托掌办平台,原本受限于各类原因不便现场办理的群众,或已通过网上申请但仍需补验材料的群众,都无须再找代理机构代为申请过户或递交材料,可节省 300—500 元的委托费,原本需办理委托公证的费用也一并节省,并从办理模式上保障了业务办理的在线化和归档材料的电子化。通过以上创新举

措,真正实现了"存档零纸件"。

2.3　以安心办事为基,构筑多重防护体系

一是引入认证服务。以在线政务服务平台、公共数据平台为可信数据支撑,采用区块链技术进行买卖双方身份认证,通过在线政务服务平台实名认证、电子签名认证以及公共数据平台身份证件认证等多维度校验,并与采集合同签订、贷款申请等多节点认证数据匹配,锁定申请人真实身份及申请意愿,确保在线办理材料真实可靠。二是引入公证服务。在线引入买卖双方交易真实性公证,保障全程不见面掌上办的意愿认定,形成真实、可靠的网上办理归档材料。引入交易资金提存公证,买卖双方可通过公证提存账户将买方首付款与新贷款存入提存,解决原先提前划转或拖延划转交易资金的安全隐患。三是引入加密服务。建立不动产登记档案数据管控体系,办理"带押过户"过程中,所有用户数据均加密获取,买卖双方、贷款机构等各方主体仅限读取自己所需数据,办结后各自通过平台获取自己申请的电子证照、电子档案,登记办结后"即办即消",平台不留存,确保了档案共享数据的安全。

3　结　语

在数字化改革背景下,不动产登记办理业务的数字化、网络化、智能化是大势所趋,电子化归档改革是实现业务全程网上办理、网上留痕、网上存档的重要基础。本文以"带押过户"在线业务办理为例,从模式创新、路径实施、技术实现等方面探索了政务服务全流程网上办理和电子化归档的具体实践,为推进政务服务其他领域的业务在线办理和电子化归档工作提供了有益的参考和借鉴。

医用耗材资质文件材料的归档整理要求

——以诸暨市中医医院为例

马红为

诸暨市中医医院

摘　要:该文以诸暨市中医医院为例,以"解剖麻雀"的案例叙述方式,对医院医用耗材资质文件材料的形成范围、归档整理、材料把关等方面进行详细梳理

和分析。通过科学制订归档整理方案、认真实施归档整理工作,形成了比较规范的医用耗材资质管理档案,为医院开展等级医院评审交上了一份满意的答卷。

关键词:医用耗材;文件材料;归档整理;案例分析

1 背景

根据单位安排,2019年笔者从病案室调到设备科。由于本院正在创建省级三甲医院,需要用到完整规范的医用耗材档案资料,但因设备科工作量大、人手紧张,医用耗材资质一直无专人负责整理归档。本院需要抓紧对科室的医用耗材文件材料进行规范化整理,要求统一更换卷皮,做到外观整齐划一、符合档案材料规范。

由于科室材料档案工作一直无人管理,归档材料的规范性较差,如有的档案盒盒脊上标注的供货公司名称字体潦草,涂涂改改,盒脊项目填写不全且归类不清,不同年度形成的归档文件与不同保管期限的文件放入同一档案盒,且耗材资质种类繁多、排序紊乱。相比于笔者曾经管理的相对单一的病历档案,医用耗材形成的材料五花八门,类型和来源复杂。医用耗材资质档案管理与病历档案管理是完全不同的,要做好医用耗材资质文件材料的归档整理工作很不容易。

2 具体归档整理过程及要求

2.1 全面了解业务流程及归档整理要求

虚心向相关专业人士请教,详细了解医用耗材管理的相关知识和三甲评审要求,了解医用耗材资质材料的形成内容和归档范围、要求。医用耗材资质主要包括:(1)终端供应商资质。包括终端供应商三证合一的企业法人营业执照、经营企业许可证以及供应公司法人授予业务员的个人授权,并在个人授权后附带业务员的身份证复印件。如果生产厂家与终端供应公司并非直销关系,则应按照授权关系增加供应公司上一级代理商的三证合一企业法人营业执照、经营企业许可证、生产厂家授予上一级代理商的产品配送委托证明,以及上级代理商授予终端供应公司的授权认证书。(2)生产厂家资质。包括生产厂家的三证合一企业法人营业执照、生产企业许可证,以及生产厂家授予供应公司的产品配送委托声明书。(3)产品资质。包括产品的中华人民共和国医疗器械注册证(或备案证明)、医疗器械产品注册登记表,以及部分产品因规格型号繁杂而附带的注册申请表附页。根据相关归档要求,以上文件材料在耗材用完后需继续保存5年,其中植入人体的一次性耗材资料需要永久保存。

2.2　规划归档整理方案,做好实施准备工作

做好文件材料的价值鉴别和归档范围分析工作,对无保存价值的医用耗材资质材料进行剔除,将有保存价值的资质材料纳入归档整理范围。

首先,初步整理:(1)拆除所有纸质档案盒,将年代久远的、零散的、重复的毫无保存价值的资质材料先清理掉,留下认为具有保存价值的部分。(2)将认为有价值的耗材资料的终端供应公司名称一一输入资产管理库(入库按单位查询),会计时间设定到当年1月1日,通过校对,共查出停供单位300余家,其他200余家为现有在供公司。

其次,将停止供货的供货公司的资质材料先整理归档:(1)将停止供货的终端供货公司名称输入资产管理库查对其停供年份,并在资质证件上用铅笔加以标记。(2)剔除停止供货超过5年的无保存价值的资质材料,保留植入人体的一次性耗材资料和停供近5年内的耗材资料。(3)将停供近5年内的资料及需要永久保存的植入人体的一次性耗材资质进行分类整理保存,盒脊上标明序号、供货单位名称及停止供货的年份。

最后,对现有在供货的供应公司的资质材料进行归档整理:(1)首先将医用耗材资质分为普通耗材类、介入治疗类、消毒类、口腔治疗类、骨科治疗类、眼科治疗类。(2)为了便于查找利用,在此基础上再按区域划分,以终端供货公司名称首字首拼音为排列顺序——如安平县惠博医疗有限公司的“安”字用“A”表示,北京富士康华经贸有限公司的“北”字用“B”表示,按A、B、C……Z顺序排列,如终端供货公司名称首字首拼音相同,再在公司名称上方标注“(一)”、“(二)”、“(三)”……”数字序列,将资料按编排顺序对号入座放入档案盒。(3)视供货公司资质材料厚度,选择合适的档案盒,一般一个档案盒存放4—6家供货公司。供货公司的资质材料特别多的,集中保存在一个档案盒中。

2.3　归档材料的规范性审核

对现有在供货公司的归档资质材料进行逐一审核。

审核内容包括:(1)供货公司资质是否齐全;(2)审核经营范围及授权区域;(3)审核资质证件的有效性和真假;(4)审核医疗器械注册证(包含产品名称、型号规格、结构组成、适用范围,以及产品技术要求等)。

3　材料归档整理中发现的主要问题及整改措施

通过对归档材料的规范性审核,主要发现以下问题:(1)供货量较少的医用

耗材其生产厂家的三证合一企业法人营业执照、生产企业许可证以及生产厂家授予供应公司的产品配送委托声明书未提供。（2）生产厂家与终端供应公司并非直销关系供货单位，其上一级代理商的三证合一企业法人营业执照、经营企业许可证、生产厂家授予上一级代理商的产品配送委托证明及上级代理商授予终端供应公司的授权认证书全部空缺。（3）部分资质有效期已过未得到及时更新。（4）个别供应商加盖的公章字迹模糊。

笔者对发现的以上归档材料问题及时进行整改，电话通知各家供货商，告知需要补充的资质材料。由于部分供货单位没有专业的资料管理员，而供货的业务员对资质材料管理相关知识懂得不多且意识淡薄，索证工作变得更加烦琐复杂，一份供货单位资料整理齐全需索证三四次甚至十来次。经过不懈努力，我们终于在等级医院评审时交上一份满意的答卷。

4   结束语

通过这次医用耗材资质文件材料的归档整理，笔者深深体会到医用资质档案管理工作的重要性和复杂性。医用耗材档案是医院高效规范管理的一项重要的基础性工作。及时和高效地收集、归档医用耗材资质材料，贯穿于医用耗材管理的全过程，是保证医用耗材使用安全有效的第一关，也是确保医用耗材采购合法、公开、透明的一项基础性工作。

浅析干部人事档案专项审核中存在的问题及对策措施

郑晓丽

温州市科技信息研究院

摘　要：干部人事档案专项审核工作是干部人事工作中的一项重要内容，是教育培养、选拔任用、管理监督干部和评鉴人才的重要举措，该项工作与单位内部干部人事管理的开展息息相关。在专项审核中发现存在"三龄"时间不一致、"两历"材料缺失或有误等问题。该文结合专项审核工作实践与经验，通过分析总结专审中存在的问题，提出切实可行的对策措施。

关键词：干部人事档案；专项审核；问题；解决措施

干部人事档案是对干部人事信息资料进行记载的文件材料,是客观全面考察干部,并决定其任免、升迁与否的关键基础因素,关系到每位干部的切身利益。干部人事档案专项审核是对干部档案的真实性与完整性进行全面考核的一种方法,是教育培养、选拔任用、管理监督干部和评鉴人才的重要举措,在服务高素质专业化干部人才队伍建设方面具有积极作用。该项工作与单位内部干部人事管理的开展息息相关。

1　背　景

为进一步完善干部人事档案管理制度,实现档案专审全覆盖,温州市科技信息研究院根据温州市委组织部印发的《温州市干部人事档案专项审核"全覆盖"及"回头看"工作实施方案》的要求,于 2022 年 11 月开始对所有在编干部人事档案进行集中审核、整理、归档。在全面整理每一卷档案的基础上,把干部"三龄两历一身份"核定作为干部人事档案审核工作的重点,逐项审核清查。

2　干部人事档案专项审核的内容

2.1　"三龄"的认定

"三龄"指年龄、工龄、党龄。对年龄的认定是以档案中最早形成的材料记载时间为依据进行认定。对工龄的认定是依据档案中的职工登记表、招生政审材料、录(聘)用审批表、应征入伍登记表、毕业生转正定级审批表等进行审查认定。对党龄的认定是根据入党志愿书记载的预备党员期满转正的时间进行认定,如是民主党派,则按照相关民主党派章程来确定加入该党派的时间。

2.2　"两历"的认定

"两历"指学历、工作经历。对学历的认定要以教育部规定的相关学历、学位管理政策为主。其中包括全日制教育和在职教育 2 种。全日制学历是按照国家招生政策录取的,教育部认可的在校学习形式,包括小学、初中、高中、职高、大学、研究生等不同层次的教育形式。在职教育是边工作边学习的方式,包括自考、成考、在职研究生等。对工作经历的认定要根据档案中的证明材料进行,包括个人履历表、干部任免审批表等。每一段工作经历都要进行审核。

2.3　"一身份"的认定

确定干部身份有 3 种情况:一是大中专毕业生,档案中要有"报到证";二是工人转干,档案中要有以工代干转干人员审批表、吸收录用国家干部审批表、转干审批表；三是军人转业，档案中要有军人转业（复员）审批表。

3 干部人事档案专审中存在的问题分析

3.1 "三龄"时间不一致

审核中发现有 2 名同志的出生日期不一致，原因在于他们在填写表格时农历阳历混淆。中组部颁发干部履历表以来，明确要求出生日期一律按公历填写。参加工作时间不一致的往往发生在单位有调动、中间社保暂停的情况下，根据市人力资源和社会保障局的认定，参加工作时间应根据社保暂停的时间后延相应时长。入党时间以被党员大会接收为预备党员之日（须经上级党委批准）为准。但是有 3 名同志把入党时间填写为成为正式党员之日。

3.2 "两历"材料缺失或信息有误

审核中发现有 1 名同志把非全日制教育填写成全日制教育；有 2 名同志全日制教育是高中，空着不填；有 4 名同志填了学历忘填学位；有 1 名同志网络教育的学习时间填写有误。工作经历是指参加工作以来每个阶段的记载，档案材料要前后一致，填写连续无间断、无矛盾之处。干部任免审批表的个人简历中发现 3 名同志前后时间有间断，有 1 名同志任免职务的时间与任免文件不一致，另外 3 名同志在同一单位换过多个部门，时间记不清楚。

3.3 其他问题

一些年度考核登记表没有考核结论或者缺少组织盖章，有的虽有考核结果但无本人签字等；干部任免审批表无照片或照片不规范；干部任免审批表封底页缺填表人签字、填表日期等。

4 规范干部人事档案管理的对策措施

4.1 提高全员的档案管理意识

首先，单位要强化领导的干部人事档案管理意识，推行从上到下的人事档案管理工作，为干部人事档案专项审核创造良好的前提条件。其次，单位要积极宣传，提高全体人员的档案管理意识。

4.2 制定完善的专项审核制度

一是制定档案材料收集鉴别整理工作机制，要达到"归档及时、鉴别认真、分类准确、编排有序、目录清楚、装订整齐"的要求。二是建立健全工作流程监管机制,包括干部人事档案工作中的奖惩制度,把握工作要求和时间节点,着力解决专项审核历史遗留问题,形成干部人事档案工作合力。

5　结　语

综上所述,干部人事档案专项审核工作的开展,是选用好干部与提升干部工作公信力的重要保障;是解决干部人事档案突出问题以及进一步规范档案管理工作的迫切需求。通过提高全员档案管理意识,认真组织专项审核,制定完善的专项审核制度,有针对性地解决专项审核中发现的问题,不断提高专项审核工作的质量。

浅析事业单位党员档案管理现状及对策研究

熊丹丹

长兴县疾病预防控制中心

摘　要:党的二十大报告强调要加强基层党组织建设,党员档案管理是基层党组织建设的重要内容,新的历史阶段对党员档案管理工作也提出了更高更严的要求。该文分析了当前党员档案管理现状及存在问题,从完善档案管理责任机制、健全档案管理保障措施、加强档案管理队伍建设三个方面对加强党员档案规范化管理提出建议,为基层党组织档案管理工作提供有益借鉴与参考。

关键词:党员档案;档案管理;问题;对策

党员档案是在培养、发展、教育和管理党员工作中形成的记载党员个人经历、政治思想、品德作风、工作表现等内容的文字材料,是基层党组织服务、监督和管理党员的重要载体,为党的基层建设工作提供了可靠的原始证明资料。[1]近年来,在党员档案管理中,还存在建档、管档、存档不规范、易丢失、难查询等问题,严重制约基层党建工作质量提升。为此,本文就党员档案管理存在的问题与应对策略展开分析与探究。

1 规范党员档案管理的重要意义

党员档案是党员身份最原始的证明材料,在党员干部的培养考核工作中具有重要的指导意义。规范的党员档案,对全面摸清事业单位党员队伍现状,规范党员队伍管理,提升党组织的凝聚力、创造力和战斗力具有十分重要的意义。事业单位的档案管理工作是党建工作中的重要组成部分,高质高效的档案管理工作能够有效地促进党建工作的健康发展。[2]

2 党员档案管理存在问题分析

2.1 管理机制不健全

党员从申请入党到成为正式党员要经历几年时间、多个环节,每个环节都会产生大量的档案资料,任何一个环节管理不到位,都有可能导致党员成长历程记录不完整,影响党员档案的真实性和规范性。然而,当前部分基层党组织对党员档案管理工作重视度不够,存在被动应付的情况,对党员档案的管理职责、档案内容、保管权限、整理要求、查借阅和转递等未形成统一标准,最终导致档案质量良莠不齐,从而影响党员组织关系转接及干部任用等。同时针对档案收集、指导、保管等环节,各部门分工不明确,职责不清,缺乏档案管理常态化监督机制,严重影响档案管理效果。

2.2 保障措施不到位

党员档案管理部门应设档案室或专柜保存党员档案,做好防火、防蛀、防潮、防火、防盗等工作,但由于缺乏经费保障,大多数基层党组织未设置档案管理部门,未建立专门档案室,日常档案保管方式较随意。此外,当前党员档案保存以纸质为主,档案电子化程度低,纸质档案在整理归档、调阅、查询时较为不便,由于保管不到位,也极易造成原始档案损坏、遗失等。

2.3 人员配备跟不上

党员档案是认定党员身份的根本依据,规范党员档案管理,是基层党组织的重点工作之一。近年来在组织档案系统排查、干部任用、人事工作调动中,出现了部分党员档案不齐、发展党员程序不规范等问题,影响到干部的使用和调任,以及党建工作质量。究其原因,主要是大多数基层党组织没有设置专门的档案管理人员,大都由党务工作者兼职,而这些人员大部分非档案专业出身,知识储备量低,专业素质不高,缺乏全面系统的党员档案管理知识,从而导致党员档案管理规范化程度不高。

3 党员档案管理问题应对策略

3.1 压实各方档案管理责任

为全面推进党员档案管理工作规范有序开展,必须推动形成权责清晰、层层落实的责任机制。一是明确收集整理责任。基层党支部作为党员发展的具体实施部门,必须做好党员发展过程中各环节档案的收集与整理工作,保证归档材料的齐全性、真实性和规范性。二是明确管理指导责任。基层党委作为党员发展上级管理部门,要对基层党支部的工作加强指导与培训,建立档案核查制度,把党员档案的日常监督与发展党员工作同步推进,确保各环节程序、资料完整规范。三是明确档案保管责任。强化目标导向,严格落实档案归档要求,建立、完善档案材料的保管、保密、统计、查阅等制度机制,推动党员档案管理标准化、规范化。

3.2 落实档案管理保障措施

对党员档案管理工作更加重视,着力强化档案场地资源保障,加大经费投入,进一步加强档案库房等基础设施建设,增加档案管理设备投入,确保档案收集、整理工作顺利开展,保证党员档案的安全性。档案管理信息化建设是实现建设网络强国的重要一环,也是实现档案管理高质量发展的必然要求。[3]要紧跟数字化改革步伐,全面推进电子信息档案建设,实现党员档案管理从粗放到精细转变,降低档案在统计、存储与使用中的失误率,节约档案管理成本,提升档案利用率。

3.3 加强档案专业队伍建设

党员档案管理是一项基础性、长期性、系统性工程,想要提升档案管理工作质量,需要培养一支高效专业的党员档案管理团队,确保党员档案有专人管理。[4]档案管理人员除具备党务业务能力外,还应具备基本的档案管理知识,掌握一定的计算机技能。同时,档案管理人员应当定期参与培训学习,不断提升专业素质和综合能力,以适应不断变化的档案管理新形势新要求,提升工作效率。

4 结束语

事业单位党员档案管理工作是推进基层党建工作的重要保障,对于单位发展有积极的促进作用。各基层党组织要高度重视党员档案管理工作,完善内部管理制度,创新管理方法,同时加大专业档案管理人员的培养力度,积极构建现代化档案管理信息系统,不断提升档案管理水平,推进基层党组织党建工作高质量发展。

注释

[1] 岳桦.新形势下改进党员档案管理工作的思考[J].办公室业务,2020(8):11+19.

[2] 吕军.加强事业单位党建档案管理助力党建工作发展[J].传媒论坛,2020,3(15):124-125.

[3] 任玲,晏喜丽.大数据时代档案管理信息化对策研究[J].中华建设,2023(4):26-27.

[4] 覃燕春.加强党员档案管理工作的思考[J].档案管理,2020(3):125-126.

优生优育优教档案的归档内容与质量管控要求

裘晓萍

杭州市富阳区爱国卫生发展中心

摘　要:如何实现优生优育优教的档案规范化管理,最大限度地发挥其应有的价值,成为卫生健康管理部门档案工作者持续改善管理、提升服务能力的关键。该文阐述了做好优生优育优教档案管理工作的重要意义,分析了优生优育优教档案的具体归档内容,并就如何加强优生优育优教档案质量管控提出针对性措施。

关键词:优生优育优教;档案管理;规范化

近年来计划生育工作正在全面转型,从关注人口数量向关注人口质量转变。做好优生优育优教档案工作,是助力新时期人口工作高质量发展的重要基础。如何管理好、利用好优生优育优教档案,为建设生育友好型城市、实现群众的"三好"目标("生得好、养得好、教得好")服务,成为当前卫生健康部门档案工作者迫切需要解决的问题。

1　优生优育优教档案概述

优生优育优教是优化生育、抚育和教育的简称,其主要任务包括:提倡无遗传疾病的夫妻在身体健康的条件下受孕,女性在怀孕和哺乳期间不吸烟不饮酒,慎用药物,保证营养充足、身心健康;提倡母乳喂养婴儿,饮食多样化并优化搭配,保证婴儿有充足的营养,杜绝营养缺乏和过剩,同时使之有充足的室内和户外活动;提倡胎教和早期教育,实现生长、发育和教育的有机结合和一体化。

优生优育优教档案是卫生健康部门开展优生优育优教工作中具有重要保存价值的历史记录。每一项优生优育优教项目和活动,都要经历规划、计划、实施和评价这几个阶段,并形成文字、照片、影像、实物等不同形式的档案资料,只有根据档案化管理的要求收集整理、存档入库、开发利用,才能将优生优育优教的档案材料保护好、存放好、利用好,为开展人口工作提供便利,真正发挥档案的存放价值。

2　优生优育优教档案的具体归档内容

优生优育优教工作涉及面广、专业性强,其归档材料的范围应涵盖优生优育优教工作的各方面、全流程。具体包括(以杭州市富阳区为例):

一是日常工作中形成的文字材料以及上报的各类文件材料。如各类生育政策和相关规划、婴幼儿照护服务、优生优育优教关怀制度、省级优生优育进万家项目、生育政策调整及相关配套措施等材料,以及各类荣誉和报奖材料等。

二是各类业务工作资料。比如:人口监测统计调查数据、全员人口库信息、人口形势分析和人口与家庭发展调查情况;促进婴幼儿照护服务,落实产假、哺乳假、产休假,鼓励实行育儿假,落实就业、社保、医保等政策的材料;各类工作计划、总结、调研材料,对乡镇(街道)的督导、培训材料,各种专业会议、研讨交流活动的材料,以及各类优生优育优教有关的统计报表;等等。

三是各类宣传活动中形成的材料。包括优生优育优教主题宣教活动中形成的有保存价值的文件材料,比如:区级优生优育专家讲师团宣讲、"5·20母乳喂养宣传日"、"9·12预防出生缺陷日"等主题宣传活动中形成的材料;婴幼儿照护服务培训、在基层网络和阵地开展的家庭培训、0—3岁儿童发育监测和筛查项目等形成的材料;开展咨询、讲座、互动类游戏、亲子类活动等形成的材料。以2021年为例,富阳区共举办大型优生优育优教宣传活动30余场,开设大讲堂40余场,形成了大量需要归档的宣讲活动材料。

3 做好优生优育优教档案的质量管控

一是加强制度化管理。制定优生优育优教档案管理办法,对归档范围、内容、保存期限等做出明确规定,对使用、传递和审核档案信息等方面也提出规范要求,通过制度保证各个环节的有序开展。二是实行量化积分制考核。突出档案工作落实的分值,加强平时档案工作的督导与检查。如我区通过制定《优生优育优教档案管理工作手册》,及时汇总平时的档案收集、整理、归档等情况,记录质量由区卫生健康局联合区档案馆予以评价,手册作为档案人员考核、评选评优的重要依据。三是发挥好档案人员的积极性和主动性。关心关爱基层档案人员,加强档案人员日常管理和专业培训,努力打造一支高水平、高层次的档案人才队伍。

4 结语

总之,为充分发挥优生优育优教档案的作用,卫生健康部门要不断探索和创新优生优育优教档案管理的新做法、新实践、新探索,以满足群众健康生育的需求,进一步创新工作机制,不断完善优生优育优教档案管理体系,努力为营造良好的人口环境贡献力量。

卫生健康机构政府采购档案管理中存在的问题及对策

于迪迪

浙江省疾病预防控制中心

摘 要:加强和完善政府采购档案管理工作,对促进政府采购工作的规范开展具有重要意义。该文分析探讨了卫生健康机构在政府采购档案管理中存在的制度不健全、管理不规范、利用率不高等问题,提出了优化政府采购档案管理的对策措施。

关键词:卫生健康机构;政府采购;档案管理;问题;对策

政府采购是指各级国家机关、事业单位和团体组织使用财政资金采购依法制定的集中采购目录以内的或者采购限额标准以上的货物、工程和服务的行为。政府采购档案主要是指在政府采购过程中形成的能够真实反映采购全过程的各种档案文件资料[1],《政府采购法》第四十二条规定:"……采购文件应当妥善保存,不得伪造、变造、隐匿或者销毁。采购文件的保存期限为从采购结束之日起至少保存十五年。"政府采购档案的有效管理是政府采购工作和档案管理的重要组成部分。卫生健康机构承担着向人民群众提供医疗卫生服务和公共卫生服务的社会职能,其按照财政资金管理要求开展政府采购工作。本文拟通过对当前卫生健康机构在政府采购档案管理中存在的问题进行分析,探讨优化政府采购档案管理的对策。

1　加强政府采购档案管理工作的意义

第一,政府采购档案客观记录了采购活动全过程,能真实完整反映出政府采购工作质量,为事后开展采购项目绩效评价提供了参考依据。同时,它也是开展监察审计工作时的重要备查资料,对采购工作风险防控和单位廉政建设具有关键作用。

第二,采购档案凝聚了以往采购项目工作的宝贵经验,通过挖掘分析有价值的数据信息,可为采购人日后开展类似的采购活动提供参考,使其少走弯路,有效提高政府采购资金的使用率,对政府采购工作的提质增效具有重要意义。

第三,卫生健康机构的政府采购项目涉及专门的医疗仪器设备较多,原始的采购档案可作为医疗仪器设备管理维修保养的重要依据,明确维修保养的时限和内容[2],利于节省售后维修中不必要的开支。同时,它也是仪器设备维修报废等工作的技术性资料。另外,在开展相关实验室认证时也需要大型仪器设备的政府采购档案作为必要资料。[3]

2　卫生健康机构政府采购档案管理中存在的问题

第一,采购档案管理制度不健全,重视程度需提高。作为一种新兴的专门档案类型,目前关于政府采购档案没有一个统一的行业管理规定,对档案分类标准、归档范围、整理方法、保存期限划分等没有明确界定,在实际开展采购档案管理工作时会出现无据可依的困境。此外,部分卫生健康机构的采购档案管理制度仅停留在纸面上,指导性和操作性不强,难以发挥实效。一些单位对采购档案管理工作不够重视,没有真正将档案管理视为采购工作的重要环节,影响政府采购档案的有效管理。

第二,采购档案管理过程欠规范,人员力量需加强。制度不健全导致管理责任落实不够明确,出现工作执行力不强、管理不规范等一系列问题;加之卫生健康机构开展的政府采购活动一般持续周期较长、涉及部门也较多,部分单位在采购活动结束后未能及时收集整理需要归档的采购资料,影响档案信息的完整性和真实性。另外,在档案收集整理过程中也发现诸如合同盖章缺失、签字未签、数据前后矛盾等问题,提示归档资料质控不严。从事采购档案管理的一般以兼职人员居多,缺乏专业的档案管理知识和业务能力,信息化水平较为欠缺,这也影响到采购档案管理工作的整体质量。

第三,采购档案利用服务手段落后,存在"管用脱节"现象。目前部分卫生健康机构的政府采购档案管理采用传统手工作业模式,以纸质方式保存采购资料,在档案利用过程中缺乏必要的信息化技术支撑,档案查阅检索往往依赖人工查找服务的方式,费时费力,且编研开发工作滞后,对有参考价值的档案信息提取加工不足,档案资料利用率不高,无法满足高效便捷的查档需求。

3 加强政府采购档案管理的具体对策措施

第一,完善政府采购档案管理制度,规范档案管理流程。采购档案管理制度是指导单位开展具体档案工作的重要指引。针对卫生健康机构政府采购工作特点,要进一步理顺采购档案管理工作流程;针对采购资料的收集、分类、立卷、归档、保管、利用等各个环节均需制订相对统一的工作规范,明确采购资料的归档范围和保管期限,使管理制度具有较好的指导性和可操作性。同时要健全卫生健康机构采购档案管理的内控机制,明确各个部门的责任分工、落实到人,对存在的风险点进行重点管控,不断促进采购档案管理工作的规范有效。

第二,加强采购档案管理队伍建设,提升档案管理人员的专业能力。档案专业人才队伍的建设培养是提高采购档案管理服务水平的关键。卫生健康机构除了关注医疗卫生人才的培养,也应重视对档案管理人员的岗位培训。要采用"请进来、走出去"的方式,积极创造培训学习机会,不断提高采购档案管理人员的岗位能力和业务水平;组织档案人员学习《政府采购法》《档案法》等相关法律法规,强化采购档案管理的责任意识。此外,档案管理人员还应熟练掌握相关信息化管理技术,以提高管档水平和工作效率。[4]

第三,推进采购档案信息化建设,提高档案管理服务效率。要实现采购档案数字化管理,首先要提升卫生健康机构政府采购信息化建设水平,将采购全周期活动纳入信息化系统,形成闭环的采购资料数据链,以保证采购档案的完整性和有效性。在此基础上,探索建立采购信息化系统与档案管理平台数据的互联互通,使信息化系统生成的档案目录数据可以实现在线归档。[5]最后,通过建立健全采购档案检索体系,以实用、高效为设计导向,优化查档流程,提高档案查询利用效率和信息共享水平。

4　结语

做好政府采购档案管理工作对促进政府采购工作的规范开展具有重要意义。卫生健康机构应结合自身工作特点,不断完善采购档案管理制度,规范档案管理流程,提高岗位人员专业水平,并将信息化技术应用到实际档案管理工作中,提高档案管理服务效率,更好地发挥政府采购档案的价值和效用。

注释

[1]周香怡.对当前政府采购档案管理工作的思考[J].管理观察,2019(20):51-52.

[2]张霁.公立医院采购档案管理对策研究[J].中国物流与采购,2022(8):92-93.

[3]周敏.基于内控视角下政府采购档案管理的实践和思考[J].海峡预防医学杂志,2020,26(2):77-79.

[4]周伟.电子档案在政府采购档案管理工作中的重要性[J].兰台世界,2021(S1):73.

[5]宫瑾.关于事业单位招标采购档案方面的研究[J].山西档案.2019(3):115-116.

建立中职学生心理健康档案的必要性及管理措施

吴晓妫

丽水市职业高级中学

摘　要:心理健康教育已被列入学校重点工作计划当中,目前中职学生的心理健康教育工作也引起了社会的高度重视,如何培育学生健全的人格和健康的心理已成为学校教育的首要任务。建立学生心理健康档案是开展心理健康教育的一项基础性工作。中职学校应根据学生的心理状况,建立专属的心理健康档案,并对学生的心理健康档案进行有效的管理。

关键词:中职学生;心理健康档案;必要性;管理措施

随着教育改革的不断推进和当前社会的不断发展,中职教育发生了很大的变化,办学规模不断扩大,招生数量不断增长。相比初中阶段,中职学生不仅要学习文化知识,还要学习专业知识,学习压力会更大,心理问题日益增多,所以建立中职学生心理健康档案和加强中职学生心理健康教育已刻不容缓。

1 建立中职学生心理健康档案的必要性

第一,有利于找出学生心理问题的归因。

中职学校学生生源复杂。通过中考,成绩优异者大多被普通高中录取,留下来的学生大多选择中职学校。所以中职学校生源质量普遍不高,学生的学习习惯不是很好,并且他们正处于青春期,比较叛逆。他们的心理问题大多是环境的改变,学习压力的增大,与同学、老师和家长关系紧张而引起的。丽水市职业高级中学新生开学前就进行了气质和个性测试。通过问卷调查,建立心理健康档案,班主任能尽快了解全班学生的情况,找出每个学生出现心理问题的根本原因,可以对有同类问题的学生进行团体辅导,及时解决成长中的烦恼。

第二,有利于学生主动地了解自我、剖析自我、完善自我、接纳自我。

中职学生往往学习基础比较差,容易产生自卑、消极和焦虑的心理。但现在社会竞争异常激烈,势必要求他们具备良好的心理素质。学生充分认识自己的优缺点,对于寻找适合自己的学习方法、培养自信心有着极其重要的作用。建立心理健康档案,可以让学生自我了解、自我调节,找到适合自己的学习方式,提升自我教育和自我成长的能力。

第三,有利于教师更加了解学生,因材施教,提高教师教学质量和科研水平。

每个学生都具有自己的个性特征,中职学生由于成长经历与所学专业不一样,个性特征更加凸显,教师更应该了解学生,充分发挥其个性特长。建立心理健康档案可以让教师更直观地了解每个学生的能力差异、个性特征和学习心理等,采取适合学生特点的教育方法,防止以偏概全、盲目武断,做到因材施教,有的放矢。例如:对于有自卑倾向的学生,应该采取鼓励法,团体活动时让其有更多的表现机会;对于个性张扬的学生,应该采取严格的教育方法;对于有抑郁倾向的学生,应该给他们更多的关爱。建立学生心理健康档案,可以为青少年心理研究提供整套资料,通过其中一系列的数据分析和概括,有助于提高教研学术水平。

第四,有利于家校合力,让学生在温馨和谐的环境里成长。

现在许多家长对孩子的期望值过高,但对孩子个性特征又不了解,教育方式简单粗暴。特别是中职学生,他们大多住校,与家长沟通交流的机会很少,交流时容易文不对题,引起孩子的反感。通过建立学生的心理健康档案,把学生个性测试结果反馈给家长,可以让家长更加了解自己的孩子,如性格特征、兴趣爱好、就业方向等。适时举办关于学生个性分析和心理疏导的讲座,可以让家长与老师一起制订辅导计划,共同克服学生的心理困扰,给他们营造一个良好的生活和学习氛围。

2 中职学生心理健康档案管理的有效措施

第一,建立完善的管理和应用制度,实现管理规范化、专业化。

学校要高度重视学生心理健康档案管理工作,明确档案收集的主要内容,比如:学籍情况、家庭情况、本人基本情况;进行心理测试时所形成的材料;学生个案分析形成的材料;等等。了解中职学生心理健康档案的管理体制、特点,任务和性质,从人员、经费和场地等方面给予支持。制定心理健康档案管理制度和管理人员责任制,明确相关责任人,将工作细化落实到人,确保学生心理健康档案管理工作有序开展。

第二,重视专业队伍建设,实现教师队伍专业化、技能化。

中职学生心理健康档案管理的相关人员,不仅要具备心理健康教育的相关知识,还要具备档案管理专业知识,更重要的是应具有爱心和责任心。选拔人才的时候要根据以上几点进行层层精选。经常选派骨干教师外出进修学习,提高业务知识和专业素养。聘请心理咨询机构的专家到校讲座,对学生和教师进行个体辅导,以解决学生学习中的困扰和教师教学中的困惑。

第三,利用网络系统进行心理健康档案管理,实现其电子化、信息化。

随着"互联网+"时代的到来,中职学生的心理健康档案种类和数量将会增多,传统的档案管理方式已经远不能适用。中职学校应该根据学校实际开发一套适合本校学生的心理健康档案管理系统,实现其收集、查阅、调转和销毁一站式服务。学校心理健康档案管理人员应该熟练地运用电子化和信息化系统,轻松实现收集、整理与运用。同时学生也可以随时登录本系统,轻松了解本人的心理情况。这就需要心理健康档案管理人员与时俱进、更新观念、勇于创新,利用新技术、新系统实现心理健康档案管理信息化和电子化,同时也需要学校给予很大的技术支持,加快实现心理健康档案管理的现代化建设。

第四,利用大数据对学生心理健康档案进行系统分析,使心理辅导更加直观化、持续化。

学生心理健康档案是一种动态发展的档案,它反映了学生心理成长的轨迹。运用大数据分析,能够更形象地分析出每个学生的心理变化状况及心理特征。教师可以利用学生的心理健康档案更科学地开展心理辅导和教育教学,合理地引导学生,促进学生心理健康发展。对学生心理健康档案进行有序整合、系统分析,可以有效地开展学校德育工作,今后心理健康档案将会在学校德育工作中发挥更大的作用。

当今社会人才市场竞争非常激烈,中职学生的就业压力也非常大,对中职学生心理健康档案的建立和管理显得尤其重要。它不但可以帮助学生更好地了解自己,充分挖掘自我潜能;还可以帮助教师了解学生,科学地培养学生;也可以帮助家长了解孩子,助其成才。为此中职学校应当尽快尽早建立和完善学生的心理健康档案,充分发挥其应有的价值。

干部人事档案专项审核工作难点及对策分析

胡巧丽

泰顺县人力资源和社会保障局

摘　要: 干部人事档案专项审核工作的开展具有重要的现实意义。该文分析了干部人事档案专项审核的工作难点,并提出了相应的对策措施。

关键词: 干部人事档案;专项审核;工作难点;对策

当前,随着我国各项改革的深入推进,干部人事管理制度也逐步完善,干部人事档案管理是其中的重要内容,干部人事档案专项审核具有重要的现实意义,主要体现在:一是干部人事档案记录了干部个人成长、学习、工作的所有过程,是干部工作与生活轨迹的重要反映,是了解干部的重要依据和参考。二是干部人事档案专项审核在一定程度上可以维护干部基本的合法权益。由于干部人事档案包含了干部学习、工作的全部信息,其具有一定的历史性。三是干部人事档案专项审核使得干部人事管理更为规范与高效,符合当前干部人事制度改革的现实要求,有利于保障干部人事工作的制度化、规范化、科学化。

1　干部人事档案专项审核的工作难点

1.1　干部人事档案材料不齐全

干部人事档案的专项审核中存在的一个突出问题就是干部人事档案材料不

齐全。在干部人事档案材料的收集过程中,存在缺漏现象。有的只注重干部职务任免、工资、考核等材料的收集归档,而忽略了学历、培训、职称、奖惩等相关材料的收集;有的只注重在职干部人事档案材料的收集,而忽略了聘用干部、离岗干部的人事档案材料的收集;有的只注重集中形成档案材料的收集,而忽略了个别零散材料的收集,造成系列材料脱节断档。这些干部人事档案材料的缺失,影响了干部人事档案工作的顺利进行,影响了干部人事档案工作的效率。

1.2　干部人事档案材料不规范

对机关企事业单位、各个用人单位而言,干部人事档案材料都有严格的规范性要求。但是,在干部人事档案的专项审核工作中,发现有的单位存在干部档案材料不规范的现象。比如:有关的档案信息没有依据特定的要求来填写,干部个人信息的填写不规范,而干部人事部门没有及时发现问题。这些使后期的干部人事档案管理与专项审核工作量增多。

1.3　干部人事档案材料归档不及时

干部人事档案应该是不定期更新的,但是部分档案管理员的认知较为薄弱,没有意识到及时归档的重要性,没有及时补充档案材料,如工资表、年度考核表等,一旦干部有了调动,未及时归档的材料就很可能会丢失,造成档案缺漏。另外,部分干部对档案不够重视,当自身发展有变化时,未将自己保存的材料及时提交给档案管理员进行归档,因而造成档案材料与填写的信息不吻合,影响了干部人事档案材料的真实性,对干部个人的提升产生了不利的影响。

1.4　干部人事档案未及时数字化

干部人事档案为干部提拔、晋升、退休、办理相关业务时提供重要参考依据和相关凭证,但在使用纸质档案时往往会因档案异地、比对不全、信息提取不精准、复印烦琐等因素直接影响工作效率。同时由于传统的管理方式,档案的整理工作需要花费大量的时间和精力,效率低,造成资源的浪费。尤其是在面临大容量档案资源的情形下,工作效率更低。频繁的档案原件借阅调用,使得档案原件面临"消耗性"损毁或破坏问题。

2　干部人事档案专项审核的相关对策

2.1　加强宣传

为保障干部人事档案专项审核工作的效率与质量,要加强对干部档案工作的宣传,使有关人员都能够具备基本的干部人事档案管理意识,能够在日常工作中根据国家的有关规定,积极执行干部人事档案管理与专项审核的相关要求。

2.2 做好干部档案材料审核工作

由于干部人事档案中包含了干部所有的学习、工作经历,内容相对较多,要保障干部人事档案专项审核工作开展的有效性,有关管理部门与人员必须做好干部人事档案材料的审核工作,良好的审核工作能够保障档案材料的完整性与真实性,避免存在材料缺失、填写不规范等现象。在干部人事档案的审核上,要结合相关的要求,仔细审核材料中所包含的档案信息是否完整,是否存在填写错误、不规范的现象。如果发现问题,要立即与有关部门及干部本人联系,让其补充相应的材料,并及时修改相应的材料,将这些重新处理的材料及时归档,保障干部人事档案的完整性、客观性。

2.3 完善档案收集机制

督促相关单位做好当年度应及时归档的干部人事档案材料,如年度考核情况登记表、工资审批表、奖惩情况表等材料的及时归档,避免造成新的干部人事档案材料缺项、漏项问题。严格规范干部人事档案材料收集归档工作,按照真实、及时、全面、规范的原则,按照《干部人事档案材料收集归档工作规定》《关于完善干部人事档案材料的通知》列出的归档范围进行材料收集,并根据经济社会发展和组织工作的需要,不断充实完善干部人事档案内容。干部人事档案材料形成部门要按照有关规定规范制作干部人事档案材料,并按照干部管理权限及时送交干部人事档案管理部门归档。

2.4 推进干部人事档案信息化

传统的档案管理模式已经难以适应新时代的发展要求。相关单位要加大在干部人事档案信息化建设上的投入,加快干部人事档案信息化建设步伐,构建完整的干部人事档案信息系统,在此系统内整合、统一全部的干部人事档案信息,使在干部人事档案的专项审核过程中,相关人员能够直接在干部人事档案信息系统内进行干部人事档案的查阅与审核。这种信息化管理一方面保障了档案数据、信息的一致性,提高了查询的效率;另一方面也使得干部人事档案专项审核工作能够顺利进行,避免了传统人工查阅下的耗时长等缺陷。日常大量使用电子档案操作,能有效减少纸质档案翻阅时造成的人为损坏,利于长期保存。

后疫情时代无偿献血档案管理的思考

陈 磊

金华市中心血站

摘 要:随着后疫情时代的来临,居民的消费观、健康观、资讯观发生了很大的改变,无偿献血宣传和招募也发生了新的改变。目前居民的无偿献血知识知晓率较高、献血意愿也较强,但献血率仍处于一个较低水平。该文通过往年献血招募的经验与对现代数字化建设的了解,尝试对后疫情时代无偿献血档案管理新模式促进无偿献血事业发展进行探究。结合疫情时期实行数据流管控带来的优势进行思考,通过建立健全互联互通的献血者档案,开展大数据分析,提高精准招募献血志愿者的可能性。

关键词:后疫情时代;档案管理;思考

1 相关背景

三年疫情,无偿献血面临着严重的挑战。

其一,采供血由原来的紧平衡变为紧缺。世界卫生组织提出,人口献血率为10‰—30‰才能基本满足本国临床用血需求。[1]常态情况下,金华市千人献血率一直为11‰左右,采供血长期处于紧平衡状态。而在疫情时期,采供血由原来的紧平衡状态变为紧缺状况,甚至出现断崖式骤减。如何利用现存献血者档案信息资料、大数据信息分析技术精准寻找潜在的献血者,呼唤献血人群,是我们需要破解的第一个难题。

其二,血液安全是悬在头顶的利剑。我们无法保证每一位献血者捐献的血液是安全的,但我们必须保证发到医疗机构的血液百分之百合格。一般来说,定期自愿无偿献血是建立安全和可持续血液供应的关键,如何从血站业务档案中提取定期献血者资料,从低危人群中采集合格的血液,降低检测成本,保证临床输血安全,是我们需要破解的第二个难题。

其三,无偿献血的招募进入瓶颈期。随着医疗机构不断扩张,临床用血需求快速增加,近几年,金华市的年供血量虽然有所增长,但仍不能满足临床用血的需求,而现有主要依靠学校、部队、机关企事业单位的团体献血招募方法在疫情时期无法发挥作用,如何对潜在可献血人群进行挖掘,如何有效传达这一利他行动是我们需要破解的第三个难题。

相关信息显示,约 69%的人表示若自身条件符合献血要求,有意愿参与献血。由于无偿献血宣传精准投放能力不足,市民的献血热情正在逐步下降,阻碍了无偿献血事业的进一步发展。[2]

2　现阶段血站档案管理对实际工作的影响

现阶段金华市无偿献血的招募主要依靠以下几个方面:由市政府或市献血领导小组制订年度无偿献血计划,按计划要求分批对相关单位开展无偿献血活动。在常态化情况下,以此模式开展无偿献血能满足 70%的临床用血需求,但献血人群较为单一,一旦流行病疫情暴发,就会对供血造成直接影响。固定献血点难以招募街头献血者。随着时代的发展,电子商务冲击着实体市场,造成街头人流量减少,街头献血率下降;特别是 2020 年 1 月至 2023 年 1 月,在疫情影响下,街头献血的人少之又少。可以看出,现阶段血站主要把精力放在招募宣传上,对献血人员档案管理和利用的重视程度相对不足,尚未形成有效利用档案资源精准招募献血者以及开展献血宣传的良好氛围。

《血站质量管理规范》11.1 条规定:应建立、实施记录管理程序和档案管理程序,记录并保存采供血过程所产生的结果和数据,使其具有可追溯性,以证实质量体系有效运行并满足特定的质量标准。金华市中心血站在血液的采集、检验、成分分离、储存运输等环节中产生了大量的血站业务档案,由于每份血液制品都要经过多个部门才能形成最终产品,导致血站的业务档案具有文件材料形成分散、量大、管理接口多等特点。由于历史因素和血站行业管理的要求,献血者档案并不能有效地整合在一起,没有系统的献血"一件事"档案管理系统,不能开展有效辨析,使采集的血液报废率一直维持在 4%,造成一定的浪费。

《血站管理办法》第 28 条规定:献血、检测和供血的原始记录应当至少保存10 年。金华市一年献血人次约 5 万人,产生的纸质记录多达数吨,现有档案室已无法满足不断增长的血液原始记录档案的要求。而纸质记录一直存在记录和签名遗漏、书写不规范、文字识别率低、延迟记录等潜在风险,同时纸质档案存在易变脆、发黄、虫蛀及滋生霉菌,长时间保存易发生字迹退化不清晰等问题,且纸质档案查阅需要人工翻查,调取历史原始档案数据费时费力,并在储存、借阅等过程中易出现丢失、破损等风险。

在血站档案信息管理中,要加强信息共享,并且及时将血站的相关档案信息进行公开,这样公众就可以在网站或者是宣传中了解到血液的信息,认可献血的公益理念,增进血站和献血者的沟通和交流。[3]目前不同地区的血站档案数字化建设各自为政,共享技术不够成熟,导致一些无偿献血档案的信息资源不能进行及时共享,不能在公众面前进行更好的无偿献血宣传,这也给血站工作提出了新的挑战。

3 加强无偿献血档案管理的思考

2021年5月,浙江省13个部门联合印发了《浙江省进一步促进血液工作健康发展实施方案》,要求推进数字化改革,深化"互联网+"、大数据、云计算等理念,实现智慧血站建设全覆盖。我们希望在政府的支持下,在各部门的推动下,将血站信息系统接入"城市大脑",在全社会营造积极参加无偿献血的良好氛围,推动无偿献血事业发展。

3.1 科技改变传统献血模式

这次疫情对于血液供应构成巨大考验,若应对失当,极易导致"血荒"。好在各采供血机构推出多种防"血荒"硬招,而网上预约献血成为疫情期间采供血机构实现智慧互联的突出亮点。在居家也可一键连天下的当下,采血不应只有团体献血以及街头模式。目前浙江省已推出网上预约、发放电子版献血证、用血直免等智慧互联方式,期待在不远的将来,我们能利用全省乃至全国统一的献血者档案信息平台,快速、精准地将无偿献血信息发放给献血者,让献血者感受到更高层次的便捷与尊重,更加积极主动地参与无偿献血。借鉴疫情中互联网预约采血与公众无偿献血之间的互动模式,让无偿献血迈入智慧互联时代,既是对疫情期间献血应急举措的发挥,也是互联网时代发展的必然选择。

3.2 档案管理的革新

在大数据时代,存档信息不再稀缺,而是泛滥。如何使存档数据长期可读、安全和可靠,实现海量数据中存档信息的挖掘和分析,提供有价值的信息,是文件管理面临的新课题。从档案的收集和管理的角度来看,在传统的管理模式中,收集由各部门移交,管理是手动整理。血站只有将各部门的资料收集与档案的科学管理相结合,建设血站档案数据库,构建一体化血站档案管理体系,加强不同级别、不同地区、不同单位之间信息互融互通,实现信息高度共享,运用现代信息技术进行二次生产,深度加工,转换和多次开发,才能最大限度获得效益。

3.3 数字化重塑的无偿献血电子档案系统

建立基于CA数字认证的献血电子签名及电子档案系统,开启"无纸化"献血时代,既可节约大量纸张,还可大大降低纸质档案储存的破损风险和储存成本,同时通过电子签名更好地实现各个业务环节的风险点控制,有效提升献血信息采集的准确性和可靠性,让档案和签名的全程追溯更为便捷。随着智能引导献血叫号系统、刷脸献血身份识别系统、献血移动 PDA 管理终端系统、电子献血证系统、无偿献血者档案自动归档系统陆续成功开发,无偿献血全流程数字化将成为现实,无偿献血档案管理将变得更科学、更简便、更精准。

实现无偿献血电子档案管理,不仅是献血服务的提升,更是业务建设、质量保障、管理方式的全面变革。通过数字化赋能,血站将进一步优化采供血业务流程,实现了血液留样、血液制备、标签打印等关键过程的计算机核查,避免了人为错误导致的安全隐患,保障血液安全;通过建立 HIV 确认阳性献血者信息共享系统,实现不适宜人群的献血屏蔽,有效降低血液的报废率;通过覆盖从献血招募到库存管理全业务流程的"智慧血液"系统,实现血液档案的全过程自动化管理,提供总体情况及业务流程过程信息的实时查询和分析,为制定科学合理的血液采集策略、制备策略,特别是实施精准的血液调剂提供了有力的数据支撑。

注释

[1] 冯显东.重庆市献血条例(新)背景下主城区居民无偿献血 KAP 现况研究[D].重庆:重庆医科大学,2020.

[2] 潘凌凌,徐健,李显文,等.浙江地区重复献血者再次献血行为分析[J].浙江医学,2018(19):2171-2174.

[3] 高莉.血站档案信息化管理对无偿献血宣传重要性研究[J].现代企业文化,2020(24):37+39.

法院干部人事档案的审核策略思考

印 夷

宁波市中级人民法院审判保障中心

摘 要:该文分析了司法改革背景下法院人事干部档案利用现状,并就不同情况提出了人事档案审核的策略,针对如何更好地完成法院干部人事档案审核工作进行了一些思考。

关键词:法院;司法改革;干部人事档案;专项审核

1　司法改革背景下法院干部人事档案利用现状

1.1　司法改革对法院干部人事档案工作的影响

2015 年司法改革启动以来,《人民法院组织法》《法官法》《法官单独职务序列规定》陆续修订发布,将司法人员的分类管理和员额制管理等一系列措施上升为法律法规,推动法院人员的专业化、正规化、职业化,对法院人员管理产生了深远影响,也对法院干部人事档案工作提出了更高的要求。

2018 年,中共中央办公厅印发了《干部人事档案工作条例》,原有的中央组织部、国家档案局印发的《干部档案工作条例》(1991 年 4 月 2 日)同时废止,条例发布单位的变化,可充分表明党和国家将干部人事档案工作提升到了前所未有的高度。法院作为国家的审判机关,应结合自身实际,依照《干部人事档案工作条例》精神制定完善配套制度、细化工作措施,并严格执行。这对司法改革背景下的干部人事档案工作提出了更高的要求。

1.2　法院干部人事档案利用现状

干部人事档案工作核心在于利用,因不同利用目的,能够形成新的不同种类材料,其中部分材料又将归入干部人事档案中,对下一次利用造成影响。

以宁波某法院 2022 年 6 月至 2023 年 3 月期间干部人事档案利用情况统计为例,在该法院干部人事档案管理实际工作中,因干部录用、任免、职级晋升、调任等,对干部人事档案的审核最多,占比约为 88%。也就是说业内所称的"凡提必审""凡进必审"和"凡转必审"等这几类干部人事档案审核很大程度上决定了整个干部人事档案利用工作的成败与优劣。因此如何做好这几类干部人事档案的审核十分重要,提出全面和更符合司法改革背景下的审核策略尤为重要。

2　法院干部人事档案审核策略

按照人员和档案类型,法院干部人事档案的审核大致可分为新进人员档案审核、干部任前审核、散材料接收审核 3 种。近年来,随着各级人民法院人事档案审核工作的开展,相关工作取得了一些成果,结合工作实际,也总结出一些较为具体和完善的审核策略。

2.1　新进人员档案审核,凡进必审

因为法院工作人员的专业性,除了检查常规的材料外,实际工作中发现关于学历审核的工作量占较大的比例,对学历的审核是重中之重,以下以学历审核为

重点介绍相关策略：

首先，查看学历材料是否齐全。是否包括高中阶段材料、高考报考材料（如没有，应补充新生录用名册）、大学阶段材料，如要求有研究生学历的，另需审核研究生阶段材料。

其次，查看内容是否真实。比如本科材料记载该专业学习年限为 4 年制，但成绩表和毕业证书记载实际学习时间为 3 年，应向本人或学校核实是否有跳级或提前毕业的经历。

最后，过去只注重对最高学历的检查，而根据档案专项审核的要求，应对入学资格和前置学历进行检查。例如，某干部本科学历为专升本，则需要检查是否具备大专学历；大专阶段材料如显示入学前文化程度是高中，则必须有高中学历。即某一阶段学历如不符合要求，则后续学历存疑。

除了重点审核学历材料外，对某些入职前有企业工作经历的人员，审核要更加细致。例如，若该人员在企业工作期间档案一般存放在人才市场或当地人才服务中心，由于档案材料的滞后性，其劳动合同和社保关系等材料通常不会在档案中，或者该材料保存不全，因此人员录用后要求本人补充材料，对工作经历以及参加工作的时间进行二次核查。

2.2 干部任前审核，凡提必审

首先，对提拔对象的"三龄两历一身份"进行重新检查。同时，审查是否存在虚假信息填报和学位重复的情况，并对学位做出相应的认定。还可将该部分材料审核和干部档案专项审核表及前一次任前档案审核材料信息进行比对，交叉检查。

其次，针对法官的单独职务序列进行晋升的，须查实该干部是否有入额手续，同时检查其工资审批表是否已改成员额标准。

最后，根据审核结果，填写任前档案审核情况表，并放入本人档案中。

2.3 散材料接收审核，凡转必审

干部人事档案每年都产生新的材料，我们称之为散材料，每次接收时，都应进行审核。

首先，不属于归档范围的材料不予接收；其次，属于归档的材料，对涉及的干部"三龄二历"信息进行核查，看是否与组织认定相一致，不一致的不予接收；最后，提交的散材料必须齐全完整、内容真实、文字清楚、填写规范、手续完备、无涂改。符合这三点的予以接收归档，否则，应及时通知材料形成部门和个人重新制作或补办手续，不能重新制作或补办的材料由材料形成单位或个人出具情况说明附在材料后。

3 进一步做好法院人事档案审核的几点思考

作为在第一线直接参与法院干部人事档案审核工作的执行者,笔者在工作中不断摸索和总结,对于如何更好地完成干部人事档案审核工作也进行了一些思考。

3.1 专业档案人才队伍是基础

由于干部人事档案的特殊性质,其保密性和专业性要求较强,应选配政治坚定、坚持原则、忠于职守、甘于奉献、严守纪律的正式在编干警从事档案工作。同时,各级法院应对从事干部人事档案的专、兼职档案员定期进行必要的知识培训。

3.2 打通档案管理的权限壁垒

因法院无纸化办公常态化,每年产生的散材料在很大程度上由各类人事管理系统抓取信息生产,因此,建议在更新、运营、维护各类人事管理系统相关数据后,给予专、兼职干部人事档案员相应权限,用于人事管理系统信息和干部人事档案中内容相互比对,从源头做起,有利于审核工作更顺利地进行。

3.3 加快推进信息化建设

在信息技术不断发展的今天,档案工作的数字化和信息化也变得越来越重要。最高人民法院于 2022 年 1 月 26 日印发《人民法院在线运行规则》,其中第八条明确指出:智慧管理系统在法院专网或电子政务网运行,为法院干警提供行政办公、人事管理、审务督察和档案管理等在线服务,支撑构建现代化司法管理体系。人事管理系统和电子档案系统就是该系统的重要组成部分。在此背景下,各级人民法院陆续建立了较为完善的智慧法院系统,使司法实践更有效率,更好地为人民服务。卷宗等司法档案的在线管理和运行已经较为成熟,而干部人事档案的信息化相对落后。因此加大干部人事档案的信息化投入,建立完善的干部人事档案系统可以更有效地对干部人事档案进行日常管理、统计、分析和研判,提升档案资源科学管理水平。具体来说,信息化的档案系统也可以提高干部人事档案审核工作的效率和质量。例如,信息化的人事系统对干部成长经历的追踪更便捷,可大大降低工作成本,提高干部人事档案审核工作效率。当然,对于新的信息化系统,档案的安全性和保密性就显得更加重要,需要特别关注。

信息化工作不是孤立的,而是与其他工作密切相关。人才培养包括对档案人员进行信息化技术继续培训等工作;信息化系统对各类干部人事档案管理权限壁垒的跨越具有极为重要的作用,系统越智慧,壁垒就越容易被打破。干部人事档案信息化关系到包括干部人事档案审核在内的各个方面,是提高干部人事档案工作效率和质量的有效手段。

高中学生个人成长档案的归档范围与收集整理

吴丽萍

新昌县知新中学

摘　要:学生成长档案有利于学生了解自我与发展潜能、进行生涯规划与终身学习、规划组织社会实践,为学生保留学习和发展的重要信息,能够为我们描绘出一个动态的、完整的、立体的学生发展图画,它给学生的整个学习经历留下了深深的痕迹,让学生在创建个人成长档案过程中分享快乐,体验成功的喜悦。同时,也为以后著名校友档案的收集提供了方便。该文就高中学生个人成长档案的归档范围和收集整理谈点看法。

关键词:高中学生;成长档案;归档范围;收集;整理

档案的生命在于其有用性,学生成长档案对学生一生来说都是一份重要的历史记录。高中学生的个人成长档案记录着他们高中三年的成长轨迹,在这三年中,他们挥洒着青春的汗水与泪水,在这紧张而充实的一千多个日日夜夜里,点点滴滴,记录着他们生命中那份执着与追求。根据成长记录档案里自己和周围人的评价、展示的作品,他们看到自己的进步、能力,同伴的赏识,老师和家长的支持与鼓励,收获着成长的喜悦,增加了自信。同时,在与他人的比较中,他们也反思着自己的不足和努力的方向,寻求改进的方法和发展的途径。在这三年的探索、实践中,他们了解了自己的气质类型、能力、特长、兴趣爱好和可以利用的各种资源,为自己的升学、就业指明了方向。因此,如何把学生个人成长档案建立好、管理好、利用好,发挥作用,让其为学生个人发展、为社会服务,是每个档案工作者需要思考和实践的一个重要问题。本文主要从高中学生个人成长档案的收集范围与整理步骤这两方面来谈。

1　高中学生个人成长档案归档范围

高中学生个人成长档案主要包括以下几方面内容:

第一，各评价主体对学生的评价。有学生的自我评价、学生间的相互评价、学生家长和社会人员的评价、教师的评价等。评价内容有道德品质、公民素养、学习能力、交流与合作能力、运动与健康、审美表现等。通过各评价主体对学生各方面的评价，可以让学生形成对自己的认识与定位。

第二，学生作品的记录。如社会实践记录、好人好事记录、各种创作记录。通过作品，学生能认识到自己的特长及发展空间。

第三，上课记录。内容包括老师和同学的观察反馈及自我觉察。如一节课中，学生是否积极发言，精神状态如何，跟老师、同学互动是否有效，等等。

第四，评量成果。如学生的奖状、证书，学生历次考试的成绩，同学和老师对自己各方面的评价，等等。

第五，反思与计划、总结。如学生对自己策划或者组织的活动的总结，对参加学校某项集体活动的体会，对自己某一段学习生活的反思与评价，对下一阶段的发展计划，等等。

2　高中学生个人成长档案的收集与整理

首先，争取各方支持。定期开展全校档案工作会议，宣传档案法律法规，提高全校教职工档案意识，明确做好档案材料的收集工作是学校各部门及每个教职员工分内的工作。增强教职工收集、移交档案的自觉性，同时一定要争取校领导的支持，这样档案收集工作中遇到的一切问题就可以顺利解决。

其次，档案管理人员应有责任心。作为档案管理人员，一定要在思想上认识到收集档案的重要性，做有心人，不怕麻烦、不怕辛苦。对档案收集工作中碰到的一些困难应积极主动地想办法去解决，主动与各有关部门进行沟通，加强联系。

再次，制定收集制度。单独下发学生个人成长档案的收集范围，使大家都知道档案的收集范围，做到心中有数，并经常开展档案的收集与业务整理指导。因学生个人成长档案数量非常大，靠学校综合档案室一个档案员无法完成，所以必须依靠广大任课老师，尤其是班主任来完成，这使得对他们进行业务指导非常重要。指导老师注意学生积累的材料是否真实，材料如果失去了原始真实性，那么就失去了收集整理的价值。还要注意学生收集的材料是否覆盖各个学科、各个方面、各个维度，并且内容是否较为均匀地分布在这些范围内。还要指导学生对自己的档案负责，在作品上写好自己的姓名、作品的标题、日期，注意预留装订边，使作品便于保管利用。

又次，定期进行整理。将收集的档案分为展示档案和评量档案两大类。展示档案放的是学生最好的作品，包括作业样本、参加社会实践的成果、参加公益活动的图片、学生自己制作的手工作品等。评量档案放的是学生在某一段时间内的成长与不足记录，包括一系列的作业与测验结果，或者是教师和同伴观察发现的其学习状态、行为动态以及自我评估等。每学期期末，对学生成长记录档案做一次整理。每个学生一个资料储放夹，让其对照分类方案，按时间顺序放到相应的位置，再装进自己的成长记录袋里。同时鼓励每个学生在班级里对自己的成果进行分享、展示、评比。

最后，汇总到学校综合档案室，由学校综合档案室对前期收集、整理的情况进行反馈。学生个人成长档案管理工作也是学校工作的重要组成部分，做好学生个人成长档案的收集、整理与管理，也可以使家长及时有效地了解孩子的信息，加强家校联系，形成教育合力，有利于学校工作的开展，有利于学生的成长与发展，有利于社会的进步。

做好干部人事档案工作的几点思考

陈小燕

苍南县公务员服务中心

摘　要：干部人事档案是各级党委（党组）和组织人事等有关部门在党的组织建设、干部人事管理、人才服务等工作中形成的，反映干部个人政治品质、道德品质、思想认识、学习工作经历、专业素养、工作作风、工作实绩、廉洁自律、遵纪守法以及家庭状况、社会关系等情况的历史记录材料。该文结合基层实际，针对干部人事档案工作中存在的问题，提出了加强和改进的对策措施。

关键词：干部人事档；管理；建议

干部人事档案工作是一项基础性工作，是各级党委（党组）及其组织人事部门的一项重要任务。要认真学习《档案法》《干部人事档案工作条例》《干部人事档案材料收集归档规定》和《干部人事档案数字化技术规范》等文件精神，切实将其贯彻落实于实际工作当中。

1　干部人事档案工作存在的问题

1.1　长效机制不完善

档案收集归档工作存在较大的被动性,结合工作节点突击性收集整理资料多,日常性维护少。干部人事档案专项审核认定,审核中发现的有关记载不一致的信息现象比较普遍,由于大多数时间检查、收录较为仓促,收集到的材料来不及进行查证核实,档案材料质量的长效管理大打折扣。

1.2　乡镇和机关部门人事干部专业知识欠缺

档案的收集、甄别和数字化工作,要求人事干部有较强的档案管理意识与专业的档案管理技能。但目前全县各乡镇和机关部门人事干部一般不具备档案专业背景,加之人员换岗频繁、日常接受档案专业知识培训不足等原因,导致大多数的人事干部未能具备相应水平的档案管理技能。现实情况是人事干部边工作边学习,工作耗时费力的同时学习的效果也一般,不利于档案管理工作与数字化工作的开展。

1.3　信息化水平与工作效率偏低

出于保密要求与传统惯性,干部人事档案日常业务中的材料收集归档、查询利用、统计分析等工作还是采取纯人工的方式。相较于信息化管理的数字档案,纯人工方式不可避免地存在统计分析难度大、查借阅干部档案效率不高、取送档案时间花费较长等弊端。尤其在归档密集的时间节点,大量的查阅工作给档案管理工作人员带来较大压力,这也导致干部人事档案日常工作质量和效率难以进一步提高。

2　加强干部人事档案工作的对策建议

2.1　重视档案材料收集,健全档案内容

要充分挖掘干部人事档案的利用价值,在收集干部基本情况的基础上,一方面参照中组部发布的《干部人事档案材料收集归档规定》要求,下达了《关于进一步加强和规范干部人事档案管理工作的通知》;另一方面在档案材料收集、管理工作上变被动为主动,对缺少的材料要做到口勤、手勤、脚勤,加强联系沟通,及时追补和不断补充新的材料。

2.2 加强审查、鉴别,确保干部人事档案的真实性

干部人事档案是组织人事部门全面考察、了解和正确选拔、使用人才的重要依据,为落实干部政策、调整工资级别、解决生活待遇、更改参加工作时间等有关问题提供重要凭证。干部人事档案的作用决定了收集的档案材料必须完整、真实、可靠。为此我们在收集干部人事档案材料的时候应做好以下几点:

干部人事档案工作必须细之又细,慎之又慎,要坚持"严"字当头、细处着手。一是"严"在全程,干部档案整理审核常态化。严格做好干部人事档案的接收、转递、审核,对于档案材料缺失和信息认定不合规的,严格查缺补漏、核查认定,做到审核一册、接收一册,合格一册、入库一册。常态化开展干部人事档案专项审核工作,对干部人事档案进行全面审核,重点审核"三龄两历一身份"、奖惩情况、家庭成员及重要社会关系等信息,同时重点审核档案材料是否涂改造假、干部信息是否真实准确、重要原始依据是否规范完整,对记载不清、有涂改或存在疑点的资料,及时与材料形成单位联系,坚决杜绝档案造假。二是"细"在经常,干部档案日常管理制度化。依据中央、省、市干部人事档案工作法规和要求,围绕干部人事档案收集、整理、审核、利用、保管等重点环节,完善档案管理制度。规范干部人事档案管理工作台账,切实做到"入有来源、出有去向、查有记录"。强化人事档案日常动态管理,对于散材料收集整理工作采取一季度一收集一报送,及时催收各类应归档的材料,如工资变动审批表、年度考核表、干部履历表、入党材料等,确保档案真实性、准确性和整齐性。

2.3 强化档案管理队伍建设

档案管理队伍建设是当前干部人事档案工作的关键。组织人事部门应根据管理负责的档案量配齐配足专职档案人员,同时根据工作需要,加强对档案人员的业务培训,如信息安全技术、数字化平台操作技术、档案综合技术等业务知识的培训,使档案人员具备相应的档案工作能力,培养出一支政治可靠、作风正派、责任心强、业务精通的高素质人员队伍,为干部人事档案工作提供有力的支撑。

2.4 加大档案资源深度开发力度

干部人事档案工作是一项专业性、政治性、机密性很强的工作。切实强化档案意识,有效避免档案工作"说起来重要,抓起来次要,用起来需要,忙起来忘掉"的现象。在保障信息安全的前提下,可以更大范围地提供所需的档案信息,深化档案信息资源的开发利用。保证可以随时查阅所需档案资料,满足日常的信息查询服务,切实提高干部人事档案的利用率。

2.5 推进档案信息基础设施建设

把加强信息基础设施建设作为干部人事档案工作的重要任务,添置必要的信息技术设备,加大干部人事档案信息的收集、存储、加工、传输等诸多环节的工作效能,构建干部人事档案数字化管理系统,搭建网络应用平台,进一步拓展服务功能,努力实现干部人事档案工作由传统管理模式向数字化、信息化、网络化管理应用的转变。

因能细于心,故能细于行。要想做好干部人事档案工作,就要深入培养严谨细致的工作作风,持续加强干部人事档案的整理归档,推动干部人事档案数字化和县管干部人事档案智慧管理应用以及省市县三级贯通工作有效开展,提升干部人事档案工作质量,为全县干部人事工作奠定坚实基础,更好地应对新时代出现的新要求、新变革、新风险。

加强中职学校干部人事档案工作的思考

徐娇娇

杭州市中策职业学校

摘　要:干部人事档案是教育培养、选拔任用、管理监督干部和评鉴人才的重要基础,是党的重要执政资源。该文依托干部人事档案专项审核工作,通过对其特点、重要性和存在问题的分析,从顶层设计科学化、业务工作规范化、管理方式数字化三方面探讨中职学校干部人事档案的管理思路,助力中职学校可持续发展。

关键词:干部人事档案;特点;对策

中职学校干部人事档案管理工作是学校档案工作的重要内容之一,它客观、真实、全面地记录了教职工的学习、工作经历以及思想道德等各方面的基本信息,既有凭证的基本功能,又有特定价值:对中职学校干部选拔任用、教学管理和考核工作有着重要的参考意义,也是学校配置高质量专业师资队伍的重要依据。

1 中职学校干部人事档案的特点

1.1 全面性

中职学校干部人事档案是以教职工个人为单位组合成的案卷。包含履历材料，自传材料，鉴定、考核、考察材料，学历、技术职务等材料，政审材料，党、团或民主党派材料，奖励材料，处分材料，工资、任免等材料，其他材料 10 块内容以及业务档案，体现了教职工德才勤绩廉全面的人生轨迹，是中职学校管人用人的重要依据。

1.2 真实性

客观真实、规范准确是确保干部人事档案质量和价值的必然要求，在个人晋升、退休待遇、工龄鉴定等各方面有着不可取代的作用。学校必须高度重视，在日常审核中重点鉴定"三龄两历一身份"的信息，做到前后一致、真实可靠。

1.3 及时性

干部人事档案内容是随教职工个人在工作、生活、学习等各方面的发展而变化的，需要档案部门随时收集补充、及时更新、动态生成。就学校层面而言，应该形成跟踪归档制度，每年度统一时间上报变动信息（如教育教学记载卡、考核表、荣誉奖惩、职称变动、工资变动、调动等）。个人层面包含结婚、生育、学习、培训等情况，内容需要"随变随动随存"，保证教职工信息处于最新状态。

1.4 规范性

档案工作人员应当根据文件最新内容，及时调整归档要求。例如：2018 年以来取得的荣誉证书需要彩打，履历表社会关系栏需要补充岳父母或公婆信息等，归档整理要时刻跟随文件要求进行调整，并确保归档要素齐全，填写规范、内容真实。

1.5 保密性

干部人事档案记录了个人工作学习的重要经历和家庭成员情况等众多隐私信息。《档案法》《干部人事档案工作条例》规定，干部人事档案属于党和国家的机密信息，学校需要建立人事档案安全保密制度：一方面要防止传统纸质档案出现受潮、发霉和虫蛀等情况，严格按照档案库房的"八防"要求进行管理保存；另一方面要给数字化人事档案信息建立完善的安全防护机制，防止重要数据泄露，定期进行系统安全维护和升级。

同时,加强档案工作人员的保密意识,签署保密承诺书,不能在公开场合随意讨论他人档案信息,确保干部人事档案信息载体和内容安全。

2　充分认识中职学校干部人事档案的价值与作用

2.1　为学校人事管理提供凭证

人事档案是关系教职工切身利益、解决各类纷争和进行学校人事管理决策的关键凭证,在办理职称评聘、录用考核、工资认定、遗产继承、离退休待遇等业务时起着关键作用。

另外,干部人事档案贯穿着教职工的一生,数量大、时间横跨范围广、内容丰富,有些历史悠久的学校多横跨不同年代,其干部人事档案会涉及党史、军史、革命史等各个方面,是难得的重要史料,也是撰写学校校史、人物事迹的重要材料。

2.2　为学校选拔人才提供参考

干部人事档案真实反映学校教职工工作、生活和学习的成长过程,包括个人年度考核、荣誉奖惩、职称评聘、岗位设置等体现工作业绩和道德品行的重要资料,有助于客观评价教职工的综合素质,也能约束教职工言行,养成良好的师德师风。

2.3　为学校教学管理提供借鉴

干部人事档案涵盖了学校教职工记载卡等业务档案,如实记录了教师教学课时、班主任年限、中层年限、工作总结等内容,为学校教学管理提供借鉴。例如《班主任聘任工作条例》的实行依托人事档案中教师实际的班主任任职年限记载,做到公平公开公正,并为职称评聘提供评分依据。

2.4　为学校健全聘用制度提供依据

通过对全体教职工人事档案数据信息的综合分析构建人才信息库。学校结合每学年不同的发展定位和教科研整体规划,统筹全局,科学部署,使招聘人员合理化、人才最优化,为实现干部师资队伍的最优配置提供有效的信息来源。

3　当前中职学校干部人事档案工作中存在的问题

干部人事档案管理工作对中职学校的发展有着重要作用,但在实际工作中,还存在以下现实问题。

3.1　认识不足

当前,多数中职学校在思想上对档案工作的重视不够,因其与教学活动没有直接联系,对学校的发展没有直接的推动作用,很多时候学校将档案工作仅仅视为简单的文件整理工作,没有技术含量和管理价值,因此在软硬件配备、人员培养和资金支持上投入不够,也缺乏完善的档案管理工作条例和制度。

同时,教职工本人档案意识不强,对干部人事档案的重要性认识不足,对专项审核工作的要求不明确,经常出现不理解、不配合、补充材料随意填写、不认真、上交内容质量偏低等情况,不但影响了对个人重要信息的认定,还影响了学校干部人事档案管理工作的开展进度。

3.2　归档审核力度不够

第一,原始材料不齐全,需要补充。

此类问题主要集中在继续教育、党团材料、最新干部履历表、学年考核表、本科录取名册等方面。在党团材料上,部分教职工缺少个人自传、团员相关证明、民主党派相应佐证材料等;规范性填写中缺少领导签字及审批印章等。缺失材料的需要老师积极配合,到原单位或者毕业学校进行补充。

第二,信息前后不一致,需要认定。

此类问题主要反映在"三龄两历一身份"的记载方面:出生年月填写前后不一致,有的缺少月份记载,有的阴阳历混淆,等等;党龄、籍贯等信息前后不一致,主要源于老师对此项内容定义的不明确,也没有专业指导,容易填写失误。这类问题需要档案部门根据老师实际情况进行认定,并出具鉴定说明。

第三,档案材料不规范,需要替换。

早期人事档案资料大部分是手写而成的,缺乏统一的书写标准,字迹颜色也不统一,常常会出现字迹潦草、无法辨认的现象,甚至还会出现涂改等情况,不够严谨规范。且档案工作人员没有及时了解到档案对于纸张尺寸、胶水材料、缝合技术等内容的最新要求,导致材料审核没有与时俱进,出现填写不规范、未及时整改等情况。

3.3　专业队伍配备不足

中职学校中干部人事档案工作人员大多兼职办公室其他工作,专业性不高,业务能力有限,且学校保管的现有在职人员、退休人员和死亡人员等的人事档案基数庞大,因此对于干部人事档案管理工作往往心有余而力不足。

同时,对于档案工作人员的业务培训力度不够,导致文件政策、前沿技术的信息闭塞,在很大程度上制约了中职学校干部人事档案管理工作的效能。

4　加强中职学校干部人事档案工作的对策

4.1　顶层设计科学化

第一，加强宣传。重视学校干部人事档案工作，加强宣传和引导，不断提升全体教职工的档案意识，确保档案材料收集工作的顺利开展。同时将干部人事档案工作纳入学校年度工作计划，强化组织领导，明确职责分工，做到定期考核，在工作力量和经费保障上予以支持。

第二，健全制度。学校结合实际，按照最新《档案法》的要求，从收集范围、归档目录、保管要求、借阅制度、安全措施等各方面出发，制定出一套完整的档案管理制度，形成标准化归档模式，实现多部门协作、系统规范化管理。

第三，配备人员。2021 年 6 月起，根据《杭州市国有企事业单位干部人事档案专项审核工作实施方案》和市委组织部《2021 年全市干部人事档案工作要点》要求，学校迅速组建干部人事档案专审工作专班，逐张逐页对全体教职工人事档案进行审核，2022 年 6 月基本完成全校在职干部档案初审、复审登记工作。

4.2　业务工作规范化

第一，加强档案收集。依据学校干部人事档案工作条例，明确收集的范围和标准，设立专门的材料移交登记册。相关部门加强沟通协作，把能够反映教职工教科研成果及学习培训的档案材料，定期上交至档案管理部门，对缺失的材料做到应补尽补。

第二，加大审核力度。结合专项审核要点，把好日常审核关，使档案审核工作规范化、制度化。重点审核"三龄两历一身份"、干部履历表、奖惩情况、工资定级表、岗位聘用合同等重要信息，以及档案材料是否涂改造假，原始材料是否规范齐全、是否真实有效等现象，从内容的完整性和真实性上把好入口关，从源头上确保干部人事档案的真实、准确、规范、完整。

4.3　管理方式数字化

干部人事档案的数字化管理是新时期中职学校档案工作的必然要求和发展趋势，既有利于人事档案的保管，又能提高人事档案的利用率。

学校立足信息化技术，通过对传统纸质人事档案的扫描、存储和备份，搭建一个统一标准的干部人事档案信息管理系统，实现电子与纸质档案的双套制管理以及各部门信息共享、数据上传和查阅利用等功能，防止纸质档案被任意涂改伪造，并对系统进行安全管理，实时用户跟踪，不断提高安全性。

同时，将干部人事档案信息管理系统与省人事工资平台、全国教师库等平台进行联动分析,实现资源共享、报表统计、人才分析,更好地助推中职学校的干部队伍建设。

中职学生等级化心理健康档案的建立初探

王霞琴

嘉兴市康慈医院

摘　要:近年来因高校、普通高中扩招等因素带来的一系列影响,中职学校生源质量逐年下降,面对较大的社会竞争压力,中职学生心理素质不高。因校园心理健康档案缺乏有效管理,进而出现心理问题导致的违法事件层出不穷。因此,优化心理健康档案的管理形式刻不容缓。该文着重探讨了建立中职学生等级化心理健康档案的必要性、问题及相应的对策。

关键词:中职学生;心理健康档案;等级化管理

中职学生是指接受中等职业教育的学生,因目前高校、高中扩招等因素带来的一系列影响,学校生源质量逐年下降,学生的整体综合素质不高。而目前社会竞争压力较大,且在很多人眼里,中职生不如普高生,这在一定程度上打击到了原本就自信心不足的中职生。种种压力及高关注度催生了心理健康档案的建立。目前各中职院校对学生的心理健康档案管理形式不一,部分院校的心理健康档案管理工作流于形式,这与学生心理的健康发展背道而驰。等级化心理健康档案的建立和高效管理,有助于动态监测中职生心理健康发展动向,是学校提高质量管理的重要基础。

1　等级化心理健康档案建立的必要性

1.1　目前心理健康档案建设存在的普遍问题

通过查阅相关档案管理的文献记录,梳理近些年中职院校心理健康档案的建立及管理情况,发现中职院校心理健康档案建设以及管理过程中存在一些普遍问题。

第一,心理健康档案管理人员不专业及不固定。

目前中职院校心理专业老师严重缺乏，时常会见到由学校授课老师兼职的情况，且老师经常被借调或调整岗位。兼职老师由于缺乏相应的理论培训及专业知识，经常会将心理健康档案和其他类别的档案混同保管，电子档案的管理更为混乱。

第二，心理健康档案隐私性无法有效保障。

建立心理健康档案能有助于中职生心理健康的规范化管理，但如果管理人员不严格遵守职业道德，可能会使学生隐秘的心理问题曝光，即使这些问题并不影响其自身及他人的人身安全，一旦曝光也可能会带来严重的心理创伤，产生负面影响。当然，有关学生的一般性心理特征和一般性心理问题，在征得学生允许的情况下可及时供有关教师参考，有助于教师因材施教。

第三，心理健康档案动态更新不够及时。

学校心理健康档案时常因为追踪不及时而造成动态更新慢的问题。中职学生正处于青春期，青春期的特点就是心理状态变化较快，而这种快速的心理变化可能未及时被心理老师发现，或者由于心理健康档案工作量较大，管理人员未及时更新记录。

第四，心理健康档案管理无有效的标识分类。

一所中职院校动辄上千人，如果给每人建立心理健康档案，则数量庞大，目前中职院校心理健康档案分类较为笼统，基本没有有效标识以区别不同心理健康程度的学生。即使有归类，也仅仅标识为"问题学生"，没有根据实际情况进行细分，而等级化分类学生心理健康档案能在档案管理过程中起到事半功倍的效果。

1.2　等级化心理健康档案管理的优势

近年来，国家高度重视学生的心理健康发展问题，出台了《全国社会心理服务体系建设试点工作方案》等政策，推动了校园心理健康工作。健全的社会心理服务体系，能及时疏导不良情绪，提高人们的心理健康水平，是构建和谐社会的重要内容，也是促进精神共富的重要途径，其中便提出了分级管理的概念。分级管理要求层级分明，使工作有序进行，能更有效提高工作效率，必然能更高效地管理心理健康档案。

第一，等级化心理健康档案管理有助于贯彻落实国家政策和教育制度。

国家在 2012 年修订了《中小学心理健康教育指导纲要》，进一步加强并规范对我国中小学生心理健康的教育管理工作。《2010—2020 年国家中长期教育改革纲要》指出：今后一个时期，总体保持普通高中和中等职业学校招生规模大体相当。由于技能型人才存在更大缺口，国家不断加大对职业教育的政策倾斜和资金支持力度。2021 年世界精神卫生主题为"青春之心灵，青春之少年"，旨在号召各级政府部门、学校、医疗卫生机构、社区、社会组织等加强合作,共同创造更有利于青少年心理健康的社会环境。这一系列政策都显示了对中职学生的关注程度,而政策的落实都离不开高效的档案管理,等级化管理就是一种有效的方式。

第二,等级化心理健康档案管理有助于心理健康教育有针对性地开展。

近年来中职学生的心理问题越来越多,有心理问题的中职学生人数呈上涨趋势,发生的心理危机事件逐步增加,给学校、家庭、社会都造成了很大的影响。虽然目前学校层面已有一系列的心理健康教育应对措施,一定程度上缓解了事态的发展趋势,但并不能有效地遏制其发展。因此,将等级化管理运用到不同心理状态的"问题学生",有针对性地开展心理健康教育活动能更好地解决当前的问题。

第三,等级化心理健康档案管理有助于中职学生更好地了解自己、完善自我。

中职学生出现心理问题,多数是因为对自身心理状况理解有误。而通过等级化管理心理健康档案,给予有严重心理问题的中职学生更多的心理支持,能让他们更好地了解自己存在的问题,不断完善自我,提高自我管理及自我约束的能力,提高其心理健康意识,减少心理危机事件的发生。

2 等级化心理健康档案的内容

2.1 基本信息

个人信息:姓名、性别、年龄、血型、民族、籍贯、班级、政治面貌、身体状况、个人兴趣爱好、个性特征、目前存在的心理问题等。

家庭情况:原生家庭成员,家长的年龄、学历、职业、爱好与特长、个性特点,家庭经济状况,亲子关系情况,精神心理疾病家族史,等等。

社会支持情况:朋友、同学、老师等的社会支持程度等。

2.2 心理状况记录

心理状况记录是指反映学生心理状况和心理特点的档案,有条件的学校可以借助专业的心理状态测评软件,应记录心理测评的类型、时间、场所、施测者与报告者、结果、分析及教育建议等。

2.3 心理辅导记录

包括心理咨询与辅导的个案记录,内容主要有主诉及症状表现、诊断、原因分析、咨询时间及次数、咨询的方法与过程、咨询效果、追踪记录、辅导教师签名等。

2.4 心理健康档案的分级

根据心理状况记录,结合颜色优劣法的原理,对在校学生心理健康档案进行分级:常态学生档案(绿色)、问题学生档案(蓝色)、需关注家庭档案(黄色)、症状学生档案(红色)。同时档案管理人员根据动态监测心理状况及时调整分级,留取调整分级记录。

3 心理健康档案的分级及对策

3.1 常态学生档案(绿色)

该类型档案的学生无焦虑抑郁症状,家庭关系属平衡型,有较好的人际交往能力。鼓励其参与心理健康主题科普讲座和主题班会活动,有计划地接受相关的心理健康知识科普教育。

3.2 问题学生档案(蓝色)

该类型档案的学生存在轻度的焦虑或抑郁症状,家庭关系是中间型,人际交往能力存在问题。校方需要与家长建立有效沟通,最好能达成进一步帮助的共识。在让学生参与计划内的心理健康主题科普讲座和主题班会活动的基础上,安排相应主题的团体心理辅导。定期进行心理状态复评,动态档案级别调整。

3.3 需关注家庭档案(黄色)

该类型档案学生的家庭关系表现为极端型。该类型家庭相处模式存在较大的问题,如不及时干预,可能会导致家庭关系紧张,造成学生心理问题。校方可根据家长群体的需求,开展家长训练营:(1)安排相应主题的团体心理辅导;(2)开展以问题家庭为单位的家庭治疗。

3.4 症状学生档案(红色)

该类型档案的学生存在中度以上的焦虑或抑郁症状,家庭关系为极端型,人际交往能力较差。该类学生存在突出的心理症状并存在一定的就读风险,校方与家长需要建立有效沟通和做好知情告知记录,及时携带档案资料到专业机构就医。

鉴于中职学生心理健康问题越演越烈的现状,做好中职学生的等级化心理健康档案管理工作有助于推动学校心理健康教育工作的发展,调动学生、教师、家长和学校积极性,主动维护心理健康,促进学校和社会的精神共富以及和谐发展。未来,教育主管部门和各个学校均应充分重视等级化心理健康档案建设工作,开发相应的心理健康档案管理软件系统,探索更为科学的心理健康建档体系,提高工作效率,以更好地促进中职学生心理健康发展。

小区垃圾分类档案管理的实践与探索

——以绍兴为例

邬立明

绍兴市市容和环境卫生管理服务中心

摘　要: 该文以绍兴为例,探讨了当前小区垃圾分类档案的概念和范围、价值与作用,管理存在的主要问题,提出了小区垃圾分类档案管理的对策措施。

关键词: 小区;垃圾分类;档案管理;数字化

垃圾源头分类是实现减量化、资源化与无害化目标的必然选择,是推动资源回收体系建立和促进可持续消费转型的重要举措。建立、管理和利用小区垃圾分类档案,可以有效提升管理水平,有利于提高垃圾分类监管绩效,促进居民垃圾分类习惯的养成,提升源头垃圾分类质量,是推进生活垃圾减量化、资源化、无害化处理的重要方式。

1　小区垃圾分类档案的概念与归档范围

小区垃圾分类档案是指在居民小区开展垃圾分类过程中直接形成的以文字、图表和声像等形式为载体的具有保存价值的原始记录。其归档范围为:一是反映小区垃圾投放收运设施设备建设的;二是反映小区所在街道、社区、物业、业委会等组织开展垃圾分类管理的;三是反映小区居民日常垃圾分类投放质量情况的;四是反映小区开展的垃圾分类创建活动的;五是反映垃圾分类资金投入、日常运行经费的。具体包括小区投放点、集置点设施档案,桶边督导档案,小区住户垃圾分类档案(以户为单位),创建、宣传、考核评比活动档案,等等。

2　小区垃圾分类档案的价值与作用

档案工作的真正价值体现和最终目的就是提供利用服务。建立管理和利用好小区垃圾分类档案,对于推动垃圾分类工作具有以下三方面作用:一是促进宣传教育,街道、社区、物业(业委会)依据每个住户生活垃圾每日分类投放档案,精准开展入户宣传,提高宣传成效。二是推动实时监管,应用数字化手段如 AI 摄像拍照技术等对居民投放行为进行实时管控,形成动态监管档案,推进小区开展垃圾分类红黑榜排名、积分兑换奖励、执法曝光等工作。同时,在面临突发情况时,通过实时监管也可以为工作人员提供一定参考,减少工作量。三是提供决策依据,对小区垃圾分类档案进行管理,可以提高业务决策的科学有效性,通过综合研判、分析预测,靶向制定相关举措,为政府部门推进相关工作提供决策依据。如在分类质量较好的小区开展省级高标准垃圾分类示范小区、越美小区等创建工作,在分类质量较差的小区采取针对性措施,提高分类成效。

3　当前小区垃圾分类档案管理存在的主要问题

3.1　小区垃圾分类档案收集难

绍兴市目前共有小区 1964 个,人口 535.3 万人,投放点 4594 个,督导员 1908 名,已实质性开展"定时定点"投放清运的小区 270 个。小区垃圾分类档案涉及类型较多,包括人员信息档案、工程建设档案、垃圾投放清运管理档案、财会档案等,且具有"点多、量大、变化快"的特点,需从不同部门进行收集,给收集、建立档案带来较大难度。

3.2　小区垃圾分类档案管理难

一是意识不够强。小区管理人员垃圾分类档案管理意识淡薄,缺乏归档经验和方式,未对各类资料及时整理归档。二是制度不健全。小区垃圾分类档案管理制度不完善,普遍缺少相应的垃圾分类档案管理制度,如归档制度、利用制度、保管制度等。三是保障不到位。缺少必要的档案管理经费、专业人员以及管理机构。

3.3　小区垃圾分类档案利用难

目前,小区垃圾分类未形成系统档案,且现有小区垃圾分类档案电子化、数字化程度不高,多以纸质、声像载体为主。小区垃圾分类档案的开发不深、编研成果不多,综合应用平台建设有待加快和完善,跨界应用和场景化应用缺少。如绍兴垃圾分类监管平台一期只解决了生活垃圾末端处置设施的档案监管问题,缺少对前端投放环节档案的建设和应用。

4 加强小区垃圾分类档案管理的对策措施

4.1 健全住户档案

按区域分级分类给小区住户建立档案。具体以社区为实施主体,以小区为单元,以户为单位,以投放点为依托,运用智慧卡甚至人脸识别系统精准建立住户档案,实现生活垃圾分类"一户一档",为动态掌握住户分类信息,开展精准宣传、督导、曝光、执法等奠定基础。

4.2 完善设施档案

对于新建楼盘,要利用规划档案做好小区垃圾分类投放点、集置点的布局;对已建成小区,将投放点按照区(县、市)、镇街、社区、小区,建立档案,进行编码,便于投放点管理,解决日常管理难问题。

4.3 建设数字平台

给每个投放点装配 AI 摄像头和称重设备,并接入区(县、市)垃圾分类监管平台,同时,开发垃圾分类 App 小程序,上传督导员打卡监督基础信息。每户居民投放垃圾时,通过身份认证(刷脸、刷卡或扫码等)记录分类准确率和垃圾重量,每日形成小区居民垃圾分类投放档案,实时导入数字档案库。

"三个聚焦"助力干部人事档案集中管理

姚静静

嘉兴市干部人事档案管理中心

摘 要:嘉兴市委组织部聚焦系统谋划,加强顶层设计、科学规划、落实落细、有序推进;聚焦全程培训,加强档案管档人员业务能力建设,紧扣集中管档阶段性重点任务,分层建强档案干部人才队伍,确保集中管档工作质效;聚焦档案移交验收关键环节,发现问题、查核问题、督促整改落实,坚持成熟一批,接收一批,把好集中管档"入门关",提高整体档案接收质量。

关键词：干部人事档案；集中管理；审核整改

干部人事档案是党的重要执政资源，其价值日益凸显。为从严管理干部人事档案，从源头上解决干部人事档案管理分散、失管难监督等问题，嘉兴市委组织部深入贯彻落实中央和省委关于干部人事档案工作有关精神，稳妥有序推进档案集中管理工作，切实提高档案管理的集约化、专业化水平，高质量做好干部人事档案工作，把党的这份重要执政资源建好、管好、用好。

1 聚焦系统谋划，确保有序推进

加强顶层设计、科学规划，结合本地实际情况合理规划设定好集中管档的目标任务和实施路径，明确各移交单位相关的职责，细化档案集中管理的归档要求，是有效确保集中管档各项工作落细落实、有序推进的基础和关键。

一是精准化调研摸底。在集中管档工作开展前，先后 2 次开展干部人事档案工作检查指导，组织检查组实地走访五县两区和 30 多家市直部门、市属国有企事业单位，梳理分析档案管理存在的问题，给予针对性的改进指导意见。在集中管档工作开展过程中，将前置档案移交审核关口，对检查指导过程中摸底情况差、档案基础薄弱的单位，在正式移交前预先提交 5 卷档案，逐一进行档案预审，开具档案体检单，为单位移交前的档案整改工作指明存在问题和整改方向。

二是发挥"头雁效应"。集中管档工作开展前，派出集中管档主要经办人去省委组织部干部档案中心顶岗锻炼 4 个月，积极借鉴省委组织部在集中管档过程中的有益经验，磨砺审档业务，深化档案业务知识学习，在实践中开阔视野、积累经验、增强业务技能。回单位后参与集中管档的实施方案规划和统筹协调工作，做好市直部门各个单位在集中管档中的业务指导和政策解答工作。以"头雁效应"激发"群雁活力"，有力地推进集中管档基础工作的夯实。

三是制订实施方案。制订具体的集中管档实施方案，细化任务分工、方法步骤、进程安排，在实施方案中着重明确归档要求及归档程序相关注意事项。结合调研情况，对接收条件成熟的单位安排先接收，给基础薄弱的单位留出更多整改时间。按照每月一批，每批约 8 家单位合计 300 卷的频次制订接收计划。每月第一周完成各移交单位档案接收工作，第二周各移交单位间进行交叉互审，第三周专班对档案验收复审，第四周档案中心工作人员汇总初审、复审意见形成最终档案审核问题清单，发放给各单位进行问题整改。

四是制订接收指南。嘉兴市干部人事档案管理中心梳理人事档案审核工作的流程方法和审核标准，形成《新接收干部人事档案审核验收标准》，发放给各个移交单位。明确把握重点审核环节、审核标准、审核程序，建立档案接收审核标准,从接收源头对档案质量尤其是"三龄两历一身份"信息严格把关,真正做到一把尺子量到底,将统一审核标准落实到集中管档档案接收审核工作中,为规范审核提供制度保障。

五是加强顶层设计。嘉兴市委组织部切实把这项工作摆在重要位置,将集中管档列入年度目标责任制考核,明确各管档单位主体责任,明确集中管档的目标任务、工作标准和时间要求,确保集中管档单位责任到位、人员到位、精力到位。嘉兴市干部人事档案管理中心结合档案日常管理工作建立档案工作目标管理考核办法,发挥考核"指挥棒"作用,强化考核督导,形成正向激励和反向约束,不断压实各单位档案工作责任,推动集中管档走深走实。

2 聚焦专业素养,确保工作质效

紧紧抓住管档人员队伍,实施全面培训,加强管档人员业务能力建设,紧扣集中管档阶段性重点任务,分层建强档案干部人才队伍,形成了"以档案中心工作人员为中枢、以管档骨干为中坚力量、以单位管档联络员为末梢"的档案工作网格队伍,为推动集中管档高质量移交和集中管档后干部人事档案工作高质量发展提供智力支撑。

一是推进会培训。正式开展集中管档移交工作前,在全市范围内召开干部人事档案专项审核与集中管理工作推进会,对市直部门和县(市、区)分批次开展5期人事档案业务轮训,共计130余名管档人员参加。重点解读集中管档实施方案,人事档案专项审核的相关政策,移交人事档案的整理、装盒要求,移交档案的验收标准,以小范围分批次培训促进各个移交单位对集中管档工作相关精神和要求的正确领会,提升管档人员的业务能力,促进有关方面积极做好干部人事档案移交前的整改工作。

二是国有企业管档人员培训。针对管档水平相对薄弱的国有企业,对市属国有企业9名管档人员进行为期3个星期的理论和实操培训,并举行了相应的理论和实操考试,助力9名管档人员高质量完成档案审核工作。培训结束后,由9名管档人员组成市属国有企业人事档案专项审核工作小组共同完成市属国有企业人事档案专项审核回头看工作。继培训和参与市属国有企业人事档案专项审核工作小组回头看工作后,9名管档人员对系统下属单位进行业务指导培训,把培训范围往二级、三级、四级单位延伸,对整体提升国有企业管档水平有较大的助推作用。

三是集中管档专班培训。集中管档工作光靠组织部门独立完成是有难度的,必须调动一切积极因素,争取有关方面的支持。2022年2月,抽调市直部门14名档案业务骨干组成专班,充实集中管档审核力量。对专班管档人员进行业务再培训,尤其针对集中管档档案审核要求,统一业务标准,加强业务技能。14名专班人员分成2个小组轮流来档案中心参与每月的集中管档复审工作,借助外力集中攻关,既缓解档案中心审核力量不足的状况,又培养了一支专业化的骨干队伍。

四是干训结合。对每个月集中管档移交单位进行交叉互审前的针对性培训。每月分批次开展市直机关管档人员的档案集中交叉互审前的培训,培训后进行交叉互审,进一步提升各移交单位之间档案交叉互审的审核质量。同时做好在互审过程中审核疑点的解答,并对各个单位需要整改的档案问题给出相应的整改意见,助力移交档案的后续整改问题解决。通过以干代训的形式,完成各个移交单位的档案交叉互审工作,又整体提升了各个移交单位管档人员的人事档案业务审核能力。

五是聚焦重点单位培训。加强公安、教育系统等大系统管档人员业务培训。公安系统移交档案数量接近整体移交数量的1/3,做好公安系统档案的移交工作就等于牵住了集中管档的"牛鼻子"。在档案整体移交前,衔接公安管档人员在中心以干带训,进行档案审核的业务指导,结合其前期移交单位档案审核过程中的问题做好业务指导。针对教育系统集中管档中审核发现的问题,2022年11月下旬对教育系统本部和下属学校共12名管档人员进行业务培训,针对性解答需要整改的解决措施及日常工作中的常见疑问。

3　聚焦审核整改,确保工作落实

档案的移交是干部人事档案集中管理的首要环节,移交质量直接影响到干部人事档案的后续管理工作质量。应把集中管档作为档案质量审核的重要抓手,聚焦档案移交验收关键环节,发现问题、查核问题、督促整改落实。坚持成熟一批,接收一批,把好集中管档"入门关",提高整体档案接收质量。

一是规范化审核把关。严把干部档案的审核关是规范干部人事档案工作的关键,是提升集中管档整体水平的有效举措。从接收源头逐页逐项地核对档案材料内容和有关信息,对归档材料的真实、准确、完整、规范进行审核,尤其是对"三龄两历一身份"信息严格审核把关。对每批次档案根据接收标准开展交叉互审、专班验收审核和档案中心对疑难点重点审核,汇总初审、复审意见形成"一单位一审核清单"工作台账,点对点反馈各个移交单位。

二是多部门联审。聚焦重点环节、疑难问题,尤其是对于集中管档审核过程中出现的事业单位入口、工龄认定等疑难问题,邀请编办、人社两家单位相应条线负责人到档案中心指导关于事业单位招录的历史沿革和工龄认定的相关政策。为了将联合审核落实落细,档案中心就前期集中管档过程中出现的疑难档案问题邀请两家单位专业业务能力过硬的工作人员同步参与档案联审把关,多人、多轮、多单位、多系统反复对比,不放过任何疑点,严把审核关口。

三是清单化落实整改。从接收源头对档案质量尤其是"三龄两历一身份"信息严格把关并跟踪督促限期整改,可以极大提升档案材料完整性和规范性水平。清单化整改落实,对检查发现的档案问题逐一分解落实,及时汇总整改情况,实现条目式销号管理;档案中心强化责任担当,对各个单位档案审核问题清单给予整改"路线图",积极做好疑难问题的协调落实,主动作为,为推进整改工作打下良好基础;严格目标管理,明确整改完成时限,按照时间表高效推进整改工作,全程跟踪整改情况,确保审核问题清单如期整改到位。

加强机关事业单位编外人员档案管理的策略

黄月华

德清县国土空间规划编审中心

摘　要:该文分析了机关事业单位编外人员档案管理存在的问题,并从健全管理制度、规范管理流程、实现信息化管理等方面提出了加强机关事业单位编外人员档案管理的有效策略。

关键词:编外人员;档案管理;问题;策略

机关事业单位编外人员是事业单位队伍建设的组成部分。编外人员档案同样承载着他们的主要经历、政治面貌、品德作风、荣誉特长等信息,有重要的凭证、依据和参考作用,也是编外人员计算工龄、工作流动、考研考公、职称晋升的重要依据。同时做好编外人员档案管理工作,也有利于单位对编外人员的规范管理。做好编外人员档案管理已成为机关事业单位档案管理的一项重要工作。

1　编外人员档案管理存在的问题

近年来,机关事业单位都以劳务派遣形式招聘编外人员,单位与其只有用工关系,没有劳动关系。再加上编外人员流动性较大,用工周期较短,稳定性较差,导致单位对其档案管理的意识淡薄,管理措施不力,管理质量不高。

第一,档案管理意识薄弱,缺乏相关管理制度。部分机关事业单位因编外人员稳定性差、聘用时间不长,对单位影响不大,没有认识到编外人员档案的重要性,造成档案管理意识淡薄,缺乏编外人员档案管理制度、具体管理实施细则及规范性指导,从而导致档案实际管理工作疏忽,档案管理质量低下。如针对编外人员的人事档案、考核晋升、学习进修、工作考核、从事科研活动等形成的材料内容,因无规范性要求,所以内容不记载或记载不完整、不及时,最终导致档案内容"残缺不全"。

第二,社会流动性大,造成档案缺失现象。由于编外人员具有社会流动性,被机关单位聘用前,他们可能不固定在一个单位工作,有的可能频繁跳槽。如不少大学应届毕业生先后在几个单位就业,造成他们在每个单位工作期间的档案材料根本无法及时被收集归档,或出现档案拖交或不交的情况。聘用单位对其档案的收集、整理、归档等管理环节往往简化了事,流程不规范,时间一长,导致编外人员"弃档"现象或档案遗失。

第三,经费投入有限,档案管理信息化水平不高。大部分机关单位的档案信息化管理处于起步阶段,而编外人员又属于单位的一小部分人群,且是相对不稳定人群,所以单位认为其档案管理作用不大,没必要投入更多建设经费,这也导致编外人员档案管理仍停留在传统纸质档案管理水平,无法实现档案信息化。

2　加强编外人员档案管理的有效策略

2.1　健全档案管理制度

编外人员档案是其个人经历、政治思想、品德作风、业务能力、工作实际等内容的真实记载和反映,只有加强档案的管理,充分发挥其利用价值,才能更好地为单位提供工作依据和参考。因此单位负责人应提高编外人员档案管理的意识,并建立健全编外人员档案管理制度,明确编外人员档案管理的目的和职责,保障编外人员档案的有效管理。一是制度要体现整体性、全面性。整体性是指规章制度要覆盖全员、全业务、全流程;全面性是指管理制度要结合单位编外人员档案的实际情况,对编外人员档案的收集、整理、利用和保密等各方面进行制度规范,并做到制度上墙,让操作人员有章可循。二是制度要体现合规性、科学性和长效性。合规性是指制度内容及流程不能违反法律法规、监管规范及上级制度的相关要求;科学性是指制度的制定应具有一定的前瞻性,不能滞后于管理实际,还要减少修订;长效性是指随着单位业务变化及单位发展情况的变化,建立修订、执行、评价的长效机制,确保制度持续有效,长期管用,更好地发挥制度的指导和规范作用。三是制度要体现权威性、严肃性。科学合理的管理制度建立起来后,就应当坚持不懈地执行下去,将合规的观念和思想渗透到大家的意识中,切勿流于形式。在规章制度的执行过程中,要做到有功必赏、有过必罚,充分体现制度的权威性、严肃性。

2.2　规范档案管理流程

编外人员因其不稳定和流动性大,其档案材料大多数存在散、乱、缺等问题,因此对编外人员档案的收集、鉴别、归档整理等环节的良好管理显得尤为重要。一是狠抓日常收集。档案日常收集可以根据材料形成规律和特点采取定时收集、定向收集、补充收集等方法,建立编外人员档案转入转出登记簿、移交表、编外人员信息表等,充实档案的内容,保证档案的完整。如本单位一旦招聘录用该人员,就应该及时将其在原单位工作时的劳动合同、解聘合同、年度考核等档案移交过来。二是强化规范整理。由于编外人员的档案大多数较为散乱,单位在接收和收集这些零散文件时,可以参照在编人员档案管理体系,按照履历材料、鉴定考核、学历学位、政审材料、入党入团、表彰奖励、涉法违纪、其他材料等方面认真细致地进行系统全面的整理分类,做到分类准确、排列有序、层次清楚。三是加强鉴定工作。编外人员原单位管理档案水平不一,有可能导致其档案真假掺杂或重复。因此对收集上来的编外人员的档案材料,要严把鉴别关,确保归档材料真实有用。一方面判断材料是否真实、准确。编外人员档案材料所记述的内容必须真实而且准确,不能前后矛盾、模棱两可。另一方面确定材料是否有保存价值。归档的材料要能反映个人在政治思想、业务能力、工作成绩、专长爱好等方面的情况。对于一些没有价值或价值不大的材料以及似是而非、不能说明问题、没有定论、起不了说明作用的旁证材料,不要归档,尤其对于内容不真实、不准确甚至诬蔑陷害等材料更不能归入。

2.3　实现档案信息化管理

由于编外人员属于体制外人员,大部分单位都不够重视,对其人事档案管理滞后,停留在纸质档案管理层面,对档案资源共享利用造成较大制约。为顺应时代的发展,更好地利用档案资源,应将编外人员人事档案也纳入电子信息化管理系统,实现电子和纸质档案同步化,提高人事档案的有效利用率,增强编外人员人事档案的生命力,最大限度地调动人力资源,对编外优秀人才及时加以重用,为本单位今后更好地发展提供支持。一是加强人才队伍建设。档案管理工作的顺利开展,离不开人才的支持,尤其是在先进技术得到广泛应用的背景下,对档案管理人员提出了更高要求。要求单位加强对工作经验丰富、管理水平高、对计算机操作熟练的复合型人才的培养。二是加大资金投入。档案信息化建设离不开资金投入,单位要根据实际情况合理编制预算,包括硬件设备和软件的资金投入,为档案信息化建设工作的顺利开展提供可靠的物质保障。

在各机关事业单位发展中,编外人员与编内人员一样,对单位事业发展有着不可估量的贡献。单位应转变观念,不断创新改革,提高编外人员档案管理意识,加大资金投入,有效利用现代化技术进行人事档案数字化管理。更好地提高编外人员的工作积极性、稳定性,使其更好地发挥自身价值,更好地服务于单位,促进单位事业的长远发展。

新形势下国有企业人事档案管理工作探究

陈婉婷

杭州水处理技术研究开发中心有限公司

摘　要:该文系统提出国有企业存在员工对档案工作认识淡薄、人事档案工作者专业化程度不够高、人事档案管理的广度和深度不足、人事档案管理信息化水平有待提高、国有企业独有的历史遗留问题等方面问题。并提出用"党建＋""互联网＋"等方式优化现有人事档案管理方式,将 PDCA 模型用于人事档案管理的工作中,形成闭环,用信息化和"互联网＋"手段使国有企业人事档案管理工作适应新时代、新形势的要求。

关键词:人事档案;国有企业;信息化;互联网＋;PDCA 模型

《档案法》自 2021 年 1 月开始施行,进一步明确了档案工作在习近平新时代中国特色社会主义中发挥的重要作用。其中人事档案管理工作是国有企业人事工作中的重要组成部分,是教育培养、选拔任用、管理监督干部和评鉴人才的重要基础,是维护干部人才合法权益的重要依据,是社会信用体系的重要组成部分。国有企业拥有管理人事档案的权限,并且企业发展历史悠久,有其自身独有的档案问题。而随着大数据时代的到来,信息技术同社会发展深度融合,对新形势下的人事档案管理工作也提出了更高要求。在新形势下,国有企业如何利用信息化手段高效管理人事干部档案,值得我们深入探索。

1　国有企业人事档案管理概述

国有企业人事档案管理是指人事档案管理人员及相关人员对职工的人事档案信息和资料信息进行统计、整理、存储、利用等相关活动。人事档案内容是企业员工在学习、工作、生活中的各项基础信息,是企业进行其他人事管理的基础依据,可以记录职工在学习、工作活动中的行为表现,并以个人为单位进行资料的汇总归纳。

中共中央办公厅于 2018 年 11 月印发《干部人事档案工作条例》(以下简称《条例》),《条例》在全面贯彻习近平新时代中国特色社会主义思想和党的十九大精神基础上,坚持和加强党的全面领导,坚持党要管党、从严管理干部,总结吸收党的十八大以来从严管理干部人事档案工作的新经验、新成果,对干部人事档案工作的体制机制、内容建设、日常管理、利用审核、纪律监督等加以规范完善,是今后一个时期全国各级各类干部人事档案工作的基本遵循。《条例》要求切实把干部人事档案作为新时代党的重要执政资源,全面提升干部人事档案工作质量,持续推进干部人事档案工作科学化、制度化、规范化,服务广大干部人才,服务党的建设新的伟大工程,服务新时代中国特色社会主义伟大事业。

在国有企业的发展过程中,人事档案管理工作至关重要,员工可以依据档案材料评优任职,企业领导可以通过人事档案,对从业人员的情况有全面系统的认识,从而选用合适的人才选拔和培养计划。此外,还可以通过查阅人事档案资料,以小见大,更清楚地了解国有企业自身的发展历程,明确企业在各个时期、各个阶段的发展情况,从而明确国有企业战略目标,对企业有效进行全局的发展规划。

2 国有企业人事档案工作存在问题分析

2.1 企业员工人事档案意识不强

企业员工往往档案意识淡薄,个人对人事档案的重要性认识不足。一方面,对于人事档案转入新单位不积极。只有在评定职称、干部任前审查等情况下,员工才会积极转档,有些员工甚至认为人事档案会自动随工作流动,不需要人为办理调档手续。另一方面,在工作流动中放弃人事档案,将人事档案留在原企业不随工作转移、不闻不问,甚至时间久了不知道自己档案在哪里的情况比比皆是。对于配合人事部门更新人事档案材料、提供原单位或原学校证明材料等,一些员工也并不积极,这些都会严重影响人事档案日常维护工作。

2.2 人事档案工作者专业化能力不强

人事档案管理工作极为重要,是一项集专业性、实操性、严谨性于一体的工作,相关人事档案管理人员必须具备丰富的理论知识、积少成多的工作经验和严谨的工作态度。然而,国有企业并非专门档案机构,一些人事档案管理人员也非科班出身,往往还身兼数职,仅能完成本职必须工作和档案继续教育学时年度要求,达到及格水平,没有足够的精力沉下心来系统学习档案知识,浅尝辄止,在越来越严格的人事档案要求下,常常力不从心。

2.3　人事档案管理的广度和深度不足

人事档案的维护近些年得到越来越广泛的关注,多数国有企业人事档案的系统维护工作起步晚,在新形势的要求下,产生集中审核、集中补充人事档案的现象。人事档案工作是常态化工作而不是阶段性工作。一方面,广度不足。出于实际工作情况,目前多数国有企业对人事档案的系统整理,仅限于副高级和以上职称及关键岗位人员,未达到全员覆盖。另一方面,深度不足。出于工作实效性要求和员工配合程度的实际情况,人事档案材料的归集仅限于党员材料、学历学位材料等必需材料,一些非必需的补充材料,员工要么不愿意去原公司或学校开具,要么因时间久远而无法补充。

2.4　信息化管理水平有待提高

目前,国有企业的自动化办公水平已经得到大幅度提升,实体档案的管理能达到专人专柜保管,随着《档案法》的修订,国有企业内部也更新了《档案管理办法》,为档案工作的有序进行提供强有力的制度依据。但是人事档案的信息化管理工作没有充分和有效地推进。很多国有企业在发展档案工作的过程中,建立了人事档案管理的信息化,但基本只是引进了信息化设备系统,对人事档案管理信息化的水平仅仅停留在扫描保存阶段,并不能实现信息的录入、检索、分析等功能,未实现人事档案信息的自动化和数据化,存在功能单一、信息内容水平不完整、标准化水平较低等情况。

2.5　历史及政策原因导致的人事档案问题

国有企业往往具有较长的发展历史,有些是由事业单位改制成国有企业,情况较为复杂,具有特殊性。对于特殊问题,没有明确的制度依据,也无法准确界定。比如国有企业退休人员社会化管理工作中,要求对国有企业退休人员的人事档案实现社会化管理,但是事业单位退休的人员在改制前退休,由于没有制度依据,其人事档案无法实现社会化管理,只能留在企业内部。又如国有企业系统庞大,拥有众多子分公司和兄弟公司,早期人员内部调转、轮岗等,人事档案未随人事关系流动,造成人档分离,再加上员工个人意愿,久而久之,员工人事档案长期存放在原单位,无法进行社会化管理。

3　国有企业人事档案管理工作优化措施

3.1　增强国有企业员工的人事档案意识

在理论上加强宣传,可以用漫画等通俗易懂的形式,或将宣传册放在茶水间等,鼓励员工用碎片化时间学习;也可以用有奖竞答的形式,鼓励员工积极参与,在娱乐中学习;充分发挥党委工作部和团委工作部的带头及指导作用,形成"党建＋人事档案",在公司党建或人力资源部门公众号上积极发表关于人事档案的文章,在党支部民主生活会上举办有关人事档案的活动,多做关于人事档案重要性、政策性、执行性上的宣传,从政治上提高员工对人事档案的重视程度。需转变员工的思想,人事档案既是人事部门工作的需要,又是个人身份、经历的载体,维护好个人档案,受益最大的还是个人。在实践上,把人事档案工作与员工切身利益相挂钩。比如:人事档案管理,人人有责。可以把人事档案工作纳入绩效考核必填项范围,用 OKR 的绩效考核方式,首先制订一个总体宏观的人事档案维护目标,再根据宏观的档案工作目标细化到具体指标,从而指引档案工作具体落实,并由人事档案工作负责人和部门负责人共同根据其完成情况进行打分,使绩效与工资息息相关,从而提高企业员工对自身档案的关注度;关键档案材料不能及时提供者,取消其选拔任用资格及年底评优资格。未雨绸缪,有备无患,很多员工在退休前或离职多年后,需要复印档案材料办理重要事宜时,才意识到人事档案的重要性,但是补充人事材料不是一蹴而就的,而需要的时候又很急,这就使人事档案的维护工作很被动。很多工作,尤其是人事档案工作是个累积的过程,这就需要公司协助个人,将远期目标提前至前期目标,用短期内可以看得见、摸得着的绩效考核、薪资待遇等方式,提高员工对人事档案的关注度。在员工离职后,要求员工及时将人事档案转出,完成签订承诺书等手续。做到维护人事档案,人人有责。

3.2　建设一支强有力的人事档案管理队伍

首先,选人用人。任人唯贤,在选拔人事档案管理人员时,要在党员工作者中优中选优,注意挑选拥有过硬政治素质和较强业务能力的人员。正式上岗前,要进行培训和考核,考核不通过的,不予在档案管理岗位任职,在源头上提高人事档案管理人员的专业性。其次,加强培训。通过定期与专项相结合的方式,有序开展档案知识培训及实操技能培训,对常见的"三龄两历"问题着重说明。培训后要有结果输出,一方面,用理论考试的方式,巩固其所学习的档案知识,在思想层面提高人事档案工作人员的认识,另一方面,在培训后用实践结果检验。通过实操技能进行考评,保证培训的理论知识能够应用于实践。最后,拓展通道。通过人力资源规划,打通内外部人才成长晋升通道,为档案管理人员的职务发展指明方向。从物质和精神两个维度,从正反两个方面激励档案管理人员。人事档案管理工作最好是由稳定的、扎实的工作人员进行,但不是一成不变的,可以通过有效激励的方式,通过公司内部竞聘,鼓励有资质的员工竞争上岗。

3.3　拓宽人事档案管理的广度与深度

万事开头难,新形势下的初期,多数国有企业还是以完成必要人事档案工作为目的的,但这仅仅是开始。在完成必要档案工作的基础上,还应拓展人事档案管理的广度与深度,把人事档案工作作为一项持久的工作,将 PDCA 模型应用于人事档案实践工作中。可以以一年为一个工作周期,在期初制订档案管理目标(P),根据总体目标细化成可以衡量的若干小指标,与公司 OKR 绩效考核方式相结合。根据小指标的安排及实际情况,有序进行干部任免审批表、任免职发文、职称评审表等材料的归集(D)。在实际操作过程中,要根据国家及公司制度、自身及他人工作经验,在理论及实践学习中不断优化人事档案工作的流程,用螺旋式前进的方式处理人事档案工作(C)。每个周期期末进行总结和复盘,重点关注这一周期的优势与不足,扬长避短,下个周期在此基础上进行优化,形成闭环。

3.4　全力推进人事档案管理信息化建设

通过利用信息化手段,能很大程度上根除纸质传统档案保管难、查阅不便、破损缺失和容易涂改等缺点,能摆脱空间限制,为人事档案信息的开发和利用提供便利。可通过四个阶段推进人事档案信息化建设:

阶段一:实现电子人事档案。即通过基础性的扫描工作,将纸质版档案逐页扫描编号,汇总在指定电脑或移动硬盘中。多数国有企业人事档案电子化工作往往只停留在阶段一。阶段二:引入 RFID(无线射频识别标签)等技术,推进数字化人事档案建设。通过识别、查找、自动校对等功能,降低出错率,提高工作效率。利用 RFID 安全系统,为人事档案提供可靠的存储环境。阶段三:构建人事档案管理系统,优化人事档案服务流程。实现电子档案排序、归类、必要材料缺少的提醒、材料到期更新提醒等。根据干部任免需要,可自动提取个人基本信息,如学习工作经历等关键信息,并做数据比对分析,降低人工出错可能性,保证人事档案工作准确性和高效性,作为选人用人的基础数据。阶段四:用"互联网+"的形式,提高人事档案管理的准确性和便捷性。比如:员工个人和各级档案管理人员均可以通过网络权限,对人事档案进行人事信息材料上传、处理和补充。员工个人可以实时更新个人情况,档案管理人员可以更新年度考核、惩处情况等,再通过互联网技术对已上传的信息进行分类汇总,减少人事档案维护的工作量,保证档案实时更新。

3.5 特殊问题特殊处理

国有企业有统一管理的显著优势,兄弟公司间也可以有良好的沟通。一切以解决问题为目的,可以通过函件沟通协商,也可以请集团公司代为出面协商。在处理完特殊问题后,可以形成操作手册,定期更新,并在集团内部传阅。为其他兄弟公司可能遇到的相同或相似问题,提供解决办法,提升工作效率。

4 结论

在新形势下,做好国有企业人事档案工作不仅是国家和企业发展的工作要求,也是每个员工自身的权利和义务。国有企业员工应提高人事档案关注度,企业应做好人事档案管理队伍的建设,将人事档案与人力资源规划相结合,运用培训、绩效考核等方式,将人事档案管理工作与员工薪酬挂钩。在大数据时代下,充分运用信息化手段、FRID 技术和"互联网+"提高工作效率,运用 PDCA 模型,形成工作闭环。国有企业有其自身发展的特点,具有特定的历史问题。然而集团内部无壁垒,应通过充分沟通合作,共同解决历史遗留问题,为积极推动人事档案管理的制度化、数字化、规范化贡献力量,让人事档案为国有企业的人才培养和干部选拔任用工作提供更为有力的支撑。

从测试赛看杭州亚运会赛时档案的管理

华　莉

浙江省黄龙体育中心

周益清

萧山区临浦镇人民政府

摘　要: 该文介绍了在浙江省黄龙中心举办的"韵味杭州"全国体操系列赛赛时档案管理的基本情况,分析了存在的问题,从亚运会比赛场馆角度出发,提出了加强杭州亚运会赛时档案管理的对策建议。

关键词: 体育场馆;杭州亚运会;档案管理;赛时档案

举办一届成功的亚运会是党中央赋予杭州的光荣使命,是一项必须高质量完成的政治任务。浙江省黄龙体育中心(以下简称"黄龙中心")作为亚运竞赛场馆之一,将在杭州亚运会期间承担足球、体操(竞技体操、艺术体操、蹦床)及水球三大类5项比赛和亚残运会田径比赛任务。为锻炼场馆运行团队、演练服务保障工作,进行全要素压力测试,促进组织架构和运行体系融合互促,黄龙中心于2022年举办"韵味杭州"全国体操系列赛,产生了大量的赛事档案资料。根据亚组委文件要求,黄龙体育中心场馆群运行团队(以下简称"黄龙场馆群运行团队")对测试赛期间所产生的档案资料进行收集和预整理,笔者以亚运测试赛期间的档案资料整理情况为切入点,浅谈对杭州亚运会赛时档案的一点思考。

1 测试赛赛时档案管理基本情况

2022年8月20日—9月19日,"韵味杭州"全国体操系列赛在杭州亚运会体操项目场馆——黄龙中心体育馆圆满举行。系列赛共包含2022年全国艺术体操冠军赛、全国体操锦标赛和全国蹦床冠军赛3项全国性高规格赛事,3个项目合计12个比赛日,共有来自包含国家队运动员在内的全国各地486名运动员参赛,参与赛事组织服务的工作人员共计1100余人。测试赛期间黄龙场馆群3个项目的竞赛领域及场馆运行/办公室、安保、观众服务等21个其他领域,累计产生32G的档案资料,其中涉及文件、声像、照片、实物等多种载体的档案类型,收集完成的电子档案于比赛结束后一周内递交亚组委办公室,纸质档案由场馆群自行保存。档案整理成果得到亚组委办公室的好评。

2 存在的问题

黄龙场馆群运行团队尽管严格执行《2022年第19届亚运会组委会办公室浙江省档案局关于印发〈杭州2022年第19届亚运会和第4届亚残运会赛时档案工作方案〉的通知》(亚组委办〔2023〕61号)文件精神,按照亚运赛时档案整理要求,对测试赛期间的档案资料做了收集和预整理,在规定时限内递交亚组委,但是在收集整理过程中也暴露出一些问题,主要是以下几方面:

第一,人员配备力量相对薄弱,流动性较大。

首先,黄龙场馆群运行团队配备1名专职档案员,除了承担亚运档案遗产工作外,还兼任场馆运行/办公室收发文、会务接待等其他工作,而黄龙场馆群的档案工作量相对较大,从亚运领导小组的成立、档案服务机构的采购、相关亚运档案赛时制度的制定到对兼职档案员的业务培训等一系列事项均由专职档案员1

人负责起草完成,其承担的压力和挑战较大。其次,兼职档案员队伍业务素质不高。黄龙场馆群运行团队各个领域各配备1—2名兼职档案员,共计20余人,但是除个别档案员有一定的档案整理基础外,大部分档案员的业务能力较为薄弱,还存在一些没有档案整理经验的档案员。最后,档案人员的流动性不可控。为更好地完成亚运比赛(含测试赛),亚组委集中全省之力配备专业人员,黄龙场馆群运行团队除了黄龙中心本身工作人员外,还配备了大量的外单位工作人员。测试赛比赛结束后,部分兼职档案员(外单位)随即返回各自单位,尽管档案工作尚在兼任,但由于不是黄龙中心内部人员,存在沟通不畅、档案资料移交不及时、质量不可把控、档案工作考核难落地等问题。

第二,与上级主管部门、亚组委及兄弟单位的沟通不够频繁,得到的业务指导相对较少。

体操系列赛期间,领域分工和人员配置整体合理紧凑,高强度的赛事节奏造成相关人员在系列赛中更多地关注到场馆的工作,忽视了与上级部门的沟通交流。以体操系列赛为例,黄龙场馆群运行团队档案专职人员与上级主管单位档案部门的沟通交流次数较少,上级单位也未下沉到场馆群给予实地的档案业务指导,可能导致黄龙场馆群档案工作出现闭门造车的现象;作为黄龙场馆档案业务对口的亚组委办公室,从2021年起下发了有关档案内容的系列文件,也组织了几次线上线下档案培训,但是仅从培训的内容来看,更多的是停留在档案整理的理论指导上,缺乏对场馆群更具有针对性和实操性的指导;全国体操三项赛是总局赛历赛事,完成竞赛任务是办赛前提,场馆化运行模式与竞委会模式并行交织,组委会已出台绝大部分指导性文件,但56个竞赛场馆各有特点,不同类型场馆间档案工作的可参考借鉴之处有限。

第三,资金保障缺口仍然存在。

档案工作资金保障不足问题不仅仅存在于亚组委档案部门,也普遍存在于各个场馆中。以黄龙场馆群运行团队为例,2021年下达的亚运档案/遗产预算为25万元,但就2022年体操三项产生的档案资料来看,完成亚运正赛3个场馆6个比赛的赛时档案,实际所需费用与预算缺口较大。对照"简约、安全、精彩"办赛理念,任何领域如需追加资金须提交至黄龙场馆群指挥长会议,经指挥层通过后方能追加资金(需要一定的测算依据)。但是档案资料费用结算是以实际工作量为主,在目前尚未产生资料的前提下,仅通过测试赛档案数量估算正赛赛时档案的数量存在测试准确性相对较低的问题,但追加资金的流程需在亚运正赛赛前完成,因此面临两难境地。

3　引发的思考

第一,加强组织领导,落实落细责任分工。

黄龙场馆群亚运档案遗产工作归属于场馆运行/办公室领域,因此要尽快建立由黄龙场馆群运行团队常务副指挥长任组长,场馆运行/办公室主任任副组长,专职档案员和兼职档案员为成员的亚运档案工作领导小组,落实落细责任分工,形成"三级责任制",即组长—副组长—成员,充分体现"统一领导、分级管理"原则。各领域兼职档案员负责本领域亚运赛时档案的收集、保管和移交,专职档案员对各领域移交的材料进行初步审核指导后将结果反馈给副组长,由副组长审核修改后提交给组长。要强化对档案员工作的考核评分,将其作为考核项目计入个人工作考评。此外如遇到兼职档案员变更等情况,须报场馆运行/办公室备案。

第二,加强业务培训,提升档案员团队业务素质。

专职档案员作为黄龙场馆群档案工作的联络员,承担着上传下达的角色。一方面要及时将上级主管部门以及业务对口部门的文件要求传达到位,另一方面也要加强与上述部门的沟通交流,尤其关注一些政策程序上的变化,如《2022年第19届亚运会组委会办公室 浙江省档案局关于印发〈杭州2022年第19届亚运会和第4届亚残运会赛时档案工作方案〉的通知》(亚组委办〔2023〕61号)文件中明确规定由场馆群的上级主管部门完成档案的整理和提交,场馆群仅需完成档案的收集工作,但目前可能存在由场馆群自行完成场馆档案整理工作的情况等。另外,黄龙场馆群运行团队亚运档案遗产的业务主要负责人,要承担起对各领域兼职档案员进行业务培训的工作职责,要积极学习借鉴北京冬奥会等优秀场馆在赛时档案工作中的成功经验,摸索出适合黄龙场馆群亚运赛时档案工作实际的档案工作方案,花更多精力准备更具实操性的档案培训课件供兼职档案员学习,提升兼职档案员的整体档案业务能力。

第三,加大对亚运赛事档案的开发利用。

亚运赛时档案是对杭州亚运会赛事过程的真实还原,是一笔宝贵的财富。如果想让亚运赛时档案成为讲好"黄龙故事"的有力基石,为黄龙中心的发展添上浓墨重彩的一笔,那么加快推动对亚运赛事档案的开发利用不可或缺。一是以亚运赛事档案为载体举办亚运系列展览活动,吸引广大市民尤其是中小学生前来打卡参观,打响黄龙中心作为首批国家体育科普基地的品牌效应,在杭州乃至浙江省掀起一股弘扬体育精神、倡导健康生活的热潮。二是申报亚运赛时档案相关的创新型课题。对于杭州乃至浙江省来说,杭州亚运会是有史以来举办的最高规格大型赛事,黄龙中心作为浙江省知名的大型场馆,更应趁热打铁,积极争取上级主管部门以及档案部门的支持,共同协作,加快在赛事档案相关创新型课题方面的研究,为后续大型场馆赛事档案的发展提供"黄龙样板"。

地图档案的形成、价值及有效管理

——以宁波为例

林燕娜

宁波市阿拉图数字科技有限公司

摘　要: 地图是城市建设的缩影,该文通过地图档案的收集回顾城市历史、预测城市未来、研究城市变迁,通过探讨地图档案收集过程中存在困难和问题,助力对地图档案的管理。

关键词: 地图纸质档案;电子档案;存在问题;解决对策

宁波城市地图是宁波城市建设的缩影,是贯穿宁波各历史时期城市建设面貌的见证。随着城市化进程的加快,房产、管线、道路及绿化工程的建设,宁波城市面貌发生了很大的变化。收集、整理城市历史地图对回顾城市的历史、预测城市未来、研究城市变迁有很大的参考和借鉴意义。本文结合工作实际,对地图档案的形成及管理展开讨论。

1　地图档案的形成与收集

在日常档案管理中,地图档案的收集包括纸质档案和电子档案。为了体现地图档案的真实性、信息安全性和利用价值的永久性,地图纸质档案以它独特的意义和不可替代的作用始终处于重要的位置。地图电子档案又以它使用便捷、高效、共享交流方便等优势发挥着独特的功能,通过不断地对电子地图进行更新、变革,让更多的普通老百姓体验数字生活带来的便捷。地图纸质档案和电子档案相辅相成,缺一不可。

以 2019 年度为例,该年度已存档的编制地图包括《全市标准地图编制》《全市政务地图编制》《宁波新材料城规划宣传图》《余姚市自然资源和规划局公益性地图编制》《慈溪城区影像挂图》等。这里简单介绍一类地图档案的形成过程。全市标准地图是全市范围卫星遥感影像图,范围涵盖宁波全市域,以现势性较好,资料直观的居民、交通、水系等基础地理为底图。参考新闻媒体(《宁波日报》《宁波晚报》《东南商报》等)及相关微信、公众号等各类大型重点工程项目、行政区划调整等信息,核对图中建成或在建的重大工程。参考浙江省交通运输厅发布的《关于印发浙江省高速公路和普通国道命名编号调整工作方案的通知》《国道方案示意图》和《浙江省普通省道网布局示意图》,核对系列标准地图中高速、国、省道编号和线路走向,这些都是地图档案形成的基本素材。

素材收集完成后,在现有底图基础上,根据地图的比例尺、制图区域范围、特点等,对地图要素进行提取、分类并分级更新至地图上。这些数据录入、合并、初步检查完成后,先将各类矢量文件导出,并转换成 CorelDRAW 软件支持的格式。后将电子地图数据库数据处理后用 AriGIS 软件分类导成"∗.dxf"格式,影像图资料转换成"∗.jpg"等,并套合到底图上。接着,将各类文字资料、纸质地图资料进行空间化落图处理,并套合到底图上对项目执行两级检查一级验收制度,在地图编制人员自检(互检)基础上,由项目生产部门组织实施过程检查,过程检查通过后,由院质量管理部门组织实施最终检查。最终检查通过后,将成果提交市局进行地图审批,并依法获取地图审核号,最后提交委托方进行项目验收。各级检查人员对地图现势性、美观性、地形图图面配置、数据质量、更新资料完整性等方面进行检查,并认真填写检查记录,随资料一并上交。对项目实施各阶段中发现的质量问题,检查人员及时反馈并督促制作人员进行认真整改,整改情况经检查人员复核合格后,提交下一工序。所以地图档案的形成是复杂、严谨的过程,最终会形成一套完整的纸质档案并配备一套电子数据,为下一张地图的更新做准备。

最终生成的纸质地图内容现势性强,各要素取舍适度,相互关系表示合理,地图符号制作精美,整个图面布局合理、色彩柔和、层次分明,可读性、欣赏性较强,受众为对宁波市情、市志感兴趣的旅游地图爱好者,其区域地理、交通、旅游专题数据为研究宁波区域提供了丰富的素材。

2　地图档案的价值

笔者所在单位每年编制的纸质地图为满足政府机关、各局委办的用图需求,在基础测绘、规划建设、国土资源管理等领域得到广泛应用,深受各单位的好评;为方便政府各部门规划建设用图,有效地支持电子政务用图需求,专注地形专题图,保证各地理要素的相对位置正确,具有较大的应用推广价值。而电子地图是数字时代的一个基本特征,是为了适应网络城市的变化、地标建筑逐年增加的需要而产生的。

单位档案室现收集的代表性地图为《宁波市地图集》。《宁波市地图集》是集自然资源、人文历史、区域地理经济发展等内容于一体的综合性地图集。它由上、中、下三册组成。全书从各个角度分层次反映宁波市的历史发展、民风民俗、社会经济、地理区位、自然风光、社会风貌等。通过总体设计图集的版面，确定排版方式，收集和整理地图数据库资料、专题图数据资料，整理汇总，提取所需地理要素，继而对原始矢量数据进行编制处理、综合、更新，依照行政区划制作各县（市、区）区域图、各街道（乡、镇）详图和中心城区分幅区域图，成图后做整饰处理；利用整理好的专题图数据，采用各类专题图制作方法，制作专题图，进行图集的整饰、美工工作。它定位于充分展示宁波市"书藏古今，港通天下"新形象，以地图时空演变和统计数据空间信息可视化为主要表现方法，系统、生动、直观地反映宁波市自然地理、社会经济等方面的现状与规划，以及区域经济的规模水平、比例结构和发展速度，详细、全面地描述宁波市各级市县行政区划和地理空间，是社会各界人士了解宁波、认知宁波、普及知识、积累文化的一部图文并茂的乡土教材。图集从社会各个角度、各个层面反映城市内涵，包括经济建设、文化建设、人民生活水平、近年城市发展状况以及历史传承、民风民俗、宁波的历史和未来等。通过宁波与同级市、宁波市内各区域之间发展状况在时间、空间上的对比、总结，展示城市建设成就和轨迹；通过对各类历史、文化、规划发展等信息的表达，为读者展示了宁波市的城市演变发展轨迹。档案室收集的各类地图图集都是极具收藏和保存价值的。

3 地图档案在收集、整理过程中存在的问题

第一，电子数据更新不及时、不全面。

城市发展变化较快、数据收集与地图档案成果之间存在时间差，导致出现地图出版前后实物发生变化的情况。地图上需要涉及的元素面广，采集信息不全面。

第二，地图管理法规缺陷造成的监管问题。

由于很多人对地图的理解存在多样化，不利于统一管理地图工作，对于地图的认识有不同的定义，影响管理工作正常进行。对于分类的地图没有明确做出相关说明，导致人们对地图认识不全面。

第三，地图档案保管要求不到位。

地图的生成载体多种多样，有不同宽幅和不同材质的成品。由于保管和保存条件受限，出于场地或温湿度等原因，超过一定年限的地图会出现印刷颜色失真、材质发生变化等情况。

4　解决地图档案管理问题的对策

第一,进一步建立健全档案管理制度,做到有章可依。加强档案管理工作的相关制度和标准化建设,做好相关部门在档案管理体系建设中的职责分工。避免因管理人员的疏忽或对地图价值的不确定性而导致有价值信息的删除,档案部门在电子文件形成初期进行预收及保管,从而保证档案信息的完整、真实、及时。

第二,采用先进技术,做好档案安全防护措施。地图编制部门加强对专业人员的培养、提升专业人员的素质,减少地图数据的错误率,这样能大大降低时间和人工成本并提高质量和效率。档案部门应重视地图档案的管理,在日常工作中收集、收全相关信息。

第三,加强基础建设,建立地图档案的软硬件保障体系。单位投入大量资金用于档案室的硬件设备建设,但由于每年档案收集量大、载体种类多,需要向专业档案机构学习先进管理理念,及时更新软硬件设备,以避免地图泛黄、失真。

综上所述,地图档案是记录城市变革、发展的凭证,是传承文明、服务社会、造福人民的重要信息资源,是一个地区历史文化遗产的重要组成部分,也是人类进步发展的共同记忆。它的保存保护、积累形成和有效利用,不仅与地图档案编制者相关,也需要得到各部门、各单位的大力支持和配合。只有大家都把地图档案的管理工作当作一件长远的、重要的任务来做,它才能更加健康、长久地发展。

基于人事档案专项审核视角的血站人力
资源管理效能提升路径研究

余温雅

温州市中心血站

摘　要:人事档案作为体现干部个人政治品质、学习经历、工作履历、实绩能力、作风效能等方面最具"发言权"的历史记录,在人力资源管理中具有关键意义。该文从专项审核视角出发,探究血站人事档案管理中存在的问题,旨在充分发挥人事档案价值,提升人力资源管理效能,力求实现人事档案质量和人力资源管理的互促互进和相辅相成。

关键词：血站；人事档案；专项审核；人力资源；管理效能

人事档案作为体现干部个人政治品质、学习经历、工作履历、实绩能力、作风效能等方面最具"发言权"的历史记录，也是干部选拔、干部任免、干部考评等工作最具参考价值的重要依据。2018 年 11 月，中共中央办公厅印发《干部人事档案工作条例》，该条例针对干部人事档案工作的体制机制、内容建设、日常管理、利用审核、纪律监督等多方面提出了明确要求。中央组织部更是在全国范围部署开展了多次干部人事档案专项审核行动。一个单位的人事档案质量足以反映人力资源管理成效的好坏。基于此，本文从专项审核视角出发，探究血站人事档案管理中存在的问题，旨在充分发挥人事档案价值，提升人力资源管理效能，力求实现人事档案质量和人力资源管理的互促互进和相辅相成。

1 人事档案在人力资源管理中的关键意义

第一，人事档案的真实性是画实干部"面貌"的一面镜。《干部人事档案工作条例》对干部人事档案的概念做出了明晰的定义，明确指出人事档案是"历史记录材料"，是个人基本情况的纸面"缩影"和原始"底片"，它如实反映了干部本人德、能、勤、绩、廉等内容。

第二，人事档案的完整性是量准干部能力的一把尺。在人力资源管理中工作岗位分析是极其重要的一环，主要包括对岗位任务、职责、强度和环境，岗位对任职者知识、技能、经验等必备素质要求的分析。而人事档案是干部个人成长的纪实簿，从读书到工作再到退休，完整收录了干部工作、成长过程中的一切组织材料，能帮助组织全面地掌握识别干部的基本信息、专业素养、工作实绩等情况，快速匹配合适的工作岗位。

第三，人事档案的可用性是看好干部"选才"的一盏灯。知人是善用的前提，为贯彻落实全面从严治党工作要求，各单位均需坚持"凡提必审""凡进必审""凡转必审"的工作准则，使人事档案成为发现人才、使用人才和管理人才的必查内容和重要依据，为组织选拔培养、评鉴任用、管理监督等方面提供了重要支撑。

2 人事档案专项审核暴露的主要问题和成因分析

近年来，各地按照全国干部人事档案工作会议部署要求，持续推进干部人事档案专项审核"全覆盖"，并定期深化专项审核"回头看"行动。以地方采供血机构专项审核为例，其反映出基层单位在人事档案管理工作上仍有欠缺和不足，制约着人事档案价值的高效发挥，掣肘着人事管理的高质发展。

第一，基层单位人事档案制度化管理起步晚。多数基层单位会出台工资管理、干部选拔、职称晋升等人力资源管理制度，但专门的人事档案制度少之又少。在审核中发现，干部的人事调转、人事合同、党团材料等不完整，这一情况对于1980年前出生的干部更为明显和复杂。虽然在1998年工资套改（行政事业单位工资改革）中，对一部分缺失的人事合同和人员资质进行了重新核准，但由于客观历史因素，早年企事业单位人事档案管理又缺乏权威政策约束和规范指导，采供血机构等以业务为核心的基层单位对此项工作的政治站位不高、重视程度不足，导致部分重要材料未能及时归档或归档不全，甚至有些档案信息前后矛盾难以辨别，又无其他可供追溯参考的材料，大大增加了人事档案信息的认定难度。

第二，基层单位人事档案标准化管理基础弱。从2014年起，干部人事档案专项审核工作在全国自上而下开展，其中"三龄两历一身份"是各部门单位审核的重中之重。在血站人事档案的审核过程中，"出生年月"阳历阴历混乱填写、"参加工作时间"时早时晚前后差距大、入党时间与预备期满转正时间记混等现象尤为突出，破坏了干部人事档案的真实性和公信力。部分职工干部亦表示自身对正确规范填写人事资料研究不深、缺乏指导。

第三，基层单位人事档案科学化管理底子薄。目前，温州市中心血站档案室存有干部（含在职、退休等）档案共近200册，但专职档案管理人员仅为1人，且不是档案学专业出身的科班人员，还需兼顾全站每年上万件采供血业务档案的接收和管理，单纯在人事管理末端去"拨乱反正"档案中错漏处，绝非长久之计。同时人事干部和档案干部各司其职，相互之间缺乏对对方业务的认识，无法细致到每一份档案都合乎规范。我们迫切需要在人事管理的前端就全面规范档案的"建、管、用"。

3　提升采供血机构人力资源管理效能的路径思考

基于采供血机构人事档案管理工作的实际，加快推进干部人力资源管理与人事档案管理协同进步攻坚，逐步提升档案质量和管理效能。

第一，源头治理，规范流程立标准，将"管得好"作为基础环节。一方面，温州市中心血站将《人事档案管理相关条例》纳入年度全站培训和各科室培训内容，明确要求人事管理部门设置人事管理和档案管理AB岗，双岗通岗人员相互打牢业务基础，对填写不规范材料要敢于说"不"，对审核无误的材料归档要"勤"，对接转的档案材料情况要"明"。另一方面，对标中共中央组织部、省委和市委组织部关于干部人事档案管理的决策部署，细化扣紧干部职工入职、晋升、选拔、评鉴、考核等条线人力资源管理闭环，印制重要人事表格、人事报表及干部履历表等填写指南,确保人力资源管理的各模块有章可循、有规可依,尽可能在源头上杜绝人事档案失真失全,保障人事管理工作全面规范,干部人事档案真实准确,有利于提高血站干部选拔任用的公信力,有效防止干部因档案问题"带病提拔""带病上岗"。

第二,严明政策,培养人才育能手,将"审得准"作为前提条件。专审"全覆盖"工作对传统人事档案工作提出了定时、定点、定量的要求,将干部人事档案工作提升到前所未有的新高度。无论是人事管理还是档案管理,其关键在于"人"。要把人力资源管理与档案人才建设相互融合,人事档案工作岗位作为培养单位复合型人才、选拔青年干部的重要平台,从血站党政办公室和监察室抽调政治素质好、专业能力强、作风正派的党员干部组成干部人事档案专项审核"回头看"工作小组,开展岗前辅导与实操培训,确保审核政策吃准吃透、审核标准尺度统一、认定表格填写规范、材料补充规范完整。推行"1+1+1"三级联审模式,即每份人事档案"1人初审—1人复审—1人终审",确保层层把关、步步到位。

第三,强基固本,数智管理促高效,将"用得活"作为最终目标。人事档案要随着干部的成长而不断变化,及时增添信息和更新充实内容,"干部任免表编辑器"等单机版人事软件应运而生。2020年4月浙江省全面启动事业单位工作人员职业生涯全周期管理"一件事"改革(以下简称事业单位"一件事"改革),"前端"与人事工资管理服务系统对接,"后端"与出入编、社保、医保、公积金等经办系统连接。不仅如此,根据组织工作和卫生健康事业的高质量发展需要,我们必须稳稳把牢干部人事档案的真实准确、全面规范和及时鲜活,除了要重点收集"三龄两历"等关键材料,也要持续加强对反映干部家庭主要成员情况、考核奖惩情况、工资变动情况等其他材料的收集整理工作。2022年"一件事"系统事业单位的逐步平稳运行,也是各单位推进建设更为前沿先进的人事档案管理模式的敲门砖。为此,在当前数智化盛行的背景下,要积极尝试和利用数据发掘档案智能技术、无纸化格局设计,以实现现代新兴技术在干部人事档案领域的拓展和应用,为单位人力资源管理决策提供更加快捷、精准的辅助。

综上所述,人事档案管理工作是一项需要长期坚持的系统工作,人事档案管理工作的高质量、高水平、专业化开展对血站等基层单位人事管理工作实现高效可持续发展有着重要的现实意义。需用好人事档案审核这一"显微镜",查漏补缺,逐步树立全面从严治党的"风向标",点燃人力资源管理现代化的"助推器",搭建人事档案信息坚实的"情报站",不断推动人事工作上新台阶、见新成效。

院前医疗急救机构新冠疫情防控档案管理的实践与思考

史明明

象山县急救站

摘　要:院前医疗急救机构的新冠疫情防控档案,真实反映了特定历史条件下的工作活动,具有重要意义和利用价值。该文从档案全周期管理理念和实践出发,探讨了加强疫情防控档案收集归档和保管利用的措施。

关键词:新冠;疫情防控;档案管理

新冠疫情防控档案是特殊时期、特定环境下形成的档案资源,是疫情防控工作最真实的记录。院前医疗急救(以下简称120)机构在抗击新冠疫情中负责对新冠确诊、疑似、发烧及呼吸道症状病人、密切接触隔离等相关人员的转运转送工作,承担着重要任务,扮演着重要角色,保障着一方人民的健康和安宁,是疫情之下忙碌的"摆渡人"。基于新冠疫情防控档案具有的特殊性和重要性,120机构将此类档案归到专题档案。下面笔者以所在单位象山县急救站为例,做些探讨。

1　提高认识,明确责任,落实到人

1.1　思想重视

2020年1月23日,浙江省启动重大公共卫生一级响应。面对形势严峻的疫情防控工作,疫情防控档案成了一次特殊的历史见证。按照《浙江省档案局关于做好防控新型冠状病毒感染的肺炎疫情期间档案工作的通知》精神,我站领导高度重视,积极主动,勇于担当,全面动员部署,迅速成立县急救站疫情防控档案工作领导小组,以高度的政治责任感、使命感,做好疫情防控档案工作,加深全员对档案工作重要性的认识。

1.2　明确责任

认真贯彻落实省、市、县级档案局部署要求,做好疫情防控档案工作,积极探索档案工作特点,把疫情防控专题档案作为阶段重点任务对待,并结合120机构实际,制定档案管理制度,落实疫情防控档案工作方案。将档案工作任务清单逐条落实到各科室,对职能科室提出档案收集工作要求,指定专人负责,限期完成。

1.3　落实到人

按站长、副站长、档案管理员、职能科室主任、科室档案员分层划分为五级管理。其中,职能科室主任作为各科室档案管理工作的责任人,不仅要管理医疗防控业务,还负责疫情防控档案记录和收集。120调度员、急救医生、驾驶员、仓库保管员、洗消人员、门卫测码人员、食堂管理人员等,他们的工作直接关系到原始档案的形成,各科室主任要做好层层管理,落实到位。因此,一要宣传动员,加深人员对档案重要性的认识,增强责任感和使命感。二是领导小组要提前介入沟通,开展培训,指导档案收集。

2　做好疫情防控档案收集归档工作

2.1　收集归档工作的主要特点

第一,明确范围,抓重点。象山县急救站实行全周期管理模式,对照《象山县卫生健康系统新冠疫情防控工作文件归档范围和保管期限表》,结合实际形成有120机构特点的疫情防控文件材料的归档范围和保管期限。确保疫情防控文件材料应收尽收、应归尽归、整理规范。

在疫情防控档案收集过程中,应遵循抓重要事件的原则,从围绕疫情防控重点工作所形成的众多材料中选取有价值的材料归档。重点对防控工作中采取的部署和措施、救护车出车情况、防疫物资统计、社会关爱、领导慰问等材料进行收集,还要特别关注形成的各类照片、网络新媒体(微信、短视频等)档案及标牌、证书等,将其作为文件材料的重要组成部分。

第二,分类归档,全覆盖。疫情防控专题档案归档种类要求全面覆盖,主要分文书档案、特种载体档案和实物档案。文书档案种类非常多,包含综合类、防控医疗类、医疗物资保障类、舆情宣传类、督查类等;特种载体档案以照片档案为主。这就要求各科室协同上阵、通力合作,及时、完整做好文件材料收集归档工作。

文书档案中综合类内容比较广。疫情防控工作中形成的上级和本级文件、应急预案、总结报告、会议记录、大事记、工作日志、各类报表、先进材料、专项资金等都归于此类;技术方案、防控措施、业务培训、出车登记统计、健康监测等归属防控医疗类;医疗物资保障类包含应急物资采购、物资使用和社会捐赠情况等;舆情宣传类主要是对先进事迹、工作动态和经验做法、各类宣传报道材料的归纳。

第三，动态管理，强监督。由于新冠疫情的突发性和不确定性，加之各级档案员因工作重心在疫情防控本身，对于收集工作会无暇顾及，形成的文件会存在运转欠规范、内容不齐全、载体不符合归档要求等问题。因此，疫情的发展变化致使文件材料收集归档工作呈现出相应的动态变化，档案领导工作小组就要把好收集工作的事前、事中、事后监督关，做好动态管理。

事前监督是对各科室疫情档案归档范围的界定，确保重点和特色的材料归档；事中监督主要进行收集过程的跟踪和督促，定期检查收集进程，对发现的问题及时解决处理；事后监督是对所收集的材料内容是否符合档案收集要求进行审定。

2.2 收集归档的有效方法

第一，转变模式。针对存在的现状和问题，需要转变原有模式。本站制定档案人员工作制度，提出"三个明确"：一是明确要求各科室将收集的档案材料每15天上交综合档案室一次，内容要完整、规范；二是明确档案工作任务完成情况与科室、个人绩效奖金挂钩，并纳入年度评先评优，促进工作积极性；三是明确规定每月定期召开一次档案工作会议，对档案收集进程进行阶段小结汇报，开展相互交流和学习，提高档案业务水平。

通过制度的落实，档案人员的责任感、业务能力有所提升，对收集的归档内容可以更好地进行精准归档和常态化接收，免去了舍弃和拖延被动接收环节，大大提高了工作效率，更注重内容的全面、真实和整体美观。

第二，运用数据。120机构的疫情防控工作有着独一无二的特性，突出其行业属性和学科属性，形成的档案用数据记录更有助于对防控工作的了解和分析。特别是在防控医疗类、医疗物资保障类中，救护车转运确诊病人及发热病人的出车相关信息的统计、防控物资收支及使用情况、社会捐赠等内容，就需要大量运用数据才能更好地展现档案内容。

档案工作领导小组要提前介入，与各科室做好沟通，超前设计数据统计模板。急救科、调度科使用归档记录的表格要格式统一、项目齐全、简洁明了。如表格中详细记录了2020年1月至6月新冠疫情防控期间，负压型救护车转运的人员信息、接警时间、症状、接诊地点，以及防控物资的名称、数量、去向、金额等，使得所需信息一目了然。通过表格形式能更好地显示疫情期间工作量，便于阶段性地对比、统计、查找，有利于掌握疫情发展形势。数据也说明疫情防控期间120急救工作人员的岗位风险系数之高和无私奉献精神之大。

第三，形成呼应。要想使各档目间结构更优化，信息更完整，就要科学整理，前后材料信息的联系要形成呼应，突出信息真实性和重要性。要求档案收集归档工作更加深入化、精准化。档案领导工作小组既要借助线上、远程方式加强对职能科室的建档指导,又要下沉科室,紧扣重点,通过线下、实地等方式,指导疫情防控档案的收集归档,为档案的利用奠定基础。

例如,"疫情新装备负压型救护车的添置"内容,在综合类的"大事记"、舆情宣传类的"宣传报道"及"照片档案"中都有不同记录。"大事记"以条目式简短文字呈现;"宣传报道"以媒体信息报道形式呈现,突出此事件的时效性、新闻性,内容更具体;"照片档案"则用照片说话,比较直观。再比如,关于"县领导下一线慰问急救人员""第一例确诊病人的转运"等,"大事记"与"照片档案"从不同视角记录同一事件,并用不同的方式呈现出不同的状态,相互形成联系呼应,使内容更真实、完整。

3 加强疫情防控档案的保管利用

3.1 整理编目

6家公共卫生单位在疫情防控工作中的职责和内容不同,呈现出独特的疫情防控档案内容和表现形式,并全面、立体、系统地展示这些档案。在县卫生健康局的牵头下,邀请县档案馆老师进行集中授课、指导,建立机制,进行有效统筹协调,统一编目。

各单位指定一位档案员负责档案的整理编目。6家单位疫情防控档案作为一个整体,要流水排列,编号档案,环环相扣。对6家单位进行顺序编号,根据归档期限进行分类编码。比如:县疾病预防控制中心顺序编号是1,永久期限编码从1到756,那么顺序编号为2的单位,永久期限编码从757开始,以此类推。30年和10年期限的档案编码也类同。最后由县急救站档案员负责完成6家单位全部档案的整理、编目工作。

3.2 移交汇交

根据《档案法》等相关要求,疫情防控档案要及时向主管部门县卫生健康局移交,包括纸质文件档案、照片档案及电子文件档案、电子照片档案。由指定的县急救站档案员负责将完整的档案移交入县卫生健康局,再由县卫生健康局将电子文件档案和电子照片档案等以数字形式移交到县档案馆,一级一级上交,规范有序,确保疫情防控档案的完整,便于今后的开发利用。

3.3 保管备份

疫情防控档案的形成来源于基层,也是基层单位在新冠疫情防控工作期间真实的工作写照,疫情防控档案可以通过双套制备份,作为本单位档案,移交入综合档案室进行归档保管。文书类档案可以将移交的电子档案版本进行打印，按照本单位专题档案的编目要求重新装订编码。照片档案将整套照片重新冲洗，并按照单位照片档案要求重新编目。对于常态化疫情防控工作期间形成的档案可以作为本单位的文书档案要求进行收集归档和保管，确保疫情防控档案安全保管和有效利用。

第四部分

档案信息化建设

研究院档案工作数字化改革的问题及对策

屈　颖

浙江大学台州研究院

摘　要：该文阐述了研究院档案工作数字化改革的重要性，分析了档案数字化过程中存在的数字化思维比较缺乏、配套设施不够完善和档案资源不足等问题，有针对性地提出要夯实档案数字化思维基础，建立健全配套基础设施，加强档案资源优化管理，扎实推进研究院档案数字化改革。

关键词：数字化；改革；问题；对策

档案工作数字化改革是主动适应数字时代潮流，对档案工作理念、方式、流程、手段、工具等进行全局性、系统性、根本性重塑，通过平台支撑和数据驱动促进业务创新，推进档案治理现代化的过程。档案工作数字化转型的本质是以平台和数据为主要驱动力推进档案业务创新，实现数字赋能、整体智治，核心内容是档案工作的全面数字化。

1　研究院档案工作数字化改革的重要性

第一，档案工作数字化改革是数字时代的必然要求。党的二十大提出，要加快改革网络强国、数字中国。我们正进入数字时代。在全面推进社会主义现代化国家新征程中，推动档案工作数字化转型是大势所趋，也是国家推进档案工作数字化改革的迫切需要。档案管理需要与时俱进，充分利用档案数字资源，实现档案管理数字化，以适应时代发展。

第二，档案工作数字化改革是研究院发展的客观要求。研究院在发展过程中产生了大量的文字和视听资料，真实记录了研究院的发展，是呈现研究院研究水平、人才培养质量和发展方向的宝贵资源。传统的档案管理模式无法满足研究院发展的需求，各种新的文件载体的存在也给管理带来了挑战。实现文档的有效管理，完成数字化的存储和利用形式，实现数字资源的共建共享，是推进研究院事业高质量发展的迫切需要。

第三，档案工作数字化改革是档案事业发展的内在要求。数字化改革可以提高档案保护和利用的效率和质量，使得档案资料更容易被搜索和管理，同时也便于用户通过网络浏览和获取相关资料。数字化改革还可以降低档案损坏或丢失风险,使其更具有可持续性和长期保存价值。

2 研究院档案工作数字化改革的主要问题

第一,数字化思维比较缺乏。档案工作人员缺乏数字化技术知识,观念还比较传统,习惯于凭经验和感觉,让数字说话、用数据管理的理念比较匮乏。数字化思维缺乏连续性和稳定性。档案工作往往独立于研究院运行之外,是线性思维。

第二,配套设施不够完善。没有匹配的计算机和网络接入设施将无法实现档案数字化。硬件设施是档案数字化改革的前提。由于没有档案一体化系统,所以选择一个稳定、可靠、可随时升级和让人放心的一体化软件是非常重要的,可以加快档案资源的处理速度,大大提高服务的效率。软件设施是数字技术和安全改革的重要基础。

第三,档案资源不符合要求。研究院在日常行政、科研、教育、改革等工作中产生了大量的档案:从载体迭代看,传统载体档案多,电子档案少;从数据质量看,不规范数据多,规范数据少。虽建立了一些数据库,但未达到档案数字化改革的要求,未建立数据共享的一体化平台,数据孤岛多,共享数据少,存在安全问题。

3 研究院档案工作数字化改革的对策

第一,夯实档案数字化思维基础。一是加强档案工作人员专业性学习。使其不断加深对人工智能、大数据、云计算等新技术的了解,注重在档案工作中的理论学习和业务交流与培训。二是坚持数字化思维贯穿工作全过程。将数字化思维融入档案管理、处理、保护等各环节,不断优化档案数字化工作流程和方法,提高档案数字化质量和效率,让数字化思维贯穿于整个档案工作过程。三是树立数字化的系统思维。让档案数字化探索嵌入研究院运行的大系统中,建立健全档案工作指标体系、工作体系、考核体系。

第二,建立健全配套基础设施。根据档案的实际情况,加强相关软硬件配置。硬件设施方面,在现有设备的基础上,适当购置服务器、匹配的计算机等硬件设备,部署相应的网络设施,确保数字档案管理和共享的安全性和稳定性。软件设施方面,结合研究院实际和档案工作需求,配备档案数字化改革系统平台。充分利用移动互联网、大数据、人工智能、区块链等技术,为数字化改革提供技术支撑。

第三,加强档案资源优化管理。一是优化各类档案数据库,为用户提供快速便捷的服务。研究院已经建立了科研成果数据库、教学档案数据库等。二是加快档案数字化进程。推进传统载体档案数字化、电子档案单轨制管理、档案数据化等。三是打造档案管理平台一体化,打破数据孤岛,推进档案信息资源共享。配备智能化监管体系,实现监管实时化、精准化、指数化。

总之,在大数据时代,档案数字化改革是研究院档案事业发展的新趋势和必然选择,吸取经验必然会少走一些弯路。档案数字化改革有其自身的特点,在改革过程中需要正确面对问题,不能脱离实际,得不断总结经验,持续探索创新。

"三全育人"视角下高职院校数字档案室的建设策略

吴辰心

浙江经济职业技术学院

摘　要:该文阐述了"三全育人"视角下高职院校数字档案室建设新理念,分析了高职院校数字档案室的现状,针对存在的问题,从角色转变改变管理模式、丰富数字资源库、拓展文化传承基地等方面给出了推进数字档案室建设的对策。

关键词:三全育人;高职院校;数字档案室;建设;策略

教育信息化是教育现代化的重要内容,也是推进教育现代化的必由之路。《浙江省档案事业发展"十四五"规划》中明确指出,要推进数字档案馆(室)拓展提升,探索建设一批智慧档案馆,拓展智慧档案应用场景。高职院校数字档案室的建设不仅是学校信息管理层次的突破创新,更是衡量学校职业教育质量的重要指标之一。在发展素质教育,以"三全育人"(全员育人、全程育人、全方位育人)培养机制实践立德树人的背景下,有必要在深入了解高职院校数字档案室的基本特征和现状的基础上,结合自身实际,探索发挥数字档案室的育人实效。

1 "三全育人"视角下高职院校数字档案室建设新理念

1.1 数字档案室建设者角色的全员性

学校管理人员、二级学院辅导员、专兼职师生人人可以成为数字档案室建设主体,不断挖掘和增强档案数据的采集能力和分析能力,挖掘学校档案中的育人资源。数字档案室工作人员要改变传统的档案管理思维,强化"档案育人"新思维,从单一的档案管理员身份向教育工作者、知识管理者转变。

1.2 数字档案室建设的动态全过程性

课程、科研、实践、文化、网络、心理、管理、服务、资助、组织等构建的"十大育人体系"赋予了高校思政教育系统化、全领域、可持续的育人机制,其核心资源与数字档案室数据资源建设的动态衔接是建设的难点,直接影响了高校档案育人的整体成效。

1.3 拓展数字档案室功能的全方位性

高校档案中蕴含了丰富多样的文化内容,汇聚了各类文化数据,包括历史文化、制度文化、学术文化、精神文化等。数字档案室建设是档案工作体制机制方面的数字化改革,多维度挖掘校史校情,主动与各类信息服务部门探索建立合作伙伴关系,致力于打造新时代智能化档案室是探索方向。

2 "三全育人"视角下高职院校数字档案室存在的主要问题

2.1 全员新思想认识程度有差距

高职院校虽已经认识到数字档案室建设的重要,但投入资金有限,还未完全认识到电子档案作为信息资产的重要价值,更没有清醒地认识到比保管更加有价值的工作是对内容的高度整合和开发利用。

2.2 全过程安全监管力量有差距

高职院校对已有的档案数字化数据共享和利用的权限管理不清晰。缺乏对于电子档案作为一种新型信息载体的安全风险意识,对档案信息的安全方面、抗风险方面的建设仍然不足。

2.3 全方位深度有机融合有差距

高职院校档案室建设往往根据上级主管单位工作要求进度来实施,缺乏超前主动性。档案管理系统与教务、学生、财务、科研、人事等办公自动化系统融合不够深入,在档案室部门与相关部门之间的沟通机制还需进一步优化。

3 "三全育人"视角下高职院校数字档案室的建设策略

"三全育人"注重打造全要素的育人体系,强调多维度资源的整合与共享,赋予了高校数字档案室建设新的生命力。

3.1　构建一体化档案资源管理体系，在全员育人上下功夫

全要素、多维度打造数字化档案室，需要建设者变被动为主动，建立一支掌握档案室业务、精通数字信息技术手段、熟悉高职院校人才培养模式的多类型的人才队伍。

第一，探索主导数据中心建设。高职院校数字档案室多挂靠在学校办公室名下，数字档案室工作者要转变身份认知，主动与信息中心开展深度合作，甚至主导学校整体信息化建设方向，加强对数字档案室建设的顶层设计把控。以智慧档案室建设为目标，搭建各个系统的电子文件和数据归档、档案库房的智能化管理、档案价值的深度挖掘、档案开发利用主动推送的服务体系。

第二，打造专业化人才队伍。一方面认真学习和领会习近平新时代中国特色社会主义思想，通过集体学习研讨、专家辅导等方式调动人员的积极性、创造性；另一方面加强二级部门档案专兼职师生专业继续教育尤其是对信息安全知识的学习，主动研究高职院校教学、科研等人才培养实际需求，以提升师生的满意度为落脚点，深度参与数字档案室功能建设。

3.2　建设丰富的档案专题数据库，在全过程育人上做文章

数字档案资源建设是数字档案室建设的核心。校内各部门要以资源优先为目的加强协同配合，全过程参与，整体推进数字资源的收集工作。

第一，电子文件的在线归档是重要来源。主要收集校园协同办公系统产生的党政发文、党政会议纪要和公文系统流转的上级来文；教务、科研、学工等其他业务系统数据通过信息共享平台定期在线归档。

第二，传统载体档案是重要组成部分。要将纸质档案、照片、录音带等传统载体进行数字化加工，变成计算机可以识别的电子版本，加入档案数字化管理系统。

第三，加大多媒体形式档案专题库展现力度。探索编研声像俱全的档案成果，提高网站、微信公众号等新时代平台运营水平。

3.3　打造校园文化传承基地，在全方位育人上见成效

第一，加强特色专题数据资源收集与编研利用。主动拓展公益性信息服务，在公开档案上扩大宣传影响力，如建立网上陈列室板块，积极宣传母校校史。

第二，档案育人主动向校外延伸。积极与属地政府部门合作，打通可共享开放信息，扩大数字档案室影响，拓展宣传档案工作的新途径和窗口，提高档案信息利用效率，展示高校校园文化精神。

浅谈电子档案与纸质档案并存管理的策略

汤　瑾

浙江海港嘉兴港务有限公司

摘　要：该文探讨了电子档案和纸质档案的主要特点，论述了在现代档案管理中，通过建立一体化的管理体系、协同工作的处理体系、日常管理的交流体系，实现电子档案和纸质档案并存管理，促进档案事业新发展。

关键词：电子档案；纸质档案；管理；策略

在目前和未来一个较长时间内，电子档案管理和纸质档案管理将取长补短、共同发展。对二者同时进行管理，是档案管理工作的必然选择。本文提出了现代档案管理中电子档案与纸张档案并存管理的策略。

1　电子档案和纸质档案的特性

以纸质档案的方式进行文件的处理，是一种最基础的方式，在实践使用过程中，形成了一套长期存在的、科学的、严格的管理系统。然而，它没有电子档案的存储空间大、携带方便、使用高效等特点。因此，在当前的社会中，无论是电子档案还是纸质档案，都具有相互不可取代的特点和功能。

1.1　电子档案的主要特性

第一，电子档案方便用户的查找。只需输入相应的关键词，就能达到迅速检索的目的。

第二，电子档案的管理提高了工作的时效性。使用图档软件在满足归档海量图文资料需求的同时，还极大提升了档案人员的工作效率。

第三，归档内容多样化，不仅可以对文本信息进行处理，还可以对图像和声音等信息进行处理。

第四，电子档案的载体具有一定的不稳定性，容易受到潮湿、磁场和氧化的影响，从而导致档案和数据的毁损。

第五，电子档案具有信息化特征，一旦网络或终端被攻击，会对电子档案的信息安全造成威胁。

1.2　纸质档案的主要特性

第一,纸质档案查阅方便,具有相应的法律凭证效应。

第二,纸质档案占用的面积很大,但可存储的数据量不大。没有数字化的档案信息无法满足信息时代对数据快捷、高效的需求。

第三,纸质载体本身有局限性,例如容易受潮腐烂、生物酸化、光照氧化等,所以必须对其进行有效的保护和管理。

2　电子档案和纸质档案的关系

2.1　档案工作原则相同

"实行统一领导,分级管理,保证文件的完整性和安全性,方便社会各界的使用"(《档案法》),是我国档案工作的基本原则。

2.2　不同载体相同效力

只要电子档案来源可靠、程序规范、要素合规,电子档案就与传统载体档案具有同等效力,可以作为凭证使用。

2.3　共同发展目标一致

档案的终极目标是为人所用,为社会所用,为国家所用。无论何种形式的档案,都是在坚持中国共产党的领导下,利用其所长,为中国特色社会主义事业服务。

3　电子档案与纸质档案并存管理的策略

3.1　建立一体化的管理体系

为了使档案管理更加科学,更好地服务于经济社会发展,必须推进对两种载体档案的一体化管理。档案工作者首先要转变观念,更新自己的思维方式。面对目前两种档案共存的情况,应建立二者一体化的管理体系,将电子档案与纸质档案的收集、归档和借阅进行整合,将电子档案与纸质档案的工作流程、内容和范围予以标准化。按照各种文件的相互关系,对文件的使用和存储进行全流程的监控,保证档案管理工作安全和有效进行。

3.2　建立协同工作的处理体系

制订一套规范、高效的档案协同处理体系,确保电子档案和纸质档案管理同步开展。例如,重要的档案资料,如人员的资格证书、学历证书、荣誉证书,公司的房产证、资产凭证,等等,在对其纸质档案进行保存的同时予以数字化,并纳入档案信息化管理体系;对于重大活动、重大事件,如疫情防控,不仅需要收集归档纸质的文件、通知,还要将整个防控措施和流程进行电子化归档,通过对两者的协同处理,对整个疫情防控活动进行完整的归档,通过联合档案可以追溯还原出整个疫情防控活动。还有一些变化中的信息,比如采购、财务、出入库等,使用各种专业软件进行处理,并通过和档案管理软件的连接,确保信息的全过程记录,留下完整的数字档案。

3.3 建立日常管理的交流体系

在日常的档案管理工作中,推进电子档案管理和纸质档案管理、相互促进,使其成为完整的、系统的、一体化的工作。随着档案信息化建设的快速推进,电子档案、传统载体档案数字化成果、档案管理系统组成了一个档案信息资源管理平台,由此,用户对档案数据的查询变得极为便利,用户根据信息检索,能更快、更精准地利用档案。电子档案的高效利用可以减少纸质档案的借阅使用,从而达到保护纸质档案的效果。两者之间的取长补短、共同发展,可以有效保护和利用档案,最终推动档案事业新发展。

总之,随着科学技术的不断发展,诸如信息技术和大数据技术等现代化技术的不断提高,传统的纸质档案已无法满足新时代的需要,因而,要与电子档案的管理相配合,实现档案管理现代化。我们要对两者的共存进行深入研究。

论工程项目电子档案一体化管理机制

阮洪银

浙江山迪智能科技有限公司

摘 要:建立一套建管养改全生命周期的电子档案一体化管理机制,关键在于对工程管理数字化和电子档案的超前控制,以工程建设投资集团为基本单位,建立跨平台、跨阶段、跨项目的电子档案管理系统。该文提出了该机制建立的条件、内容和路径。

关键词:工程建设项目;电子档案;一体化管理;机制

工程建设项目周期长,参与的机构主体多,档案形成过程长,移交环节多;纸质资料和档案管理方式效率低、成本高,需要重复投资。通过对电子文件超前控制,建立一套建管养改全生命周期的电子档案一体化管理机制,可以彻底解决工程建设项目档案"质量差、收集难、保管乱、利用低"的问题。

1 工程项目电子档案一体化管理机制的基础条件已具备

首先,政策法律层面条件具备。《档案法》规定:"电子档案与传统载体档案具有同等效力,可以以电子形式作为凭证使用","加强档案信息化建设,积极推进电子档案管理信息系统建设,与办公自动化系统、业务系统等相互衔接",同时也明确"电子档案应当通过符合安全管理要求的网络或者存储介质向档案馆移交"。国家档案局 2022 年发布《电子档案单套管理一般要求》(DA/T 92—2022),对电子档案单套制的各项基础工作做出规范指导。

其次,行业主管部门要求到位。2016 年 12 月交通运输部转发国家档案局、国家发改委《建设项目电子文件归档和电子档案管理暂行办法》的通知,第九条要求"建设单位应将项目电子文件归档和电子档案管理工作纳入项目建设计划和项目领导责任制,纳入招投标要求,纳入合同、协议,纳入验收要求",同时明确建设单位对电子档案管理的领导责任主体地位。2021 年 7 月 24 日,浙江省交通厅发布《浙江省公路水运工程项目智慧建设三项专项行动实施意见(2021—2023 年)》,提出了包括施工质量智慧化在内的六个智慧化目标,之后在"浙路品质"建设任务推进活动中,很多建设项目在数字化工序报验、电子档案方向揭榜挂帅、先行先试。

最后,企业内生动力强劲。对各个基层企业而言,花费巨资对前期资料和档案数字化利用是一个耗时极长、低效的工作,迫切需要建立一套切实可行的电子档案一体化管理机制。工程项目智慧化建设技术的引进为该机制的形成创造了可行性,也为工程建设的参与方注入了内生动力。

2 工程项目电子档案一体化管理机制的主要内容

首先,数字签名的应用。依据《电子签名法》第十四条"可靠的电子签名与手写签名或者盖章具有同等的法律效力",工程建设相关文件的收集流程长、涉及的签名多,如果继续用手工签名方式,就势必造成数字化流程从线上走向线下,导致多段管理,所以用符合标准的数字签名代替手工签名是工程项目电子档案一体化管理的前提。电子文件流转和数字签名的应用不仅方便了电子档案的同步收集,确保了电子档案的原始记录性,还实现了即时审批,避免了单一项目数百万个手工签名的工作量。

其次,电子文件及其元数据的移交和验证。由于电子档案"四性管理"的特殊要求,业务系统生成的电子文件及其元数据需要做相应的设置,并确保在移交到电子档案系统前做相应的"四性验证",采用工程数字化管理和电子档案"前置式"管理策略,生成的版式文件可清晰记录信息生成整个过程的所有原始信息,弥补了当前在预归档阶段再进行"后置式""四性验证"时对这些档案的原始记录性无法采信的不足。

再次,跨平台、跨阶段、多项目管理的电子档案系统建设。以投资建设单位(交投、建设等集团企业)为单元建设统一的跨平台、跨阶段、多项目管理的电子档案系统(数字档案馆),为各项目建设单位、参建单位提供统一的电子文件移交和电子档案管理方案。不仅减少了各项目在档案管理方面的重复建设,也顺势将筹建、施工、交竣工、运管、养护、改扩建的档案纳入一个系统进行管理,彻底解决既往各环节档案移交过程中的形式主义,从源头确保档案的形成质量和收集效率,并达到利用档案过程管理透视项目管理的目的,提高项目监管效率,保障投资质量。

最后,行业主管部门的政策保障。因为尚未形成标准和规范,工程电子档案管理还是由相关主管部门以"电子档案试点"方式予以授权,以免各建设单位触犯档案专项验收红线。同时,也需要以上部门给试点项目和试点系统足够的耐心和支持,不要因为暂时的、局部的不成熟而放弃对试点工作的尝试和支持,要以政策手段解决试点项目的后顾之忧。

3 工程项目电子档案一体化管理机制的建设路径

第一,组织建设。实施电子档案跨平台、跨阶段、多项目的一体化管理机制是一个需要多部门高度协同的建设任务。首先,这是一个集团"一把手"挂帅的工作,没有"一把手"的推动,"三跨"的任何一跨都是空想。其次,需要成立专门的组织机构,任命精兵强将各司其职进行工作攻坚,制订明确的行动计划和考核方案,三管齐下,才能提供有力的组织保障。

第二,制度建设。按照《电子档案单套管理一般要求》(DA/T 92—2022),还应通过完备的管理制度、技术和工作规范,保证办公自动化系统、业务系统和电子档案管理系统有效衔接并实现预定功能,支持对电子档案进行全过程管理的需要;监理各项管理制度,规定或明确电子档案效力和各部门职责分工,办公自动化系统、业务系统、电子档案管理系统的管理流程和运行维护要求,电子文件分类方案、归档范围与保管期限,电子文件整理、归档要求,电子档案鉴定、利用、统计与移交要求,电子档案安全管理要求,电子档案管理培训要求,等等。管理制度可以单独或合并制定,可以制定包含所有内容的统一制度,以及应急处置方案等。

推行建设工程档案在线接收的思考

计林艳

嘉兴市城建档案管理服务中心

摘　要:随着政府职能的转型和信息化建设的蓬勃发展,档案工作也在不断与时俱进,推行建设工程档案在线接收势在必行。该文对建设工程档案在线接收的意义,当前面临的困境和相应的改进措施做了一些思考。

关键词:建设工程档案;在线接收;电子文件

当前,随着我国进一步深化机构改革,政府职能正走向服务型,大力推进"互联网＋"政务服务,实现部门间数据共享成为必然趋势,因此档案的收集与管理工作也迎来了全新的挑战与机遇。2019 年,国务院发布《关于在线政务服务的若干规定》,其中第十二条明确规定:政务服务机构应当对履行职责过程中形成的电子文件进行规范管理,按照档案管理要求及时以电子形式归档并向档案部门移交。除法律、行政法规另有规定外,电子文件不再以纸质形式归档和移交。符合档案管理要求的电子档案与纸质档案具有同等法律效力。2020 年,《档案法》首次修订,新增了"档案信息化建设"专章,对电子档案的合法要件、地位和作用、安全管理要求和信息化系统建设等方面做出了明确规定。

建设工程档案作为工程建设活动中直接形成的具有归档保存价值的文字、图表、声像等各种形式的历史记录,关乎整个工程的生命周期,具有在城市建设、城市管理决策过程中快速提供综合信息的功效,其在线接收工作的推行值得不断思考和探索。

1　推行建设工程档案在线接收的意义

第一,有利于提高城建档案公共服务效能。根据《城市建设档案管理规定》要求,列入城建档案馆档案接收范围的工程,城建档案管理机构按照建设工程竣工联合验收的规定对工程档案进行验收。建设单位应当在工程竣工验收后三个月内,向城建档案馆报送一套符合规定的建设工程档案。推行建设工程档案在线接收,实现建设工程档案实时同步审核和接收,为"零距离"服务创造条件,在时间和空间上提高了建设工程档案的验收和移交工作效率,真正做到数字化改革背景下的"让数据多跑路、换企业少跑腿",以提升城建档案公共服务能力为抓手,持续优化营商环境。

第二,有利于实现建设工程档案全过程管控。建设工程周期较长,参建单位人员情况复杂,形成的工程资料繁多,建设工程档案的事前告知、事中服务和事后检查工作实施难度大,最终移交的建设工程档案质量往往无法得到保障。推行建设工程档案在线接收,实现建设工程文件从立项到验收的全过程管理,参建单位可将随工程进度同步形成的工程文件实时收集、整理和上传,城建档案管理部门可随时进行在线指导、审验和反馈,解决了传统模式中验收环节一次性移交造成的审核时间紧张问题,同时打破当前联合验收环节中"容缺办理"的弊端,在全程管控流程中保证建设工程档案的真实性、完整性和准确性。

第三,有利于减轻建设工程档案存放压力。建设工程档案与一般档案不同,建设工程项目所形成的审批资料、施工技术文件和验收资料等往往体量庞大,管理周期漫长。随着城乡建设活动中工程建设数量的逐渐增多和建设规模的不断扩大,实体纸质工程档案的存放空间容量和存放环境条件给企业和城建档案管理部门带来越来越多的管理成本压力。推行建设工程档案在线接收,形成、收集和管理电子档案,实现建设工程档案"无纸化",可将管理主体从纸质工程档案的物理困境中解放出来。

第四,有利于推进城建档案数字赋能。传统的实体纸质档案流通性差,受载体和地理空间的限制,资源利用率低,其数字化扫描义件也停留在基础的图像化阶段,即便采用 OCR 文本识别技术,数据提取和分析效果也依然较差。推行建设工程档案在线接收,实现建设工程电子文件归集管理,一方面有助于推进城建档案资源的跨部门、跨区域共享,打破"信息孤岛""数据烟囱"现象,提升档案开放水平,达成城建档案行业管理的高效协同、整体智治,另一方面有利于盘活城建档案资源,利用信息化技术对原生态电子文件进行充分有效的挖掘利用,为开发基于城建档案资源的大数据应用场景打下坚实的数据基础,实现"智慧城建档案"建设。

2 推行建设工程档案在线接收面临的困境

首先,缺少可用性条件。建设工程档案在线接收的基础是建设工程电子文件的生成,电子文件的可用性关乎着在线接收是否能长期实行。当前,传统的纸质档案归集业务标准与要求已无法满足在线接收工作实际,统一的建设工程电子文件归集规则与数据标准却尚在起步阶段。同时，虽然"互联网＋"政务服务搭建了联网平台和信息交互渠道，但多区域、多部门和多平台的数据交换格式和应用开发接口不一，无法满足建设工程电子文件在不同软件、系统上的数据识别和流通，建设工程电子文件的可用性大打折扣，建设工程档案的"收、管、用"无法实现全流程闭环。

其次，缺少安全性保障。当前社会信息化飞速发展，建设工程档案在线接收在带来便利的同时，也给企业和城建档案管理部门增加了新的安全风险和隐患。建设工程档案包含了大量城乡建设信息，一旦出现信息安全漏洞，发生数据丢失、损毁或者泄露，都会造成巨大损失。建设工程电子文件数据在线接收软件和平台中的采集、迁移、存储和管理，要求管理主体不断提升自身软硬件设施和信息化建设水平，构筑稳定可靠的安全管理体系，这是推行建设工程档案在线接收必然面临的命题。当前很多企业和城建档案管理部门信息安全管理水平不高，造成建设工程档案在线接收缺少应有的安全保障。

最后，缺少资源性支撑。建设工程档案在线接收改变了传统的城建档案工作方法、服务理念和管理模式，对企业和城建档案管理部门来说都是全新的挑战。一方面，专业的人才队伍尚未成形，档案管理人员不易改变传统思维，对新生事物认识不足，也缺乏相应的知识储备和工作经验，无法快速适应在线接收模式；另一方面，建设工程档案在线接收软件和平台的开发建设、推广应用需要一定的人力、物力和财力支撑，有些所在地区偏远或规模较小的企业和城建档案管理部门在资金、人才和技术资源上受限较多，无力承担相应的成本投入，管理体制的转变也因此受阻。

3　推进建设工程档案在线接收的应对措施

首先，构建完善的行业规范体系。建设工程档案在线接收要落地，城建档案行业主管部门须带头建立完备有效的行业规范体系。结合建设工程项目审批制度改革，调整优化建设工程电子档案归档范围和要求，制定一套统一的、通用性强且符合时代需求的建设工程电子文件归档标准，同时各地城建档案管理部门须结合实际推进与建设工程档案在线接收配套的制度建设，细化技术性标准和业务性标准，让建设工程档案在线接收有据可依。

其次，整合统一的政务服务平台。以数字化改革为契机，在一定的区域范围内整合各地各部门资源，结合建设工程项目全周期审批系统，搭建统一的建设工程档案在线接收平台，规范统一数据格式和接口，优化流通和存储，强化安全防护技术手段，减少无序无效的多应用平台开发，减轻企业和城建档案管理部门"单打独斗"的财力支出，为建设工程档案在线接收提供稳定安全的环境，为"互联网＋"政务服务提供丰富有效的城建档案数据资源。

最后,打造专业的行业人才队伍。推动建设工程档案在线接收是提升城建档案现代化管理水平的重要举措,管理的技术是手段,管理的人才则是核心。无论是城建档案管理部门人员,还是企业档案管理人员,都要重塑档案工作思维,在意识、理论和实操多个层面上认识、了解并重视建设工程电子文件和建设工程档案在线接收。城建档案管理部门要和企业建立沟通渠道,有针对性地加大对建设工程档案在线接收的信息宣传和专业知识培训,有序地投入试点应用,提升行业人才理论和实践水平,不断与时俱进,共同推进城建档案事业高质量发展。

城市建设档案数字化管理与利用分析

——以宁海县市政建设中心为例

任 琦

宁海县市政建设中心

摘 要:城市建设档案属于城市档案,实际上就是与城市建设相关的真实活动。在长期的发展进程中,城市建设档案积累的数量越来越多,随着现代科技的迅速发展,实现城市档案数字化管理就十分重要。该文对城市建设档案数字化管理的优势、现状及存在的问题和不足进行了分析,并提出相关的措施,以供参考和借鉴。

关键词:城市建设档案;数字化;管理和利用

城市建设档案数字化管理是城市建设过程中一项基础性工作,对于更好地保存管理档案具有重要意义:可以有效提升城建档案收集、保管和查阅利用的工作效率。推动城市建设档案数字化,可以使档案管理工作更加便捷,而且又能节省大量的物理储存空间,能够更真实更客观地反映城市建设档案的历史原貌,极大地促进档案信息和数据的共享。

1 城市建设档案数字化管理的优势

城市建设档案是城市发展的基础信息,城市在长期的发展过程中,会形成一系列的数据与信息,而这些数据和信息会汇集成纸质版的档案,并由工作人员进行归档整理并存储起来,为日后的城市发展和各项工作提供基础,也是城市规划的重要依据。大部分城市建设档案数量多,种类复杂,给档案工作人员带来了许多的工作压力和负担,传统纸质档案保存起来并不容易,而且查询利用档案也较为不便,因此,城市建设档案数字化管理可以有效解决以上这些问题。数字化管理是一种非常新型的形式,实现了传统纸质档案与电子档案的合二为一,能够为之后城市建设档案工作的开展,提供大量档案信息资源。同时,可以节省许多物理储存空间,有效降低了档案管理工作的成本,同时也解放了相关工作人员的双手,提高了工作效率和质量。例如,宁海县市政建设中心近3年来收集档案的情况是:2020年收集城建档案37823件次,电子照片、图纸等档案2090件次,纸质档案扫描转换成电子文件档案35733件次,合计档案数为75646件次,还有需要后续处理的城建电子文件档案38372件次;2021年收集城建档案24141件次,电子照片、图纸等档案1308件次,纸质档案扫描转换成电子文件档案21833件次,合计档案数为47282件次,还有需要后续处理的城建电子文件档案25414件次;2022年收集城建档案36448件次,电子照片、图纸等档案2207件次,纸质档案扫描转换成电子文件档案34221件次,合计档案数为72876件次,还有需要后续处理的城建电子文件档案34468件次。每年规模巨大的档案资料需要保管处理,还要做好查阅利用,采用一般的人工方法是根本不行的。只有通过数字化、信息化的归档处理,才能更好更快更加方便地做好档案工作。由此可见,时代发展的趋势和社会发展的进步,要求城建档案管理实现数字化和信息化,这样才能真正发挥城市建设档案自身的价值。城建档案的收集、保管,最根本的是查阅利用。例如,宁海县市政建设中心近3年查阅利用城建档案的情况是:2020年查阅利用城建档案数为24585件次,2021年查阅利用城建档案数为14484件次,2022年查阅利用城建档案数为20046件次。城建档案为宁海县城市建设提供了许多有价值的档案服务。

2 城建档案数字化管理的现状及存在的问题和不足

在档案管理中,城建档案数字化管理是非常新型的方式,为档案管理人员提供了很多便利,提升了档案管理的工作效能,同时也增强了档案管理工作中的技术含量。但在具体的档案管理工作中仍然存在一些问题和不足。首先,城市档案数字化管理存在着资金不足和设备支持不足等问题,我国虽然推行城建档案数字化工作,但是并没投入大量的资金支持城建档案信息化、数字化管理方面的快速发展,有很多地方是由国家财政拨款投入城建档案数字化管理资金的,也有一些地方的财政拨款不足,无法支撑城建档案管理工作数字化的快速发展,这就造成了城建档案数字化管理设备短缺,无法真正实现城建档案管理工作的数字化建设,也无法为城建档案管理工作提供更多的便利条件。其次,档案管理专业技术人员缺失也是城建档案数字化管理工作中的一个问题,数字化的特征是工作人员的支撑,技术性人员是城建档案数字化管理非常稀缺的人才。数字档案管理人员需具备多方面、多专业以及跨学科的有关知识与技能,涉猎广泛且能熟练操作计算机,才能真正胜任城建档案数字化管理工作。最后,城建档案数字化管理机制没有成型,不少城建档案管理的工作人员仍然倾向于纸质档案管理的工作方式,认为自己应对纸质档案管理游刃有余,如果换成数字化管理方式,则会导致各个环节出现问题和失误,对数字化管理的认识不足。现阶段,我国各个地区的数字化档案管理工作一定要提上日程,改变现状,不断提高工作人员的意识,转变工作人员的态度,让相关工作人员对城建档案数字化管理工作有一个不断更新的理念。

3　城市建设档案数字化管理的相关措施

第一,城建档案数字化管理要加强基础设施建设。加强基础设施建设,对于城建档案数字化管理工作来说具有重要意义,相关单位一定要为工作人员提供基础设备,同时还需要为工作人员提供定期的培训活动。另外,城建档案数字化管理的前提是加强网络环境设施的建设,这也是最基本的工作环境,国家和政府需要为相关单位提供必要的资金,并打造一体化城建档案数字化管理。例如:宁海县市政建设中心专门为档案管理人员配备了工作需要的计算机 4 台,平板扫描仪 1 台,高速扫描仪 1 台,宽幅工程扫描仪 1 台,移动硬盘 4 个,锐尔扫描影像处理系统 1 套,档案管理软件采用上海泰宇信息技术股份有限公司的档案管理操作软件系统 1 套。这些档案设备的配置,使数字化档案的管理工作能够正常开展和运转,从而更好地为城建档案查阅利用提供服务。同时,城建档案数字化管理工作需要拥有信息资源数据库以及高性能的服务器,大容量的储存设备也是非常重要的,同时还需要大计算机设备和安全设备,这些都需要国家以及政府提供资金支持。

第二,城建档案数字化管理需要打造完整规范的管理体系。完整规范的管理体系,可以有效保证数字化管理工作的顺利进行。在城建档案数字化管理中,相关的单位需要重视档案信息化标准体系建设,并从不同方面加强管理。相关单位要将工作过程中的职责落实到人,使城建档案数字化管理更加科学规范和合理,也可制定城建档案数字化管理条例和具体措施,从而保证问题能够有效解决。

第三,培养专业的复合型人才队伍。专业的技术型人才,对于城建档案管理工作来说非常重要,尤其是现阶段城建档案技术化管理工作所需要使用的技术性设备比较多,工作人员一定要具备丰富的专业知识,同时还需要具备创新能力,更大程度地适应新时期城建档案管理的发展趋势。档案数字化管理人才,首先要以档案管理人才为基础,在此基础上不断培养综合能力强的人才,再重视发展多学科复合型人才。例如:宁海县市政建设中心共有人员 33 人,从学历的情况看,这 33 人中,专科 2 人,本科 29 人,硕士 2 人;从所学的专业情况看,档案管理专业 3 人,其他专业人员 30 人。初步形成了档案管理人才和其他专业人才共处一体的业务团队,为完成各项工作任务,构建了一个拥有复合型人才的团体。城建档案数字化管理还要按照各自的分工,加强档案数字化、信息化等方面的研究和咨询,并对信息化、数字化档案的理论和实践进行研究与分析,此外还需要引进、招聘或自主培养其他方面的人才,更好地为城建档案数字化管理提供更多的人才支撑。

综上所述,城建档案数字化管理和利用对于各个城市的档案管理工作来说非常重要,尤其是现阶段科学技术的快速发展,已经为社会提供了许多便利条件。因此,我们更应当认识到科学技术发展的重要性,并将科学技术融入档案管理工作中,不断提高城市建设档案管理的性能,为社会发展提供更多的便利条件。

病案无纸化归档的思考及探索

周仲炜

浙江省立同德医院

摘　要:档案信息化是医疗档案管理发展的必然趋势,随着医疗卫生改革的深入发展和医院病案信息化水平的提高,病案无纸化管理已经成为医院病案管理的主流。该文分析了病案无纸化发展的背景、医院病历档案管理的现状及存在的问题,阐述了病案无纸化管理的优势,探讨推行病案无纸化的对策及建议,旨在为医院病案管理的高效发展和医院信息化建设提供借鉴。

关键词:档案信息化;病案无纸化归档;优势;对策及建议

2010 年国家卫生部制定了《电子病历基本规范(试行)》,认可了无纸化病历的合法性。2018 年《医疗质量安全核心制度要点》的发布,鼓励推行病案无纸化。[1]同年,国家卫生健康委办公厅《关于印发电子病历系统应用水平分级评价管理办法（试行）及评价标准（试行）的通知》，将电子病历系统应用水平划分为0—8级，共9个等级，5级以上的电子病历等级要求全院各个系统的数据互联互通，提供跨部门的数据集成。同时，明确将对每年度电子病历应用水平分级评价情况进行通报。[2]

病案是患者诊疗过程的记录，是重要的医学资料，在医疗管理、临床教学和科研上都发挥着举足轻重的作用。电子病历是医院信息化的基础，是医疗大数据的重要来源。无纸化病案管理是以电子病历为核心的医院信息化建设与应用水平的体现，通过病案数字化存储及信息化管理，取消纸质病案打印，实现病案信息资源的有效利用和永久保存。医疗信息技术的发展及法律政策的完善，为病案无纸化提供支撑，进一步提升医院信息化水平。

1 病案管理的现状及面临的问题

当前我省病案管理仍以纸质病案归档为主，电子病历与纸质病案并存，病案数字化翻拍及病案无纸化管理并行，部分医院采取双轨制管理模式，即无纸化病案与传统纸质病案共存。病案无纸化管理成为病案管理的必然趋势。

传统的病案管理面临着一系列的问题，难以满足现代化医院建设的需求，病案信息化程度有待进一步提高。一是从医院角度，纸质病案存储消耗了大量的医疗资源，医院面临着库房存储空间不足、纸张病历破损霉变、历史病案使用困难等诸多问题。二是从服务对象的角度，病案资料是办理医疗保险、工伤鉴定等的重要佐证材料，大部分患者都有病历复印的需求。纸质病案归档不便于患者、医务人员及公检法等部门查阅及复印病历。

2 病案归档无纸化管理的优势

第一，节约医院资源，加强成本管理。随着医院医疗业务的发展，病案资料日益剧增，原有的库房空间无法满足存储需要。有限的病案库房存储空间成为医院病案管理部门面临的难题。[3]病案无纸化归档节省了库房存储空间，节约了纸张耗材，有效降低了医院成本。以每年有5万名出院患者的医院为例进行估算，无纸化病案应用后，每年可为医院节省共约80万元，且有利于节省大量人力成本。[4]

第二，优化工作流程，提升病案信息运用效能。病案无纸化归档告别了传统纸质病案存储烦琐、复杂的工作程序，优化病案归档流程，病案大数据共享效果愈加明显。不仅避免纸质病历因调取与翻阅导致的损毁及丢失的风险，还杜绝了纸质文书的老化、霉变及虫咬的隐患，延长了病案使用寿命。基于病历无纸化系统全闭环流程管理模式,便于病案管理人员及时统计出各科室逾期病历信息,有效提升病案 3 日归档率。通过使用权限设置,保障病案资料的安全性。病案信息化质控,系统自动对病案首页、病程记录、出院小结、检验报告和临时医嘱等进行完整性准确性校验,进行病案终末质控及条件质控,便于医院管理。

第三,优化病案服务体验,提升满意度水平。无纸化病案管理系统取代了传统病案借阅、复印的工作流程,病案检索及使用效率显著提高。工作人员只需在系统中搜索电子病案,打印即可,同时对患者复印申请及身份证明材料进行归档,缩短了纸质病案调阅的时间,使患者的就医体验得到了较大改善;通过实时在线调取查阅,为临床医务人员借阅病案提供便利。

3　病案无纸化归档管理的对策及建议

病案无纸化归档基于医院信息数据集成技术,对医院内部各系统信息数据进行自动采集,依托 CA 认证实现可靠的电子签名,进而完成病案无纸化归档流程。[5]要完成 CA 可信电子病案归档的推行,实现对病历的及时追踪,不仅要进行系统改造、技术升级,而且要求改变和完善医疗业务管理模式,需要病案、临床、医技、信息等多部门协调配合。

一是实现病案无纸化,病案质量是前提。病案资料准确、完整,及时归档,避免缺页、错页等;归档病历信息可信,不得随意修改;病案资料归档及时,保障病案信息采集,加强病历归档和回收的时效性。

二是明确无纸化病案管理系统建设要点。加强顶层设计,完善系统功能模块、业务流程重塑及数字化改造。[6]在各临床信息系统之间建立与无纸化归档平台的接口,做好 EMR、HIS、LIS、PACS 等医疗信息系统的集成,实现病历资料采集、传输、质控、归档及存储。

三是加强无纸化工作人员的业务培训。为保障病案质量,避免错拍、漏拍,需加强业务人员培训,使其熟练掌握病案管理流程及相关法律法规。

随着我国卫生信息化的发展,国家相关政策的不断完善,以及各方面对信息化需求的不断加强,无纸化病案管理成为病案管理工作的趋势。病案无纸化归档有效地解决了病历的保管、使用等问题,有效降低了管理成本、改善了人力结构、提升了专业水平,提高了病案管理的工作效率及质量。病案无纸化归档为病案管理人员及医务人员临床、科研、教学等工作提供了高效而便捷的服务,从而不断规范医疗质量管理、优化医疗服务流程。

注释

[1] 张荣民,程庆林. 病案无纸化对公立医院精细化管理的作用[J]. 中国

卫生信息管理杂志,2022,19(2):256-259.

[2]国家卫生健康委办公厅.关于印发电子病历系统应用水平分级评价管理办法(试行)及评价标准(试行)的通知[EB/OL].(2018-12-07)[2023-3-26]. http://www.nhc.gov.cn/yzygj/s7659/201812/3cae6834a65d48e9bfd783f3c7d 54745.shtml.

[3]宋琳琳,马文江,王秋海,等.病案数字化在病案管理中的应用评价[J]. 江苏卫生事业管理,2020,31(7):927-929.

[4]钟洁.医院病案无纸化管理的优势与问题研究[J].中国卫生标准管理,2021,12(9):19-21.

[5]王伟,罗剑.病案无纸化管理信息系统建设[J].中国新通信,2020,22 (16):102.

[6]李罗珺,许晓娜,开文龙,等.病案无纸化归档系统设计及应用[J].中国病案,2020,21(2):10-12.

新时期企业档案管理的信息化建构研究

毛骏杰

浙江中控信息产业股份有限公司

摘　要:步入新时期后,信息化成为企业发展方向。因档案管理对企业发展有着重要作用,所以企业需高度重视档案管理信息化建设。但现阶段我国在企业档案管理信息化建构方面仍处于探索阶段,建构过程中仍存在一些问题,对档案管理改革造成了不良影响。该文就新时期企业档案管理的信息化建构进行研究,以期为相关企业提供参考。

关键词:新时期;企业档案管理;信息化

全新时期,企业需对档案管理进行信息化建设,以做到档案管理紧跟时代发展。由于其涉及较多内容,所以企业在档案信息化建构方面存在一些问题,如不够重视、缺乏统一信息化管理平台与标准、缺乏专业人才、存在安全问题等。为解决这些问题,本文进行了深入研究,以期推动档案管理的现代化发展。

1 企业档案信息化的内涵

企业档案信息化的内涵有二：一是对企业电子文件进行实时管理，从电子文件形成到归档利用（销毁），建立统一的电子文件管理系统；二是传统纸质档案的数字化，即将数据压缩技术、数据库技术、高速扫描技术等利用起来，将纸质文件、声像文件等转化为电子文档，组成有序结构的档案信息库。

2 企业档案管理信息化的意义

2.1 提高效率，降低管理成本

通过档案管理信息化，可实现共享管理成本，达到充分利用现有技术、设备、资金、人力、信息资源的目的，同时逐步从双套制转变为单套制，有利于节省大量库房空间与耗材，从而在一定程度上降低管理成本。

2.2 检索查询较为方便

传统检索查询需由相关工作人员在档案室中一一翻阅，耗时耗力。而通过档案管理信息化，可借助检索框进行实时有效的查询。查询时，可结合实际情况进行方式选择，如模糊、分类、组合查询。中控信息在此基础上对批量检索及借阅进行了探索，通过将表单字段与数据库字段多次匹配可筛选出表单内所需资料，进一步优化缩短批量查询时间。

2.3 扩大档案服务范围

信息化管理中，可对档案信息进行拷贝，所以相关信息占用的空间较小。同时，档案信息借助互联网进行传输，可实现实时传输，确保有需要的人员及时获取信息。在这种情况下，可使社会对企业进行深入了解，使企业的社会影响力得到增强，并充分扩大服务范围。

3 新时期企业档案管理信息化建构中的问题

3.1 不够重视

企业档案是日常企业管理的重要一环，在企业普遍追求业务、效益优先等因素的影响下，中控信息档案管理工作的起步并不算早，未做好宣传，所以档案管理信息化建构未得到相关工作人员的重视。在这种情况下，档案室的基础设施配备不足,使得档案管理信息化的开发受到了影响,且对档案效能发挥造成了制约。

3.2 缺乏统一信息化管理平台与标准

在全新时期,随着人工智能、大数据、云计算、区块链技术的发展与运用,企业系统类型越来越多,如中控信息办公软件系统、业财系统、采购系统、知识系统等,多达10余种,企业系统数量越多,电子档案形式就越丰富。统一的信息化管理平台与标准的建立有利于解决这些问题,所以,企业需结合实际情况建立相关标准和管理平台。就目前情况而言,多数企业并未给予重视,导致各系统之间信息不能共享,产生天然壁垒的问题频繁发生。

3.3 缺乏专业人才

档案管理涉及较多内容,对相关工作人员提出了较高要求,企业只有结合实际情况引入专业人才,才可为档案管理信息化建设的落实提供保障。就目前情况而言,企业档案管理工作通常由其他岗位人员兼职,不管是专业能力、专业知识还是从处理档案工作时长上来说,都无法满足相关需求,对档案信息化的发展造成了制约。

3.4 存在安全问题

随着中控信息发展壮大,业务范围变广,产品数量与日俱增,项目也不断增多,工作人员过于重视档案信息的沟通、流转,忽视了档案信息的凭证作用,导致其安全性受到影响。此外,互联网具有较强的开放性,档案信息常会被不法分子盗取而大面积传播,这不仅使企业丢失了重要信息,还造成了严重的经济损失。

4 新时期企业档案管理的信息化建构策略

4.1 重视档案管理信息化建构

档案管理现代化是时代发展的必然趋势,是增强企业的社会影响力,扩大服务范围的有效路径。而意识可对行为起到决定性作用,所以,想要实现档案管理信息化建构,就需帮助领导人、相关工作人员树立正确意识,重视档案管理信息化建构。就领导而言,中控信息已指定一名副总裁负责档案工作,需对档案信息化建设予以关注,并明确档案管理的重要意义,从而将其现代化建构提上日程。同时,需做好档案管理案信息化建构的宣传工作,使相关工作人员了解档案管理信息化带来的经济效益、社会效益,并予以重视。工作人员需要树立科学管理观念,结合实际情况进行档案管理信息化建构。

4.2　加强软硬件设施建设

硬件设施建设是档案管理信息化建构的前提,因此中控信息基于实际情况配备相关硬件设施,如扫描仪、计算机、光盘刻录机、互联网设备等,并将缩微技术等现代科技应用于档案管理工作中,以加快通用软件、实用软件的研制,为档案信息数字化处理提供保障。此外,现代档案管理对于信息化系统的应用十分依赖,如数据库系统、信息共享系统以及后台管理系统等,这都需要企业尽快结合档案信息化管理需求着手研发和应用。除进行软件系统的研发更新外,中控信息也尝试和专业软件企业进行合作,根据档案管理需求进行软件管理系统的定制,从而打造出能够满足企业档案开发利用和管理的高性能软件系统。而做好这些软硬件设施的建设,就需要企业加大资金投入,为档案管理的信息化建设提供重组资金支持。

4.3　建立较为规范的管理机制

管理机制的建立可为网络及数据运行提供保障。在进行管理制度的建立时,首先,需结合实际情况完善管理业务流程,使电子档案工作环节、步骤得到细化;其次,中控信息在收集模块新增人员上传完整扫描件后方可流转至档案人员进行核对确认,同时在档案利用模块所有电子档案借阅都在公司保密体系下采取借阅申请审批、权限管理、水印借阅等方式,使电子档案的安全性、完整性得到保障;最后,需建立档案管理标准,具体包括档案整理标准、统计标准、各项技术标准、服务标准等,依据其衡量工作效率,实现资源共享。

4.4　构建档案安全保障体系

针对档案信息化的安全问题,中控信息将一系列措施利用起来,通过与技术管理相结合建立档案信息安全保障体系。首先,需建立健全档案保密工作的技术标准、规范,并通过权限审批、数据备份、防火墙等安全防护措施为档案数据库、档案信息网络传输的安全提供保障。其次,需充分提高档案管理人员的安全意识,使其执行档案保密规章制度。

4.5　组建企业档案团队

结合企业效益实际,建立起较为完善的企业档案工作团队。中控信息已组建公司档案委员会,指定一名副总裁负责档案工作,其他总裁、副总裁共同监督,引入专业人才,目前已形成由 2 名档案专职人员和 10 余名各部门兼职档案员组成的公司内部团队。同时针对公司外部,建立起档案数字化外包团队、档案软件团队、外联企业团队,进行日常业务交流与档案知识技术更新。

4.6 开展培训工作

档案管理信息化对相关工作人员提出了较高要求,而培训工作的开展有利于提高相关工作人员的综合素质,使其适应档案管理工作,并将科学合理的技术利用起来进行档案管理。所以,中控信息指定一名具有本科学历、10多年从业经验,具有中级职称的档案管理人才负责培训,将档案培训纳入新员工培训课程、日常制作培训视频、定期现场培训,以循序渐进原则为基础促进相关人员档案业务能力提升,并且在档案室业务开展中将优秀案例、最新工作方法和公司保密体系结合实时线上分享,采用线上碎片式展示、理论与实践相结合的方式进一步提高档案相关人员业务能力。

5 结语

综上所述,步入新时期后,信息化成为企业发展方向。档案管理十分重要,但受一些因素的影响,档案管理信息化建构中存在不够重视、缺乏统一信息化管理平台与标准、缺乏专业人才、存在安全问题等问题。所以,企业需重视档案管理信息化建构,建立较为规范的管理机制,加强硬件设施建设,构建档案安全保障体系,开展培训工作,组建企业档案团队。如此一来,才可最大限度地提高档案管理的现代化水平,提升企业档案管理的效果,从而为企业发展提供保障。

基于过程管理的医院科研档案信息系统
初步构建及应用探索

金廷君

金华市中心医院

摘 要:该文以科研项目过程管理为基本要求,通过与科研项目管理系统相结合,设计科研档案信息化功能,在立项论证、研究实施及过程管理、结题验收及绩效评价、成果管理等过程中运用信息化手段收集整理相关科研活动资料,对科研档案实施全流程信息化管理,以达到科研档案及时、规范、完整的精细化管理效果。

关键词:医院;科研档案;信息系统

随着医学科技的快速发展和医务人员科研意识的提升,医院科研成果和各项研究资料数量迅速增长,科研档案管理工作量和工作难度也逐渐加大。以某地市级三甲医院为例:相比 2013—2017 年医院立项科研项目 266 项,2018—2022 年医院科研项目立项数达 741 项;2018—2022 年论文发表 2007 篇,是 2013—2017 年论文发表数的 7 倍;2018—2022 年专利授权达 618 件,是 2013—2017 年专利授权量的 4.7 倍。但是,目前医院科研档案工作不完备,仅在项目验收完成时对立项论证、结题验收及成果管理等收集的文件资料采用线下手工管理方式进行管理,管理主要以"存"为主,医院科研部门与科研人员不能有效获取个人的科研档案,院内科研档案不能有效地进行资料共享和开发利用。此外,在信息化迅速发展的时代,电子科研文件资料大量增加,科研活动中也产生了海量的科学数据。这些都对科研档案工作的信息化建设提出了更高的要求。

医学科研档案管理是医院科研管理的重要组成部分和科研活动的重要环节。完整的医学科研档案是推动医院科技创新的重要基础性战略资源,是实现医院高质量发展的重要信息支撑。这就要求科研档案工作要与科研管理工作相衔接,将科研档案管理要求纳入科研管理制度与流程中。[1]2020 年 9 月 1 日,国家档案局、科技部发布《科学技术研究档案管理暂行规定》,根据当前科研管理信息化发展趋势和科研文件材料形成特点,增加了科研电子档案的管理要求。[2]因此,本文以科研项目过程管理为基本要求,通过设计科研档案信息管理系统,在立项论证、研究实施、过程管理、结题验收、绩效评价和成果管理等过程中运用信息化手段收集整理相关科研活动资料,逐步建立医护人员个人科研档案,实行一人一档,由科研处与档案室进行统一管理,以实现医院科研档案的精细化和智慧化管理。

1　医院科研档案信息系统建设目的

为有效保护和利用科研档案,规范科研档案管理模式,提高科研档案管理效率,医院以全流程信息化为手段,构建集科研人员、项目、成果等于一体的科研档案管理系统,可实时记录科研活动过程,并利用组合查询功能实现科研档案实时查询、共享。这不仅为科研文件追踪、科研过程监督、科研诚信问责等提供了原始依据,为科研人员科研业绩和科研能力评估提供支持,而且有助于优化档案管理,促进科学数据在更大范围得到共享利用,提高专利等科研项目成果的转化和利用率。

2　医院科研档案信息系统归档原则

科研档案归档的总原则是：遵循文件材料的形成规律和特点，保持文件材料之间的有机联系；区分文件材料的价值，确定档案的保管期限，便于保管和利用。科研档案归档的基本原则具体包括以下几点：

第一，集中统一原则。凡是医院科研人员在科学研究管理和实践活动中所形成的必须纳入归档范围的科研文件材料应尽数归档。医院科研部门确定适当的科研档案管理人员，协同医院档案室认真做好科研档案的积累、立卷、移交工作，指导科研人员做好科研文件材料收集、整理、归档及科研项目结题验收等工作。

第二，"三纳入"原则。纳入医院科研计划和规划；纳入科研管理的各项规章制度；纳入有关人员（包括科研人员、科研管理人员、专兼职科研档案管理人员等）的职责范围，与计划管理、项目管理、成果管理工作紧密结合，作为考核科研工作质量和管理水平的依据之一。

第三，"四同步"原则。即下达科研计划任务与提出科研文件材料归档要求同步，检查科研计划进度与检查科研文件材料形成情况同步，验收、鉴定科研成果与验收、鉴定科研档案材料同步，科研成果上报登记和评审奖励与档案部门出具归档情况的证明材料同步。

3　医院科研档案信息系统归档范围

科研档案是指科研人员在科研活动过程中形成的具有保存价值的文字、图表、数据、图像、音频、视频等各种形式和载体的文件材料以及标本、样本等实物[3]，依据科研文件形成周期，科研档案包括科研项目立项阶段、研究阶段、结项阶段产生的立项文件、研究文件、结题文件、采购合同等科研课题档案，论文、著作、专利、软件、数据集、研究报告等科研成果档案、科技成果转化档案，以及开展科研活动的主体如科研人员、管理人员、科研团队形成的档案资源。各阶段科研档案归档范围和保管期限见表 1。

表 1　医院科研档案电子文件归档范围和保管期限

阶段	类目名称	保管期限
申请立项阶段	项目申报通知及项目申报指南	长期
	项目申报书及可行性报告	长期
	立项文件及资金下达文件	永久
	正式签署的项目任务书或合同	永久
	合作单位申报协议	长期
	伦理审查资料及审查审批文件	永久
组织实施阶段	中期检查材料(含立项机构组织的和单位内部自行组织的)	长期
	项目变更申请及批复文件(可选)	永久
	阶段性研究成果	长期
	基础试验项目实施过程中的实验记录、实验原始数据、数据处理结果等;研究者发起的临床研究项目实施过程中的病例报告表、知情同意书等	永久
总结鉴定阶段	验收申请书	永久
	研究总结报告(工作总结、技术总结)	永久
	项目经费审计报告或经费决算表	永久
	论文、专著、专利等研究成果	永久
	验收会议记录	长期
	验收意见	永久
	验收证书	永久
	推广应用证明	永久
	科技成果登记证书	永久
申报奖励阶段	科技成果奖申报通知	永久
	科技奖励申报单位推荐及公示记录	永久
	科技奖励结果公布文件及获奖证书	永久
成果转化阶段	转让合同、协议书	永久
	成果被引用或投产后的反馈意见	短期

4　医院科研档案信息系统初步建构与归档流程

笔者所在医院 2019 年 10 月开始使用全流程信息化的集申报、登记、审批于一体的科研管理系统,设计综合查询的功能,包含科研人员信息、科研项目、科研经费、科研成果(含论文、专利、著作等)等所有科研相关活动的统计查询与统计分析,大幅改善随时随地查询、共享功能,如图1、图2所示。

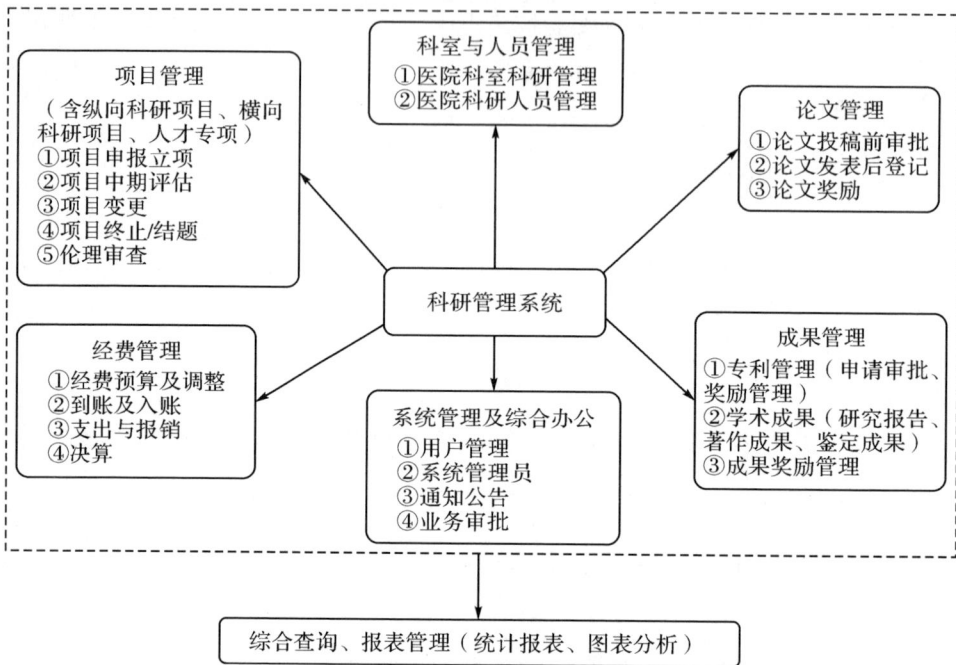

图 1　医院科研管理信息系统模块设计及功能实现

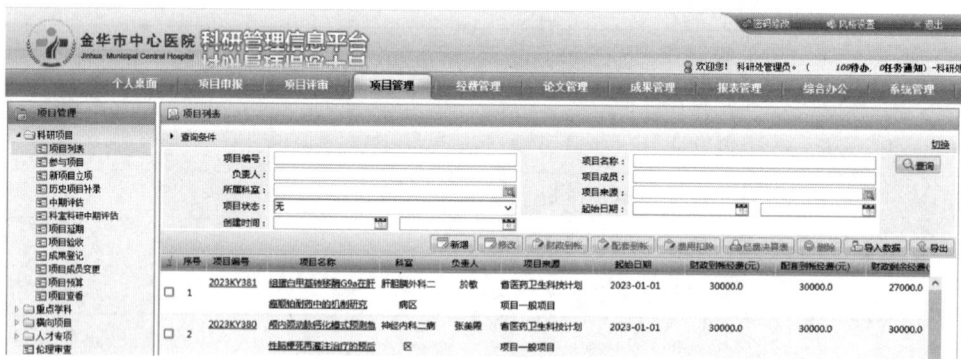

图 2　金华市中心医院科研管理信息平台项目管理网页

医院通过与科研项目管理平台相对接,增加科研档案实施归档功能,通过全过程线上管理模式,要求科研人员根据科研档案归档范围,及时将科研档案中在立项论证、研究实施及过程管理、结题验收、奖励类申报及成果转化中形成的材料分阶段提交线上系统,经科研管理部门档案专员、科研管理部门主任及医院档案室审核通过后,再将纸质资料线下归档,如图 3、图 4 所示。

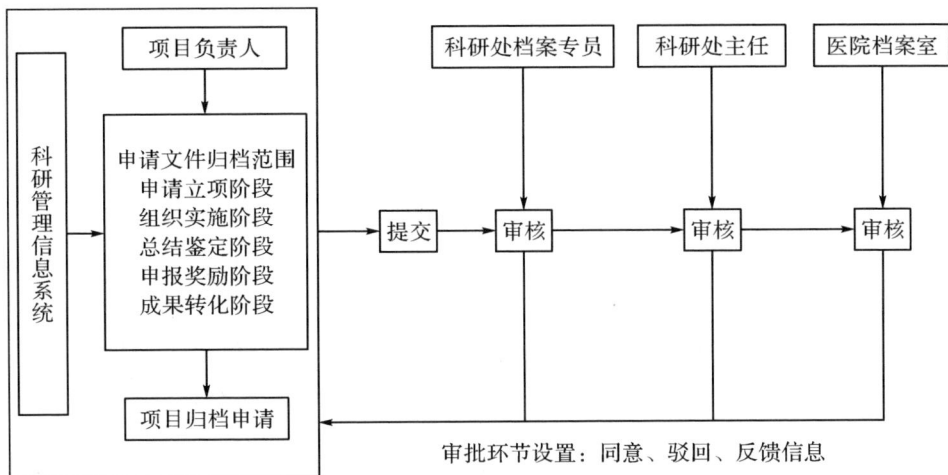

图 3　医院科研档案信息系统归档流程

图 4　医院科研项目材料系统上传示例

5　医院科研档案信息系统初步运行效果

我院科研管理信息系统集合业务处理和档案存储的综合服务平台,为保证档案的真实性,科研处及时录入立项科研项目的主要条目信息,由科研人员个人自主上报项目立项申报、组织实施、验收鉴定、奖励申报及成果转化各阶段相关科研档案,再由科研处管理员查看审核。对于有疑问的内容,系统会发送站内消息。经过及时的沟通了解,我院整理出完整准确的科研档案基本信息和具体资料附件,构建涵盖全院的个人科研档案电子管理系统。[4]为保证档案的真实性,科研处对上传的科研项目相关资料做了严格规定,如科研项目档案需上传上级部门正式下达的文件,论文需上传正式发表的含有正式刊号、卷期、页码的文章扫描件,专利需上传专利证书扫描件,成果奖励需上传奖励证书扫描件,等等。[5]为便于各科室统计科室科研成果,设置科室线上查阅科室科研项目相关档案权限,并运用科研管理系统统计分析科室科研业绩。自平台运行以来,共受理立项科研项目700余项,项目档案资料包含完整的项目立项文件、资金资助文件、合同书/任务、伦理审查报告等;论文投稿登记2688篇,论文发表并奖励登记1062篇;专利授权奖励登记536件;科技成果登记1项;各类报销审批6500余件。

医院科研档案系统与科研项目管理系统有机结合,不同内容档案的整理和负责人日常工作相结合,极大地提高了科研档案的管理效率和效果,实现了科研项目档案全生命周期的全过程状态管理;档案数据开放查询功能提高了科研档案的利用价值,为医院绩效考核、推优、晋升、职称评聘等各项工作的开展提供了高效、便捷、科学的利用方式。[6]

注释

[1] 靳荣莉.《科学技术研究档案管理规定》与科研诚信相关法律法规的衔接研究[J].档案管理,2023(1):101-103.

[2] 科学技术研究档案管理暂行规定[J].中华人民共和国国务院公报,2020(33):89-92.

[3] 雷洁,李思经,赵瑞雪,等.面向科研档案管理的知识图谱构建与应用研究[J].数字图书馆论坛,2020(5):8-15.

[4] 蔡盈芳.准确理解和把握科研档案工作的原则[J].中国档案,2021(3):62-63.

[5] 杨凝,李清林,赵希彦,等."互联网+"视域下肿瘤专科医院科研档案电子化管理的实践及思考[J].中国肿瘤,2021(7):535-538.

[6] 潘玲玲,高建林.信息技术在科研档案精细化管理中的应用[J].办公室业务,2022(21):113-115.

不动产登记档案数字化服务项目安全管理实操探析

郭寒青

杭州市不动产登记服务中心（杭州市规划和自然资源档案馆）

摘　要：随着不动产登记档案数量的快速增长，人民群众实时利用、高质量服务的需求增强。该文探讨档案部门如何依靠有限的人力、物力，解决不动产登记档案数字化服务项目档案实体和信息安全保障的实操问题。

关键词：不动产登记档案；档案整理和数字化项目；项目安全管理

随着 2016 年以来全国不动产统一登记工作的持续推进，不动产登记档案也随之快速增长。在目前机构改革的大背景下，仅仅依靠档案部门的力量已经难以完成增长迅猛的不动产登记档案整理和数字化工作，更无法满足人民群众实时利用、高质量服务的需要。因此，不动产登记档案依靠社会化服务完成整理和数字化工作势在必行，而如何保障不动产登记档案实体和信息安全，是一个基本的重要课题。

1　不动产登记档案数字化服务项目的特点

不动产登记档案（简称登记档案）年均增长量较大，仅以杭州市为例，2016年以来平均每年全市新增不动产登记档案 40 多万卷。相比其他类型档案整理和数字化服务项目，登记档案数字化服务项目存在以下特点：

第一，项目涉及金额较高。以杭州市为例，按目前平均市场价约 0.45 元/页计算，每年费用往往要上百万元。对于档案采购部门来说，压力相对也比较大。一般超过 200 万元的服务项目，将被列入政府采购项目。

第二，案卷材料更新快、群众实时利用需求强。随着不动产登记工作不断改革推进，登记案卷材料也在不断变化。同时，不同于其他档案，登记业务办结后随时可能面临群众的查档利用，且利用率十分高。2021 年杭州市规划和自然资源馆提供利用登记案卷达 2 万多卷次，平均每天 50 多卷次。这对登记档案整理和数字化的及时性提出了更高的要求，每年必须保质保量、及时完成新产生的登记案卷整理和数字化工作。

第三，项目所需人员多、场地大。因年均增长量大、政府采购项目流程长、群

307

众利用率高,所以登记档案数字化项目时间紧、任务重。为了保质保量完成任务,势必需要投入较多的人员和较大的场地,这给档案部门的场地和项目管理工作提出了更高的要求。

第四,专业性强、保密安全要求较高。登记档案专业性强,要求整理人员对案卷材料有一定的知悉。同时,登记档案涉及每一位不动产持有者的隐私和财产安全,人民群众利用率高、关注度高,对信息安全保密的要求也相对更高。

2　实际操作中存在的难点痛点

第一,项目人员流动性大且素质参差不齐,数字化质量和安全存隐患。对于登记档案数字化项目来说,档案多、时间紧、任务重,为了完成任务,必须给项目配备足够多的人员。而项目人员多,就意味着人员流动量大。甚至部分项目进行到一半,人员更换率就超过50%,离职率高,人员越来越少,这对于专业性较强的登记档案整理工作来说,完全是致命的。人员刚刚熟悉案卷材料就离职了,人员不断更换、减少不仅影响项目整体进度和质量,也不利于信息保障保密安全。

更有甚者,我们在档案工作检查过程中发现,部分档案服务企业聘用临时工、实习生从事档案工作,不培训直接让其上岗,实习期结束换另一批实习生,导致档案整理错误率奇高,档案装订后打不开、装订掉页等情况十分严重,给档案造成极大破坏。

第二,部分项目经理缺席或专业水平不足,导致项目管理混乱。虽然随着档案事业的发展和档案服务企业的进步,涌现出一批优秀的档案服务企业,不仅牢牢把握档案政策法规,而且管理规范到位,但整体来说,目前档案服务企业还是良莠不齐,优秀项目经理更是凤毛麟角。部分企业为了项目中标,在项目应标文件中选用看起来证书多、资历优秀的项目经理,而项目入场后直接更换项目经理或者起用毫无经验的新人(甚至不仅是项目经理,连项目人员也一并更换),导致项目管理混乱甚至迟迟无法步入正轨。有经验的应标方,更是将这些证书多、资历优秀的项目经理置于运营维护经理之类不需驻场的挂名经理岗位,以规避实际违约责任。更有甚者,通过此类漏洞为自己的项目经理积攒"经验",在下次投标时,其虽然证书、资历华丽,但实际经验为零。如何管理、制约这些档案服务企业十分关键。

第三,招标工作量大、约束多。因政府采购项目有各项专门的流程和法律法规,每年的预算申报、采购意向公示、招标进度公告等流程,比其他非政府采购项目的流程烦琐、工作量大。而且近年来政府采购项目出台了多项针对中小企业的优惠政策,对于档案采购部门择优录取相对不利,十分考验档案采购部门的智慧。

　　第四,档案数量多,质检任务重。每年有几十万卷档案被整理和数字化,档案质量检查的工作量十分繁重。一旦质量检查的进度跟不上整理和数字化的进度,轻则导致项目进度延误,重则导致档案质量堪忧甚至大量返工。而大量返工不仅破坏档案,更容易造成档案丢失、混乱的隐患。就目前各个档案部门的力量来说,很难完全跟上档案数字化的进度。

3　项目安全管理实操

　　第一,利用政府采购项目规则,制订可行性方案并论证,将项目管理的触手提前伸入。政府采购项目各项规则不仅约束档案采购部门,也约束中标方。招标文件、应标文件、项目合同均具备法律效力,因此档案采购部门可以将项目管理的触手提前伸入,在项目正式实施之前制订可行性方案并论证,在招标文件、合同等文件中将各项要求落实。可以根据实际档案数量、工期、场地等情况,测算项目所需人数等,在招标文件和合同中约定。主要须考虑如下几点:(1)项目团队不少于多少人;(2)驻场项目经理不少于多少人;(3)项目人员、项目经理从事相关岗位工作经验等资质情况;(4)应标书须列明项目流程、岗位及人员名单,并提供实际项目进场人员与应标文件一致的承诺书;(5)项目人员更换率不得高于多少(如10%),替补人员资质须相当;(6)提供项目人员缴纳社保凭证、工作经验凭证等;(7)将项目人员岗前培训、定期提供考勤记录、消防安全培训和演练等列入项目工作内容。以上措施可有效解决项目人员流动大、项目经理名不副实等问题。

　　第二,针对档案质检的进度跟不上整理和数字化的进度的问题,可引入第三方质检单位,全程监控项目从进场到日常各项工作。如:进场设备的检查和登记,场地电源分布和检查,监控设备的安装和分布是否全覆盖,进场人员基本材料、考勤记录、监控记录等的提交审核,档案质量的抽检,等等工作。可以将档案采购部门人员从繁重的质检工作中解放出来,更好、更高质量地做好项目安全管理工作。

　　为了更好地解决这个问题,避免大面积返工破坏档案,可以将项目登记档案按月(或半月)进行分批质检,将问题早发现早整改。同时,建立项目实施方自检制度,可通过提交自检表的方式督促实施方认真自检。

　　第三,建立项目台账制度,将每一卷档案流转全过程记入项目流程单,使其成为档案的档案。从档案移交至项目实施方开始,每一个环节做好登记。移交、整理、扫描、自检、分并卷、入库、调阅等工作细致到每一卷,逐卷扫描生成移交清单、整理流程单、扫描工作单、自检问题单、分并卷记录单、入库清单、调阅登记表等。为每一卷档案建立项目档案,保证问题可查找,流程可回溯,最大限度地保护档案实体不丢失、不混乱。

第四,其他安全管理措施。如:同中标企业签订安全保密协议,并要求每一位驻场员工签订安全保密协议;登记每一台进场的电脑设备(主机、硬盘和显示器等)、打印机、扫描仪等并记录唯一标准码;给每一台主机上锁并禁用移动存储设备;项目现场安装360°无死角摄像头;手机等智能设备禁止带入项目场地;做好外来人员出入登记;做好档案调阅登记;项目结束后,所有硬盘留存档案采购部门;等等。

当然,最重要的安全管理措施,就是加强现场管理。从人员的管理、场地进出管理,到档案交接流程管理、借阅登记管理等,严格制定制度并加强管理,召开周例会、月例会等沟通和解决问题等。只有成功实施这一系列的现场管理手段,才能最终确保以上所述措施的落地执行。

"大综合一体化"执法监管平台电子文件归档的思考

吴　娟

德清县应急管理局

摘　要:浙江省"大综合一体化"执法监管数字应用平台全面上线使用,实现了行政审批、许可、执法、监督文书材料去纸化。该文尝试对执法监管平台形成的电子文件现状与问题进行分析,提出相应对策与措施,助力构建档案工作整体智治体系。

关键字:"大综合一体化";电子文件;归档

随着社会信息化不断发展,大数据技术不断深化,行政执法部门的各项工作从内容到形式都发生了变化,传统的工作模式在不断地往数据化、信息化、智能化方向转型。无论是部门业务工作,还是档案管理工作,都既迎来了新的发展机遇,也面临着新的困难考验。

1　现实意义

2022年,《浙江省加快推进"大综合一体化"行政执法改革试点工作方案》获中央批复同意,浙江省成为全国唯一的"大综合一体化"行政执法改革国家试点。当年9月,浙江省"大综合一体化"执法监管数字应用平台全面上线使用,全省政府执法部门的行政审批、行政许可、行政执法、行政监督全部在线上操作完成,这就意味着行政执法检查文书系统化、电子化。

《"十四五"全国档案事业发展规划》中提出"大力推进'增量电子化',促进各类电子文件应归尽归,电子档案应收尽收"。《国务院关于在线政务服务若干规定》第716号令提出"政务服务机构应当对履行职责过程中形成的电子文件进行规范管理,按照档案管理要求及时以电子形式归档并向档案部门移交"。这些法律法规为行政执法检查电子文件归档管理提供了强大支撑,也要求档案部门创新档案管理模式。

2　现状分析

2.1　档案管理工作重视不够

纵观中华五千年的文明史,档案发挥着独特的价值和作用,对于社会发展具有重要意义,但是,档案管理工作却一直默默无闻。由于档案管理工作的政绩不高,一些机关、企事业单位对档案管理工作缺乏应有的重视和关注,档案人才不稳定、信息化水平欠缺、资金投入不够、配套设施不全等问题普遍存在。

2.2　电子文件归档认识不够

电子文件要成为电子档案,需要经过价值鉴定,只有那些具有保存价值的且被档案部门保存起来的电子文件才能成为电子档案。而一些档案工作者出于传统观念,认为电子文件不是文件而忽视其归档;也有些认为电子文件本身就是电子档案而不需要归档;还有些因为从事电子文件工作不像从事纸质文件工作那样驾轻就熟,产生畏难情绪而不愿进行电子归档。由此,虽然有大量的电子文件,但真正归档形成电子档案的少。

2.3　体系技术对接融合不够

浙江省"大综合一体化"执法监管数字应用平台核心业务的"协同指挥"目录下包含行政许可、行政检查、行政处罚、行政监督四方面行政职能。以行政处罚为例,里面涉及处罚首页、案源中心、立案管理、案件办理、公示管理、案件管理、办案协同、卷宗管理、行政救济、案件查询、专题查询等十一项内容。整个系统没有明确的电子文件归档端口,或者说执法监管应用平台与档案数据系统对接端口不畅通,智能对接功能薄弱,数据来源与数据交换问题明显。

2.4 电子档案部门权属不清

档案权属是指档案所有权的归属,随着法治建设的发展,档案的权属情况越来越复杂,由此产生的纠纷日渐增多,而产权明晰、公平竞争是发展社会主义市场经济的基本要求。"大综合一体化"改革,打破了传统执法机制壁垒,形成跨部门管执联动常态化,这种部门的衔接和协同作业必然会有一些保密权限、操作标准等差异存在,加上电子文件信息量大、来源不清,导致电子档案权属不明确的问题。

2.5 电子文件安全性不高

电子文件是一把"双刃剑"。电子档案管理在具备节省人力物力财力、提升工作效率、便于查阅与再利用等优势的同时也存在着一定的安全隐患。电子文件和电子档案在进行数据共享、网络传输时会产生网络漏洞或遭恶意攻击,出现服务器中断,数据被窃取、复制、破坏、篡改的风险,威胁电子档案材料的安全管理。

3 措施与对策

3.1 强化档案执法督查检查,调动基层档案工作者的积极性

档案主管部门要加强档案执法检查,通过日常检查、年终考核等方式对机关、企事业单位的档案工作进行监督,发现问题及时督促有关部门落实整改,从而使机关、企事业单位遵守档案法律法规。机关、企事业单位在既有的档案管理制度基础上,特别是在电子文件的形成、办理、归档及移交、存储、利用等方面进行细化、完善,为基层档案工作提供执行依据与规范。

3.2 加强档案复合型人才培养,提升档案队伍的综合水平

第一,优化档案队伍结构。新时期的档案工作,对档案管理工作提出了新的要求,但是机关、企事业单位以及乡镇街道的基层档案管理员,存在"两多两少两大"的情况,即"女性多、兼职多;培训少、持证少;年龄大、流动大"。在人才的选择安排上,应充分考虑专业、性别、年龄等方面因素,把好人才入口关,提高档案队伍的综合素质,形成档案队伍合理性格局。

第二,分层次针对性培训。一是定期开展档案人员业务培训和信息化技术培训,除了让他们熟练掌握档案专业知识,还应加强数据管理、数据挖掘、数据分析等知识技能的学习,促使他们掌握信息管理自动化的基本知识和技能,更好地服务于档案整体智治体系的实践。二是加强机关、企事业单位执法监管人员的

档案业务培训,促使他们进一步深化对档案工作的认识,成为档案队伍的补充力量。在执法监管数字应用平台的电子文件形成过程中就融入档案工作的要求,为后期归档整理工作提供便利,提升效率。

3.3 研发业务平台与档案系统的对接功能,提升电子文件归档智能性

第一,进一步明确"大综合一体化"执法监管数字应用平台与档案管理系统对接方式、接口数据标准和安全要求,研发电子文件全程线上"一键归档"系统,针对平台形成的各类电子数据和操作痕迹等信息,系统自动甄别、判定价值、整理排序,实现自动化、个性化、智能化的归档服务。同时系统还应具备手动上传功能,在特殊情况下,可以手动扫描纸质文档上传,确保档案信息的完整性。

第二,将档案行政执法检查融入"大综合一体化"执法监管数字应用平台中,加强对机关、企事业单位各类电子档案的鉴定、著录、归档等工作的监督、指导与检查,保证机关、企事业单位产生的有保存价值的电子文件真实、完整、及时地归集到归档管理系统,切实落实档案部门行政管理职能,增强档案治理能力。

3.4 厘清部门职责范围,明确电子文件责任主体

档案因其具有的"保存价值"而成为一类特殊财产,档案所有权也由此具有了流转、收益的必然性,与其他物权一样,也必然会发生需要界定权属的情况。"大综合一体化"改革使得电子文件涉及多个部门,因此,必须确定每个部门的职责范围,明确电子文件归档和电子档案管理的责任主体,并各自负责完善系统中电子文件归档功能和档案管理系统功能,不能出现职责交叉现象,整个管理和保存流程都应该设置对应的监管设备或流程。

3.5 统筹运用数字化新技术,提升电子文件和电子档案安全保障

第一,对"大综合一体化"执法监管数字应用平台进行网络安全保护,设置防火墙、防火网、杀毒软件,查补漏洞。设置加密认证、图片签名、图像识别等,确保档案源头真实性、完整性、可用性和可靠性。确定电子文件产生的准确时间,在版式转换时给电子文件附加签名保护,通过电子签名加时间限制的方式尽可能消除伪造、篡改归档电子文件的可能性。

第二,设置访问控制技术。包括网络层和应用层两个方面。网络层访问控制通过定义好的访问控制策略,能够限制非授权或恶意的网络终端访问电子档案系统网络,避免电子档案服务器完全暴露在开放的互联网环境中,减少系统遭受拒绝服务、远程注入、漏洞利用等网络攻击的风险。应用层访问控制则侧重于加强电子档案系统本身的访问安全管理。根据访问规则列表,对登录账号分别进行权限设置,加密密钥列表因不同权限而生成,可以阅览的电子档案信息内容也不同,只能在该密钥的制定权限内进行操作。

4　结语

电子文件归档工作是一项系统、复杂的工程，"大综合一体化"执法监管数字应用平台的使用，让我们充分认识到电子文件归档的紧迫性、重要性，档案部门、机关、企事业单位应采取有效措施强化技术赋能，完善人才体系，实现电子文件自动化、智能化归档，对推动档案工作高质量发展、构建现代化治理体系具有重要意义。

关于推进基层法院诉讼档案管理数字化建设的对策

陈圆圆

杭州市上城区人民法院司法保障服务中心

摘　要:法院诉讼档案数字化管理是法院信息化建设和司法改革的必然要求，但是目前各地法院诉讼档案存在历史卷宗质量不高、数字化建设标准不统一等问题。该文结合法院诉讼档案管理的特点，提出了推进基层法院诉讼档案管理数字化建设的相关对策。

关键词:人民法院；诉讼档案；数字化

诉讼档案是人民法院在审判活动中与诉讼当事人及其他诉讼参与人依法共同进行诉讼活动时形成的，具有参考利用价值，是立卷归档保存的最原始、最全面的信息记录。为贯彻落实习近平总书记关于数字中国的重要论述，全面推进法院无纸化办案办公改革，构建信息时代司法新模式，如何着力推进诉讼档案管理数字化建设进程，是基层法院当前迫切需要解决的课题。

1　法院诉讼档案管理的特点

诉讼档案是国家基本专业档案之一，是法院档案资源的重要组成部分，担负着服务审判、服务社会的重要职能，是人民法院进行审判工作的依据和凭证，法院诉讼档案管理主要有以下几个特点：

第一，诉讼档案管理是一项保护法院诉讼活动记录的重要工作。这些档案是记录和反映法院工作活动的珍贵资料,一旦丢失或损毁,将造成无法补救的损失。

第二,诉讼档案专业性强,使用频繁。特别是国家公安、安全机关在打击犯罪、维护社会治安和国家安全的工作中,需要经常查阅有关的刑事诉讼档案,以寻找破案的线索和证据材料及相关的法律依据。还有涉及民生、婚姻、家庭的也需要查阅相关案卷材料。

第三,纸质档案与电子档案并存。随着全国法院审判信息管理系统的启用,各地基层法院的案件管理从立案到审理再到结案,全面推行智能化无纸办案。结案后通过一键转档功能,整理电子档案卷的顺序和类目,对于必要的纸质材料精简归档,形成了电子档案与纸质档案并存的局面。

2 基层法院诉讼档案管理存在的问题

第一,历史卷宗质量不高。《人民法院诉讼文书立卷归档办法》对诉讼档案的收集、排列的顺序、立卷编目、卷宗装订都做出了明确的规定。由于历史因素和管理不规范,目前部分法院库藏诉讼卷宗存在质量参差不齐的现象,如卷宗整理不规范、正副卷分装错误、目录和卷宗封面填写不全、页码缺页跳号、装订不齐等,影响了诉讼档案的质量和寿命。

第二,档案人员配备不足。目前,大多数基层法院配备专职档案员1—2人,根据《人民法院档案管理办法》第六条规定"保管档案一万卷(件),设专职档案干部,一人为基数,超过部分每超过一万五千卷再增配一人",但由于基层法院的人、财、物有限,而法院的归档量又在逐年增加,档案人员匮乏已成普遍现象。且部分法院档案管理人员责任不清,加之频频换岗、交接手续不完备,一部分档案借出后没有按期归还,有些结案卷宗材料放置较长时间不及时整理归档,造成了档案的残缺和遗失。

第三,数字化建设标准不统一。随着法院系统信息化进程的加快,诉讼档案的数字化建设也在逐步推进,但在档案信息管理数据库的建设上缺乏统一的设备标准、参数标准、接口标准,不能完全满足未来诉讼档案信息化的系统整合和数据供需要求。

3 推进法院档案管理数字化建设的对策

第一,全面检查历史卷宗。要以库藏档案数字化为契机,对历史卷宗进行全面检查。对档案实体残缺的进行登记处理,破损的由数字化加工机构进行装裱,对正副卷分装错误、页码有误的要进行登记调整,对目录不完整或目录顺序不一致的要进行必要的记录或标示。

第二,推进库存档案数字化。加强对库存档案历史卷宗扫描录入和挂接工作的组织领导,成立专项档案数字化工作组,明确各成员的职责和具体分工,严格执行档案数字化的相关标准和要求,实行档案数字化过程的岗位责任制,保证数据格式统一规范,数字化成果完整准确和安全可用。建立严格的卷宗交接制度,仔细清点核对实体档案数量,履行交接手续,确保加工前的检查、加工中的监督、加工后的验收每一环节的无缝隙监督管理,确保加工的数据顺利挂接,确保档案实体和内容信息安全。

第三,建立严格的卷宗评查、审核机制。把卷宗评查、审核纳入案件流程管理。要对立卷、归档、整理、借阅流程重新梳理、有效控制、合理优化、形成规范。要实现档案工作的前端控制和全程管理,统一诉讼卷宗整理标准,加强对书记员立卷工作的指导,保证其按照要求收集材料、排序、编页、装订、录入,从源头上保证卷宗质量。

第四,推进新生档案实时数字化。严格落实最高人民法院办公厅《关于推进人民法院档案数字化工作的通知》(法办〔2015〕161 号)规定的要求,实现新生档案实时数字化。新立案的各类诉讼案件的卷宗信息,包括案件从立案、审理到结案归档整个审判流程中产生的档案卷宗材料,均由电子档案录入中心或扫描室实行同步录入。新生档案归档时需重点检查纸质卷宗整理是否符合诉讼文书材料立卷规范的要求、页码标注有无遗漏或错误、备考表上立卷人和检查人是否签字、卷皮封条粘贴是否规范符合标准等。此外,还要检查电子卷宗扫描图像是否清晰可辨认,在核查无误后方可实现纸质卷宗与电子卷宗的接收归档。

第五,加强档案数字化工作资金保障。加大对档案数字化工作配套设施的投入,对于诉讼档案数字化加工采取外包方形式的,提前做好财政预算,确保资金落实到位,并尽快有序开展招投标、场地选择、设备购置、档案扫描、成品挂接等工作。

第六,加强档案库房数字化设施建设。建设规范标准的档案专用库房,设置能够满足查阅需要的阅览室,并配备计算机、打印机、复印机、光盘刻录机、桌椅等满足当事人查阅需求的基本设施设备。在档案库房和阅览室实施 24 小时电子监控。

第七,加强档案数字化工作培训。对现有档案人员进行信息技术、网络技术等现代管理技术的培训,满足数字化工作的需求,提升档案人员的信息化水平。

协助客户创建数字档案室实践探索与思考

徐海丹

杭州宇博档案技术有限公司

提　要: 根据浙江省委办、省政府办《关于加强和改进新形势下档案工作的实施意见》及省发展和改革委、省档案局《浙江省档案事业发展"十三五"规划》的要求,近几年来省内各级政府陆续出台推进数字档案室建设的相关文件,各级机关企事业单位纷纷响应开展数字档案室建设工作。随着参与实践项目数量的增多,逐渐积累了一套协助客户单位创建数字档案室的操作流程及关于共性问题的思考。该文从两个方面分别对数字档案室建设操作流程及共性问题进行介绍:一是协助客户单位创建数字档案室的操作流程;二是数字档案室建设过程中的共性问题及思考。

关键词: 数字档案室;建设流程;共性问题;对策

根据浙江省委办、省政府办《关于加强和改进新形势下档案工作的实施意见》及省发展和改革委、省档案局《浙江省档案事业发展"十三五"规划》的要求,近几年来省内各级政府陆续出台推进数字档案室建设的相关文件,各级机关企事业单位纷纷响应开展数字档案室建设工作。在开展档案整理及数字化加工服务过程中也逐步参与数字档案室建设工作,协助客户有计划、有规划地完成数字档案室的建设。通过不断的实践积累,总结出一套数字档案室建设的操作流程及过程中出现的共性问题。

1　数字档案室建设操作流程

首先,梳理本单位档案管理的基本情况,根据自身实际状况制订数字档案室建设的具体实施方案。

开展单位数字档案室建设之前应该对本单位当前的档案管理情况做系列梳理。主要包括单位针对档案管理方面是否有明确相关领导和部门进行管理,是否有出台相关的管理文件,是否有专门的档案室、配套硬件、软件设施,是否一直都有在规范化整理档案并进行数字化加工,等等。如上述情况皆具备,数字档案室建设的基础已在,只需针对性规范即可。但往往实际情况并非如此,较多单位一般只具备上述一项或两项，甚至基础为零。如遇此类情况就需要制订相对具体的建设方案，将上述相关事宜分解到位，规定到点，设置明确的完成时间表及给予配套经费。

其次，将数字档案室建设所需各项目内容进行逐项分解实施。

第一步，制订数字档案室相关的保障制度。包括：（1）将档案信息化纳入本单位信息化总体规划，明确分管领导和相关部门职责，配备专业档案管理人员；（2）制定档案数据安全保密制度、档案数字化安全管理制度、电子文件归档制度、涉密档案数据管理制度、数字档案室管理制度、档案数据上网发布审查制度、档案数据移交管理制度、本单位档案管理办法等。

第二步，配备数字档案室需要的硬件设备。包括：符合规范的档案库房，档案管理应用服务器，档案数据保管和备份设备，满足数字档案室系统必备的专用计算机、扫描仪、打印机和刻录机、移动存储介质，等等。

第三步，配备数字档案室需要的软件系统。该系统需要实现档案的收集、管理、存储、利用等基本功能，同时需与单位 OA 系统、业务系统有效对接，实现文档一体化管理。建议系统测试可与库存档案数字化加工同时进行，有利于系统功能与实际需求紧密结合。

第四步，制订档案数字化实施规划。主要针对单位各种类型室藏档案进行数字化加工的计划安排，如室藏档案数量较大，可将该环节外包给专业档案公司进行操作，以保证质量和效率。同时在该环实施过程中，数字档案室配套的档案管理系统应已上线，可第一时间将数字化成果上传系统进行测试。如发现操作流程、管理权限、数据库模块在使用上的欠缺问题，可进行及时调整，最大限度保证和匹配使用需求。

第五步，电子文件归档和管理。制定单位电子文件归档范围和保管期限，做好电子文件归档的日常监管。对具有保存价值的电子文件要及时归档，统一由数字档案室负责管理。对于电子文件的归档，建议通过系统实现。档案管理系统与单位 OA 系统、业务系统通过接口进行无缝传输，实现全流程管理。对于无法实现在线直接归档的，则需要通过介质定期收集归档。

第六步，邀请同级国家综合档案馆人员对本单位建设的数字档案室进行实地验收，保证其规范性。

最后，数字档案室建成后的日常维护管理与应用。

数字档案室建成后，需要做好数字档案数据的日常管理与维护，定期对载体及其软硬件环境进行检测，建立日志台账。根据需要，做好相应的数据迁移、转换工作。按权限为单位各部门和个人提供网络化档案目录和相关全文查阅服务。同时需做好数字档案室的数据登记备份工作。

2　数字档案室建设过程中出现的共性问题及思考

通过对各单位建设数字档案室过程出现的各类情况进行分析总结,梳理出以下几类问题及思考方向。

2.1　档案管理人员专业化问题

较多单位档案管理人员为其他岗位人员兼职担任,对档案收集、整理、保管等相关知识了解不够。建议档案管理人员每年需定期参加当地档案部门组织的相关岗位知识培训、新标准新政策解读、档案信息化培训、安全保密培训。同时单位也可提供岗位职称提升奖励,鼓励档案管理人员积极参与本岗位职称评定等。另外档案管理人员也可与档案管理系统开发人员定期开展系统功能完善、调整等沟通会,将档案管理系统进行不断的迭代。只有具备丰富的理论知识,积累实践经验,我们才能将数字档案室的管理做到井井有条,实现数据有效利用,不断提升信息化技术。

2.2　当库存档案数字化的任务量较大时易出现混乱

在数字档案室建设过程中如出现室藏纸质档案库存量大、年份久远的问题,较多单位在数字化加工安排时就会出现混乱。出现这类情况,主要原因是档案数字化加工时间较长,档案情况较复杂,涉及经费较大。为了不影响数字档案室建设进度,建议将数字档案室建设分 3 个阶段逐步推进。(1)根据当地同级国家综合档案馆要求,数字档案室建设考核会分为"数字档案室标准""规范化数字档案室标准""示范数字档案室标准"3 类。首先我们可以先实现要求相对较低的"数字档案室标准"。做到将档案信息化纳入单位信息化总体规划,明确分管领导,建立单位档案信息化管理制度;配备必要的档案信息化软硬件设施设备;室藏各类档案全部建立电子目录;将近年部分档案进行数字化加工;等等。搭建好数字档案室雏形。(2)"数字档案室"达标后,再实现室藏永久、长期(或 30 年)保存的传统载体档案数字化率不低于 60%;档案室提供数字档案电子目录和相关全文的查阅等,实现"规范化数字档案室标准"。(3)努力达到"示范数字档案室标准"。室藏永久、长期(或 30 年)保存的传统载体档案数字化率实现 100%;实现电子文件统一管理;实现数字档案开发利用网络化服务,在权限许可范围内在线查看电子目录和查阅相关全文。通过上述 3 步的逐渐推进,不仅可以使数字档案室建设不停滞,持续提升,还能较好地缓解资金压力。

2.3　电子文件归档问题

电子文件归档问题属于建设过程中的普遍问题,大部分单位的档案管理系统对于档案数字化成果的存储、查找、利用功能都已配备,但大多未实现与 OA 系统、业务系统对接,导致各类电子文件无法及时归档。实现电子档案全流程管理是我们的目标,基于业务系统的复杂情况,建议可以先实现档案管理系统与 OA 系统的对接,让一部分文书电子件实现全流程运行。待积累丰富经验,时机成熟时,再逐个实现业务电子件的全流程管理。对于当下无法实现全流程管理的电子件要及时定期通过移动介质在档案管理系统进行归档,同时电子文件归档必须符合四性检测要求。

数字档案室是全国档案信息化建设的主要抓手,建设好数字档案室有利于提高档案工作水平,有利于促进信息资源建设。通过不断的实践积累与探索,希望能让建设数字档案室的过程更为精准、高效、高质。

农村土地流转档案数据库建设研究

王亚芬

桐乡市农业农村局

摘　要:结合桐乡市土地流转实际,利用"互联网+"、地理信息等技术设计开发农村土地流转档案数据库,推进全市土地流转信息的数字化、动态化管理。在分析农村土地流转档案数据库建设意义、目标的基础上,提出农村土地流转档案数据库整体设计、系统架构与实现功能。

关键词:农村土地流转;档案;数据库

近年来,随着城乡一体化和农业现代化进程加快,大量农村劳动力向城市转移,土地流转面积不断扩大。截至 2022 年年底,桐乡市承包土地面积 43.13 万亩,土地流转面积 27.08 万亩,土地流转率达 62.8%。面对日益增长的土地流转供需,迫切需要加强流转信息管理和服务。为切实做好桐乡市农村土地流转管理,开展农村土地流转档案数据库建库工作,成为今年桐乡市数字乡村特色数据库建设的一项重要任务。笔者以农村土地流转档案数据库建设为研究对象,阐述了农村土地流转档案数据库建设的意义和目标,并详细探讨了数据库建库设计、系统架构及功能实现等内容。农村土地流转档案数据库的建立,可为今后桐乡市土地经营权有序规范流转奠定基础,为全省农村土地流转档案数据库建设提供借鉴和指导意义。

1　农村土地流转档案数据库建设意义

农村土地流转档案数据库的建设非常重要,不仅有利于保证农村土地承包经营权流转管理效率的提高,同时也有利于保证农村土地承包经营权流转管理工作的科学性和规范性,实现农村土地流转信息的动态管理。[1]

第一,可以有效解决当前土地流转碎片化、被动化的问题。建立土地流转档案数据库,能整合有效供需,加快土地流转的速度,充分释放土地价值,发挥市场配置资源的作用,为农民提供比较稳定、可观的财产性收入,真正提高农民流转土地的积极性。

第二,可以有效解决农村流转土地基础数据不清楚的问题。对流转土地的基础信息进行规范统一,更加详细、全面地分析集体土地利用现状,摸清底数,为推动后期规范土地流转经营权证的登记和发放工作、抵押贷款等提供依据。

第三,可以有效解决流转土地调查存储数据格式不统一的问题。制定土地流转档案数据库建设规范,确定数据库形式、引用标准规范、具体数据项以及数据属性结构等,有效解决了以往流转土地调查存储数据格式不统一的问题,为"一体化"平台的建立奠定坚实基础。

2　农村土地流转档案数据库建设目标

结合桐乡市农村土地流转管理实际情况,依托成熟的"互联网＋"、地理信息等技术,制定土地流转经营权的调查规程及数据标准,建立农村土地流转档案数据库,实现农村土地流转经营权登记管控的信息化、数字化和智能化。通过对已有农村土地流转经营权证的矢量上图、信息录入以及电子化扫描工作,建立图—属—档之间的关联关系,实现管理数据、业务数据和空间地理数据的一体化管理,全面掌控辖区内农村土地经营权流转情况,规范土地流转经营权证的登记和发放工作。

3　农村土地流转档案数据库建设规划与设计

3.1　数据建库流程

数据建库贯穿流转的调查整个过程,从调查摸底开始将每一步工作产生的记录和成果都以数据的形式录入数据库中,调查摸底产生的发包方信息、承租方信息、流转合同信息、流转地块测量结果等都按照不同的格式要求录入土地流转业务数据库。

3.2 基础数据库建设

直接使用在权属调查过程中形成的矢量地块,对矢量地块进行重叠、剖分处理。其主要内容包括:

(1)已有资料利用:以桐乡市已颁发的农村土地流转经营合同为基础,参考合同附图以及地块信息对流转地块进行矢量化上图,通过拓扑检查矢量数据,确保地块间无重叠、压盖等问题;对灭失或者未办理的农村土地流转经营合同将采用"实测+图解"的技术方法对流转地块进行量测。

(2)地块图形处理:对于未上图地块根据界址点叠加DOM,按照调查工作操作绘制地块。地块绘制过程中节点以捕捉界址点为标准。结合地块分割、节点调整、地块合并、地块沿线调整边线功能处理地块图形。根据摸底情况录入地块属性,包括地块编号、地块名称等信息,提取地块实测面积。

(3)权属信息关联:根据收集摸底信息,录入权属及地块信息,主要内容包括发包方、承租方名称、住址、流转方式、流转期限等流转信息以及地块名称、面积、四至、种植属性等地块信息,根据流转地块编码关联流转地块。

(4)基础数据形成:利用叠加行政区界线、最新高清数字正射影像图、永久基本农田保护区、高标准农田建成区以及粮食功能生产区等空间地理大数据信息,形成农村土地流转基础数据库。

3.3 数据整理入库

通过对现有数据、各类基础数据等已有涉及的业务数据的整理,确定参照比例尺、属性结构、空间参考以及精度等指标,在保证拓扑无错误、属性值域正确、信息表达一致等前提下,考虑到数据管理、存储、更新等因素,形成按指定格式分别存储。[2]

(1)图形数据处理:根据已有流转经营权证附图记载以及地块面积、四至关系等描述信息,参考最新影像对已有数据采用图解的方式进行矢量化上图。

(2)属性数据处理:根据已有流转经营权证以及流转合同记载信息进行语义一致化处理,统一数据类型、小数点位数、数量单位等信息,并补录数据及清理档案。

(3)逻辑关系重建:建立空间信息和非空间信息的关联关系,实现步骤为数据预处理、数据补录、图形与属性数据关联等操作。[3]对于地块数据,建立地块与流转合同之间空间信息和非空间信息关联关系,将现有的资料成果与地块、流入方信息进行关联。

上述整合与处理的数据以及影像,可作为系统基础空间底图,可以用于标定地块实体空间位置,构建完整的管理系统业务数据库。

3.4 数据质量检查

数据质量检查包括数据入库前检查、数据入库检查两部分。数据入库前质量检查指的是作业员或作业小组在数据整理过程中对单个行政村数据库质量的检查。数据入库检查是农村土地流转档案数据库数据入库之前进行的完整性检查。通过数据过程检查、最终检查以及作业员自检等多种方式保障数据检查成果的质量。

3.5 数据日常更新

数据库完成后新增流转需求的,在做好资料收集的同时开展调查入库工作,并参照已有数据标准完成图属档关联关系。对基础数据库做好更新维护工作。做好农村土地流转管理数据库日常维护、适时更新及备份等工作。

3.6 档案整理归档

对已收集到的土地流转经营权证发放过程的相关资料以及日常更新过程中形成的所有资料进行整理和归档,将电子档案推入流转管理平台,建立"图—属—档"之间的关联关系。通过档案系统建设,实现数字档案的查询管理。

4 农村土地流转档案数据库系统架构与功能实现

建成农村土地流转管理系统,实现对桐乡市农村土地流转信息的数字化、动态化管理。本系统整体框架由五层一体系两保障组成,包括基础设施层、数据层、支撑平台层、应用层、用户层、标准规范体系、信息安全及运维管理保障组成(见图1)。

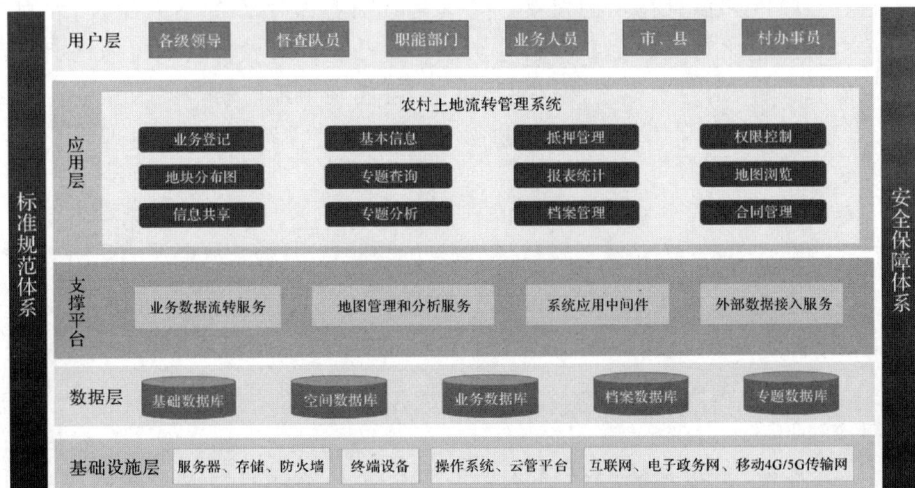

图1 农村土地流转管理系统总体架构

基础设施层：主要为上层的应用系统提供基础运行环境支撑，包括服务器、存储、防火墙、终端设备、云管平台、网络、机房环境和移动 4G/5G 网络等。本项目依托电子政务云平台网络环境部署系统应用。

数据层：包括基础数据库、空间数据库、业务数据库、档案数据库和专题数据库。基础数据库、业务数据库、档案数据库和空间数据库主要是为支撑上层各业务应用，空间数据库包括地块分布图、永久基本农田分布图等。专题数据是在基础数据、业务数据的基础上进行清洗、分类、挖掘、分析得到的，为决策分析提供支撑。

支撑平台：包括基础平台服务组件。基础服务组件是原有各类系统公共服务模块的沉淀，是系统应用处理过程中需要用到的基础的组件，如工作流处理、业务数据流转、地图管理和分析服务、权限管理服务和其他系统的对接接口服务等，有助于加速新应用的开发或实现数据共享交换。

应用层：主要为用户提供业务应用系统，在数据层、平台层组件的基础上搭建灵活、高效、可扩展的业务信息系统。目前主要包括桐乡市农村土地流转管理系统。

用户层：面向各级领导、管理人员等系统用户提供信息系统服务。

安全保障体系：整个系统平台安全稳定运行、服务顺畅执行的保障。加强两大保障系统建设，从系统安全角度、稳定运行角度，全方位保障政府服务效率和管理水平的提高。

标准规范体系：结合国家、省、市相关规范标准，建立相关数据标准体系。

5   结 语

随着互联网和信息技术的发展，尤其是政府数改工作的不断深入，农村土地流转档案信息化管理的重要性和迫切性日益凸显。对农村土地流转档案资源进行归集和整合，构建土地流转档案数据库，可实现土地流转档案信息资源有效共享，提高档案信息利用率，对于促进数字乡村建设、提升农业农村现代化水平具有现实意义。

注释

[1] 王建萍.关于天津市宝坻区农村土地经营权流转情况的调查与思考
[J].山西农经,2023(2):96-98.

[2] 辛修建,刘盟.农村不动产数据库整合方案研究[J].中国集体经济,
2019(31):12-13.

[3] 王君玲.不动产统一登记数据汇交整合技术探讨[J].矿山测量,2018
(1):89-93.

大数据时代诉讼管理档案信息化实施路径分析

沈　龙

宁波市中级人民法院

摘　要：随着信息化发展,推动诉讼管理档案信息化已经是大势所趋。该文探讨了大数据时代诉讼管理档案信息化的内涵意义和实施要求,分析了诉讼管理档案的电子化归档管理要求和信息化实施路径,以期给相关工作者一些参考。

关键词：大数据时代;诉讼档案;信息化管理

随着信息化发展,推动诉讼管理档案信息化已经是大势所趋。但从实际来看,诉讼管理档案工作与信息化手段相融合上还存在不少问题,需要进一步加强探索和研究,以助力我国诉讼管理档案工作长远发展。

1　诉讼管理档案信息化的内涵意义和实施基础

进入大数据时代,各行各业都在进行信息化应用和变革,法院的诉讼管理档案工作亦急需通过信息化手段进行提升和革新。诉讼管理档案的信息化,就是将诉讼管理档案的收集、整理、归档、提供利用全过程通过信息化的手段进行处理。通过诉讼档案信息化管理,可以进一步规范诉讼档案的收集和管理,提升诉讼档案利用服务水平,实现高效便捷的档案数据利用。

在推进诉讼档案信息化管理的过程中,需要档案工作者具备数字化思维,懂得利用信息化的手段来开展工作,具备将互联网与实际工作相融合的意识;需要法院部门深入推进数字化改革,加快诉讼核心业务的全流程数字化运行,从立案开始到相关材料和内容交接归档过程中采用电子化信息存档;需要结合诉讼档案管理的实际需求,对如何将各种先进技术手段融合应用于诉讼档案管理进行充分研究,对不同实现路径进行利弊分析和技术选型。

2　诉讼管理档案的电子化归档管理要求

电子化归档管理是实现档案信息化建设可持续发展的重要基础。对于诉讼管理档案来说,只有实现诉讼管理业务办理的全程电子化,才能真正实现诉讼管理档案的电子化,具体来说,就是要求法院等司法机关在进行案卷存档和调阅过程中实现电子信息处理,诉讼管理档案以电子化的形式进行交接和传递。因此,诉讼管理档案的电子化需要法院在诉讼案件的审判过程中,有诉讼案卷的电子版。另外,关于诉讼管理档案的电子化,从广义角度来讲,诉讼案件的信息化不仅仅包括案卷,还包括庭审的录像、电子版的证据等。总之,凡是涉及诉讼案件本身的相关内容都需要实现电子化。此外,为确保诉讼管理档案完整性、真实性,需要法院的相关工作者在立案、审理结束后,将案件形成电子材料,并以案件为单位进行整理。另外,诉讼管理档案的电子化采集来源包括诉讼案件全流程的电子材料,而不仅仅是诉讼案件办结或者其中的证据信息。因此,实现诉讼管理档案的电子化归档,需要档案人员对诉讼案件全流程信息进行收集,做到不重不漏。

3 实现诉讼管理档案信息化的路径分析

一是加强标准规范建设。制定和完善诉讼管理档案收集、整理、归档、调阅利用等工作规程,让诉讼管理档案的相关工作者在从事档案管理工作的过程中按照标准严格执行。同时,一个完善的制度规范体系不是一蹴而就的,需要在实际工作中不断摸索和迭代改善。二是加强档案信息化人才培养。定期组织档案工作者开展数字化工作能力的业务学习,培养他们运用数字化思维去处理工作,解决档案信息化管理中的实际难题。三是加强技术应用和平台建设。目前法院在归档整理过程中已经实现自动案件编号、形成电子目录,但是诉讼管理档案信息化远不止于此,还需要升级使用更加专业的电子档案管理平台,在保障平台安全、稳定运行的同时,对诉讼管理档案实现电子化、全流程的管理。四是保障档案数据安全。诉讼管理档案是我国重要的专门管理档案之一,国家对诉讼档案的安全性管理提出了很高的要求。因此,在实现诉讼管理档案信息化的过程中要高度重视信息和数据安全,聘请相关的技术人员定期对诉讼管理档案的电子平台进行维护升级,加强安全防护工作,保障诉讼管理档案实现信息化的同时也能够确保诉讼管理档案数据的绝对安全。

4 结语

综上所述,在大数据背景下,随着信息技术在各行各业的广泛应用,诉讼管理档案的信息化是大势所趋,它将推动诉讼管理档案工作不断走向便捷化、规范化、高效化,全方位提升档案管理服务水平,助力诉讼管理档案工作更好的发展。

民营企业电子档案管理困境分析及对策研究

颜晓燕

舟山市大昌预拌混凝土有限公司

摘　　要: 随着互联网发展和信息技术深入应用,对档案电子化的要求越来越高,国家政府层面也不断探索深化电子档案单套制改革,纸质档案与电子档案并存的"双套制"向电子档案"单套制"转变势在必行。当前民营企业电子档案管理的实际状况如何? 是否具备单套制改革的内在条件? 该文通过对民营企业电子档案管理现状的分析,寻找民营企业在实施电子档案单套制管理过程中的难点及困境,提出民营企业档案管理"双套制"存在的必要性,并提出切实可行的措施。

主题词: 民营企业;电子档案;单套制;困境;对策

2022年初,国家发改委发文,要求加快推进招投标全流程电子化,推动投资建设项目在线招投标工作高质量落地。文件要求不管是发布招标公告公示、下载招标文件、提交投标文件,还是开标、评标,抑或是异议澄清补正、合同签订、文件归档,全部要求走线上电子化流程,以扭转电子和纸质招投标材料双轨并行的局面。同时,随着浙江政务服务网、浙里建等政务服务平台以及办公自动化软件的全面投入使用,"无纸化"办公已然成为主流,推进电子文件单套制归档和电子档案单套制管理已经迫在眉睫。在这个背景下,民营企业电子档案管理该何去何从? 本文阐述了电子档案的内涵特点,分析了民营企业电子档案管理中存在的问题,并提出了针对性的对策和措施。

1　电子档案的内涵和特点

电子档案是指机关、团体、企事业单位和其他组织在处理公务过程中形成的对国家和社会具有保存价值并归档保存的电子文件。从理论上讲,电子档案和纸质档案具有同等的效用,但从实践角度看,电子档案在管理服务方面有其独特的优越性。电子档案具有以下特点:

一是处理效率高。电子文件从开始制作、修改、签发、流转、办结到档案的移交、开发再利用和长期保存等环节都可以全程数字化运行。

二是信息存储量大。随着科技进步,电子档案的数据来源越来越广泛,主要包括档案数字化、电子政务、内部办公软件、通用处理软件、业务软件等数据,其中,进行扫描、数字照相、摄像等数字化后产生的数据所占比例较大,电子档案存储量大幅增加,存储容量已经从吉字节级达到太字节级,甚至更大。较纸质档案来说,电子档案所占物理存储空间更小。

三是传输速度快。随着互联网的普及,电子档案的传输打破时间、空间限制,较以往通过邮寄、传真等方式传输,电子档案的传输范围更广,速度更快,可以供多人在不同地点同时使用,大大提高了档案利用率。

四是开发利用方便,受众面大。数字档案能够通过网络在线方式,进行实时流转和共享,激活档案中蕴藏的知识和信息,让更多人能够运用各种检索工具来准确、及时地选择、发现、定位所需的信息,实现更好的经济价值和社会价值。电子档案也大大降低了档案工作人员的劳动强度,使他们有更多时间和精力去从事档案的开发和利用。

2 民营企业电子档案管理中存在的问题

尽管电子档案有很大的优势,但由于其形成、管理需要具备一定的信息化基础条件,对档案管理人员的要求也更高,民营企业在实施电子档案管理过程中仍面临不少困难和问题:

一是对档案管理工作重视不够。很多民营企业主对档案管理工作重视不足,主要是因为民营企业未被纳入进馆名录,不在档案主管部门法定监管或行业条线档案部门直接指导的范围内,对投入资金做好档案信息化建设的积极性不高。

二是档案人员专业化程度不高。一些民营企业对档案工作的认识还停留在传统纸质档案阶段,认为管理档案不需要专业技术,要么没有配置专门的档案管理人员,要么配置的档案管理人员素质不高,对信息化设备、技术运用不熟练,难以满足电子档案专业化管理要求。如对建设项目招投标中产生的电子文件,哪些需要归档,如何归档,如何维护数据,等等,这些对民营企业档案管理人员来说都是一个新的课题,需要不断学习来提升工作技能。

三是电子档案安全管理存在隐患。电子档案在传输利用过程中快捷、方便,但也会存在很多不确定因素:电子档案的真实性、完整性、可靠性、可信性很难辨别;传输过程中被误删、被黑客攻击等情况难以直观地发现和管控。

四是存储管理电子档案的条件跟不上要求。大部分民营企业无论从技术、设备、人员、环境等各方面来说,实行电子档案管理的软硬件基础条件还不成熟。

3 推进民营企业电子档案管理的对策和措施

综上所述,尽管国家已经出台法律法规,电子档案的法律效力也已得到确认,电子档案单套制改革正在逐步推进,但从民营企业实际看,纸质与电子"双套制"管理还是主流,两者将在较长时间内共存。因此,在这个阶段应重点做好以下几个方面:

一是加强过渡期的试点探索。双套制管理模式下纸质档案与电子档案将长期共存,民营企业在这个阶段的档案信息化程度普遍不高。因此,这个阶段应以积累经验、试点摸索为主。

二是加快推进纸质档案数字化。加快传统载体档案的数字化进程,加快建设以数字档案为主导的档案资源体系,推动档案管理服务工作逐步向数字化、网络化转变,实现档案资源逐步由完全纸质档案向纸质档案与电子档案并存的状态转变;逐步从完全依赖纸质档案向以日常查档、利用电子档案为主转变,纸质档案逐步成为备份。

三是重视企业档案管理人员继续教育,通过"线上+线下"继续教育,为企业档案人员提供专业素养需要的课程,注重实用性,突出以新知识、新技术、新理论为方向的课程内容,提高档案管理人员信息维护能力,提升电子档案安全性。

四是加大档案信息化软硬件支持与投入。《档案法》第三十六条提出:机关、团体、企业事业单位和其他组织应当积极推进电子档案信息系统建设与办公自动化系统、业务系统等相互衔接。因此,民营企业应加大电子档案信息系统配套建设力度,加快与办公自动化、业务管理系统的衔接应用,以确保电子档案管理工作的顺利推进。

数字化改革背景下建筑设计单位工程建设项目电子文件单轨制归档管理研究

蒋 菲

浙江省建筑设计研究院

摘 要: 建筑设计单位工程建设项目文件存在纸质管理成本高、文件质量把控难、管理方式不精细等问题。在数字化改革背景下,该文提出实行电子文件单轨制归档管理,并对建筑设计单位工程建设项目归档范围内的电子文件进行分类,区分为其自身单独产生的文件、其他建设主体主导产生的文件、政府部门产生的文件三类,通过建立内部协同设计管理系统和对接外部归集场景,保证工程建设项目电子文件归档的齐全、完整和规范。

关键词: 建筑设计单位;工程建设项目;电子文件;单轨制;归档管理

1 建筑设计单位工程建设项目文件归档管理问题分析

第一,存储介质有局限。从现阶段我国建筑设计单位档案信息化建设工作的实际情况看,档案信息的来源还是以纸质档案为主。[1]纸质工程建设项目文件管理在现实工作中有诸多不便,如纸质文件占用档案室库房面积大、保存成本高、整理立卷和查档利用效率低。

第二,质量管控不足。在归档范围内,建筑设计单位自身产生的工程建设项目文件往往存在签字盖章缺失的问题,而非建筑设计单位自身产生的文件存在原件收集难而以复印件代替、文件形成情况无法掌握导致归档不齐全等问题。

第三,管理方式低效。人工填写移交清单易出现条目缺失、条目不明的问题;档案人员清点归齐文件时需与设计人员多次沟通确认,耗费大量时间精力;部分未签字盖章的电子版文件在管理中随签字盖章的纸质文件一并移交,档案质量参差不齐,增加了档案人员登记管理工作量。

2 数字化改革背景下实现建筑设计单位工程建设项目
电子文件单轨制归档管理的实现路径分析

第一,电子文件单轨制归档管理的内涵。电子文件单轨制归档管理即在数字环境中仅以电子方式运行和保存电子文件的全流程,包括生成、办理、归档管理、移交、保存和利用等业务活动,即实现文件归档、档案的全程无纸化,而不再同时生成、办理和保存纸质文件。[2]纸质文件和不规范电子文件的混合归档管理容易带来诸多问题,亟须通过数字单轨方式来实施电子文件归档和电子档案管理。

第二,单轨制归档管理的电子文件来源分析。对建筑设计单位工程建设项目归档范围内现有文件进行溯源分析,根据文件生成主体,梳理出建筑设计单位单独产生的文件、其他建设主体主导产生的文件、政府部门产生的文件三类。针对不同类别文件开展不同的管理方式,可以推动文件管理专业化、科学化、便捷化发展。[3]

第三,电子文件单轨制归档管理的主要依据场景。随着浙江省数字化改革的深入推进,在工程建设领域探索开展了工程建设项目电子文件全过程管理改革,目前已建立省级工程建设项目电子文件归集场景,涵盖立项文件、监理文件、施工文件、竣工图、竣工验收文件五大类文件,涉及建设单位、设计单位、施工单位、监理单位、勘察单位、各政府部门等多方主体,为建筑设计单位获取相关电子文件、开展单轨制归档管理提供了数据来源和技术实现路径。

3　数字化改革背景下实现建筑设计单位工程建设项目电子文件单轨制归档管理的具体措施

第一,对建筑设计单位单独产生的文件,通过线上单轨形成和归档。工程建设项目一般都要经过方案设计、初步设计、施工图设计几个阶段,每个专业一般都要经过定案、设计、校对、审核、审定的过程,设计工作流程、人员职责、文件签署等一般都有制度规定。[4]建筑设计单位可以根据标准化设计流程开发协同设计管理系统,实现单位内部电子文件的规范生成,如施工图、计算书、校审记录、联系单(设计单位出具),在完成设计单位线上的内部审查后,根据需要完成相关文件的线上外部审查。

第二,对其他建设主体主导产生的文件,通过场景共享获取并归档。对于由建筑设计单位与建设单位、勘察单位、施工单位、监理单位等多方共同形成的文件,可通过对接数字化改革背景下建立的省级工程建设项目电子文件归集场景获取,如图纸会审记录、联系单(施工单位、建设单位出具)、竣工验收文件(含报告、会议纪要、专家组意见、证书、备案表等)。

第三,对政府部门产生的文件,通过场景共享获取并归档。可通过对接数字化改革背景下建立的省级工程建设项目电子文件归集场景获取,如立项文件、选址规划意见通知书及附图、人防、环保、消防等有关主管部门审查意见、施工图设计文件审查意见。

实际操作中,在工程建设项目归档范围内,对建筑设计单位单独产生的文件应尽量做到全部电子化,对其他建设主体主导产生和政府部门产生的文件,通过省级归集场景对接并做到电子文件应归尽归。

4　结语

工程建设项目电子文件的单轨制归档管理有利于提高电子文件归档的效率,提升电子档案管理和利用的便利度,促进档案工作的有序高效开展,减轻档案人员的工作负担。在数字化改革背景下,建筑设计单位应抓住机遇做好工程建设项目电子文件的单轨制归档管理,通过归集场景获取其他建设主体和政府部门产生的电子文件,重点做好建筑设计单位自身产生文件的单轨制运行和电子化生成。在单轨制模式下,依托不断产生的大量设计文件及海量设计数据,将为以后建立建筑设计单位工程建设项目知识库打下坚实基础,更好践行新时代的使命和担当。

注释

[1] 邹秀琼.建筑设计单位档案管理信息化建设研究[J].办公室业务,2019(10):91.

[2] 冯惠玲.走向单轨制电子文件管理[J].档案学研究,2019(1):88-94.

[3] 赵惠芹.信息化时代勘察设计单位档案管理工作研究[J].办公室业务,2022(1):75-77.

[4] 李昂.对建筑设计单位设计成果文件单轨制管理的思考[J].城建档案,2020(5):61-62.

医院档案数字化建设问题与探析

俞　颖

绍兴市人民医院

摘　要:社会经济的发展及公立医院改革的不断深入,对现代医院管理提出了更高的要求。医院档案管理工作是医院管理不可或缺的重要组成部分。在"互联网＋"时代背景下,医院档案管理与信息技术相结合,努力实现医院档案数字化发展目标,是现代化医院档案管理建设与发展的必然趋势和客观要求。该文重点对医院档案数字化建设的意义、问题、措施等方面进行分析,提出实现医院档案数字化管理的新思路。

关键词:医院;档案管理;数字化建设;问题;对策

医院档案是记录医院日常工作、运营、发展历程以及积累相关临床实践成果、科研成果的重要载体,是医院各项活动的历史记录,能够为医学各项工作的开展提供丰富的资料和数据,包括文书档案、会计档案、声像档案、设备档案、科研档案等门类。进入大数据时代,加快医院档案管理数字化建设刻不容缓,需从多层次、多视角加强研究,为医院档案工作创新发展提供驱动力。

1　加强医院档案数字化建设的重要意义

1.1　提升医院档案管理便捷化、规范化水平

在医院档案中,涉及信息较多,传统的医院档案管理以纸质、人工的形式为主,管理人员需负责档案的整理、归类、保存以及查阅等,除耗费大量的人力资源外,在管理中还容易出现纰漏。基于此,引入档案数字化工程,借助信息技术,可有效提升各类档案管理效率,充分利用数字化管理便捷性、自动化及高效的优势,保证医院各项业务规范有序开展,提升医院档案管理的规范化、智能化水平。

1.2　优化档案管理服务工作质效

医院工作流程复杂、形成的档案数量较庞大,给档案管理人员的工作带来不小挑战,在海量的档案中查找需要的信息非常困难;此外,传统的纸质化档案管理方式,在使用过程中需考虑到对原件的保护问题,以及管理效率的提升。在医院档案管理中通过应用信息技术,不仅能有效地避免档案原件的磨损问题,而且借助于强大的搜索引擎,还能达到快速检索和查找相关档案信息的效果。[1]因此,开展档案数字化建设,有助于在医院档案管理各环节以计算机技术为核心,在线完成档案存储、管理、利用等工作,提高工作效率,降低出错率。

1.3　提高医院档案管理的安全指数、降低管理成本

传统的纸质档案,不仅管理成本高、投入人力资源较多,对存储空间要求也多,而通过对档案进行数字化处理后,纸质档案转变为电子档案,可有效缩减纸质档案的存储空间及纸质材料的消耗。如目前很多政府部门采用的公文流转后一键归档功能,极大促进了档案数字化建设。推进医院档案信息化建设,可促使档案存储及传递实现电子化,让存储更具便捷性、持久性。同时,也可进一步实现备份、复制及传递,不受人力和空间的局限。

1.4　实现档案信息资源的充分共享

借助各类信息技术构建完善的档案管理网络平台,医院内部各部门充分做好联动衔接,实现内部信息资源交流共享、互补,从而提高档案资源管理质量,凸显其资源实际应用价值。

2   医院档案数字化建设现状和存在的主要问题

2.1   专业档案归属权责不清

目前,我国医院档案主要包括文书档案、病历档案、人事档案,此外还有会计档案、设备档案、科研档案、照片档案、实物档案等,在管理模式上多采用各科室分管的状态,如文书档案归入办公室、人事档案归入人力资源科室,病历档案归入病案室、医学影像图文档案等则由各医技科室自行管理。这造成医院档案保管机构重叠、档案分散保存,由于没有专职档案管理人员及管理人员缺乏档案管理业务知识,部分专业档案管理不规范,给档案的安全保管带来风险,给档案利用带来诸多不便。随着医院档案数量大幅增加,多部门分散管理的模式必将导致部分档案归属权责不明的局面。传统的档案分管方式已经无法适应新时代的发展,档案信息化建设已迫在眉睫。

2.2   制度标准体系建设滞后

因医院档案的内容繁杂、载体多样,医院档案的数字化建设面临着诸多难题。一是医院档案信息化建设缺乏统一规划,制度标准体系还较为滞后。如各家医院档案管理软件、档案管理信息系统多种多样,各种系统及模块之间兼容性较差。二是医院各部门业务相对独立,各自管理着较为独立的系统,给数字档案资源的归集共享带来难题。如人事档案管理系统、财务档案管理系统、物资管理系统、医疗业务系统等,各部门的档案信息资源相对成为独立的"孤岛",档案信息资源不能实现有效共享。[2]

2.3   电子文件归档管理模式有待改进

当前医院各类专业电子文件的归档管理模式还在探索推进中,对于电子文件的归档范围、分类方法、整理规则、保存介质等细则未进行明确,导致医院部分珍贵电子档案的散失和破坏,给业务工作持续运行带来影响,也制约了医院数字化建设进程。

2.4   档案信息泄露和安全风险日益突出

大数据、云计算等新兴技术的兴起,增加了档案信息泄露和数据安全风险。若档案信息泄露会产生严重的损失,目前各类防护系统安全系数是否符合相关标准、网络安全是否可靠,均是档案信息化建设需考量的问题。一方面,档案管理逐步趋于无纸化,电子档案易被复制和修改,实际应用环节安全性难以保证;另一方面,部分医院并未及时做好档案管理人员培训,人员信息化管理水平较低,一定程度上影响了医院档案管理信息化建设安全问题。

3　加强医院档案数字化建设的对策措施

3.1　明晰权责,实现档案资源统一管理和共享

要加强医院档案管理数字化建设的顶层设计和总体规划,明确权责划分。要定期对档案工作人员开展数字化专项培训,提高档案人员专业素质和水平,统一归档标准。各部门要明晰各类文件归档基本要求,第一时间将自身工作数据信息反馈至相关档案库内,保障档案信息完整性及真实性,发挥好档案自身价值。此外,建议服务器系统可使用虚拟化技术,促使资源实现虚拟化管理,并促使资源应用分配更具灵活性;档案数据存储主要通过虚拟化技术构建完善的存储资源库,实现档案数据资源统一化管理。[3]

3.2　完善制度,全周期规范数字档案管理流程

档案标准规范化建设,是档案文化建设的重要规程,要做好对各档案电子文件的形成、归档以及对电子档案信息资源标识、描述、存储、查询、交换、网上传输和电子化管理等各方面工作。每一个方面都应该制定标准、规范,并由专人指导实施,以确保计算机管理的档案信息和网络运行的安全、畅通和查阅使用的轻松便利。[4]医院应完善档案数字化建设制度和流程,完善制度体系,规范档案数据采集管理和电子文件归档管理流程。

3.3　突出实效,增强电子文件归档管理的可操作性

当前,由于缺乏对电子文件管理的充分认识,许多电子文件规范制度不具有可操作性。电子文件管理相对于传统纸质文件管理,包含了许多计算机领域中的技术,有软件层面的也有网络层面的。此外,由于电子文件通过网络传输,因此在进行电子文件归档时,还需要包含数据安全和数据备份策略,并在此基础上规范电子文件形成和归档的流程,从而实现建设符合要求的数字档案室。

3.4　守牢底线,高度重视档案数字化安全管理

医院档案数据信息量较为庞大,档案信息资源的使用率高,需要以支撑医院各项核心业务为中心构建一个完善的档案数字化运行体系。在复杂的"互联网＋"环境下,医院档案和信息化部门肩负着更大的责任,需要有效控制相关风险,避免因档案供给不及时、不准确和不全面造成的问题,降低档案信息资源共享时存在的风险。一方面,要加强信息系统和网络安全建设,做好档案数据的安全存储和网络访问控制;另一方面,要加强档案安全保密管理,按照最小化可控

原则,在数字档案利用时仅开放查阅功能,原则上不得复制,不得将电子档案载体外借。要把握档案风险管控的关键点,提高档案风险控制的科学性,从根本上杜绝医院档案数据信息共享带来的各种潜在风险。[5]

3.5 强化保障,加大数字化软硬件建设力度

信息化基础设施是医院档案数字化建设的基础,需不断更新医院信息化基础设施配置,加大资金投入力度,引入先进适用的档案管理硬软件设备,实现档案无纸化存储。机房建设需满足我国相关标准,保证其建设安全性,同时要加强云计算技术应用,构建完善的内部云平台。要积极应用大数据、人工智能等新技术,构建档案数字化、网络化、智能化运行环境,为档案数字化管理奠定良好的软硬件基础。

综上所述,在"互联网+"时代背景下,加强医院数字化档案建设是大势所趋,是医院现代化管理发展的必然选择,是新时代档案管理的必由之路,将为促进医院全面高质量发展贡献档案力量。

注释

[1]段艳丽.档案信息化建设在医院档案管理中的价值及地位[J].办公自动化,2023,28(2):53-55.

[2]王欢.档案管理模式改革在医院档案管理中的应用[J].安徽农业大学学报(社会科学版),2014,23(4):66-69.

[3]余杰,张文华.医院档案信息化建设研究[J].黑龙江档案,2022(6):251-253.

[4]薛秋娟.探索信息化条件下档案文化建设的重要性[J].档案记忆,2023(4):61-63.

[5]王前.新医改背景下医院档案管理思路探讨[J].黑龙江档案,2023(1):122-124.

政务服务电子文件归集问题探析

——以越城区文化艺术类校外培训机构审批为例

徐爱玉

绍兴市越城区文化广电旅游局

摘　要: 行政审批中发现,文化市场运行主体日常审批在线办理时,随手拍、随意填的现象很普遍,政务服务人员更多考虑审核需要,对电子文件的形成把关不严,从而导致清晰度不高、背景色过多的政务服务电子文件占比极高。直面政务服务电子文件归档现状,梳理成因,寻找策略,有助于在政务服务领域推动电子档案工作开展。该文从越城区文化艺术类校外培训机构政务服务电子档案现状、如何开展政务服务电子文件归集两方面来探究。

关键词: 政务服务;电子档案;电子文件归集

随着"互联网＋"时代的来临,掌上办、网上办的普及,浙里办在线办理的业务触角已涉及百姓工作、生活方方面面,足不出户,轻松完成政务服务申请事项在线办理很常见。作为审批职能部门,如何从电子档案工作开展角度看待审批主体设立的政务服务推进过程,并适时宣传、指导,有待进一步探讨。

1　政务服务电子档案现状

政务服务电子档案是数字化时代电子档案的有机组成部分,是广大审批事项申请者接触、参与档案工作的一个例证。政务服务电子档案的优劣,直接影响到电子档案工作开展的好坏。

1.1　政务服务与百姓工作生活息息相关

随着浙江政务服务网的不断推广、浙里办 App 的更新迭代,审批事项范围已涉及百姓工作、生活方方面面,政务服务与百姓工作、生活息息相关。

首先,网上办、掌上办,轻松办事。浙江政务服务网网页"越城区"界面,政务服务事项按一网通办、个人服务、法人服务、部门服务、服务清单等模块分类列表,个人服务审批事项又按热度、主题、生命周期、部门等主题呈现。生命周期主题事项又涵盖结婚生育、教育、就业、就医、置业、退休养老、身后事等方面。随着网上办、"互联网+"时代的来临,加之手机端浙里办 App 的盛行,点点手机屏幕,掌上随意查、轻松办已是现实场景;点击电脑鼠标,一网通办已成办事常态。

其次,电子档案素材采集的参与度高。政务服务事项审批,申请人提交申请前,需要上传涉及事项申请表,而申请表作为电子文件进入审批系统,一旦审批通过,流程结束,电子文件归档后即形成政务服务电子档案。随着政务服务事项涉及工作、生活、学习等方方面面,参与人员队伍庞大,电子档案素材采集的参与度自然就高。

1.2 政务服务电子档案素材,质量参差不齐

政务服务电子档案素材,由申请者采集并按要求生成,因申请者对材料生成要求把控度不一,导致质量高低不同。

首先,上传材料随手拍、随便拍现象普遍。

"互联网+"时代,掌上办无处不在,申请者随手拍、随便拍的现象比较普遍,审批对象主要着眼于申报材料从无到有的过程,至于图片拍摄时是否对焦拍摄内容、拍摄构图是否美观,大多不在考虑之列,从而导致照片清晰度较低,背景色较杂,大大影响了电子申报材料的可视度。笔者对越城区 218 家文化艺术类培训机构准入审批电子档案情况进行统计,结果如表1、表2所示。

表1 越城区文化艺术类校外培训机构审批材料情况

申请表输入方式	办件数/件	占比/%	材料处理方式	办件数/件	占比/%
手写	133	61.01	拍摄	169	77.52
电子	85	38.99	扫描	49	22.48

表2 越城区文化艺术类校外培训机构审批材料拍摄情况统计

拍摄情况	办件数/件	占比/%
美观、清晰	5	2.96
背景色多或清晰度低	117	69.23
背景色多、清晰度低	47	27.81

从统计数据来看,作为重要审批材料的申请表,手写的占比约 2/3;拍摄作为上传材料的主要处理方式,约占总数的八成,其中不美观、清晰度低的约占总数的 97%。

其次,上传信息忽略核实环节。

除了政务服务申报代办中介,一般政务服务审批事项由审批主体法定代表人或是主要负责人负责咨询、准备材料、提交申请,对他们而言,不同事项申报的

经历多为一次性,因而具有不可复制性。填写申请表、编辑信息时,哪些需要特别关注,得核实无误。心中无底,也就无经验可借鉴,从而造成上传信息有瑕疵,加之政务服务工作人员业务繁忙,有些信息核实环节也会有所忽略,导致申请表及系统上的基础信息与实际有出入,大大制约了电子文件的客观真实性。

最后,集中准入业务量大,把关不严。

文化艺术类、科技类、体育类校外培训机构,是目前浙江省非学科类校外培训机构的三种存在形式。这三类机构,是继"双减"之后,改变过去"由市场监督管理局(或民政局)注册登记即可开展培训"为"须先经业务主管部门许可,再进行企业(或民办非企)注册登记"的新局面。按"双减"政策、要求,三类存量机构得在浙江省校外培训机构审核系统完成网上承诺申报,经业务主管部门审核通过后方可开展培训活动。文化艺术类校外培训机构按省文旅厅的工作安排,需要在 2022 年 8 月下旬至 9 月底完成承诺准入。截至 2022 年 9 月底,越城区共有 193 家存量机构完成承诺准入。具体准入时间如表 3 所示。

表 3　越城区文化艺术类校外培训机构审批情况统计

审批日期	审批数量/家	审批日期	审批数量/家
8 月 31 日	17	9 月 6 日	29
9 月 7 日	13	9 月 9 日	17
9 月 13 日	6	9 月 14 日	9
9 月 16 日	12	9 月 19 日	10
9 月 22 日	21	9 月 26 日	14
9 月 29 日	45	其他时间	25

文化艺术类校外培训机构审批,按审批流程设置,由县级文化旅游部门和教育部门联合审核、现场评估后再许可办结。从材料初审到平台信息的核实,再到受理,现场踏勘、办结,每个审批流程环节的推进,都需要两个部门联动,最后联合签署公章后再出具有关许可决定书。一家审批办结,操作环节就多;一天审批几十家,面临的巨大压力,可想而知。集中准入阶段业务量大,把关不严,导致报批电子文件瑕疵众多,是很自然的存在。

2　如何开展政务服务电子文件归集

与档案管理部门不同的是,政务服务审批过程中可以将电子档案管理工作溯及"电子文件形成阶段",做好电子档案管理工作的前端控制,确保电子文件的完整齐全、真实可靠,让文件的源头控制成为档案全过程管理的必要环节,从而规范开启电子档案的全程管理。

2.1 全面规范政务服务,促进电子文件形成

政务服务人员在审批过程中,应达成思想上、行动上的统一,全面规范政务服务操作,全力促进电子文件规范、客观形成。

首先,政治上提高站位。

随着政务服务网审批与电子档案形成的关联度越来越高,因工作职责所在,工作人员在政务服务电子文件的归集、整理、归档中,即拥有了电子档案工作人员的新身份。故政务服务人员应从政治上提高站位,在思想上高度重视,从档案工作开展的角度,着手规范地推进电子文件的形成、归集、整理、归档,从而推动电子档案工作的有序开展。政务服务人员应努力将电子档案工作融入日常审批工作中去,在市场审批主体中做好关于电子档案工作的宣传,身体力行地为推动新时代档案工作贡献力量。

其次,模板上规范充分。

政务服务审批事项中,准入所需材料多数提供模板,如需要规范的申请表、四类人员声明均提供空表和样张,但个人举办者声明、个人履历表、设施清单及委托办理的委托书没有提供,政务服务工作人员通过群发、私发的方式提供补充样张,为每一位报批者提供统一模板,形成统一样本,做好电子文件规范生成的部署工作,杜绝电子文件规格的五花八门。

最后,操作上排除干扰。

政务服务因面向企业,面对群众,审批工作量存在诸多不确定因素。面对审批群体不断扩大、业务量剧增的情况,政务服务工作人员应尽量在操作上排除干扰,认真把关,谨慎审核,负责任地对报批材料质量低下、信息有出入的机构做出不予受理的决定。

2.2 加大档案工作宣传力度,确保电子文件规范

政务服务审批中,努力让每一位经办人认识到,网上在线办理提交的材料,就是电子文件,即日后归档的电子档案。加大档案工作在审批主体中的宣传力度,将有利于电子文件的规范生成。

首先,思想认识到位。

报批经办人,作为电子档案素材的第一经手人,思想上,得站在"我来参与档案工作,我为档案工作出力"的战略高度,去看待网上提交的所有材料。只有思想上认识到位了,才可能有实际行动。

其次,操作步骤到位。

随着掌上办、网上办的深入人心,加大对图片拍摄清晰、构图规范的宣传力

度,强调审批条件准备的预备动作,逐步引导并营造报批者认真拍摄、用心构图、上传原图的良好局面,积极倡导扫描上传,引导操作步骤落实到位,从而提高政务服务电子文件质量。

最后,信息真实有效。

报批者填写申请表,有关人员签署声明时,应本着实事求是的原则,提供客观、真实、有效的信息,并注重核实环节,杜绝一切造假、编造、杜撰的信息。加大"提供不实信息,将承担相关法律责任"的舆论宣传力度,将有利于营造信息、数据真实填报的良好审批环境。

政务服务电子档案作为电子档案管理的有机组成部分,其科学、规范的管理必将助力开创档案工作新局面。本文主要通过对政务服务电子文件归档现状及成因的梳理,进而提出策略,加大宣传力度,加强操作指导,优化形成路径,使其更好地发挥作用。

工程档案数字化整理优先的理论与实践初探

——以杭州之江城市建设投资集团有限公司为例

曹　亮

杭州之江城市建设投资集团有限公司

张慧君　夏航春　唐志波

杭州赞诚档案管理咨询有限公司

摘　要:该文从多角度重新审视档案的表达理论以及整理过程,同时研究了其他单位档案整理规范,根据杭州之江城市投资有限公司的工程档案的特点,提出档案尚未收集完整时便同步进行数字化扫描后整理的方法,即数字化整理优先的档案整理方法。结合自主开发的软件,详细描述2017—2022年度300余个工程档案的整理过程,供业界参考。

关键词:数字化优先;动态同步;可视化管理系统

1 档案表达理论中部分概念的重新审视

1.1 档案编页

在档案整理过程中,为了表达每一页档案所在的相对位置以及总页数,通常在每一页有内容的档案材料页(有效档案页)右下端进行编页,表达该页在卷中或者卷内件中的页次,对此我们定义为"页次码"。

对于存量档案,页次码可以认为是档案原貌内容的一部分,但是对于新增档案,页次码的含义则不同,它是用来表达排序而已,是档案整理过程中赋予的。所以除传统的先编页后扫描的整理方法外,杭州市城建档案馆等单位还采用了先扫描,页次码统一采用电子编页,在线审核后,再根据现有的电子页码对纸质档案依次编页,实现数字化档案和纸质档案页次严格匹配的方法。从档案表达理论看,这种方法无疑是符合逻辑的,也是科学的。

1.2 档号章

部分卷内件需要单独存在,不宜以卷装订成册。比如竣工图,通常每张图纸独立成件,折图后依次叠放在档案盒中,无须装订。另外比较典型的有各类合同,通常也单独装订成册。在这种情况下,每件纸质档案需要盖上档号章,内容应包括档号和件次序号。

同样地,对于存量档案,档号章可被视为档案原貌内容的一部分。但是对于新增档案,档号章是在档案整理过程中赋予的,仅为了方便使用者查阅实体档案材料,待使用者查阅后档案管理人员再根据档号章把档案放回各自的档案盒。然而在数字化档案管理系统中,因为每一卷和每一件所处的位置都是结构化的,非常明确清晰。所以,杭州市城建档案馆规定进馆档案无须盖档号章,因为档案馆采用的档号管理非常独特,在整理过程中,采用标准化的卷号(见下述),成品则采用馆藏大流水号,且调阅以电子档案查询为主。另外,我们考察了其他企业的管理办法,他们采用了科技卷的普通档号表达方法,即"全宗号—分类号—卷号",在卷内件整理时,通常找空白的地方盖上档号章,其中文字类的建议盖在件首页的右上方,图纸类的建议盖在图纸背面,方便实体档案查阅后迅速归位进盒。档号章信息可以不用进入扫描件。

无疑,这些档案的表达方式都是符合逻辑且科学的。

1.3 案卷题名

档案卷题名的拟写通常有 3 个要求:高度概括卷内有内在联系的所有件的内容;有项目名称;总字数不超过 50 字。这种表达方式由来已久,且有它的实际意义,便于实体档案的利用。

　　然而,在双套制时代乃至目前在推行的单套制(数字化档案)中,这种卷题名方式已经需要改变,原因很明显,因为目前查询档案通常使用更加便利的数字化档案管理系统,通过件题名或者双层 PDF 提供的关键词进行搜索,案卷题名仅供参考。杭州市城建档案馆对于卷题名率先采用了标准化,把所有档案分类为五大类,又称为 5 个阶段,可视为 5 个分类号。每个分类号下的卷号为限定性数字(如果需要分多盒或者多卷,增加小按卷号,比如 4.1,4.2,等等),且对应"标准"的案卷题名,比如"有关立项的会议纪要、领导批示"等。这种做法颇有争议,但益处却是非常明显的,它减少了卷题名的随意性(或者说随机性,因为拟写卷题名的人员水平不同,卷题名呈现了一定的随机性),同时查找非常便利,根据有限的分类号和标准化案卷题名直接找到相应的档案材料,无论是实体档案材料还是数字化档案。

1.4　元数据

　　元数据由三大类数据组成:档案表达本身需要的数据字段,包括卷和件的题名、页次或者页数、保管期限、件的数字化文件大小等;档案整理过程中,每一卷(件)的每一个整理工序的相应数据记录,包括谁在什么时间用什么工具(比如扫描仪,型号和厂家)整理以及完成质检;档案成品的管理数据,比如借阅、调档、销毁等记录。

　　如果说档案最重要的功能是实现事件的记录和溯源,那么元数据则是对档案本身从形成到销毁全生命周期的记录和溯源。

　　元数据的第一部分,目前在业界各单位采用的数据字段各有不同,但第二和第三部分在目前的行业中则没有引起足够的重视,基本是缺乏的。

2　全过程可视化档案整理过程管理系统的顶层设计

　　基于上述对档案表达和档案整理的再认知,我们设计了以数字化优先的档案管理系统。

　　首先,我们在系统里把档案的表达解析为树状结构,称为"正式结构树"(相对于整理平台的"临时结构树",见后文定义)。我们把档案解析为 4 层结构,依次为项目名称、分类号以及说明、卷号以及卷题名、件次序号以及件题名,其中在最后一级可以直接点击阅览件的数字化内容。

　　其次,我们在整理平台模块中,设立了对应的"临时结构树"。"临时结构树"能动态呈现截至目前收集到的材料,以卷和件的方式直接进行数字化处理。后续补充进来的可以继续在临时结构树中增加卷节点和件节点,然后直接进行数字化整理。其中卷号和件次序号,以及页次序号的动态排序,由系统智能化自适应完成。系统提供批量卷合并、件移动等可视化操作功能。同时,系统利用OCR文字识别功能提供可视化下通过直接复制粘贴录入件条目的操作界面。当收集完成之时,便是数字化档案整理完成之时。

最后,我们给档案的元数据共100多个字段设计了人机交互智能化处理手段,可完整记录档案整理全过程的所有数据。

3 档案整理过程

杭州之江城市建设投资集团有限公司2017—2022年度有300余项工程档案,由3部分组成:一部分为库存尚未进行档案整理的文件材料;一部分为从各业务部门收集进来的文件材料;最后部分为档案整理过程中发现需要补充的文件材料。

首先,对第一部分文件材料根据国家规范,动态完成整理分类,分件和对应的卷,以预立卷方式装盒并标注目前的档号(分类号和卷号),然后直接进行数字化扫描,进入系统的"临时结构树"。然后把后续两部分补充材料先后在"临时结构树"上插到原先的"卷"中,或者新增案卷。完成后进行件题名录入,通过电子组卷方式,进行必要的卷合并或者卷拆分。事后转入"正式结构树",成为成品数字化档案。

在完成数字化整理后,根据系统呈现的数字编页,按卷或者按件进行实体档案编页,完成抄作业式的实体档案编页,并由系统自动打印三件套和脊背,进行装订和装盒并贴脊背。

在档案整理过程中,我们实现了动态云端电子档案查阅功能。总共耗时3个月,完成所有的档案整理工作,参与的工作人员平均每天10—12名。档案整理过程效率高,周期短。同时通过整理过程中双方共同动态在线质检功能,高质量完成了任务。

我们通过自主设计的档案整理全过程可视化管理系统,以及合理的工序次序和集约化整理手段,实现了高效率高质量的档案整理工作。同时,鉴于我们认知的局限性,在具体的设计和应用中,还有许多可以提升的细节。最后,未来应该还会有更好的整理工艺和整理管理设计诞生,我们非常期盼。

基于地理空间的档案图形化检索技术研究

南　胜　介　玠　程剑晶

浙江省水利河口研究院（浙江省海洋规划设计研究院）

摘　要: 该文探讨在现有档案系统的基础上,通过加入地理位置信息、建立行政区划模型的设计,实现基于地理空间的档案图形化检索技术,丰富档案的检索方式,方便用户查阅档案,为档案资源的多元应用提供一种思路。

关键词: 档案检索;行政区划;地理信息;图形化检索技术

档案是记录人类活动的重要资源,具有珍贵的历史、科学、文化价值,也是涵盖着社会生活各个方面的信息宝库。对于档案信息的检索利用,当前主要采用全文检索技术,可提供类似百度、知网的检索模式——基于档案名称、关键词、摘要、时间等信息的关联检索、容错检索、逐层检索功能,为用户提供较好的使用体验。

随着信息技术的飞速发展,档案管理也正在逐步向数字化、网络化、智能化方向发展。档案管理的工作量增加,档案数量庞大,档案之间的关系和范围也越来越复杂,传统的档案查询和管理方式已经无法满足实际需要。因此,建立基于地理空间的档案图形化检索系统,可以将地理空间与档案管理紧密结合起来,提高档案利用效率和管理水平,是当前档案管理的一个具有突破性的重要方向。

本文旨在探讨基于地理空间位置、行政区划信息的档案图形化检索技术研究,通过使用 GIS 技术构建具有空间属性的档案数据库,应用最新 Web GIS 等信息技术验证档案查询系统的有效性。

1　概述

随着互联网信息技术发展,图形化查询在各行业的应用越来越普遍,以地图模式为基础的导航软件,其图形化查询应用最广泛,在提供用户出行基础上实现旅游、购物、打车等各种生活场景化应用,其界面友好方便,大众早已离不开这种服务方式。

地理信息系统(Geographic Information System,GIS)结合地理学与地图学以及遥感和计算机科学,已经广泛地应用在不同的领域,是用于输入、存储、查询、分析和显示地理数据的计算机系统,GIS 技术把地图这种独特的视觉化效果和地理分析功能与一般的数据库操作(例如查询和统计分析等)集成在一起。GIS 技术展现庞大的空间数据管理能力以及基于地理位置的视觉化效果特性,在档案管理中可以帮助使用者更好地了解、分析档案,提高档案利用率和管理水平。

本院当前业务涉及测绘相关具有地理空间属性的工程,如河流开发和流域治理、水利工程的设计与施工等。测绘资料档案具有明显的地理分布特征,用户通常需要通过图形了解与地理位置有关的资料及档案信息,因此基于图形空间位置的测绘资料档案管理、定位、检索是必不可少的。同理可以结合水利工程的地理空间位置属性,通过电子地图方式实现档案项目基于地理空间的图形化检索与利用。

传统档案查询主要利用检索工具或档案信息数据库,这是基于关键词的检索,查询手段较为单一。为促进档案共享和利用,提高信息服务功能,给使用者提供更多便利的查询方式,基于地理空间的档案图形化检索技术研究有必要提上日程。

2 基于地理空间的档案图形化检索系统开发

在已有档案系统的基础上实现地理空间要素的数据结构设计,应用 GIS 技术实现基于地理空间的档案检索功能,结合 B/S 网络浏览模式,为用户提供友好的档案服务。

2.1 档案数据处理

本院涉及的项目归档主要包含科研项目和横向项目,其中横向项目主要为水利工程类,如防洪排涝用的水闸、堤坝、水库等,用于防台的海塘、丁坝等,用于水资源建设的水库建设、环境保护的河流治理等,这些水利工程都具有一定的地理空间属性。横向项目中还有一种规划勘测类的,这些项目按一定功能要求划定范围,如工业园区、港口作业区等。针对以上具有地理空间位置的项目归档,在不破坏已有档案数据库原则上,增加档案地理空间位置属性信息,建立档案空间数据库,实现档案空间位置和空间关系的存储、管理和查询,设计档案数据结构涉及以下方面。

2.1.1 地理位置信息的加入

水利工程的地理空间位置表现形式有两种:一种是单个点位信息就可标识其位置的,如水闸、大坝等,采集水利工程几何中心处的经纬度坐标;另一种是面状水利工程,如水库、河流、滞洪区等以及人为划定面状范围的规划勘测类,此类位置信息以坐标集的形式采集,按一定间距范围采集点位信息,如表1所示。

表1 项目地理位置信息类别

序号	项目类别	点位类别	表现形式	采集要求
1	普通水利工程	点状	单点位置信息	工程几何中心
2	复杂水利工程	面状	多点位置信息列表	沿管理或保护范围按规定间距采集的坐标集
3	规划勘测类	面状	多点位置信息列表	沿设定范围按规定间距采集的坐标集

根据《测绘法》规定,中国建立全国统一的大地坐标系统,位置信息采用2000国家大地坐标系(CGCS 2000),通过经纬度(B,L)方式来表达坐标信息。

2.1.2 行政区划模式创建

行政区划是指国家、地区或城市等政治实体按照一定的制度和规则分成的行政区域,包括省、市、县、乡、村等各级行政区划。《行政区划管理条例》已于2019年1月1日实施;行政区划代码是国家对能够统治的管辖区域进行分级分层管辖,用信息化手段编制的对各层级行政区划的替代数码,一般执行两项国家标准:《中华人民共和国行政区划代码》(GB/T 2260—2007)和《县级以下行政区划代码编制规则》(GB/T 10114—2003)。表2是民政部网站发布的2022年中华人民共和国行政区划代码的部分内容。

表2 2022年县级以上行政区划代码

序号	行政区划代码	单位名称	序号	行政区划代码	单位名称
1	110000	北京市	1	330000	浙江省
2	110101	东城区	2	330100	杭州市
3	110102	西城区	3	330102	上城区
4	110105	朝阳区	4	330105	拱墅区
5	110106	丰台区	5	330106	西湖区
……	……	……	……	……	……

2002年国务院颁布《行政区域界线管理条例》,要求省、自治区、直辖市之间的行政区域界线由国务院民政部门公布,行政区域界线的地理坐标由经纬度表达,多点坐标组成闭合曲线形成行政区域面。表3是行政区域界线的坐标信息示例。

表3　行政区域界线坐标示例

行政区划				行政区划			
区划代码	110000	单位名称	北京	区划代码	330000	单位名称	浙江省
界线坐标集				界线坐标集			
序号	B		L	序号	B		L
1	40.21		117.4219	1	29.3994		118.2129
2	40.1221		117.334	2	29.707		118.7402
3	40.0781		117.2461	3	29.9707		118.916
4	39.9902		116.8066	4	30.3223		118.916
……	……		……	……	……		……

行政区划模式是对项目位置信息与行政区划边界坐标信息进行拓扑计算，获取项目所属行政区划，并按照行政区划进行项目分类和整理，实现档案基于行政区划的图形化检索功能，用户通过选择不同的行政区划，可快速查询该行政区域档案信息。

2.1.3　空间数据库设计

空间数据库包含档案数据和地理空间数据两大类，空间数据具有空间特性、非结构化特性以及空间关系特性等特征。

数据库涉及的空间数据有两种：(1)矢量数据是基于几何图形的，将空间数据看作由点、线和面等几何要素组成的集合。水利工程的点状和面状位置数据、行政区划边界的面状范围数据，按矢量数据格式处理。(2)栅格模型是将空间数据看作由像素点组成的网格，每个像素点代表一个空间位置。作为底图的地图数据按栅格数据格式处理。

数据库管理采用 Oracle，空间数据地图服务采用 Geo Server，采用 Web 开源 GIS 库 Open Layers 实现 Web 地图发布。

数据库数据标准制定包含如下内容：(1)空间数据坐标系统采用大地坐标系(经纬度)。(2)数据库空间数据分层和命名的制定。(3)属性表的定义，包含字段名称、字段类型、字段大小的制定。

对于具有地理空间位置和属性数据的项目，需要考虑传统档案系统和地理信息系统之间的数据互通性，二者之间通过具有唯一标识的档号关联。

2.2　实现基于地理空间的档案查找和浏览功能

空间数据库通过将档案的地理位置信息与电子地图相结合，实现基于地理空间的档案查找和浏览功能。用户可以通过拖曳、缩放等方式来浏览地图，并找到所需区域的档案资料。

2.2.1　数据管理

档案信息化建设是一个复杂系统工程，需与单位信息化建设同步推进。根据数字化改革要求，本院实施"数智水研"建设方案，升级院业务管理系统，实现集项目、财务、经营、人力、文书于一体的综合管理系统。本院当前档案工作主要是进行科技项目的归档，为了规范化数字档案室的创建，需针对已有档案系统进行升级改造。院综合管理系统的项目立项模块除负责档案基本信息外，同时兼顾空间数据库中地理位置、行政区划以及项目基本信息的录入。在项目完成后，通过 XML 技术的 Web API 实现异构系统的数据互操作，完成档案元数据的录入和存储，同时以数据包方式实现电子档案传输，最后通过数据挂接技术，实现电子档案的归档和存储。

基于地理空间的档案涉及数据类型多，数据格式复杂，存储要求不同。已有档案系统采用的数据库是 Oracle。Oracle Spatial 是 Oracle 的支持 GIS 数据存储的空间数据处理系统，遵照 Open GIS 规范定义存储矢量数据类型、栅格数据类型及拓扑数据的数据库原生数据类型，将所有的空间数据类型（矢量、栅格、网格、影像、网络、拓扑）统一在单一、开放、基于标准的数据管理环境中。本项目采用 Oracle Spatial 完成数据存储和管理，实现档案文档属性信息、水利工程位置矢量数据、行政区划空间数据的综合管理。

2.2.2　系统案例

基于地理空间的档案检索系统包含两种图形化检索功能。

第一种，以行政区划模式进行档案图形化检索。以浙江省为例，浙江设有杭州、宁波 2 个副省级城市、9 个地级市，将浙江省分成 11 个区域，每个区域自动统计已承接的项目数量。选取杭州副省级城市后，系统可进一步显示杭州下属的区县市共 13 个区域。如上城区，界面左侧显示杭州下属 11 个区县及承接的项目数，右侧显示上城区行政范围内的项目所在位置，右侧浮窗显示上城区前 3 个项目的部分信息。用户可以选择浮窗显示的项目查看详细信息，也可按项目位置所在图标选择查看详细信息。

第二种，用户将鼠标移动到所感兴趣的地图区域，按矩形、圆形或者自定义方式来选择区域，系统会及时显示所选区域的项目列表。同样用户可以按地图项目标识或浮窗项目列表两种方式选择项目查看详细内容。

3 结论

本文探讨了基于地理空间的档案图形化检索技术,在现有档案系统的基础上,通过加入地理位置信息、建立行政区划模式构建档案空间数据库,实现档案空间位置和空间关系的存储、管理和查询。实验结果表明,在 Web GIS 技术支持下,可以方便地实现以地图形式查询和空间分析,提高了档案利用效率和管理水平,这是档案应用的一种创新方式,具有推广价值。

公共资源交易视频档案管理系统建设研究

詹 浩

台州市公共资源交易中心

摘 要:公共资源交易电子化、智能化进程中,产生了大量的交易现场和网上监督视频。该文通过对公共资源交易视频档案建设现状的分析,发现在视频档案管理中存在着缺少收集标准、大容量存储方案、管理平台等问题;通过对视频档案系统建设开展深入研究,制订相应的解决方案。

关键词:公共资源交易;视频档案;档案信息化;档案管理系统;数据存储

随着公共资源交易实现全过程电子化和交易活动"最多跑一次",依托交易系统为甄别违法违规行为实行科学、精准、高效的智能化监督提供重要依据,将成为重要工作。根据财政部令第 87 号要求,对开标、评标现场活动全程录音录像;音像资料作为采购文件一并存档,至少保存 15 年。不见面开标、远程评标、网上询标、在线见证、无感监测等新增工作中产生了大量视频文件,确保其及时规范归档、安全长久保存势在必行。

1 公共资源交易视频档案管理问题分析

公共资源电子化交易过程中涉及政府采购、工程招投标、产权交易等多系统,每个系统连接多个设备,产生的视频具有文件格式不同、画面质量差异较大、有效视频内容少、存储随意、时有损坏现象、利用效率不高等特点。综合分析,存在以下几个方面的问题：

第一，缺少视频收集标准。在电子化交易进程中，交易系统和设备变更升级频繁，导致视频文件格式、分辨率、存储容量等改变提升较大，呈现非结构化特征。缺少视频收集分类、质量、范围、时间等标准，导致视频文件格式多样、信息不完整、无效内容较多、图像质量有好有差，影响采集归档效率。

第二，统一管理平台缺失。视频来源分散、单个容量大，带来保存途径和保存方式等方面的问题较为突出，如采用人工即时保存耗时耗力、上传下载速度缓慢、电脑软件支撑需求高、安全性不强等，造成视频档案简单存放、归档不及时、关联性不强、查询调阅不便、检索和批量加工困难等。

第三，缺乏大容量存储方案。随着储存量大幅提升，交易中心每日产生约1.5 TB的视频数据，目前使用的 CVR 阵列加光盘保存的方式由于数据分散、容量低、扩展性差、缺少大容量安全管理机制，已难以满足要求。光盘这一存储介质稳定性差，使用时限不确定，会因保存环境、使用频率、使用方法、自身材质等因素出现无法读取、损坏、丢失的情况。网络云存储费用高，且对于视频档案的长期保存性价比低。

2　视频档案管理系统建设的关键举措

为了改善视频档案管理现状，我们在梳理流程和制度的基础上，按照《电子档案管理系统通用功能要求》《录音录像档案数字化规范》《电子文件归档与电子档案管理规范》等标准，研究建设了视频档案系统，有效解决目前存在的问题，提高了视频档案采集、管理及利用的效率。在此过程中，我们采取了以下几项举措：

第一，实行视频标准化采集。制定视频文件收集标准，要求高清 AVI 格式，分辨率 1280×720 以上；音频要求 WAVE 格式，采样率不低于 44.1 kHz。明确采集范围为项目交易开始至结束所有开评标室，交易系统询标、电脑录频产生的视频文件。同时，对照项目目录，梳理应归未归的视频文件，进行分类整理，完善档案著录元素，实行目录化管理、数字化处理。

第二，建立功能完善的网络管理平台。通过与相关业务系统的数据交互，建立视频档案采集、管理、利用系统。具备多渠道和多形式采集、批量数字化处理、快速利用统计等基本功能。针对交易视频档案特点开发归档周期自定义、归档数据回迁、数据转码归档、数据压缩归档等特色功能。提供目录查询、递进检索、全文检索、在线播放、档案借阅、授权管理、分类管理等服务，大幅度提高了视频档案资源采集、管理以及利用的效率。

第三，选择组合式存储策略。利用现有 CVR 阵列设备，建立本地 IP-SAN

和大容量磁盘库,通过定制 CS 客户端进行网上保存,实现了大容量视频智能备份、快速提取、本地云系统管理。这种策略具有存储容量大、能耗低、不可窜改、保密性高、扩展灵活等优势。既兼顾了数据服务器结构的差异,还具有云数据保存的特性,有效解决了开放性、容量、传输速度、兼容性、安全性等方面的问题。且磁带介质保存时间久远,成本低廉,所需费用也远低于网络云平台存储。

3 视频档案管理系统应用成效剖析

本次视频档案系统建设,完成了建立完整交易项目档案,真实记录交易活动过程的视频档案建设目标,实现交易视频自动归集、智能存储、管理查阅的智能化、一体化,有效解决了项目档案与视频档案双轨运行、档案归集零乱等问题,提高了公共资源交易档案归集的及时性和完整性,打造了"来源可溯、去向可查、全程留痕"的档案数字化管理新模式,在规范交易、节约社会资源、服务市场主体等方面取得了良好的经济效益和社会效益。主要有以下几方面成效:

第一,统一管理,实现档案来源可溯。招标投标系统与视频管理档案系统无缝对接,构建了一站式档案管理平台。在开评标、论证等环节,各点位产生的视频文件都会根据项目进度推送到视频档案管理系统,实现元数据自动捕获、著录,视频档案来源明确,标准统一,杜绝了手动收集原视频档案出现的来源分散、管理混乱的情况,既提高了归档效率,又保障了视频档案的可靠性、真实性和完整性,为全面推行交易项目档案"单套制"管理打下了坚实基础。

第二,有序分类,实现档案去向可查。根据管理需求对不同项目类别的视频档案进行自定义分类管理,可随时在 PC 端上根据项目编号、项目名称、生成点位等关键信息快速精准查找政府采购、工程建设、产权交易等各类交易项目视频档案。通过线上或线下申请进行查阅借调,点击相应视频在线浏览或下载,自动登记申请人、借阅用途、归还日期等信息内容,档案管理人员能直观查阅各类视频档案利用情况,避免了视频档案下载、拷贝、登记等重复工作和丢失风险,提高档案管控力度。

第三,依权办理,实现档案管理全程留痕。通过分级权限管控功能,对视频档案从收集归档到查询借用等主要环节进行依权限审核办理。前期视频档案收集归档由项目负责人预先审查后提交中心档案管理人员审查,确保视频档案准确、可用,提升视频档案质量;后期检索利用结果依权限展示,仅拥有对应权限的用户才能进行查看,加强视频档案安全性管理。各节点操作记录在系统上全程留痕,加强了视频档案全生命周期安全,促进视频档案规范化管理,符合现代档案数字化发展的要求。

企业电子档案单套制管理探析

汪 浏

浙江省交通投资集团财务有限责任公司

摘 要: 随着数字化改革,办公自动化系统、业务系统普遍应用,电子档案管理研究和实践不断深入,电子档案单套管理的条件已基本成熟。该文从单套制管理定义、企业档案管理现状、单套制管理优点、实施电子档案单套制管理建议出发,探析档案单套制管理对企业的意义。

关键词: 企业档案;单套制;双套制;电子文件;电子档案

近年来随着数字化改革的不断深入,产生了大量电子文件,如何实现电子文件高效归档成为当前档案管理领域的重要课题。新修订的《档案法》《电子公文归档管理暂行办法》《电子档案单套管理一般要求》等法律法规和标准规范的颁布,为企业档案单套制管理提供了可靠依据。

1 单套制管理定义

单套制是指采用单一载体类型进行文件归档、档案移交和长期保存的方式。电子档案单套制管理模式,指的是在档案管理的过程当中,如果只是产生电子文件,那么档案管理只保存电子文件。这种单套制模式,是相对于"纸质+电子"双套制归档的一种新型模式。单套制档案管理模式的运行,有利于提高档案工作效率、降低档案管理成本。

2 企业档案管理现状

当前,企业电子档案采用的是双套制归档管理模式,并且制定了一系列的归档管理制度。但随着数字化改革的深入,办公系统及各项业务系统已完全线上运行,产生了大量的电子文件。然而,由于普通员工档案意识淡薄、管理不够规范化,在企业档案管理中经常存在档案收集不齐全、档案催收困难的现象。究其原因,主要为在双套制管理模式下,归档步骤烦琐,效率低下。

采取双套制的归档方法,档案管理人员不仅要利用电子档案信息管理系统对电子文件进行存储管理，还需要打印出纸质文件进行收集、分类、整理、归档，这不仅增加了管理人员的工作负荷，导致档案管理效率低下，而且久而久之会降低档案工作人员积极性，整日重复劳动，缺乏创新性。

3　单套制管理优点

3.1　节省管理成本

大数据时代下，企业档案资源迅猛增加。在以往双套制管理方式中，电子文件需要打印出纸质文件作为配套档案归档保存。这不仅造成纸质资源的浪费，还占用档案室的储存空间，而且纸质档案需要人工分类整理归档，又占用了大量人力资源，由此可见双套制管理会造成时间、空间、资源的浪费。但单套制管理模式，不仅有利于节省纸质资源，而且节省人工分类整理归档的人力成本与档案储存空间的场地资源，降低档案的管理成本与管理费用。

3.2　提高工作效率

双套制管理方式，需要对电子档案进行管理的同时以纸质档案进行收集、整理、归档，造成人力资源的消耗与管理效率的低下。在单套制管理模式下，只需要对单套档案（电子形式或纸质形式）进行管理，简化了管理流程，提高了管理效率。同时在档案利用中，可以实现信息化方式检索，提高了档案的利用效率。

4　实施电子档案单套制管理的建议

实施电子档案单套制管理虽然优点很多，但同时也对管理和技术提出了更高的要求，带来了挑战。依照现行法律法规和标准规范，结合公司实际，本文提出以下几点建议。

4.1　保障体系建设

企业要根据国家、地方和行业相关法律法规、管理制度、标准规范，结合业务实际，制定企业电子档案单套制管理制度、技术标准和工作规范，编制的目标是建立一整套逻辑清晰、行之有效的电子档案单套制管理体系。为实现这一目标，编制工作应全程贯彻合法性、整体性的编制思路。一是合法性，电子档案应当来源可靠、程序规范、要素合规，同时确保落实电子档案单套制管理的五项原则，即整体系统原则、来源可靠原则、程序规范原则、要素合规原则、安全管理原则；二是整体性，电子档案单套制管理是一项整体性、系统性工作，需要从制度、系统、资源、安全等方面综合考虑,在达到前置性条件的情况下,统筹推进制度建设、系统建设、资源建设与管理、安全管理等各项工作。

4.2　系统建设要求

办公自动化系统、业务系统应具备电子文件流转、电子签名、安全认证等在线归档基础条件,能够按要求生成存档信息包。电子档案管理系统应能够接收存档信息包实现归档,支持对多种门类、多种格式电子档案进行在线管理。在系统部署方面,要求按照《电子文件管理系统建设指南》(GB/T 31914—2015)定义的系统关系模式优先选择整合式或独立式进行衔接,确保能实现档案资源集中统一管理。在系统衔接方面,要求采用 Web Service 等具有可信验证机制的安全接口通信方式进行系统间数据交互,将形成的存档信息包从办公自动化系统、业务系统传递到电子档案管理系统。确保办公自动化系统、业务系统和电子档案管理系统相互衔接并实现预定功能,支持电子档案全过程管理,从而确保档案来源可靠、程序规范、要素合规。

4.3　人才队伍建设

实现电子档案单套管理的重点是创新,而创新依赖于高素质人才。人才是保障,是电子档案单套制管理可持续发展的基础。在电子档案单套制管理过程中,需要一大批具有丰富档案管理经验又能熟练掌握现代信息技术的人才。提高档案人员综合素质和实际工作能力是加强档案人才队伍建设的目标,企业要多渠道、多方式地开展档案管理培训工作,鼓励档案人员学习新技术、新知识,提高档案管理业务水平和信息化技能,有针对性地培养既具有档案专业知识又具有信息化应用能力的复合型人才。档案工作人员要加强学习,提高自身素质,主动学习关于档案信息化建设、计算机技术、软件工程、元数据、电子签章、数字水印等方面的新知识和新技能。

4.4　多元协同推进

电子档案单套制管理是一项整体性、系统性工作,专业性强,涉及面广,不仅涉及一个部门内部机构的协作与分工,还涉及不同部门之间的职责和分工。工作任务重,难度大,需要档案主管部门、业务部门、信息化部门等多元主体的协调与合作,要做好整体规划,制定统一标准,共同推进管理模式转型。档案主管部门需要牵头负责整体规划,制定公司的电子档案单套制管理制度,传达工作要求,提出移交、归档、利用等功能需求及系统验收;业务部门负责需要归档的业务模块梳理,确保各类需要归档的电子文件都纳入电子档案管理系统,做好本部门的归档工作;信息化部门需要负责电子档案管理系统功能开发,各项需求设计,系统供应商遴选,最终要能实现办公自动化系统、业务系统与电子档案管理系统相互衔接。

5　结语

在全面深入数字化改革的背景下,电子文件日益成为信息记录、传输、交换、利用与共享的重要载体,电子文件管理从双套制转型至单套制已有充分的法律法规体系和技术支撑。档案主管部门和档案工作人员应主动转变观念,推进电子档案单套制管理,积极参与企业数据治理、数字资源体系建设,最大限度地实现归档数据的集成共享。

数字革命烈士纪念馆建设探析

——以浙江革命烈士纪念馆为例

林小红

浙江革命烈士纪念馆

楼冬仙

杭州市特种设备检测研究院

摘　要:数字革命烈士纪念馆建设与一般单位的数字档案馆(室)建设,从软硬件和标准规范建设的角度看,是大同小异的。该文从革命烈士纪念馆的现状,建设数字革命烈士纪念馆的必要性、可行性和解决方案等方面展开论述。

关键词:革命烈士纪念馆;档案信息化;数字化展览;数字纪念馆

1　革命烈士纪念馆的现状

自20世纪初至今的100多年间,无数的英烈为了中华民族的崛起,舍生忘死,不惜献出自己宝贵的生命。为了把烈士革命精神传递给出生在和平年代的人们,激励无数共产党人砥砺前行,目前在党和政府的关心和支持下,各地革命烈士纪念馆征集了不少英烈事迹档案和遗物,部分已在展馆中陈列出来。一是革命烈士纪念馆作为开展爱国主义教育、党员教育、主题党日活动等纪念宣传教育活动的场馆,基本以馆内陈列展览为主,辅以网站、微信公众号等媒体进行宣传。譬如：龙华烈士纪念馆、雨花台烈士纪念馆和浙江革命烈士纪念馆等国内知名的革命烈士纪念馆都是以陈列展览为主。二是各地革命烈士纪念馆推出清明节、9·30烈士公祭日等重大节日的网上祭奠活动。但是网上祭奠活动功能难以全覆盖，对于那些没有建立网站的烈士陵园和纪念馆，人们就不能在网上参加祭奠活动，这就给那些身处异国他乡的人们带来不便。目前全国各地革命烈士纪念馆普遍存在的问题是展馆陈列展位稀缺，陈列展出烈士人数是实际烈士人数的零头，无法满足人民群众了解更多烈士的需求，影响了宣教效果。

2　建设数字革命烈士纪念馆的必要性

为了解决展位和烈士人数数量悬殊的问题，建设数字革命烈士纪念馆是现阶段最好的解决方法，同时也便于人们网上缅怀英烈。另外，革命烈士纪念馆基本以静态的实物展示、图文宣传、陈列展呈为主，宣传效果比较扁平化，不立体、不生动，也不够鲜活。要让革命先烈们的事迹从档案库房里"走出来"，从墙上"走下来"，主动"走进"人们的心中，建设数字革命烈士纪念馆是势在必行的。

2.1　可缓解纪念馆展位的稀缺

因革命烈士纪念馆展位稀缺，仅展出了一小部分英烈的事迹，以做宣传。例如：截至2022年年底，浙江烈士共有20669名，但浙江革命烈士纪念馆展位只有380多个。若要解决实际英烈待展人数与陈列展位数之间的悬殊差距问题，利用计算机及网络技术，在虚拟空间设置展位，建设数字革命烈士纪念馆是现阶段最优的解决方案。

2.2　易生动再现英烈震撼人心的事迹

数字革命烈士纪念馆可以充分运用现代多媒体技术进行综合处理和管理，使参观者可以通过多种感官与计算机进行实时信息交互。可生动鲜活再现英烈震撼人心的事迹，从普通的静态展示变成动态展示，让英烈栩栩如生地"走进"观众的心中。

2.3　红色精神宣传和祭奠活动不受时空限制

网络遍布全球，数字革命烈士纪念馆一旦建成，红色精神的传播将不受时空限制，展览将全天候开放，可大幅拓展宣传范围和时长。数字革命烈士纪念馆建成后，身处异国他乡的人们可以通过网络进行祭奠缅怀活动。

2.4　珍贵的数字遗物档案更易永久保存

英烈的遗物极其宝贵。有的遗物是从烈士身上取下来的，难免沾有血渍，若带血渍的遗物常年展陈在外,暴露在空气中,永久保存则相当困难。数字遗物档案可采取更新、技术典藏、技术模拟或迁移等技术手段,确保其永久保存。

3 建设数字革命烈士纪念馆的可行性

3.1 从中央到地方各级政府都很重视红色资源传播方式的开发创新

因红色档案和遗物凝结着中国共产党的光荣历史,是革命文化的物质载体,是中国共产党带领中国人民不忘初心、砥砺前进的力量源泉,所以党和国家都非常重视红色资源传播方式的开发创新。为了使红色资源能展陈在 App、Web 访问等使用端,国家和地方出台了一系列法律、法规和规章。如:2019 年,中共浙江省委办公厅印发的《关于浙江省实施革命文物保护利用工程(2018—2022 年)的意见》的通知中就明确提出要融通多媒体资源,要积极利用互联网新技术、新应用、新平台等要求。

3.2 建设数字革命烈士纪念馆所需的各项技术已成熟

信息系统的开发技术已非常成熟,系统可以采用 B/S 方式,采用有开放性和扩展性好的关系型数据库等系统。在内容存储上,目前的存储介质,存储容量非常大,光单个介质的存储容量就可高达几太字节以上,因此完全不用担心存储容量不足的问题,而且可以采用云存储。

在网络方面,现有的光纤技术完全可以满足纪念馆数字系统大量的音频、视频及图像数字的传输需求,足以响应同时并发的多用户在线访问,不会出现网络访问卡顿现象。随着 5G 技术的普及,遍布全球的用户可非常方便快捷地访问纪念馆数字系统。

在展览内容的呈现方式方面,目前可充分运用 AR(增强现实)、VR(虚拟现实)、3D 全息影像、电子翻书等技术,并组合运用视频、音频、动画等方式,实现高科技声光电综合展示,避免了以往以照片、文字资料等内容为主的单调的展示方式,可让参观者、阅览者身临其境,充分感受英烈所处的真实场景及背景,大大提升了英烈精神的感染力和展馆的影响力。

在终端用户的访问方式方面,既可以从传统的 PC 端通过专用网站,也可以用手机、iPad 等终端通过 App 或者公众号等来访问展览所展示的内容,网上缅怀革命先烈、祭奠英烈,不受时空的限制,非常便捷。

3.3 纪念馆档案数字化基础工作相当扎实

一直以来,党和政府对红色资源的保护利用工作都非常重视,已将革命文物保护利用工程经费纳入年度财政预算,且作为一项政绩来考核。地方财政也非常重视这项工作,大多数纪念馆都把信息化建设作为抓手来开展工作,所以红色档案和遗物信息化、数字化基础工作做得相当扎实。各地革命烈士档案数字化率都比较高,有的数字化率达到100％,如浙江革命烈士纪念馆的烈士档案已基本数字化。

4　建设数字革命烈士纪念馆的解决方案

4.1　“活化”革命烈士纪念馆的信息资源

虽然有的烈士纪念馆将陈列馆拍成了VR馆,但其实还是陈列展览的翻版。若要将英烈们视死如归的牺牲精神淋漓尽致地刻画出来,让观众如临其境、如历其事、如见其人,则有必要将英烈们的事迹拍成一个个3D动画纪实短片,展陈于数字纪念档案馆。只有通过鲜活震撼的画面,才能将“红色的种子”根植于我们的心中。

4.2　加大红色数字纪念馆建设投入

虽然每年都有一定的经费拨给革命烈士纪念馆,但是要将每位烈士的事迹都在数字纪念馆中生动再现出来,仅靠政府的拨款是杯水车薪的。为了筹集到充裕的建设红色数字纪念馆的经费,笔者认为可通过以下途径来解决:一是增加财政拨款;二是加强英烈事迹的宣传,向社会募集筹建资金;三是相关纪念馆之间采取合作共建共享模式;四是分阶段逐步建设,也可采取上述几条途径同时进行。

4.3　储备保障数字纪念馆安全运行的信息技术人员

目前,很多革命烈士纪念馆没有配备专职信息技术人员,而数字纪念馆从筹建到投运后的安全运行维护都需要一定信息技术力量的支撑。为充实纪念馆信息技术人才,单位可每年组织专(兼)职档案人员或文博人员参加计算机方面的培训,另外也可以通过公开招聘的方式,严格考核,选出具有相应职业素养与道德修养的信息技术管理人员。

新时代卫生健康系统档案信息化建设创新探究

——以台州市为例

张丹玲

台州市疾病预防控制中心

摘　要:随着科技的不断发展和信息化的深入推进,档案信息化建设已经成为卫生健康系统的紧迫工作。信息化建设可以提高机关事业单位档案管理的效率和质量,提高管理科学化和规范化水平,为机关事业单位的发展和社会服务提供支持和保障。该文以台州市为例,从管理机制、共享机制、安全机制等方面探讨卫生健康系统档案信息化建设的创新问题。

关键词:卫生健康系统;档案工作;档案信息化;机制创新

为贯彻落实全国和浙江省"十四五"档案事业发展规划,台州市卫生健康委和11家委属医疗卫生单位,凝心聚力创建档案资源共享平台,强化数字赋能,加快推进全省档案信息资源共享联动新机制,进一步提高档案服务水平,让台州卫生健康工作者充分享受到档案事业发展红利;同时,抓好数字信息化档案室建设,总结推广电子文件单套归档和电子档案单套管理试点经验,不断提高档案工作现代化水平。

1　创新档案信息化管理机制

针对新时期卫生健康系统档案管理信息化建设面临的管理问题,可以建立科学的管理机制。通过制定档案管理规范和流程,培训和管理档案管理人员,实现对档案信息的安全保障和控制,提高档案管理的科学化和规范化水平。建立科学的管理机制,对于新时期卫生健康系统档案管理信息化建设的创新探究至关重要。

1.1　设立专门的信息化管理部门

为了统筹协调和推动卫生健康系统档案管理信息化建设的创新探究,设立专门的信息化管理部门。该部门工作人员应具备专业的信息化技术和管理知识,负责档案管理信息化建设规划、设计、实施和运维等各个环节,确保信息化建设的顺利进行。

1.2　制定科学的信息化管理制度

在信息化建设过程中,制定详细的信息化管理制度,包括项目管理、风险管理、质量管理、成本管理、安全管理等方面。这些管理制度可以为信息化建设提供基础和保障,保障信息化建设的顺利推进。

1.3　建立安全风险管理机制

信息化建设涉及一定的风险和安全问题,为了保障信息化建设的顺利进行,需要建立风险管理机制。该机制包括风险识别、风险评估、风险控制和风险应对等方面。通过建立风险管理机制,及时识别和应对各种风险,保证信息化建设的安全可靠。加强对外部威胁和攻击的预防与应对能力,包括网络攻击、病毒攻击和恶意代码攻击等。台州市卫生健康档案系统架构在政务网上,档案数据部署在政务云上。由市政府大数据局信息专业人员管理政务云,以防数据被黑客攻克。另外,市大数据局将监测的数据漏洞告知卫生健康委档案负责人,再由档案负责人转告档案系统建设后期维修人员,以确保卫生健康系统档案建设的顺利进行,同时签订好售后维修合同很重要。

1.4　加强专业人才培养和管理

信息化建设需要具备专业知识和技能的人才的支持,为此需要加强档案人才和信息化人才的培养和管理。建议通过制定人才培养计划、激励机制和职业发展路径等方式,吸引和留住高素质的信息化人才,为信息化建设提供有力支持。

2　创新档案信息化合作共享机制

针对新时期卫生健康档案管理信息化建设面临的成本问题,可以建立合作共享机制。通过与政府机构等建立合作共享机制,共同投入、共同建设、共同利用信息化建设资源,实现信息化建设的共赢。随着信息技术的快速发展,委属单位开始意识到信息化建设的重要性,特别是在档案管理领域,信息化建设已成为提高工作效率、加强信息安全保障、实现信息资源共享的重要手段。为了更好地推进本单位档案管理信息化建设创新,建立合作共享机制势在必行。比如:卫生健康档案系统建设由卫生健康委牵头负责出资,后期的维修可以由11家委属医疗卫生单位共同出资。

2.1　建立信息资源共享平台

为实现信息资源共享,需要建立信息共享平台。信息共享平台是信息资源共享的基础和核心，也是促进各单位之间信息共享和协同的关键环节。台州卫生健康档案数据存储在政务云上，主要功能包括档案数据的存储、检索和共享。

2.2 建立信息化建设联盟

加强机关和 11 家委属医疗卫生单位之间的合作共享，目的是在信息化建设中互相学习、借鉴、合作和共享资源。联盟可以提供技术支持、培训和交流平台，促进信息化建设的创新发展。比如：在新建成的卫生健康档案系统平台上可以采取网上资源借阅，通过个人中心模块的申请调阅、审批同意等方式进行。

2.3 建立专门的信息化建设工作组

为保障信息化建设工作的顺利推进，可以在卫生健康系统内部成立专门的信息化建设工作组。信息化建设工作组成员包括信息化技术人员、档案管理人员、安全管理人员等，负责制定信息化建设方案、管理信息化建设过程和维护信息化系统。同时，工作组可以定期召开会议，分享信息化建设经验，加强合作共享。

3 创新档案信息化安全保障机制

在新时期卫生健康系统档案管理信息化建设的创新探究中，信息化安全保障是一个非常重要的方面。随着信息技术的发展，各种网络安全威胁也在不断出现，给信息化建设带来了很大的挑战。因此，如何加强信息化安全保障，保障信息的安全性、完整性和可用性，是信息化建设必须重视的问题。

3.1 建立完善的信息安全管理制度

为了加强信息安全保障，首先需要建立完善的信息安全管理制度，包括信息安全策略、安全管理流程、安全意识教育等方面。制定信息安全管理制度需要结合实际情况，从业务流程和安全需求出发，对信息系统进行全面评估，确定信息安全管理的主要内容和重点方向。建立健全安全责任制，明确信息安全管理的职责、权限和制度，明确管理人员的安全管理责任，确保安全责任落实到人。

3.2 加强系统安全防护

在信息安全保障过程中，系统安全防护是非常重要的一环。在保障信息安全的过程中，需要注意保护用户隐私和数据安全，遵循法律法规和道德规范。同时，定期对系统进行安全检测和漏洞修复，确保系统能够及时发现并处理安全问题。这一点，由市大数据局的专业人员负责，在系统升级的情况下，他们发现问题马上提醒相关人员修复数据漏洞，确保系统安全运行。

3.3 完善数据备份和恢复机制

数据备份和恢复机制是信息安全保障的重要手段之一。在系统运行中,可能会因为各种原因导致数据丢失或受到破坏,因此需要建立完善的数据备份和恢复机制,确保数据能够及时备份并快速恢复。与此同时,对备份数据进行定期检测和验证,确保备份数据的完整性和可用性。

3.4 加强信息安全意识教育

在信息安全保障过程中,档案系统管理人员的安全意识也是非常重要的一环。通过各种方式加强相关人员安全意识教育,使其掌握信息安全的基本知识和技能,提高安全意识和防范意识,减少系统安全事故的发生。针对卫生健康系统档案管理人员的不同需求和特点,制定相应的信息安全培训方案,通过定期组织专业人员开展信息安全知识普及、技能培训、安全意识教育等活动,提高管理人员的信息安全意识和技能水平。

3.5 加强信息安全监督和管理

为了加强信息安全保障,还需要加强监督和管理。通过定期的安全检查和评估,发现问题并及时处理,加强对重点单位和关键信息的监控和防护。加强对信息系统使用情况的监督检查,及时发现并解决安全隐患,确保信息系统安全运行。同时,还应建立安全检查制度,定期对委属单位档案管理系统进行安全检查,及时发现和排查安全隐患。在监督和管理过程中,还需要建立健全安全事件处理机制,及时处置和纠正安全事件,避免安全事件对业务和用户造成损失。另外,还需要加强对第三方服务供应商的监督和管理,确保其满足信息安全要求。

4 结 语

台州市卫生健康系统档案信息化建设已成为台州市档案管理工作的重要支撑和保障之一。在信息化系统平台上,我们建设了一级部署、多级应用的智慧档案系统,实现了资源共享和协同合作。在创新探究中,我们研发建设了动态共享池,研发了专题库,建设了符合卫生健康特色的信息化智慧档案系统平台,全面推进了档案信息化建设的高质量发展,更好地服务于国家和人民的发展需求。科技永远在进步,我们唯有不断创新和改进,才能推动卫生健康系统档案管理信息化建设的深入发展,实现档案管理工作的高效、便捷、安全和可靠。

城建档案数字化建设的思考

黄海燕

杭州市临平区城建档案馆服务部

摘　要：随着大数据时代的来临,档案数量逐年递增,档案利用率逐年增加,收集、保护意识的加强,科学利用档案信息资料,安全保管保护档案原始资料等无不凸显出档案数字化建设的必要性。推进城建档案数字化建设,要抓好传统载体城建档案的数字化,探索城建电子文件单套制归档,培养具备"互联网＋档案"能力的专业人才。

关键词：城建档案;档案信息化;数字化转型;数字化改革

习近平总书记2020年4月在浙江考察时指出,要运用大数据、云计算、区块链、人工智能等前沿技术推动城市管理手段、管理模式、管理理念创新。新修订的《档案法》中规定电子档案与传统载体档案具有同等效力,可以电子形式作为凭证使用。电子档案的应用以绝对优势压倒纸质档案,推进档案电子化管理成为必然趋势。在浙江数字化改革的进程中,对于城建档案数字化既是机遇也有挑战。

1　城建档案数字化建设的必要性

城建档案是城建规划、建设、管理等活动中形成并归档的科学技术文件材料,是城市自然面貌和城市建筑物、构筑物、地下与地下管线等各项建设的真实记录。随着大数据时代的来临,档案数量逐年递增,收集、保护档案的意识加强,档案利用率逐年增加,档案数字化建设的必要性日益凸显。

1.1　城建档案数字化建设是大势所趋

档案事业"十四五"规划中提出新一代信息技术广泛应用,档案工作环境、对象、内容发生巨大变化,迫切要求创新档案工作理念、方法、模式,加快全面数字转型和智能升级。紧紧围绕高质量发展主题,紧扣多元协同、有效监管、优化结构、数字转型、扩大开放、共享利用、落实责任、强化管理8个关键词。档案日益成为国家基础性战略资源,档案工作领域更加广泛,内容更加丰富,需求更加多样,地位和作用越来越重要,必须紧跟国家创新发展的步伐,迅速推进数字化工作。

1.2　城建档案数字化建设是现实管理需要

城建档案工程规模大,参建单位有勘察、设计、施工、总承包、监理、设备制造、第三方检测等,投资额高,建设周期长,每个项目都有数百张,甚至上千张的纸质文字材料及图纸、声像、管线资料等作为永久保管的科技档案,每年的数量递增,档案形成量较大。在收集、整理、归档方面比较原始,需要大量的人力,纸质档案占用空间大,浪费纸质资源较多。虽然纸质档案确保了原始性和真实性,也不易被篡改,但随着保存时间的增长,受外部条件的影响,在有害生物(霉、虫、鼠)、高温、潮湿等环境下,容易受损,形成"档案砖"。纸质档案保存环境要求高,增加了保存和管理的成本。而城建档案包括工程准备阶段建设单位前期报批、监理单位监理文件、施工单位施工管理、施工技术文件、施工记录文件、施工试验记录及检查文件、施工质量验收文件、竣工图、工程竣工验收文件、工程声像文件、地下管线测量成果等。将纸质档案移交给城建档案馆,均需加盖不同参建单位公章、项目章、技术章、检测单位章、竣工图章等,因红色印泥材质问题,历经从开工到竣工验收再到移交城建主管部门,以及主管部门历史馆藏档案,盖章处褪色现象屡屡发生。而借助于数字化管理方式,不仅节约了空间资源,更节约了纸质资源,使管理利用更加便捷。

1.3　城建档案数字化建设是方便利用需要

为了方便档案工作者在日常查询过程中更加迅速准确地找到需求信息,提高工作效率,减少查找时间,可以更多地利用计算机处理技术。例如,杭州市临平区城建档案馆于 2018 年进行了城建档案数字化加工,并顺利接入浙里办"城建档案"查询界面,在界面选择"查询地",上传需查询的内容,如查询者房产证、购房合同,身份证等,经后台审核,以邮箱及电话方式告知查询人结果,真正实现了"异地调档,跨域服务"。截至 2022 年,已完成数字化加工 96.7%,累计 80 多万卷,2022 年全年网上档案查询利用人员 567 次,调档 1781 卷,查阅复印 3552 张,信息公开 47 人次,调档 2936 卷,查阅张数 190 张,拷贝 17 份,线下 1364 人次,调档 57163 卷,复印图纸 16893 页,拷贝 705 份。较纸质档案一人阅读,实现了多人同时共享,大大提高了档案利用率。

2 城建档案数字化建设的作用和意义

2.1 保护原始档案资料,提高经济效益

原始城建档案一方面具有不可再生性,提取查看难免造成城建档案的损坏,修复原始档案也是一笔管理成本的支出;另一方面,由于档案的非标准性,在复印过程中少数查询人员会进行拆线复印,造成复印过后需重新穿结装订档案。城建档案数字化工作,为原始城建档案建立了多一层的保护,在开发查询利用过程中,减少了对原始城建档案资料的曝光和外界对原始城建档案资料的损坏,更好地为原始城建档案创造一个"八防"安全保管保护环境。同时打破了"孤本"的限制,不再拘泥于传统纸质档案的"一份一地",一份原始档案可以多人复制使用,使用覆盖面扩大,有效地实现了资源共享,而且做好电子档案异地备份工作,能防止档案资料的遗失、损坏等造成无法挽回的局面。

2.2 提高工作效率及服务水平,为资源共享打好基础

传统模式下查询档案需要工作人员进入库房提取原始档案查找复印,数字化档案管理可减少人工提取原始档案服务,运用计算机调取档案资料的电子版本,实现一档多人查询使用,能改善档案的利用方式,实现异地查阅。利用者在特定的条件下,可以随时查看自己需要的档案文件,减少提取复印时间,提高工作效率及服务水平。

3 城建档案数字化建设的对策

3.1 抓好传统载体城建档案的数字化

在现行双套制的归档模式下,先由城建档案主管部门对实体纸质档案核验无误的前提下,再由档案经验丰富、人员配备完善,专业能力、技术能力强的档案外包单位进行数字化。依据《档案服务外包工作规范》(DA/T 68.1—2020)签订合同及应用系统的版权归属。其一,数字化加工前,由城建档案主管部门对相关管理人员及技术人员就"建筑工程、市政工程、电梯加装"等档案归档内容,执行的相关标准如《科学技术档案案卷构成的一般要求》(GB/T 11822—2008)、《建设项目档案管理规范》(DA/T 28—2018)、《纸质档案数字化规范》(DA/T 31—2017)等进行深入学习,并把规范标准和制度落实到数字化加工中,对数字化前处理、目录数据库建立、档案扫描、图像处理、数据挂接等环节精细化职责分工,平时加强档案法律法规、保密性、安全性教育,明确保密要求责任。其二,做好档

案安全建设,建立安防系统、加强数字化存储设备管理和数字化人员管理措施,确保档案信息安全,加强与主管部门的沟通,疏通数字化过程中的痛点与难点。其三,城建档案部门加强计算机自动检验与人工检验相结合的方式,对纸质档案数字化成果进行验收。

3.2 探索城建电子文件单套制归档

城建档案来源主体及档案类型多样化,收集整理过程中需要建设项目全生命周期的多方配合协作,在城建系统内搭建涵盖档案"收、管、存、用"全流程管理的系统平台,数字化管理系统还可以增加数据统计、地名与施工楼号、编研、口述档案等模块和端口,在安全可控范围内与"互联网+"浙江省投资项目在线审批监管系统3.0、浙里开工大吉、临建管线平台等,搭建数据共享交换平台,统一数据格式、存储结构,打通信息壁垒,为打造全流程一体化在线服务平台予以档案原始资源支撑,真正实现由双套制归档走向单套制电子化归档。在开放利用方面,根据项目审批及验收部门、城建档案主管部门、建设单位及参建单位、业主、律师等开放各自权限,实现"最多跑一次",更好地为部门和用户服务。

3.3 培养具备"互联网+档案"能力的专业人才

加强城建档案专业队伍建设,首先要提高档案人员的知识储备,使其既有建设方面的知识,又有档案管理方面的知识,既懂业务,又能掌握现代化信息技术。其次要鼓励档案人员创新服务方式,积极做好相关服务,充分发挥城建档案服务职能。

综上所述,城建档案的数字化建设,是城建工作提升城市品位的重要保证。城建档案工作数字化在城市建设中发挥着重要作用,有着极其重要的基础性地位,并将随着城市建设发展进一步得到加强,使数字化建设稳步发展,为城市建设管理和发展做出更大的贡献。

推进医院档案信息化建设的有效途径探析

郑越文

台州市中心医院(台州学院附属医院)

摘　要:该文主要对推进医院档案信息化建设的有效途径进行了探讨。推进医院档案管理数字化进程,要加强医院档案信息化基础设施建设,健全规范档案信息化管理机制,加大电子化归档推广力度,积极创建智慧档案大数据平台。

关键词:医院;档案信息化;档案数字化;智慧档案;大数据

信息时代背景下,档案管理工作应朝着融合发展的方向前进,立足于此积极革新管理模式,和时代发展保持同步,借助现代化技术使医院档案信息化管理目标顺利实现,进一步强化医院档案信息化管理,积极推进医院档案信息的数字化进程。

1 加强医院档案信息化基础设施建设

在档案信息化建设过程中,医院档案信息化基础设施尤为关键,现代化设备与技术是促使档案现代化管理目标顺利实现的必备条件。基础设施建设整体规划涉及了档案信息化建设的网络软、硬件平台。首先,医院档案管理的硬件条件建设,如购买复印机、打印机、扫描仪等设备,配置消防器材、空调等保护档案的设备。其次,档案管理的软件条件建设,如使用通过权威机构鉴定的安全防护软件以及软件系统,衔接医院的行政办公系统,信息化管理文件的形成、接收、报送、传阅、整理等过程。再次,加强对设备后期的更新、维修服务。因为电子产品升级速度越来越快,生命周期不长,不可能投入后便永久性适用,之后还需要升级、更换和维修等,适宜的维护还能加大系统利用力度,促使系统的使用寿命有效延长,最大化发挥出计算机在医院档案管理中的作用。最后,医院应加大对计算机管理的利用力度,设计健全的现代化办公设备,构建医院管理系统、人事系统、病案统计管理系统等,竭尽全力促使档案管理现代化、自动化目标顺利实现。

2 健全规范档案信息化管理机制

在档案信息化发展中,档案制度发挥了重要作用,若是缺少制度的支持,也就无法顺利开展信息化建设,会给档案事业的发展造成一定阻碍。所以,医院应提高对档案信息管理的重视度,构建科学合理的档案管理流程和信息化管理体系。医院要积极开展档案信息化工作。第一,要与本单位档案工作的实际情况相结合,以《档案法》等相关法律法规为基础,建立健全档案管理制度,并切实落到实处,为构建规范、科学的档案信息管理制度提供保障,为档案工作人员有序开展信息化建设提供重要保障。第二,要将媒体宣传作用最大化发挥出来,充分借助医院媒介、新媒体普及和宣传相关档案管理机制,让医院所有人员均能牢牢记住管理体制机制,营造一种"人人了解、会用档案"的氛围。

3 加大电子化归档力度

　　档案电子文件涉及多媒体文件、影像文件、图像文件、文本文件等。这些文件信息囊括了医院诸多档案信息内容,所以档案信息化管理需要利用先进手段对各类文件进行电子归档。首先,各科室的档案管理人员要向医院档案室提交整理好的各种电子文件。其次,医院档案室对所接收的档案进行技术处理,更改已归档的电子文件的名称,改为"只读性"文件,使文件的原始结构得到保证,确保文件信息更加可靠。最后,促进信息档案数据处理速度加快。档案电子化转换过程具有一定的复杂性,离不开设备、技术和资金的支撑。所以,医院需要和自身发展实际情况相结合,在保证档案信息质量的同时,利用信息手段加快档案数据信息处理速度,提高档案信息化管理效率。

4 积极创建智慧档案大数据平台

　　智慧档案大数据平台是指在具备数字化、网络化、管理自动化、资源共享化等特点的数字档案馆(室)基础上融入智慧感知和协同处理等功能,以资源共享平台为基础,应用云计算、大数据、物联网、移动应用、人工智能等现代信息技术及相关工具,重点打造高效、智能、统一的管理服务平台和信息服务平台,进一步实现档案数据资源开发利用的最大化,实现便捷增值服务的新型档案管理服务模式。

　　第一,加大和当地信息技术企业的合作力度,共同构建档案大数据平台,在将纸质档案转变为数字化档案时,对数字档案中心进行构建。与此同时,积极和统计管理系统展开系统交互,使档案资源能够顺利共享,逐渐构建全局性综合信息数据库,促进档案信息利用范围扩大。在构建中,加大对数据交换技术的利用力度,可以把不同系统平台建成一体化架构,为医院档案智能化、集约化和信息化管理提供保障。第二,利用智慧档案平台,可以为广大群众提供多元化、便捷的服务,使其个性化需求得到满足。

　　总而言之,加大医院档案信息化建设力度,促进工作效率提升,最大化发挥出档案的价值,可以为顺利开展医院医疗、教学、科研等业务活动提供保障,进而提高社会、经济效益。所以,医院相关人员需要提高重视度,加深对档案信息化管理工作重要性的认识,积极创新管理方法,快速开发和利用档案,促进医院持续、稳定发展。

文化馆档案数字化管理路径探讨

胡佳慧

宁波市文化馆

摘　要: 数字化管理是文化馆档案资源管理的新趋势,提升文化馆、科技馆的档案数字信息化水平,有利于让数字信息化档案资源更好地、更贴切地服务广大群众。该文分析了文化馆档案数字化管理必要性,对文化馆档案数字化管理的有效途径进行了研究探索。

关键词: 文化馆;档案工作;数字化管理;档案信息化;建设路径

文化馆作为公共文化服务体系的重要组成部分,起到了组织辅导群众、开展文化活动、丰富群众文化生活的重要作用。随着群众对文化的需求越来越高,对于如何运用数字化平台和现代化信息技术,为群众提供更全面、更完整、更便捷的文化服务,成为目前所有文化馆都应该完成的重大课题。

1　文化馆档案数字化管理概述

文化馆档案由各种类型、各种形式的资料组成,对国家和社会都具有非常重要的意义。文化馆档案的数字化管理是指,将纸质档案资料录入服务器中,进行数据储存,高效实现档案的备份与利用,延长档案使用寿命。所以,文化馆档案数字化管理是一种具有创新性的新型档案管理方法,与传统的纸质文件不同,文化馆档案数字化管理方式更加高效、更加便捷。

2　文化馆档案数字化管理必要性

文化馆的建设在公共文化建设中占有重要的地位,承担着服务群众、满足人民群众日益增长的物质文化需要的作用。文化馆档案涵盖非常多的资料,在活动的起草、节目单的整理中,会产生非常多的文件、表格、照片以及视频等,如此庞大的资料,必须通过数字化转型进行管理。而且现在文化馆都在使用现代化新媒体平台进行推广工作,这些平台的宣传资料也需要数字化管理进行支撑。使用数字化档案管理,可以大幅提升文化馆的工作效率,丰富文化馆的数据表现形式,实现快速检查与传递,以及资源共享。

3　文化馆档案数字化管理的路径探究

3.1　构建数字化管理相关制度

用科学的方法规范档案管理制度、优化档案管理过程,制定符合文化馆数字化管理的相关制度,比如档案数字化管理规范、档案管理保密制度等,并要求各个部门严格按照制度落实到位。根据档案管理的实际情况,全方位统筹,提高档案信息化和数字化建设的质量。总而言之,要保障档案管理标准化,使档案网络信息更加流畅,信息化资源互通共享。在档案数字化建设过程中,以数字化信息建设为方向,提供更优质、更全面、更精准的档案信息服务。在文化馆数字化和信息化建设过程中,需要制定完善科学的管理标准,规范数字化档案信息、制定档案保管保密制度、严格制定档案查阅和利用的规范,让数字化档案管理的运行模式框架明确、流程简化、规范有序。

3.2　提高档案管理工作人员的职业能力

想要更好地落实文化档案馆的数字化与信息化建设,提高档案管理工作人员的职业能力是非常有必要的。首先必须保证档案管理人员思想先进,具有信息化与数字化管理的意识,真正认识到数字化建设的重要性,并积极参与建设。比如,对一些年纪比较大的工作人员,可以进行计算机的相关技能培训,让他们都能熟练地操作计算机进行档案管理,来提升工作效率。另外,还可以积极引进数字化技术人才,来更加有效地推进档案数字化管理工作。

3.3　合理应用信息化技术

想要更加稳定地推进文化档案数字化管理与信息化建设,离不开信息化技术的支持。在建设过程中,积极运用信息化技术,来提升数字化建设的效果与质量。比如通过磁盘产品来完善结构设计,以此来降低故障发生的概率;通过光纤磁盘产品,定期优化升级档案软件系统,来提升稳定性;通过 Web Browser 图形管理,来提升人机体验感。另外,要重视文化馆档案的硬件设施建设,减少使用中的死机情况,比如 A3 高速扫描仪、文本转化仪,或者单反相机等,来提升档案管理的效率与安全性。

3.4　建设艺术档案数字化系统

文化馆的数字化与信息化建设,要在依托数字化建设的基础上,让文化与科技更好地融合,对于线下文化馆存在的问题进行数字化改革升级,将文化馆的需求与现代化智能服务融为一体,通过触屏、VR 设计等来提升用户的体验感。通过信息录入、图像扫描以及声像采集等途径,将文化档案更加完整地储存到计算机系统中,搭建数字化数据系统,实现文化馆由实体到数字化的转变,全面实现文化馆的信息化管理。

推进数字档案馆建设迭代升级研究

——以龙港市为例

王同景

龙港市融媒体中心

摘　要: 推进数字档案馆建设迭代升级,以先进的信息技术为手段,引入智能管理方式,实现档案馆档案管理活动规范化、智能化、网络化,实现电子档案的长久安全保存,实现群众利用档案的多样化、便捷化,通过“人工＋机器”的方式提升档案馆服务水平。

关键词: 档案馆;数字档案馆;信息化;迭代升级;平台建设

2019 年 11 月全国档案工作服务乡村治理推进会在温州召开,龙港市档案馆被列为会议的观摩点。龙港市档案馆加大力度进行了规范化建设,同时,成功应用馆室一体化平台,加快推进档案信息化、数字化建设。2019 年 8 月龙港撤镇设市,2020 年 6 月正式成立龙港市档案馆。截至 2022 年底,龙港市档案馆共存有 36 个全宗档案,条目数据达 40 多万条、电子数据达 450 多万页,总数据量达 18TB。同时馆室一体化平台已经开放给各单位使用,目前已有 8 家单位入库数据投入使用。龙港市档案馆迭代升级,要建设馆内应用,构建智慧管理模式,升级馆藏档案管理模式,打造智能辅助鉴定、智能辅助编研、智慧检索、电子阅览室智慧服务应用,实现档案馆管理及对外服务的智能化。

1　数字档案馆建设的必要性

1.1　数字档案馆建设是中央和省委省政府部署的一项重要工作

数字档案馆建设是大势所趋。中共中央办公厅、国务院办公厅印发《"十四五"全国档案事业发展规划》,浙江省委办公厅厅务会议通过《浙江省档案事业发展"十四五"规划》,国家档案局办公室发布《数字档案馆建设指南》,等等,加快推进规范化数字档案馆建设。到 2022 年,浙江省档案业务 80% 核心业务实现网上协同,建立档案业务和资源基础数据库,到 2025 年,档案工作数字化协同工作场景广泛应用,整体智治新格局全面形成,档案工作实现上下贯通、高效协同。另外,随着浙江省政务服务网应用的推进,特别是"政务服务 2.0 版"的全面推行而产生的大量电子文件都是龙港市重要的档案资源,记录着政府改革和公众办事的整个过程,有着重要的凭证作用和利用价值,这些数据也需要后端有较完善的档案馆系统来汇集、保存、整理和提供利用。由此可见,推进数字档案馆建设,不存在做不做的问题,而是一项必须完成的硬任务。

1.2　数字档案馆建设是档案工作转型升级的迫切需要

近年来,移动互联网、大数据、云计算、物联网等新技术不断出现,电子化、智能化、网络化已成为当今社会的大趋势。随着信息化的快速发展,人们记录历史、利用档案的形式和载体都发生了巨大变化,档案工作正面临着前所未有的大变局,新情况、新问题层出不穷。比如:电子文件管理失控,将危害国家对信息资源的控制能力;电子档案严重流失,会危及国家历史和地方记忆的延续;电子档案证据效力无法保障,会损害各项工作的合法性;档案信息安全隐患较大,事关党和国家的安全与利益;档案信息网络化利用水平低,会削弱政府的服务能力;等等。

1.3　数字档案馆建设是提升龙港市社会经济发展水平的重要方面

随着档案信息化建设的快速发展,龙港市档案馆收集管理的档案数据资源已成为政府和社会活动中最具影响力和辐射力的关键要素之一。目前数据量逐年增多,已着手进行数据的管理和利用工作,作用和效果明显。档案数据来源多元,涵盖了政务数据和社会数据的方方面面,随着龙港市各部门各行业信息化工作的推进,这些档案数据以不同的形式和格式存在于各个软硬件系统中。因此,要全面收集、存储、管理、利用好这些档案数据,整合好档案资源,建设质量和标准符合要求的档案数据中心势在必行。全面规划建设档案数据中心,实现档案数据资源的有效整合和管理,充分整合并挖掘档案数据资源,发挥档案数据资源的作用,不仅可以提高档案数据资源的整合水平,提高综合软实力贡献率,还是提升龙港市社会经济发展水平的有效途径之一。

1.4　数字档案馆建设是为社会公众提供更便利的档案信息服务的需要

社会公众对档案信息,特别是对婚姻、子女、不动产、招工调动等民生档案的需求不断增加,实现民生档案的资源整合、信息共享和方便查询成为发展趋势。这就要求档案管理部门必须尽快改变传统的管理、检索和提供利用的方式,以现代化、信息化和智能化的服务手段,使档案信息资源能够及时、方便地提供给各方面的需求者。通过龙港市档案馆综合管理平台建设,将全面提升档案管理水平,增强档案馆的社会服务功能,成为社会各界了解档案和利用档案的平台。

2　存在的问题和差距

通过近几年的发展,龙港市档案业务已经实现了档案的数字化,为档案的海量汇聚、数据分析和开放使用打下了坚实的基础。但是信息化时代下的档案业务还存在一些不足。

2.1　与国家数字档案馆建设要求存在差距

龙港市档案馆现有一套馆室一体化系统在使用,该系统是基于政务网建设的档案服务平台。按照《数字档案馆建设指南》要求,数字档案馆网络架构应面向不同对象,立足网络,构建三个服务平台,包括基于局域网面向档案馆工作人员和来馆利用档案人员的馆内档案利用服务平台,政务网的平台,公众网面向社会公众的档案服务平台。对照这一要求,龙港市数字档案馆建设还存在差距。

2.2　与档案业务智慧管理存在的差距

数字档案馆建设中的智能化智慧化应用不足。比如,如何应用人工智能解决档案开放审核难的问题。随着2020年修订的《档案法》公布,档案开放期限由30年缩为25年,将产生大批量的档案开放审核工作,传统的人工鉴定已承载不了档案开放带来的巨大工作量,需要利用开放审核规则对档案目录以及全文数据进行分析,从大量的文本数据中提炼关键字进行辅助开放审核,通过构建可开放数据智能审核系统,提高开放审核效率。

3　数字档案馆建设迭代升级的原则和策略

3.1　数字档案馆迭代升级的原则

一要统一规划、分步实施。档案馆综合管理平台建设要统一规划;规划要统一设计、统一标准、统一规范;整体推进要分步实施,先在条件较好的单位进行试点,待条件成熟后再全面推广应用。二要明确需求、讲究实效。以档案智慧管理和共享服务为需求出发点,以应用为导向,确保档案馆综合管理平台取得实效。在系统建设过程中,依据应用需求、IT 技术发展和投资情况,边建设、边开发,边应用、边完善。三要贯彻标准、保障安全。档案信息化建设标准先行,必须在统一的标准指导下进行档案馆综合管理平台建设;遵循国家信息安全保障技术措施要求,切实保障网络系统和应用数据的安全。四要整合资源、避免浪费。系统建设必须充分利用已有的网络基础、业务系统和信息资源,加强整合和复用,促进互联互通、信息共享,避免已有投资的浪费和重复建设。

3.2 数字档案馆迭代升级的策略

基于《数字档案馆建设指南》(档办〔2010〕116 号)和《数字档案馆系统测试办法》中系统功能和业务要求开展数字档案馆建设,基于局域网平台,以先进的信息技术为手段,引入智能管理方式,实现档案馆档案管理活动规范化、智能化、网络化,实现电子档案的长久安全保存,实现群众利用档案的多样化、便捷化,通过"人工+机器"的方式提升档案鉴定、编研和对外服务水平。基于局域网建设智慧馆藏档案管理系统、数据保全系统,实现馆藏档案的收集、整理、保管、鉴定、统计、利用,通过智能化手段实现馆藏档案的智能辅助鉴定、智能编研、智慧检索、电子阅览室智慧服务等功能,实现核心馆藏电子备份数据的实时监管和自我修复,建成档案馆档案信息安全保管基地。其他还包括局域网(数字档案资源总库)硬件资源建设、软件三级等保测评、历史馆藏档案数据迁移和质检等服务。

林业信息化项目电子化归档管理探索

张 敏

浙江省林业信息宣传服务中心

摘 要:该文主要对林业信息化项目电子化归档的背景、基本概念等进行阐述,介绍了信息化建设项目电子化归档管理的浙江林业经验。

关键词:信息化项目;电子文件;电子化;归档

1 背景

在国家档案信息化建设的号召下,全国上下各企事业单位高度重视档案信息化的工作,纷纷采取各种措施,积极地开展传统载体档案数字化、新增档案电子化工作。相较于国家各级各类档案馆,各单位档案室对档案信息化工作的重视程度较低,人才、资金投入不足,档案电子化工作处于起步探索阶段。

随着浙江省档案继续教育培训事业的发展,浙江省档案管理人员对档案新政策、新知识、新理论接受度比较高,工作创新意识较强,对各单位档案电子化工作的开展起到了重要的促进作用。但囿于各方面条件限制,很多单位档案工作的电子化发展阻力较大、难度较高,档案管理人员只能在"双套制"(线上和线下档案同保存)下探索本单位档案电子化的发展路径。

2 电子化归档概述

电子文件是指国家机构、社会组织或个人在履行其法定职责或处理事务过程中,通过计算机等电子设备形成、办理、传输和储存的数字格式的各种信息记录,由内容、结构和背景组成。电子档案是指具有凭证、查考和保存价值并归档保存的电子文件。电子档案由电子文件转换而来,具备电子文件同样的构成要素和特征。电子文件归档指将应归档的电子文件经过整理,确定其档案价值后,通过计算机网络或脱机载体,从文件形成部门转移存储到受档案部门控制的计算机系统中,向档案部门移交的过程。所谓电子化归档是指仅以电子形式归档,不再归档保存纸质件。

我们开展电子化归档是为了保障电子文件和电子档案的真实性、完整性、可用性和安全性,促进电子档案的共享利用。根据《电子文件归档与电子档案管理规范》(GB/T 18894—2016),开展电子文件归档和电子档案管理工作应遵循4个基本原则,即纳入单位信息化建设规划、技术与管理并重、便于利用和安全保密原则。

3 林业信息化项目电子化归档工作实践

2022年12月,省委十五届二次全会提出,要进一步深化实施"八八战略",加快打造数字变革、生态文明、新时代文化等8个高地,这也是我们心怀的"国之大者""省之要者",为我们做好林业数字化改革提出了新要求、指明了方向。

浙江省林业信息宣传服务中心具有承担局自建信息系统建设、运维和安全管理以及指导全省林业信息化建设的职能。这几年,中心持续不断地推进林业信息化建设,"浙江省数字林业系统"从规划设计、迭代升级到推广应用,都走在全国林草系统的前列,政务服务系统实现浙里办、浙江政府服务网全省通办,有效地促进了林业信息化向纵深发展。众所周知,信息化项目建设需要投入大量的人力、物力和财力,项目研发建设周期较长,从立项、采购、建设过程、验收到运行维护等涉及流程环节较多,每个环节都会产生一系列的文件材料需要归档管理。

浙江省人民政府印发的《深化"最多跑一次"改革 推进政府数据化转型工作总体方案》中指出要"明确信息化建设项目立项审批、招标投标、政府采购、建设实施、项目监理、运营维护、绩效评价、保密安全等管理要求,对电子政务建设项目进行全生命周期管理"。《浙江省政府投资项目管理办法》《浙江省林业局机关财务管理办法》《关于加强政府投资信息化建设项目管理的实施意见》(浙经信设施〔2011〕151号)及《浙江省林业信息化平台建设技术管理规范(试行)》中,均对信息化项目的管理提出了相应的要求。做好项目档案管理,对信息化项目实行统一标准建设、统一规范管理,严格控制项目质量和经费使用,显得尤为重要。

2020年,浙江省林业信息宣传服务中心承建了浙江省林业信息化建设一体化管理平台,项目遵循"政府数字化转型"顶层设计,在林业信息化建设总体框架下,通过建成一整套具有完善的搜集、处理、管理、分析、应用功能的林业信息化建设项目管理信息系统,将人、物、态进行系统化关联管理,保障林业信息化项目按流程合理、合规进行,为信息化项目的建设和服务提供基础信息支持。开发相应的活动,实现对信息化项目立项、采购、建设过程、验收、维护的全过程文档、技术支持等信息进行维护、管理、查询、统计等,并为技术文档提供模板,从而规范项目操作。

浙江省林业信息化建设一体化管理平台遵循电子档案管理信息系统建设与办公自动化系统、业务系统等相互衔接的制度要求,采用B/S架构,部署在政务云上,数据库是云数据库,系统附件存储在独立文件服务器中,采用统一用户管理系统集成,实现用户统一认证和单点登录,并且将统一用户管理系统的用户机构数据作为系统的基础数据;能提供与省发展和改革委、省大数据局等相关部门进行数据交换的数据接口,考虑能与投资平台、重大项目库等管理平台对接,实现各种数据的共享。系统包括了3个子系统,即信息化项目管理平台、信息化档案管理系统及信息化项目相关人员管理系统。通过平台项目建设,实现了从信息化项目立项到项目验收及后续备案运维,形成全生命周期管理,实现信息化项目管理步骤、字段信息、办理意见、递交文档规范化及收集;改变了我省林业信息化项目缺乏统一管理、全流程监管的现状,为信息化项目的建设和服务提供基础信息支持,为信息化项目审计工作提供辅助材料。根据省发展和改革委、省大数据局等系统信息填报格式，自动生成相应模板，使工作便捷化，实现对信息化项目立项、采购、建设过程、验收、维护的全过程文档、技术支持等信息进行维护、管理、查询、统计等，并为技术文档提供模板，从而规范项目操作。同时，通过建立林业信息化专家库，更好地推进信息技术的互动交流。这大大节约了文档管理的时间成本和人力、物力资源，提高了工作质量和效率。

第五部分

档案文化与档案开发利用

信息化时代城建档案利用的问题与对策

——以嵊州市城市建设档案馆为例

谢　金

嵊州市城市建设档案馆

摘　要:该文以信息化时代下城建档案利用现状为出发点,结合嵊州市城市建设档案馆实际经验与案例,分析城建档案在配合政府职能工作和服务社会民生等方面利用的现状和存在的问题,对信息化时代城建档案利用提出了相应对策。

关键词:城建档案;利用;问题;对策

城建档案记载着城市发展和社会进步的全过程,是记录城市生命全周期的信息库,通过运用城建档案信息,能够为城市发展提供基础支撑。信息化时代,城市建设和更新如火如荼,更需要重视城建档案的开发利用工作,寻找有效的城建档案开发利用方向和策略,为城市发展建设和社会服务,进一步彰显城建档案价值。

1　城建档案利用现状

城建档案的查询利用率较高。如嵊州市城市建设档案馆馆藏档案 10 万余卷,每年接待档案查阅者 500 人次左右,调阅档案近万卷,主要用于办理不动产权证、老旧小区更新改造、房屋装饰装修、后期改扩建工程、房屋征收拆迁、司法诉讼等,为社会和老百姓提供了很多便利。

利用城建档案配合政府部门工作。如自 2019 年嵊州市老旧小区加装电梯开始至今,城建档案馆配合住建局,提供了 10 余个小区的建造图纸。很多小区因为建造时间久远,很难找到当时的竣工图,城建档案馆积极配合住建局工作,提供了相关小区的馆藏档案电子文件,给加装电梯工作带来了便利。

配合物业管理系统筹建工作。2023 年,市房地产管理中心开始筹建智慧物业管理系统,需要房屋测绘报告原始数据,市房地产管理中心因为前几年机构改革,相关测绘报告等资料缺失较多。我馆工作人员加班加点为其查找、拷贝相关测绘数据,提供了 120 余个小区的测绘报告,用于基础数据比对。

2　城建档案利用存在的问题

2.1　档案收集不齐全

从每年接待查阅者反馈的信息看,总有些工程档案未归档或者归档内容不齐全,后期需要用到这部分资料,但是由于当时未移交给城建档案馆又加上建设单位档案保管意识不强,年代久远造成缺失,给现实使用带来了很多不便。后期去补相关资料的程序很复杂,特别是涉及机构改革、部门撤并,很多资料都很难补齐。

2.2　档案利用深度不够

城建档案利用范围比较广泛,涉及政府和民生各方面,但是现在利用开发往往局限于查询利用,大都是根据查阅者的需求来调用档案信息,档案馆通过复制或拷贝电子文件给予对方所需资料,还是属于被动利用的阶段。需要向主动开发信息转移,这是趋势也是难点。如何从大量的档案信息中提取有用的浓缩的信息,形成完整的体系,使之与其他工作相配合,是值得思考的。

2.3　档案信息不互通

目前,绍兴市及区县内的城建档案馆均是独立的城建档案系统,档案资源未实现共享。一方面是基于档案安全,档案馆的服务器基本是物理隔离,采用内网,不与物联网相连;另一方面是上级主管部门没有牵头做档案资源共享,所以一直在使用原来独立的模式。

3　优化城建档案利用工作的对策

3.1　做好档案收集,丰富馆藏

档案的收集是档案利用的基础。当下正是地下管线改造的重要时期,需要对城市地下管线分布情况进行全面掌握和分析,避免管线被破坏。目前,从馆藏档案来看,地下管线工程资料较少,这对改造工程造成了一定的影响。因此,需要进一步做好档案收集工作,特别是地下管线,丰富馆内的各类档案。

3.2　提升档案信息化水平

嵊州市城市建设档案馆档案信息化工作开展较早,从 2015 年始,开展了库存档案的数字化工作,目前馆藏档案全部实现了数字化。后期接收进馆的城建档案,移交时均提供一套纸质档案和电子档案。现在馆藏档案已经实现了数字化全覆盖,并且有一套城建档案信息管理系统。但就目前来说,所谓的电子化只是将纸质档案转化为 TIFF 格式(图片),再挂接到城建档案信息系统上,在查阅和利用上确实便利了许多。但是因为系统录入挂接扫描均是人工输入,会产生一定的失误,若检索时检索不到,档案有可能会变成"死档案"。现在信息技术提升,利用 OCR 格式,可以提取里面的信息,这个可以在很大程度上避免"死档案"现象的出现。同时可以更精准地定位档案信息,精细化利用,提升实际利用效率。另外,电子档案的法律效力也是一个有待验证的问题,要积极探索,提升电子档案的法律效力和利用效率。

3.3 实现区域城建档案共享

目前,浙江省正在进行信息系统国产化替代工作,至 2026 年底,通过改造、整合、淘汰三种方式使所有系统均实现国产化。目前,绍兴各县市城建档案系统均为独立系统。笔者认为,此次信息系统国产化替代是个不错的契机,绍兴市城建档案系统可以统建一个云系统,打破各县市不互通的壁垒,既可实现区域城建档案共享,又可节约资金技术。但是,在实现共享的同时,也要确保档案的安全性,这也是需要克服的难题。

4 结 语

推动城建档案的利用发展,需要各方面的努力、各部门的联动,丰富归档档案的完整性、准确性和多样性。推动档案信息化建设,需要财政资金保障更新设备。档案工作人员既要与时俱进,学习新知识、新技能,适应新发展,又要坚守初心,认真、细致、客观地做好档案工作。随着智慧城市的建设,借助互联网、物联网、移动通信、大数据、人工智能等新兴技术手段,充分挖掘档案信息资源的价值,为利用者提供泛在化、智能化、个性化且随时、随地、随心的档案利用服务,将成为城建档案馆乃至档案行业的创新动力与研究方向。

县级公共图书馆地方档案文献利用推广的实践

——以乐清市图书馆为例

厉圆圆

乐清市图书馆

摘　要:以乐清市图书馆地方档案文献阅读推广为例,探索县级公共图书馆在地方档案文献阅读推广中的实践路径,以提高地方档案文献阅读的社会普及度,进而完成深度阅读,为县级公共图书馆地方档案文献阅读推广提供借鉴。

关键词:地方;档案文献;利用推广;实践

地方档案文献是记录一个地区政治、经济、文化、历史、风土人情等信息的重要文献资源,也是公共图书馆馆藏资源中最具特色的一部分。如何吸引读者关注和了解地方档案文献,利用好地方档案文献,充分发挥地方档案文献馆藏资源的价值,是公共图书馆的使命。目前公共图书馆地方档案文献工作多侧重文献信息服务以及文献整理方面,如征集、专架展示、特色数据库建设等,而涉及地方档案文献的阅读推广活动规模较小、形式单一。在这一背景下,乐清市图书馆近年来一直探索地方档案文献深度开发利用与阅读推广的有效路径,不断推陈出新,探索各类阅读推广服务模式吸引读者进行阅读。

1　专题化主题化推广,提高馆藏利用率

地方档案文献门类众多、范围广泛,如何将读者的注意力从海量文献馆藏引导到小范围的、有吸引力的馆藏,以提高馆藏利用率,是需要关注的。乐清市图书馆根据自身馆藏资源优势,2023 年分层次策划王十朋专题系列活动,以原创越剧《王十朋》拉开序幕,吸引"看热闹"读者的关注;接着"王十朋孝道"分享会让读者近距离接触了王十朋这个人物,引发了读者深度阅读的兴趣;紧接着进行"王十朋主题知识竞答",在兼顾专业性和趣味性的前提下,主办方有效地利用文献,提高了读者的积极性;最后以王十朋主题研学做收尾,以王十朋的诗文和求学轨迹为线索,串联北雁荡山、淡溪状元故里、灵山、中雁荡山等景点,形成了一条充满梅溪文化韵味的研学线路,既给读者带来了新奇而又充实的文化体验,又为乐清旅游注入了地方文化元素,促进了文旅深度融合,发挥了地方档案文献专

题研究的文化价值。

2　移动化可视化推送,提升阅读便捷性

移动时代,读者利用文本间的超链接,随时随地选择阅读内容,大大提升了阅读的便捷性。乐清市图书馆在研究读者需求的基础上,2022年"读行乐清"小程序上线浙里办。该小程序里面包含几款地方档案文献的听书类和视频类节目,如整理传统技艺制作过程,发布30集听书类节目——诗画乐清、非遗文化、工艺美术小课,又如整合雁山诗路地方档案文献,制作10集诗路宣传视频,"孟浩然来乐清""谢灵运乐清游行迹""鞠躬尽瘁的一代忠臣王十朋"等特色诗路线微视频。2022年"读行乐清"小程序荣获浙江省文化和旅游数字化改革最佳应用。2023年"读行乐清"迭代升级为"乐读乐享"精准化供给,再次以高品质的有声、可视读物带领读者追寻乐清的历史渊源及风情风貌。如上线的乐清十碗、乐清十古系列,同时段在微信、抖音上的阅读量、点赞量、转发量以及评论区读者留言无不显示此类视频所带来的良好互动氛围。

3　沉浸式体验式阅读,提升档案吸引力

现今社会已经步入智能化时代,虚拟现实(VR)技术在各个领域得到运用,特别是在与传统阅读相结合时,VR技术将书本中的平面纸质内容转化为多维立体的世界,使读者获得身临其境的沉浸式阅读体验。乐清市图书馆清和书苑建有VR互动体验区。互动内容包括知识问答、文化闯关、完成探索任务等。读者可以选择进入不同的历史篇章,比如选择东晋名士张文君,里面有张文君炼丹、王羲之拜访张文君、张文君骑行白鹿等诸多选项;选择炼丹,画面出现张文君在山下小屋盘炼丹药的场景,读者仿佛化身成一个Q版的张文君,拿起身边的水彩笔画不同的中药材,通过高拍仪会生成不同中药材,读者可以用手指滑动打开丹炉,把药材放在丹炉中炼丹。药材不同,炼丹的效果也不同,几个交互环节完成后,张文君的形象跃然而生。同时,解读了乐清建县(东晋宁康二年,即374年)前后的社会状况。虽然场景是虚拟的,但是读者产生的身体和情绪变化都是真实的,这样的阅读体验既增强了知识获取的趣味性,又促使其更多地关注地方文化的传播。清和书苑自2021年6月开馆以来VR体验区共接待读者体验23万人次。

地方档案文献是展现一个图书馆自身特色的窗口。如何打造更具特色的地方档案文献阅读服务模式,有效提升图书馆的影响力,是公共图书馆在全民阅读时代所肩负的职责。县级公共图书馆应当在深耕传统阅读模式的基础上,考虑

利用现代化的信息技术打造一个资源共享平台,提供更加方便快捷的阅读体验,吸引更多人参与到地方档案文献的阅读中。

不动产档案管理中的利用和保密策略探究

童萍丽

宁海县统一征地事务所

摘　　要: 要提高不动产档案查询利用水平,做好不动产档案登记工作,为服务利用奠定坚实的基础;全面鉴定、清理、整合不动产登记档案资源,为服务利用创造良好的条件;规范不动产登记档案流程,为档案利用提供"一站式"便捷服务。同时,做好不动产档案管理的保密工作是为了更好地利用不动产档案资料。要加强制度和队伍建设,提高档案利用中的防范意识;遵守不动产档案利用规则,切实做好不动产档案资料保密工作。

关键词: 不动产;档案管理;保密;利用

1　正确处理不动产档案保密和利用的关系

不动产档案是一种重要的社会信息资源,不动产登记档案信息资源利用是发挥物权公示作用的重要体现,对这种资源既要重视其载体的保管和保护,更要重视其信息价值的开发和利用。但不动产登记档案信息包含着大量个人隐私和商业秘密,正确处理不动产登记档案保密和对外利用是做好档案工作的一项重要内容。我们要在严格做好保密工作的同时,切实完善工作职能,使档案得到充分合理的利用。坚持"保、放"结合的指导思想,正确处理保密与开放、信息公开的关系,既要积极防范又要提供工作便利,即把好保密关,疏通公开、交流的渠道。保密与利用两者都十分重要,不可偏颇。

2　提高不动产档案查询利用工作水平的措施

首先,做好不动产档案登记工作,为服务利用奠定坚实的基础。

在不动产档案管理过程中,首先应该做好窗口登记工作。这个环节是将纸质档案资料转换成数字化档案资料的第一个环节,要求档案管理人员真正做到认真、细致,保证不动产档案资料在完全收集齐全之后再传输到下一个环节中。其次,规范不动产档案资料的建档工作。工作人员将不动产档案资料严格按照固定的顺序进行装订建档,保证做到一户一档,统筹整合电子档案和纸质档案,为不动产档案资料的利用奠定坚实的基础。最后,全面抓好登记造册工作。积极构建起先进的检索工具,全面做好不动产纸质档案登记和电子档案登记同保存的工作,为利用服务打好基础。

其次,全面鉴定、清理、整合不动产登记档案资源,为服务利用创造良好的条件。

第一,积极做好不动产档案资料的鉴定工作。档案资料鉴定工作在开展过程中是否准确,将影响到不动产档案资料的利用水平。将一些过期的不动产档案鉴定出来,并将一些具有利用价值的档案资料进行重新排列上架保存或者销毁,这样能够减少不动产档案资料存储量和利用时的查找量。第二,通过全面做好不动产登记档案资料的补录、修改和更新工作,准确快速地找到可用的不动产档案资料,为更好地利用不动产档案资料创造良好的条件。

最后,规范不动产登记档案流程,为档案利用提供"一站式"便捷服务。

作为不动产档案登记窗口的工作人员应该始终坚持以人民为中心,公开服务流程。采取"一站式"服务方式,规范不动产登记档案流程,全面接受广大人民群众的监督,并合理设立举报箱和公开举报电话。更新服务方式,通过建立自主电子查阅系统、网络在线服务、热线电话服务等多元化的服务方式,有效提升不动产档案资料管理的服务效能。

3　做好不动产档案利用过程中的保密工作

首先,加强制度和队伍建设,提高档案利用中的防范意识。

档案利用规章制度一般有阅览制度、外借制度、复制制度等。根据实际情况,针对涉密人员涉密等级的不同确定不同的利用范围,规定不同的审批手续,使得提供档案利用工作有章可循。担负利用服务档案工作的档案管理人员,是利用制度的直接执行者,对档案的安全负有直接责任,必须具备较高的素质、高度的政治责任心,全心全意为人民服务;在业务上,要具备专业知识,熟悉所保管的档案内容,熟悉档案法规;还要有敏锐的观察力,善于做档案利用者的工作,能独立处理档案利用中出现的问题。

其次,遵守不动产档案利用规则,切实做好不动产档案资料保密工作。

正所谓"没有规矩不成方圆",在不动产档案资料的管理过程中,为了有效提升档案资料的利用效率,需要保证不动产档案资料的完整性和安全性。因此,不动产登记工作者必须具有很强的专业技能及严谨认真的工作态度和良好的保密意识,严格遵守国家《不动产登记暂行条例》《不动产登记资料查询暂行办法》和不动产登记部门制定的保密纪律与相关规定,从不动产登记中心受理审核部门到各分中心、便民点、档案查询利用窗口及其他外部各部门共享的查询利用,都不可忽视和放松保密工作,都要严格遵照制度,加强防范,不得擅自以任何理由泄露不动产登记资料、登记信息。

总之,不动产档案的保密与利用是相辅相成、不可分割的,我们既要严格遵守《中华人民共和国保守国家秘密法》和"十不得""十不准"等相关规定,又要提升档案查询利用效能。只有兼顾这两点,才能真正发挥好不动产档案的价值。

用档案发掘和传承中医药文化

——以胡庆余堂为例

梁沁沁

杭州胡庆余堂药业有限公司

摘　要:2006 年 6 月,胡庆余堂中药文化被评为国家级非物质文化遗产,各式各样具有收藏价值的档案被收藏于大井巷上的胡庆余堂中药博物馆。"戒欺""真不二价""是乃仁术"等企业文化,广为流传。时至今日,企业文化的脚印刻画在胡庆余堂的角角落落。该文以历史留存的档案为切入点,探寻胡庆余堂中医药文化的传承与印证。

关键词:胡庆余堂;企业文化;档案利用;中医;中药

初创于清同治十三年(1874)的"江南药王"胡庆余堂,秉承南宋太平惠民和剂药方,精选道地药材,精制丸散膏丹,因疗效显著而名震天下。形态万千的档案记录着这个百年药企从创办传承至今,对企业文化的反映和体现具有更深远的历史价值。"红顶商人"胡雪岩一手创办的胡庆余堂,以及胡庆余堂传承百年的企业文化,以各种形式记录和留存在档案中,有待后人继续发掘和传承。

1　诚信经营,不欺骗自己更不欺骗顾客

2014 年 9 月 24 日,《人民日报》发表文章《一带一路,千年的时空穿越》,记

载了习近平主席谈中国企业,引用"戒欺"二字阐述走得远的真谛:"胡雪岩在他的胡庆余堂,当年挂着两个字'戒欺'。要多予少取,先予后取。不搞一锤子买卖,丁是丁、卯是卯,一件是一件。就是要有这样的步步为营、稳扎稳打的'品牌项目'。要经得起历史检验。"

1878年4月,胡雪岩写下"戒欺"匾,牌匾朝内悬挂,用以提醒所有员工不得欺骗。"戒欺"匾上书:"凡百贸易均着不得欺字,药业关系性命,尤为万不可欺。余存心济世,誓不以劣品弋取厚利。唯愿诸君心余之心,采办务真,修制务精,不至欺予以欺世人……"大致意思是说做生意的人不能欺骗,药业关系着人的性命,更加不能欺骗。我存心悬壶济世,只希望你们理解我的心思,采办药材务必真材实料,制造药品务必精益求精。

大多数商人在功成名就之后就会忘记自己的初心,唯利是图,而胡雪岩却做到了利义相济,被杭城百姓尊重。"戒欺"文化言简意赅,不欺骗自己,更不欺骗顾客,是苦心创建和经营胡庆余堂的胡雪岩对全体员工的期许。

2 采办务真,真材实料

2.1 抬鹿巡街

清朝年间大多以绘图来刻画某一时期的情形,其中一幅抬鹿巡街的画作令人印象深刻。有一天,胡庆余堂的员工在大街上敲锣打鼓,巡游展示制药用的活鹿,当众宰杀送进药厂,还准许百姓进入观看制药过程,从此关于"胡庆余堂的鹿是养着给人看的"谣言不攻自破,胡雪岩说"进药一关须严格把好"。抬鹿巡街不仅是为证实产品真材实料并且现杀现用,还是一轮广告宣传,在清朝以叫卖为主的传统营销模式中独具一格,将采办务真的企业文化深深烙在每个百姓的心里。

2.2 挑选优质供应商

原材料质量是产品质量的根本保障。截至2022年底,公司拥有合格供应商151个,战略供应商20个,他们各自拥有一套供应商档案,内容包括供应商证照、资历、审计、专业性评价报告、合格供应商分类管理审核记录等。根据供应商原料一次性合格率及使用性、服务、价格、质量等评价结果,出具评分记录,用于评估合格供应商。定期探访主要供应商,从双赢的角度为供应商解决实际难题,相关记录文件及照片一并归档。

3 修治务精,精益求精

关于"斋戒洁身"的绘图,描绘了胡庆余堂员工制药前沐浴更衣的情景。《孟子·离娄下》中写道:"虽有恶人,斋戒沐浴,则可以祀上帝。"在古代,工作前的沐浴更衣不仅是对制药工作精益求精的一种反映,更体现了对将要做的事情的一种尊重态度。由此可见,胡庆余堂将制药工作看作神圣不可亵渎的事情,特别注重生产的每一个环节和产品的品质。

3.1 智慧生产

根据战略发展需要和相关方需求及期望,不断更新基础设施。以杭州胡庆余堂药业有限公司临平新厂区为例,投资总额约 3.1 亿元,总建筑面积为 70398.86m²。其采用了新版 GMP 设计理念,实现了中药生产线的智能化生产,实时采集相关的生产数据,自动提取和存储生产过程中的关键工艺参数,通过数据分析统计,挖掘潜在价值,提高药品质量和生产合格率。

3.2 质量控制

当年胡庆余堂营业厅中央有个大香炉,若顾客对药品不满意立即投炉焚毁,重新另配。现在公司对质量安全奉行"一票否决"制度,对生产全过程中任何可能引发质量安全的环节,均可以"一票否决"。通过标准操作规程规范质量管理体系全过程,通过分析方法规范检验过程,建立相应的质量标准,保证质量的高水平及一致性,全程档案留痕可追溯。

4 真不二价

一般来说,"真"是体现在产品和服务上的,而胡庆余堂的"真"则是从一砖一瓦开始的。自 1988 年胡庆余堂中药博物馆被国务院列为全国重点文物保护单位,就被给予了大力保护,可以说是中华中药文化的档案馆。所以胡庆余堂的"真"大多可以从中药博物馆里找到答案。

4.1 百年建筑,恢宏依旧

胡庆余堂中药博物馆位于杭州大井巷,属于典型的徽派建筑,用料精良,设计讲究。据说修建胡庆余堂的木材,本是用于重修圆明园的珍贵楠木,当年胡雪岩通过恭亲王奕䜣的引荐,从慈禧太后手中购买,不惜代价运回杭城,最终建成了这所中药殿堂。这也是胡庆余堂建筑历经百年依旧气宇轩昂的原因。

从建筑就不难看出,当时的胡雪岩富可敌国,既有把药局修建成宫殿级别的财力,又具有冒死向太后求购木材的魄力。此处的"真"表现为"真心",钱财换不来的是胡雪岩对于做好药局这件事的信心和决心。路漫漫其修远兮,在那个木质建筑里,胡庆余堂用百余年的时光迎来送往,治愈疾病。

4.2　真金白银,只求疗效

1877 年,因普通的铁锅铁铲制作的药品不能达到预期疗效,胡雪岩便不惜血本,用 133 克黄金和 1835 克白银打造"金铲银锅"(国家一级文物),作为研制"紫雪丹"的专用工具。即使前期投入大于回报,也要全方位将产品做到最好。金银属惰性金属,百年不锈千年不腐,隐喻胡庆余堂从创立直至未来的几百年,造福芸芸众生,救赎病痛百姓是永恒不变的追求。"真金白银"注定了"真不二价"的命运,也用全方位的真材实料阐述了"价二不真"的道理。

胡庆余堂中药文化发展至今,传承将会在未来占据越来越重要的地位。档案是文化的载体,要把文化这种无形资产通过编研和加工转换为看得见摸得着的文字图像或视频,以各种形式进行传播。接下去要把传承作为档案工作的重头戏,要把老一辈的精神和手艺融入新时代的企业发展和产品升级中,脚踏实地地做好中药,造福百姓。

优化营商环境视野下不动产登记档案查询工作的问题与对策

竺贤斐

绍兴市不动产登记服务中心

摘　要:不动产登记档案查询是利用档案信息为社会各界提供服务的一种方式和途径。优化营商环境是 2022 年经济建设"一号工程",提高不动产登记档案查询服务效率和质量,提升企业和群众满意度,是一个重要课题。该文以绍兴市不动产登记档案查询为例,分析不动产(主要是房地产)登记档案查询的特点和存在的问题,提出优化档案查询工作的建议。

关键词:不动产登记档案;档案查询;问题;对策

不动产指依自然性质或法律规定不可移动的财产。在不动产查询实践中,绝大部分是房产登记档案查询。房屋是不动产种类中与群众关系最密切的一种,本文所指不动产登记档案主要为房屋产权档案。

1 不动产登记档案查询的主要特点

1.1 查询数量巨大,网上查询日益增加

随着社会经济的发展,不动产登记档案信息应用的领域越来越广,需求越来越大,查询人次及调阅资料数量每年呈上升趋势。以绍兴市不动产中心(越城区)为例,2022年不动产档案总查询78710人次,查阅314840卷(件)次。其中到行政中心大厅查询45622人次,到绍兴市不动产中心查询979人次,浙里办查询32109人次。

1.2 查询种类多,个人证明需要占大多数

不动产档案查询存在大量需求,因私的权利人和利害关系人查询占比大。这类查询业务出于购房、拆迁、继承、入学等原因,需要相关房产的档案信息证明以保障利益。因公的公检法、纪检监察等政府部门因工作需要调查取证,会涉及不动产登记基本信息、交易情况抵押状态、行政限制等的查询。征收拆迁、旧城改造、企业办理消防等手续,也都需要查询不动产基本信息或图纸等原始资料。

1.3 查询信息保密性强,对查询人员要求高

《物权法》(现已失效,以《民法典》"物权"编为准)第十八条规定:权利人、利害关系人可以申请查询、复制登记资料,登记机构应当提供。法律保障了权利人、利害关系人的物权权益,体现了不动产登记档案查询的公开性。同时,因不动产登记档案内容涉及权利人的信息隐私,故不能随意公开查询,所以不动产登记档案查询有保密要求。这对查询制度、流程设计和查询人员的职业道德提出了更高的要求。

2 不动产登记档案查询工作的主要问题

2.1 查询手续不齐全,查询内容超范围

查询人基本知道需持证查询,但还是存在大量持证不全情况,比如查询父母祖辈名下房产,查询人只携带本人证件,没有委托书、遗嘱、公证书等证明材料。另有相当一部分查询超出规定范围,如除查询本人房产登记信息外,还申请查询利益无关人的房产信息。

2.2 异地查询不方便,档案信息化有差距

当前不动产登记查询越来越便利,轻松实现了掌上查、网上查、异地自助查,

极大地满足了权利人的查询需要,但信息化工作有待加强。绍兴市域范围内不动产查询系统需进行有效、实时连接(目前,通过浙里办已经可以查询到本人或本家庭全市范围内不动产登记信息)。但由于系统内资料不齐全等原因,一些权利人、利害关系人还需要到登记机构进一步实物查询,复制登记资料或获取相关证明。

2.3　查询结果不满意,容易引发矛盾冲突

查询人特别是查询个人,总希望查询结果与个人所了解或期待的相一致,或者最好能迅速找到相关登记信息。但在实践中,查询结果不符合预期、年代久远查找困难或者资料不全难以提供等情况屡屡发生,一些查询人因希望落空容易情绪激动,出言不逊,查询工作人员如果处理不好,容易引发矛盾冲突。

3　不动产登记档案查询工作的优化措施

《不动产登记资料查询暂行办法》第五条:"不动产登记资料查询,遵循依法、便民、高效的原则。"要优化查询质量,更正确、高效地完成查询工作,推进查询工作高效便民服务。

3.1　建立健全不动产登记档案查询制度,规范查询工作

为了实现不动产登记档案信息查询工作高质量,要有相应的制度来规范。制度既要保护权利人的个人隐私,又要保障其查询权益。要通过一定渠道向社会公开不动产档案查询范围、所需材料和咨询电话,以便查询人一次性备好所需证件或资料。

3.2　建立统一不动产登记档案管理系统,提高查询效率

建立统一的不动产登记档案查询平台,实现查询工作的信息化、高效化。目前,绍兴市域各区、县(市)不动产档案已经全部完成数字化,要以市本级档案管理系统为基础,建立全市统一的不动产档案管理系统,整合各区、县(市)已有管理系统,实现不动产登记信息全市通查。

3.3　提升不动产登记档案工作人员素质,提升服务水平

随着查询内容的复杂化和查询数量的增多,不动产档案信息查询难度也在增加,需要查询工作人员具备强烈的责任感和耐心、细致的工作态度。由于一些查询人不达预期易情绪激动,工作人员需要保持冷静换位思考,加强情绪管理,不可与之争论引起冲突。

不动产档案作为重要凭证,在社会经济生活中发挥着重要作用。查询结果

事关人民群众的切身利益,要不断改进查询方式方法,提升工作人员素质,深化档案信息共享,提高不动产查询质量和效率,为优化营商环境做出贡献。

企业档案工作促进企业文化建设的创新实践

——以正泰集团股份有限公司为例

熊丽燕

正泰集团股份有限公司

摘　要:企业档案是企业文化的根基所在。企业档案管理要服务企业文化的发展,拓展档案收集范围,服务企业品牌建设;利用档案资源优势,打造"企业记忆之窗";加强档案工作创新,服务企业创新发展;深化档案价值挖掘,创造企业无形资产,在促进企业文化建设中,同步促进企业档案工作高质量发展。

关键词:企业档案;企业文化;创新;实践

企业档案工作与企业文化建设相互融合、相互作用,是一个不可分割的有机体。工业企业档案从载体上分为纸质、照片、录音录像、光盘等不同形式,企业文化主要内容中的企业目标、企业精神、企业形象等要素都是以文字、图像或实物等形式存在于企业档案之中。对企业各类档案进行集中统一收集整理、科学安全保管、有效利用的全过程,就是企业文化不断积累发展的过程。

正泰集团经过30多年快速稳健的发展,发生了翻天覆地的变化,与此同时,正泰企业文化建设也在不断创新,进入了全面发展的新时期,形成了包括企业愿景、核心价值观、企业使命、品牌价值、经营理念等在内的独具特色的企业文化框架体系。近年来,正泰集团股份有限公司在以企业档案工作助力企业文化建设上进行了一些探索和创新。

1　拓展档案收集范围,服务企业品牌建设

正泰档案室在正常接收归档的基础上,注重收集企业宏观决策、重大活动事项、取得的重大成就等方面的档案资料,还围绕企业经济中心工作进行多种形式的档案收集、整理和开发利用,对二次、三次信息加工的档案信息资源也做了及时收集,为企业文化建设提供翔实的资料和系统的素材。如中国知识产权第一

案——正泰诉施耐德专利侵权案,曾是正泰发展史上的大事件。档案部门专门建立了知识产权专题数据库,收集了本案的民事调解书,中央电视台"经济与法"栏目庭审新闻发布会现场录像,以及各级媒体对该案件的相关新闻报道。这项专题档案作为中国知识产权第一案的真实写照,成为记录正泰知识产权史的永恒符号,对进一步丰富企业愿景、品牌价值、经营理念有着巨大的促进作用。

2　利用档案资源优势,打造"企业记忆之窗"

企业档案作为企业文化建设的历史借鉴和参考,直接服务于企业文化建设,企业文化建设反过来又将进一步丰富企业档案的内容,两者相辅相成。前几年,正泰集团被浙江省档案局列入"企业记忆之窗"示范点试点单位,档案部门充分运用档案记忆功能,整合公司各种记忆文化素材,纵横展示了正泰在不同时期的主要成果和重大活动。在接待展厅,运用多媒体推出了正泰发展、正泰文化、领导关怀等十大系列具有典型记忆内容的照片、视频,这些照片、视频形象地展示了正泰起步与积累等发展阶段,使企业形象得到了客户和来宾的认可。此外,正泰党群活动室也借助档案资源,向员工开放了党组织发展史、四结合学习型班组等一系列党建发展的历史照片宣传窗,扩大了党在员工心中的影响力。"企业记忆之窗"是正泰正气泰然形象文化的一个窗口,打造"企业记忆之窗"所用的大量珍贵历史照片、实物都出自馆藏档案,这推动了企业档案与企业文化的有机融合。

3　加强档案工作创新,服务企业创新发展

创新是正泰企业文化最鲜明的特征之一。30多年来,正泰以脚踏实地的作风不断对管理制度和经营制度进行改革、重组和创新,形成了有正泰特色的管理文化。档案工作也要适应企业文化的创新,不断完善服务手段,用创新服务来满足档案管理的需要,通过多样化、现代化的服务,来满足档案管理全方位的需求。在推进档案数字化进程中,正泰档案室依托公司局域网建立了档案管理网站,形成各级目录数据8953条,扫描文件1532件,并开通了网上查询利用功能。自网上查询利用功能开通以来,查询利用人次和卷次都较原来得到了提高。网络信息服务的完善,提高了档案管理的质量,使档案管理信息得到了充分利用,进一步提高了企业经营管理的服务水平。

4　深化档案价值挖掘，创造企业无形资产

企业档案是企业文化建设的"添加剂"，是企业文化建设的直接历史依据。在乐清档案局重点做好《乐清之最》编研编纂工作之际，正泰作为协办单位，客观真实地对几十年"最早、最好、最优、最强"的发展轨迹等现存的档案信息进行了深入挖掘、充分整合，提炼出正泰"之最"57条，同时还辅以几十张照片，生动呈现出正泰发展的脉络，全面展示了正泰人敢为人先、勇于拼搏的创业创新精神，使读者更直观地感知和触摸到正泰艰苦奋斗的创业文化内涵和历史脉搏。

企业档案对企业文化建设起着系统支持和资源保障作用，档案工作者要站在企业发展的高度，积极关注企业的发展动态，挖掘档案工作的文化内涵，形成档案管理与企业文化互动的格局。只有管好、用好企业档案，才能留好一份企业文化，企业文化的建设和发展才能源远流长。

档案文化在创新创业教育中的影响作用探赜

黄田心

浙江传媒学院

摘　要：在创新创业教育中，档案文化发挥着重要的作用。该文从档案文化的内涵和价值入手，探讨了档案文化在创新创业教育中的影响作用。首先，分析了档案文化的社会价值和意义；其次，从档案文化对创新创业教育本身和对创新创业教育受众（学生）两个角度，阐述了档案文化对创新创业教育的影响和作用；最后，从案例挖掘、资源整合、资源开发和利用、价值观引领和文化传承等角度，提出了推动档案文化在创新创业教育中的应用。

关键词：档案文化；创新创业；影响作用；教育应用

当前，我国的经济社会发展已进入新的阶段，要实现高质量的经济发展，需要不断创新，培养创新创业人才已成为当前教育工作的重要任务。与此同时，创新创业教育作为一种新的教育模式，成为当前教育改革中的一项重要内容，受到了广泛关注和重视。然而，在创新创业教育的实践过程中，我们也发现，只有关注学生的实际需求，才能更好地培养学生的创新精神和实践能力。

　　档案文化作为一种历史遗产,是我们文化传承和发展的重要组成部分,探究档案文化在创新创业教育中的影响作用,对于我国创新创业教育的深入推进、创新创业人才的培养、经济社会的可持续发展,具有重要的现实意义和理论意义。如何将档案文化运用到创新创业教育中,发挥其应有的作用,是本文所要探讨的问题。

1　档案文化的社会价值

　　档案文化是历史和文化的重要载体与表现形式,对于推动社会发展和文化传承具有重要作用。

1.1　促进历史知识的传承

　　档案文化记录了社会历史的发展过程,是历史的见证和载体。通过档案文化,人们可以了解到不同历史时期的政治、经济、文化、科技等方面的情况,更好地传承历史文化,从而增强历史文化的凝聚力和感召力。

1.2　推动文化传承和创新

　　档案文化是文化传承和创新的重要来源之一。档案文化不仅可以传承历史文化,还可以为当代文化创新提供借鉴和启示。通过对档案文化的研究和应用,可以探索出更具中国特色的文化创新之路,推动文化创新和发展。

1.3　促进社会治理和公共服务

　　档案文化是社会治理和公共服务的重要资源。档案文化记录了社会的组织、管理、决策等方面的信息,可以为政府制定政策和提供公共服务提供参考与依据,有利于提高社会治理和公共服务的效率与质量。

1.4　推动科技创新和产业发展

　　档案文化记录了科技、经济等方面的信息,可以为科技创新和产业发展提供重要的资料与依据。通过对档案文化的挖掘和研究,可以更深入地了解和认识科技创新与产业发展,为技术研发和产业升级提供有力支持。

2　档案文化在创新创业教育中的作用

　　随着社会的发展和经济的转型,创新创业已成为中国经济发展的重要动力。创新创业教育是培养创新人才的重要途径之一,而档案文化对于创新创业教育来说是非常重要的资源和支撑。具体来说,档案文化对创新创业教育的影响和作用主要体现在以下几个方面。

2.1 提供创新创业的历史依据和参考

档案文化记录了历史上的创新创业经验,可以为当代的创新创业提供历史依据和参考。通过研究和应用档案文化,可以探索出更具有可行性和可持续性的创新创业模式和策略,提高创新创业的成功率和效益。

2.2 推动创新创业的文化创新

档案文化是文化传承和创新的重要来源之一,也是创新创业的重要文化资源。通过对档案文化的研究和应用,可以探索出更具中国特色的文化创新之路,推动创新创业的文化创新和发展。

2.3 为创新创业提供科技支撑和产业基础

档案文化记录了科技、经济等方面的信息,可以为创新创业提供科技支撑和产业基础。通过对档案文化的挖掘和研究,可以为技术研发和产业升级提供更深入的了解和认识,为创新创业提供有力支撑。

2.4 推动创新创业教育的转型和升级

档案文化是创新创业教育的重要资源和支撑,可以为创新创业教育的转型和升级提供重要的启示和帮助。通过对档案文化的研究和应用,可以发掘出更具创新性和实践性的创新创业教育内容和方法,为创新创业教育的发展注入新的活力和动力。

2.5 激发学生的创新创业意识

档案文化对于接受创新创业教育的学生而言,作用不容小觑。档案文化可以激发学生的创新创业意识,通过对历史文化的研究,让学生了解到创新创业的重要性和必要性。同时,档案文化也可以启发学生的创新创业思维,让学生学会从历史中汲取灵感,坚持守正创新,从现实中找到商机,从而培养学生的创新创业精神和能力。

2.6 培养学生的创新创业能力

档案文化可以培养学生的创新创业能力。通过对历史文化的研究和利用,让学生掌握创新创业的基本理论和方法,提高学生的创新创业实践能力。同时,档案文化也可以激发学生的创新创业兴趣,让学生学会发现问题、解决问题、创造价值,从而培养学生的创新创业思维和实践能力。

2.7 促使学生充分参与创新创业实践

档案文化可以促进创新创业实践的开展,通过对历史文化的研究和利用,让学生了解到历史上的创新创业案例和经验,同时也可以让学生通过创新创业实践来探索和创造新的价值。档案文化还可以为创新创业实践提供支撑和保障,为学生提供相关的历史、文化、法律等方面的信息和资源。

3   档案文化在创新创业教育中的应用实践

3.1   创新创业案例的挖掘和研究

档案文化记录了大量的历史上的创新和创业案例,这些案例可以为创新创业提供参考、借鉴。通过对这些案例的挖掘和研究,引导学生掌握创新创业的基本方法和技能,了解创新创业的基本规律和要素,提高创新创业的成功率和效益。例如,在创新创业教育中可以通过研究文化创新领域的成功案例,探索出更具中国特色的文化创新之路;通过研究科技创新领域的成功案例,探索出更具实践性和可持续性的科技创新模式和策略。

3.2   档案文化资源的整合和利用

档案文化资源是创新创业教育的重要资源和支撑,可以为创新创业教育提供重要的信息和知识支撑。因此,在创新创业教育中需要充分整合和利用档案文化资源,以提高创新创业教育的质量和效果。例如,可以通过建立档案文化数据库,收集和整理历史上的创新创业案例和相关信息,为创新创业教育提供更加具体和详尽的信息与知识支撑;可以通过举办相关论坛和讲座,邀请相关领域的专家和学者分享经验与见解,为学生提供更加广阔的创新创业视野。

3.3   档案文化资源的开发和创新利用

档案文化资源不仅可以用来学习和了解历史,还可以作为创新创业的创新资源进行开发和利用。因此,在创新创业教育中需要注重档案文化资源的开发和创新利用,以提高创新创业的创新性和实践性。例如,可以通过建立档案文化教育基地、开展档案文化创新设计竞赛等,引导学生利用档案文化资源进行创新设计和创业创新,从而提高学生的创新创业能力和创新创业思维。

3.4   档案文化在创新创业教育中的价值观引领和文化传承

档案文化是中国优秀传统文化的重要组成部分。在创新创业教育中,档案文化可以作为一种重要的文化资源,培养学生树立正确的价值观,提高他们的文化素养和道德素质。例如,档案文化中强调的"德才兼备""明德至诚""诚信立业"等价值观,可以引导学生树立正确的人生观和职业观,使他们具备坚定的信仰和高尚的品格;同时,档案文化中传承的优秀文化传统和人文精神,可以帮助学生更好地理解和融入当代社会与文化环境,提高他们的文化认同感和价值观念。

4 结论

本文通过对档案文化在创新创业教育中的作用进行了探究和分析,可以得出以下几点结论:首先,档案文化对于提高创新创业者的创新能力和实践经验具有重要作用。通过档案文化的应用,创新创业者可以更好地了解历史经验和行业发展情况,从而更加准确地把握市场需求和创新方向。其次,档案文化可以提高创新创业项目的质量和成功率。在创新创业项目的规划和实施中,档案文化可以提供宝贵的历史经验和行业案例,帮助创新创业者更加准确地制订项目计划和实施方案。最后,档案文化对于推进社会经济的发展和进步具有积极的促进作用。档案文化的应用可以促进创新创业项目的实施和落地,为社会经济的发展和进步提供有力的支撑和保障。

综上所述,档案文化在创新创业教育中的影响作用是不可忽视的,应该在创新创业教育中重视档案文化的应用和发挥,促进创新创业教育的不断深入和完善。

加强档案文化建设的若干思考

应孔彩

苍南县自然资源和规划局

摘　要:档案文化对档案事业的发展具有重要意义。该文提出要加强档案收集,夯实档案文化基础;强化品牌塑造,提升档案文化形象;加大宣传力度,扩大档案文化影响;调动社会力量,形成档案文化合力,持续推进档案文化建设取得新成效。

关键词:档案文化;建设;作用;思考

档案是人类社会实践活动的真实记录,是人类文明发展的重要产物,是社会文化持续性发展的重要条件。档案文化是民族文化的集中体现,是历史文化传统和创新的重要基础。加强档案文化建设,可以为档案行政管理工作指明正确的方向,提供强大的精神动力和智力支持,对档案管理部门及人员发挥必要的规范和约束作用,增强档案部门的团结和凝聚力,有效推动档案事业跨越式发展。

1　加强档案收集,夯实档案文化基础

　　档案工作以档案收集工作为起点,同时也是档案馆文化品位和权威性的起点。如果缺少档案资源,那么就不会有档案文化;而即使有档案资源,如果缺少特色,那么也难以开发出具有较高利用价值的档案文化产品。因此档案部门要科学设置档案接收工作流程,保障进馆档案资源的质量。特别是对征集的档案,可以由资深人员及专家组成评审委员会,通过对进馆档案进行认定和评价,对进馆档案的价值和等级进行确定,确保所收集的档案资料具有真实性、完整性和不可替代性。档案工作需要化被动接收为主动征集。档案工作者要加强珍贵档案资料的收集,做历史记忆的主动记录者,扎扎实实地做好档案接收工作,不仅要做好本馆接收范围内的档案接收,还要做好民生档案资源的接收,加强对地方档案资源的挖掘,建设具有地方特色的档案资源体系,从而打造一个具有多元化馆藏结构的新型档案馆。

2　强化品牌塑造,提升档案文化形象

　　档案文化建设需要满足公众不同的文化消费需求,应以社会和市场需求为导向,寻找档案资源开发工作与市场经济的切入点与结合点,创造生产"人无我有、人有我优、人优我高"的优质档案文化精品,做好档案服务工作的深度开发,积极拓展新型文化产品和服务。档案文化品牌的塑造必须以自身拥有的特色资源为核心进行定位,深入挖掘历史文化资源,积极寻找本地最具有代表性的事件或最富有知名度的人物,凸显出地方特色。譬如苍南县档案部门在档案编研工作方面,除了编写县大事记、编写县志、参与地方方言录音等,还可与县委宣传部门、统战部门、县旅游管理部门等协作开发一些苍南县历史和当代名人事迹汇编、苍南县极具特色的山海旅游文化等档案编研产品。

3　加大宣传力度,扩大档案文化影响

　　充分利用传统媒体,对档案文化建设加大宣传力度,同时也要充分利用新兴媒体进一步拓展档案文化建设的宣传工作,通过档案文化讲座、论坛及档案展览、文化下乡、档案馆日活动及发放宣传手册等多种形式,对档案文化建设加大宣传力度,确保做到宣传形式多样和内容丰富。档案馆建筑是档案文化的外在形象,其建筑与布局要突出浓厚的文化底蕴。人们在得到档案服务的同时,应能

充分领略档案馆深厚的文化气息,享受档案文化的独特魅力。目前全国各地普遍把档案馆新馆建设纳入"十四五"规划。我们应以新馆建设为契机,做好档案形象标识的征集和设计工作,一个庄重、简洁且富有创意的标识,加上富有文化品位与格调的环境布置,既能彰显档案管理机构的文化品位,又能营造档案工作环境的文化氛围,更好地树立档案工作面向社会、服务大众的良好形象。加强档案文化建设,应树立"以人为本"的服务理念,逐步提升档案服务能力,不断拓展服务功能。为此,档案部门要全面整合包括民生档案在内的各种门类的档案资源,加快推进档案信息化建设,深化档案信息公开工作机制,深入开展民生领域建档服务工作,切实提升档案服务能力。

4 调动社会力量,形成档案文化合力

档案文化建设是个庞大的系统工程,必须充分发挥政府的主导作用,同时联合相关管理部门及民间组织,才能形成"政府主导、社会参与"的良好局面。档案部门要积极组织发动社会有志之士参与档案文化建设,建立与民间组织及个人共建共享档案资源的长效机制;与广播电视台、报社、文化局等相关单位搞好密切协作关系,争取更多资金和人力物力的支持;建立与博物馆、图书馆、文物馆等文化单位协调工作机制,实现档案信息资源整合共享与优势互补。

档案文化建设是一个长期的循序渐进的过程,既需要档案部门自身持续发力,也需要全社会积极参与和支持。奋进新征程,建功新时代。面对建设文化强国的新机遇、新要求,档案部门要不断地解放思想,坚持守正创新,主动投入大文化建设中去,打造档案文化建设高地,进一步提升档案文化的社会影响力。

加强乡镇文书档案编研利用的探索实践

——以桐乡市高桥镇"三治融合"编研为例

强亚娟

浙江省桐乡第二中学

摘　要:该文以桐乡市高桥镇"三治融合"主题编研为例,指出了乡镇文书档案编研利用的重要意义,分析了存在的编研开发意识不强、编研方式相对单一、编研人才资金缺乏等问题,提出要加强档案人员的编研意识,加强室藏档案的精

准选题,加强编研利用的基础工作,加强档案人员的业务素养等措施,促进乡镇文书档案编研利用水平的不断提升。

关键词:乡镇;文书档案;编研;利用;实践

乡镇机关是我国农村的基层政权组织,乡镇档案是我国国家档案的重要组成部分。档案利用作为我国档案工作的最终环节,具有与时俱进、历久弥新的显著特征。如何切实加强乡镇档案的编研利用工作,充分发挥档案价值,有效为乡镇治理服务,在新时代新征程中显得尤其重要。

"三治融合"指的是我国基层社会治理体系中的自治、法治、德治相融合。这一创新成果于2017年10月被写入中国共产党第十九次全国代表大会的报告中。"三治融合"现已成为新时代基层社会治理的方向,成为浙江创新发展"枫桥经验"的最新成果。桐乡市高桥镇(现更名为高桥街道)是桐乡市的一个重要乡镇,是桐乡市"三治融合"的发源地。桐乡市高桥镇"三治融合"的编研成果全方面展示了"三治融合"的起源、发展、提升、创新与推广。

1 加强乡镇文书档案编研利用的意义

习近平总书记指出:"档案工作是一项非常重要的工作,经验得以总结,规律得以认识,历史得以延续,各项事业得以发展,都离不开档案。"档案的重要作用并不是直接体现出来的,而是通过对档案信息内容所具有的潜在功能和价值进行深度加工,在总结经验、寻找规律、编研利用中体现出来的。通过档案编研,档案的决策参考价值、情报价值才能得到最大限度的发挥和利用。档案编研利用的价值主要体现在以下几方面。

1.1 知古鉴今

乡镇文书档案的前身是文件,它对人和事的记录往往是分散和独立的,缺乏连续性,单独的一份档案往往只能供查阅,而经过梳理、筛选、编研后的档案资料能承担更多的功能。"三治融合"在桐乡市高桥镇的起源、发展、提升、创新、成果推广就是如此,我们从"三治融合"的梳理中,能更完整系统地看到全过程。工作实践证明,人们在利用档案时往往会查询、研究某一系列或某一专题的资料,乡镇文书档案的管理具有内容繁杂、利用率高的特点,科学编研档案能够使档案内容更集中、更系统,大大提高了档案开发利用的价值,为领导科学决策提供服务。

1.2 文化传承

档案作为传承国家文化的一种重要载体,在文化强国的构建中有着不可估量的作用。通过对档案中所蕴含的文化进行编研开发利用，可以达到延续和发展人类文化成果、繁荣中华文明的目的。乡镇档案在全国的体量是非常庞大的，加强乡镇档案的编研利用。

1.3　保护档案

档案是在社会发展过程中慢慢积累下来的重要文献资料，具有不可替代性，有其独特的价值和作用，因此原始档案的珍贵性不言而喻。随着时间的推移，有些档案出现破损、遗失，现在有很多档案工作人员、档案服务机构致力于档案的恢复、修复工作。档案编研通过对原始档案资料的整合、编研，形成系统的、完整的、方便查阅的资料，可以为大众提供更加便捷和专业的服务，同时又能够更好地保护、保存原始档案，既能发挥档案的作用和价值，又可避免档案损坏。

2　目前乡镇档案编研工作存在的问题

2.1　编研开发意识不强

乡镇政府档案管理人员一般都能及时对文书档案进行收集、整理、归档，但由于受思想认识、人员素质等因素影响，往往对编研利用工作不够重视。部分档案员认为档案工作就是立好卷、满足查档案要求、完成上级档案部门布置的任务。所以部分档案员的工作处于简单的被动应付状态，主动开展编研利用工作不多，缺乏将"档案库"变成"知识库"的意识和工作主动性。

2.2　编研方式相对单一

部分乡镇根据上级档案局要求，开展了一定的编研工作，但通过调研发现，乡镇档案室的编研资料基本上只是《基础数据汇编》《大事记》《组织机构沿革》等，是只编不研的"初级产品"，没有突出乡镇档案的特色，很少有像桐乡市高桥镇的"三治融合"那种深度编研、特色编研。

2.3　编研人才、资金缺乏

做好档案编研工作，提高编研成果的质量，绝不仅仅是档案部门凭一己之力能够完成的。对档案资料内容和价值的深度挖掘、提炼、研究，需要具备一定专业知识的专业人员、相关专业部门的协助和必要的资金支持。乡镇作为我国最基层的行政机构，一头连着城市，一头连着农村，工作千头万绪。目前乡镇档案部门地位确实相对处于较薄弱的位置，档案编研的资金、人力很难得到充分的保障，甚至有些乡镇档案员只是镇聘人员，而非正式公务员或者事业编人员。

3　加强乡镇文书档案编研利用的探索

3.1　加强档案人员的编研意识

一是提高政治意识。档案工作的服务方向、管理对象及实质决定了其具有政治性,通过加强对党的路线、方针、政策的学习,进一步增强档案员在政治上的坚定性、敏锐性和鉴别力。二是强化服务意识。充分认识到档案编研对领导决策的重要性,要充分利用信息技术手段科学编研档案资料,便于领导和机关部门人员查阅利用,为领导决策服务。三是加强宣传意识。档案员要积极参与文化建设宣传,积极宣传档案编研的重要性,并鼓励其他相关部门人员参与编研,提供优质编研主题与材料。

3.2　聚焦室藏档案的精准选题

选题是档案编研工作的首要环节,档案编研工作首先要选择好编研题目,题目的意义和价值大小,直接关系到编研成果的社会效益与经济效益,同时也关系到编研成果发挥作用的程度。选题不是凭空想象,一是要考虑社会需要,二是要依据档案文献的基础,三是要考虑参与编研的人员力量和素质。乡镇档案员在编辑力量有限的前提下,要结合本乡镇特色、优势,分析研究室藏档案,资料为王,优先选择档案资料丰富的编研主题。

档案编研强调了"编研",而不是"编纂",表明其将研究纳入档案管理范畴了。编研人员要加强档案资料的研究,将文书档案资源的丰富内容整理出来,深入挖掘资料价值,进行科学的汇编和研究。

3.3　加强编研利用的基础工作

档案编研是以档案文献来阐明问题的,档案编研的基础在于档案资料,只有收集的档案资料内容充实,才能确保编研的原始基础牢固,从而保证档案管理的完整、精确和深入。若收集相关专题的资料不够丰富,则很难进行良好的编研。桐乡市高桥镇"三治融合"编研成果的完整性、系统性依赖于档案室翔实、丰富的室藏资料。高桥镇对于涉及"三治融合"的档案材料,从 2013 年起至今,收集非常完整,为编研工作提供了强有力的支撑。

3.4　加强档案人员的业务素养

一是要确保档案管理人员切实到岗到位,督促其发挥职能。通过学习、培训等提升档案管理人员的整体业务素养。二是给予档案编研工作足够的关注。领导者认识到档案编研在乡镇工作中的重要意义,积极与档案管理人员交流沟通,将编研纳入乡镇工作计划中,促进编研工作有序进行。

乡镇文书档案的编研利用工作需要不断加强,档案人员要立足乡镇发展,不断强化编研工作的紧迫感、使命感,增强自觉性,提升自身编研工作素养,积极学习相关知识与技能,充分挖掘档案的价值,实现更加立体、优质的服务职能,助力乡镇各项事业高质量发展。

高校档案文化建设创新的探索与实践

——以中国计量大学为例

邬雪军

中国计量大学

摘　要:该文对高校档案文化的内涵及功能进行了分析,总结了中国计量大学推进档案文化建设的实践与应用,并对信息化背景下高校档案文化建设未来发展进行展望。

关键词:高校;档案文化;创新;探索;实践

档案是国家机构、社会组织及个人在社会活动中直接形成的具有保存价值的各种形式的历史记录,它是一种宝贵的精神财富,是人类智慧的物态结晶。作为人类文化的重要组成部分,档案既是记载文化内容的载体,又是传承弘扬文化的使者,两者紧密联系、密不可分。档案的文化属性是与生俱来并客观存在的。

1 高校档案文化的内涵及功能

档案文化是人类文化的珍贵财富,它不仅是优秀历史文化的精髓,还是先进文化的重要组成部分。高校档案文化内涵丰富、意义深远,它既是学校办学实践的历史积淀和大学精神的物质结晶,同时也包括围绕高校档案所进行的档案管理和服务、档案馆环境建设以及档案意识、档案观念等。认识和建设高校档案文化,是一种基于提升学校软实力的"大文化"理念,所以要充分发挥高校档案在文化积淀、文化传播、教育、公共服务等方面的独特功能,促进和推动高校校园文化的协同发展。

1.1 突出高校档案的文化积淀功能

高校档案是高校历史文化的积淀和载体,如果没有档案的积累和承继,任何高校文化的发展都是无源之水、无本之木。[1]高校档案翔实地记载了高校教学、科研、管理等活动的过程和经验,汇集了大量有价值的学科知识、科研成果、管理制度、数据资料等信息,充分展示了高校档案文化所蕴含的丰富文化内涵。[2]所以在高校档案文化建设中,首先要统一高校领导者的档案文化理念,达到价值认同,然后以科学的理论教育师生员工,提高对档案文化的认知程度,形成共同的档案文化理念。

1.2 突出高校档案的文化传播育人功能

高校档案文化是社会文化的重要组成部分,它始终引领着社会文化的前进方向,营造良好的育人环境,为提升高校的办学水平、培养高素质的社会人才担负着重要的职责。高校档案文化是学校整体文化的基石,它以独特的文化传承、文化教育功能,推动着校园文化的和谐发展。一方面,高校档案承载着人类文明的优秀成果,凝聚着先进文化的结晶,为校园文化建设提供了深层次的文化积淀;另一方面,高校档案作为学校发展的历史记忆,体现了学校的办学特色和办学宗旨,再现了学校筚路蓝缕、艰苦创业、改革发展的实践过程,凝聚着广大师生员工为学校的发展呕心沥血、开拓创新的敬业精神,这些历史与精神都将教育鼓舞广大教职员工,激发他们的爱国爱校情怀,刻苦学习、勤勉工作,发扬学校优良传统,助力国家和地方经济、科技的建设。

1.3 突出高校档案的文化服务功能

高校档案作为一种特殊的文化信息载体,它所涵盖的内容十分广泛,学校凝练的办学特色及宗旨、教学科研成果、各类数据报表等都是人们需要经常查阅和研究利用的信息资源。而档案馆作为文化事业机构,拓展公共服务功能是开展档案文化建设和档案馆内涵建设的重要内容。高校档案的公共服务功能以服务价值为核心,以给予利用者便捷、满意为目标,强调"人性化服务"和"以人为本"的服务理念。高校档案馆丰富的馆藏资源如果只存于"深宅"而不走向"前台"、走进公共空间,那高校档案文化就不能成为一种财富,就不能成为发展校园文化的新动力。

随着网络化、信息化程度的提高,高校档案管理的现代化程度也越来越高。高校档案馆所拥有的信息资源将渐渐成为当今社会和经济发展不可或缺的重要组成部分。高校档案文化随着高校档案数字化程度的提高,档案的服务领域日益扩大,服务对象也越来越广,更迫切要求高校档案提升社会公共文化服务功能,以丰富的展示形式和传播媒介向公众施展影响力,积极搭建文化拓展的平台,促进档案文化在提升公共服务功能中不断发挥作用。

2 创新推进档案文化建设的实践

高校档案文化建设是一项系统工程,创新高校档案文化建设,用文化内涵实现档案知识和人性化服务方式的和谐统一,中国计量大学开展的档案文化建设创新实践,助力和推动了高校校园文化的发展。

2.1 完善档案工作制度,切实增强档案意识

为适应档案自身发展和档案文化建设的需要,突破传统档案管理观念障碍、制度缺陷、技术瓶颈和人才短板等困境,解决档案意识、档案收集归档、电子文件和数字档案馆建设、档案开发利用、档案队伍培养等方面制约档案管理和档案文化建设的问题,学校档案馆建立起完善的档案工作制度规范。制定了《学校档案管理办法》《学校文件材料立卷归档工作规范》《学校档案安全保密制度》及《学校档案工作考核评比办法》等多项档案管理规章制度,为学校档案工作和档案文化建设提供了系统、健全的制度保障体系。

通过召开档案工作会议和利用档案馆网站、微信公众号、微博等及时进行档案法律法规和规章制度的学习宣贯,加强档案工作作为学校重要基础性工作的宣传,增强各级领导和教职员工的档案意识,推进档案工作的顺利开展,为档案文化参与校园文化建设创造条件,努力推动学校档案制度文化建设。

2.2 强化档案资源建设,传承学校历史文化

推进高校档案文化建设,首要任务是夯实档案基础工作,努力构建特色鲜明、内容丰富翔实的档案资源体系,保障高品位文化服务的实现。档案馆通过各种途径加强档案意识的宣贯和普及,提高广大师生对档案收集和档案工作文化意义的认识,鼓励师生踊跃捐赠。同时积极推行部门立卷制度,强化档案收集归档和档案员业务培训指导工作。加强档案资源的收集力度,特别注重收集能够突显档案文化特色的如反映学校历史沿革、办学宗旨、人才培养、科学研究、人文气息、校园文化等方面的信息资源,建立内容丰富、体系完整的馆藏资源,建成具有学校特色的馆藏档案资源体系。重视特种载体档案和电子文件的收集管理,推进数字档案和智慧档案馆建设。丰富的馆藏资源,增强了档案馆的文化底蕴,为提供高质量的文化服务奠定了基础。

2.3 强化档案开发利用,塑造档案服务文化

档案为学校领导和职能部门制定决策、编订计划提供第一手资料,为学校的中心工作服务,在巡视评估、编史修志、落实政策、解决争议和日常教学、科研、管

理中发挥了积极的作用,成为学校强有力的信息支撑。责任感是做好服务工作的动力源泉,档案馆优化办事流程,为学校师生、校友以及社会提供细致周到的档案利用服务。随着办学历史的延展,针对查询服务需求日益增多的情况,档案馆面向校友专门开通了远程查档服务,让广大校友一次不用跑,以最快的速度、最低的成本,获取所需的档案信息资料,获得了广大校友的高度评价。为学校各项中心工作的开展提供多场专题档案查询服务,变被动服务为主动服务,塑造"责任、尊重、遵章"的档案服务文化,把档案服务落到实处。

2.4　开发档案文化精品,挖掘弘扬校园文化

随着人民生活水平的显著提高,对档案信息、档案文化的需求日益增长,档案馆应积极开发内容新颖、内涵丰富的档案文化产品,注重对学校重大事件与重要人物资料的收集开发,在重要时间节点、重大纪念活动,通过编研出版、展览陈列、新媒体传播、主题宣传等方式,用足用活红色档案资源,不断推出师生喜闻乐见且有广泛影响力的档案文化精品,利用新媒介、新技术拓展与加快档案信息的展示[3];为师生提供纪念品、出版物等档案文化创意产品[4],努力挖掘高校档案文化的教育价值,达到文化服务与育人的目的。

从 2004 年起,档案馆每年编撰《学校年鉴》,对学校上一年的发展成果进行全面梳理凝练。在校庆期间,牵头编纂《学校校志》,全面、客观、准确地反映学校的建设成就。整理馆藏档案资源,建设了档案资料(照片)、实物档案和教学科研成果网上展厅,以图片形式再现了学校建设发展的历程和成果,供师生点击浏览和下载使用。在学校更名大学过程中,档案馆整理校名变迁资料,梳理校名变迁历程,制作校名变迁专题网页和视频材料,在网站上发布展示,方便师生了解校名变迁沿革,普及校史知识。举办"王大珩院士与中国计量大学"实体展和网上展,充分展示王大珩院士关心关爱我校建设和发展,对学校创建和发展做出的重大贡献。整理"李乐山与中国计量大学"专题推文,在学校官微发布,深度解读分享李乐山同志与中国计量大学深厚的历史渊源。整理发布"校史上的本周"专栏材料,在档案馆网站滚动发布,全面回顾自建校以来,学校改革发展历程中的重要事件,以及在教学科研、人才培养、社会服务、文化传承等方面的主要成就。

"让历史说话,用史实发言",通过对档案信息的开发服务和展现,凝练了学校办学精神和文化品质,弘扬传承了学校在办学历程中积淀的深厚文化和优良传统,丰富了学校的精神文化内涵,充分发挥了档案在理想信念教育和爱国爱校教育中的重要作用,服务和助推了校园文化建设。

2.5　拓展档案工作交流,助力提升学术文化

近几年,档案馆组织赴多所高校进行档案工作学习交流。积极参加省档案

局和省高校档案学会组织的档案工作交流、业务培训活动,把握档案工作发展方向,促进我校档案工作顺利开展。加强学术研究,积极组织撰写推荐档案论文,在省高校档案学会组织的优秀档案学术论文评选中,有多篇论文获奖,并连续多次获得优秀组织奖。开发"一站式数字化生产平台""'最多跑一次'改革背景下高校学籍档案远程服务身份认证安全策略研究"等项目,提高数字化扫描工作的质量和档案利用服务的社会效益,以研究促工作,提升档案工作的学术文化研究。

信息化社会的发展,为高校档案文化的发展提供了更为广阔的平台。高校档案馆应该紧跟时代的步伐,增强档案文化意识,挖掘档案文化内涵,发挥档案文化功能,努力打造特色鲜明的档案文化品牌,更好地为高校校园文化建设服务,为实现文化自信和社会主义现代化文明建设服务。

注释

[1] 韩静.高校档案馆建设促进校园文化发展策略[J].黑龙江档案,2021(5):279-280.

[2] 刘子侠.高校档案服务校园文化建设实践分析[J].兰台世界,2021(8):78-81.

[3] 王晓春.新《档案法》视角下高校档案文化功能创新研究[J].机电兵船档案,2022(6):26-29.

[4] 彭慧君.全媒体视域下高校档案文化传播研究[J].机电兵船档案,2022(11):54-56+53.

浅析企业文化建设对档案管理的积极影响

唐 立

中国石油天然气股份有限公司浙江油田分公司

摘 要:企业文化是一个企业软实力的象征。企业文化建设有助于提高档案工作人员的政治素质,有助于增强档案工作人员的责任意识,有助于提升档案工作队伍的凝聚力,有助于提升档案工作的整体效益,在档案管理中发挥着不可替代的重要作用。

关键词:企业档案管理;企业文化建设;价值;提升

企业档案是企业在从事生产、经营、科研等各项业务活动中,在管理、科研、勘探、开发、生产、经营、建设等各方面工作中形成的具有保存价值的最真实的历史记录,它们是企业的宝贵资产和精神文化财富。企业文化建设是构成企业核心竞争力的关键,它是一个企业的灵魂、一个企业发展的原动力。企业文化建设对档案管理发挥着不可替代的重要作用。

1 企业文化建设有助于提高档案工作人员的政治素质

档案工作是一项基础性的工作,政治性较强。如果企业档案工作人员政治素养不高、服务企业生产的意识不强,就容易造成对档案管理工作认识的失衡、出现档案服务质量不高,不能满足企业各项工作和企业员工对档案资源信息的利用需求。同时,面对当今企业智能化发展的需求,企业的广大档案工作人员要紧跟企业文化建设的步伐,同步提高政治思想素质和业务能力,充分认识到企业档案管理工作的核心就是围绕服务企业的生产、经营、科研、开发等工作这一宗旨,把持续学习、终身学习作为自己档案管理工作的必修课,养成时刻"向身边比我优秀的人学习,为自己的短板补课"的学习习惯,把在"学中干、干中学"变成提高自身素养的自觉行动,逐渐凝练并形成档案管理工作特有的档案文化政治素质。

2 企业文化建设有助于增强档案工作人员的责任意识

做好企业档案管理工作,需要一大批有责任心、事业心、使命心的档案工作者。要以企业的"三心文化",即"基层责任心""中层责任心+事业心""高层责任心+事业心+使命心",去培育档案工作人员,强化每位档案工作人员的责任意识,使他们时刻在心中保持着对档案工作的热爱,做到对档案管理的每一项业务工作都认真负责,力求把自己的档案管理本职工作做到最好。每一位档案工作人员都应该在企业文化建设中去探寻档案管理工作应该做什么,企业档案管理工作从哪里来,企业档案管理工作要到哪里去,这些关乎企业档案管理工作最根本的问题。只有明白了档案管理工作的根本意义和目的,才能让自己在档案管理工作中呈现出更强烈、更专业的责任心。企业大力倡导"责任心+实干"敢担当作为的企业文化,让真正具有责任心与实干精神的档案工作人员能心无旁骛地工作,成为建设新时代质量效益型企业强有力引擎的最好体现。企业档案工作要收集好、保管好、开发利用好宝贵的企业档案信息资源,需要每一位企业档案工作者都充分认识到自己所从事的档案工作,对企业发展和全社会有着重要价值,在心里保持一份对档案工作的赤诚热爱。

3 企业文化建设有助于提升档案工作队伍的凝聚力

营造"以奋斗者为本、以创造价值为本"的纯洁、正气的企业文化氛围,有利于构建一个全体员工都有情怀、有共同价值观的企业文化核心体系。企业档案工作人员应该深刻认识到把加快企业文化软实力建设作为引领企业高质量发展的重要导向的重要性,自觉地把档案工作同企业发展紧密结合起来。每个企业档案工作者内心只有深深根植先进的企业文化理念,让企业文化建设融入档案管理思想与档案管理方法中,才能让企业文化源源不断为档案工作注入勃勃生机和新的生命力。同时,让高质量的档案管理工作助力企业文化建设,让档案管理工作始终与企业的发展战略保持一致的高度,让档案管理工作的传承作用在企业文化建设中创新,让档案管理工作在企业文化建设中实现新的价值导向。只有每个档案工作者都在档案管理工作中认真地践行本企业先进的企业文化理念,为提升档案工作整体水平充分发挥出自己的价值,让每个档案工作者的心都在往如何提升档案管理工作质量的工作上想、劲都在往如何保证档案管理工作时刻跟上企业发展的步伐上使,就能打造出一支政治强、业务精、作风正、有凝聚力的档案管理工作队伍。

4 企业文化建设有助于提升档案工作的整体效益

档案工作不仅要服务于本企业,还要服务于社会,服务于广大人民群众。一个企业的档案工作,不应该局限于只服务本企业,企业的档案也需要开放与对外提供利用服务。要想办法开辟更多的利用渠道和平台,开启一扇社会与企业相互了解交流的窗口,充分发挥企业档案的作用。加强企业文化建设,用文化统一思想,能更好地规范企业档案工作人员的行为准则,每个档案工作人员都能用卓越的企业文化价值观、企业文化精神和企业文化信仰,努力提高自己的档案管理水平,引领企业竞争力,增强企业影响力,积极为广大人民群众排忧解难,为社会公众提供档案利用服务,让企业档案工作产生出更大的社会效益。

档案视域下地方民俗文化进校园的价值与实践路径

薛　晶

衢州职业技术学院

摘　要：高校档案是高校文化记忆的重要载体，在争创中国特色高水平高职院校的大背景下，校档案馆通过开展档案文化创意服务，助力高职院校形成独特的精神文化内涵、更深厚的文化底蕴、更浓郁的文化凝聚力，以此获得发展。民俗文化来源于已获得民众高度认同的日常生产生活经验，可汲取整合作为档案文化的重要资源，实现文化育人的价值最大化。

关键词：档案视域；民俗文化；高职院校；价值；实践

高校档案是高校文化记忆的重要载体，包括历史发展沿革、办学理念与精神、教学与科研成果、拼搏进取的求知精神等。高职院校在培养为本地建设服务的职业技能型人才、助推本地区高质量发展方面，担负着更多的教育职责。在"三全育人"的新形势下，应当充分发挥档案"存史、资政、育人"的作用，以档案文化创意服务理念，推进地方民俗文化进校园，更好地为立德树人服务。

1　档案视域下民俗文化进校园的价值

1.1　有作为才有地位

2022年5月1日起施行的《中华人民共和国职业教育法（2022年修订）》，促进了职业教育法律体系的建构和朝着高质量方向发展，必将提高职业教育的社会地位和影响力。高职院校创"双高"建设的大背景，对高职院校档案工作提出了新的要求，也提供了新的机遇。档案工作要从提高服务意识、创新服务方式切入，通过提高档案工作人员的职业认同感，来助推档案收集工作的开展，包括传统档案和电子档案，开展多角度、多模式编研，更好地为学校教科研、党政管理等工作服务，进而获得广大师生的认同。同时，提升高校档案馆的影响力，绝不能局限在校园内，必须扩展到支撑高校发展的地方和行业领域，着力推动档案事业可持续发展。以衢州市为例，瞄准打造四省边际共同富裕示范区、四省边际中心城市的战略目标，把收集档案的范围扩展到其涵盖的全区域，充分发挥高职院校助推本地区高质量发展的积极作用。

1.2　有的放矢找准切口

民俗文化具有地域性和传承性特征,尤其适配地方高职院校积极为本地区人才培养的发展目标,有效增强了本地就业"磁力"。民俗文化作为人民群众在日常生产生活中产生的一种约定俗成的文化,也是人民群众最能产生认同感、归属感的文化。因为能够约定俗成,所以必然是本地域中人们引以为豪的部分,是文化自信的具体体现。民俗文化中所蕴含的人生观、世界观、价值观,滋养出共同的民俗心理,从而形成强大的凝聚力、向心力,以及情感纽带。对大学生进行本地域民俗文化教育,增强其文化认同感、精神凝聚力,使文化自信"接地气",是学校理想信念教育和美育的重要抓手。对高校来说,传承地方民俗文化有着不容推卸的责任和义务。继承和传播民俗文化,使民俗文化落地生根,与现代生活相融合,需要做大量细致而具体的工作,其中,如何打造档案文化教育载体,使之最大限度地发挥民俗文化育人功能,无疑是关键一环。

2　档案视域下民俗文化进校园的实践路径

2.1　坚定文化服务方向"应收尽收"

一是从民俗文化对培育大学生积极向上的世界观、人生观、价值观、理想信念具有导向作用的层面,确定收集范围。比如:适应社会发展的传统礼仪礼节内容,对大学生迈入社会后的人际发展,具有锦上添花的作用;本土乡情、历史传承、精神内核,对吸引大学生留在当地,增加认同感、归属感,起到润物细无声的作用。二是从教学设计的角度切入,高度融合思政教育进课堂。比如,高职院校有为地方、行业培训培养"新农民""新工人"的教育职能,收集符合学员认知、寓教于乐的地方民俗文化研究成果,更易开展教育教学。三是积极开展社会服务。高校档案馆主动与地方共谋校地"共有家园"文化传承,积极投身"共有家园"的文化建设,能够充分利用资源,开展田野调查,收集民俗文化内容和成果。

2.2　利用信息化技术谋发展

通过田野调查发现,村镇民俗文化馆(室)、本地域企业文化品牌都面临内涵提升空间不足的困扰,且实际的分散状况对打造全区域共同体的认同感缺乏根本支持。同时,高校档案部门也亟须突破传统,紧密围绕提升新时代职业教育现代化水平和服务能力的指导思想,充分利用迭代更新的信息化技术,不断提升档案业务能力。如在校内档案馆筹建地方民俗文化馆有物理空间受限的实际困难,通过使用现代化信息技术,不仅使档案整理、存储、查询利用服务等工作实现数字化系统管理,更重要的是将实体档案和虚拟空间相连接,能够最大限度地实现档案信息共享,将散落各处(村镇、企业实体档案不可能收集进高校档案管理)的档案信息进行分类汇总。展示档案开发利用成果还可以使用虚拟成像技术,创建人眼可视数据库。

2.3 延伸拓展档案管理服务

作为文化的承载者,高校档案馆更应充当好文化传播者的角色。主动收集、整合资源,根据学校的办学特色来开发地方民俗文化校本课程资源,丰富相关课程教学内容,培养学生田野作业的能力,激发学生的学习兴趣,调动学生的学习积极性。比如:组织学生进行民俗文化调查、采风;举办民俗文化活动,通过开展馆藏档案展览、专题讲座、实地体验等,让学生广泛接触本地民间生活,陶冶其人文情怀。针对教学特色,比如订单培训,主动与企事业单位档案部门合作,将企业(单位)文化融入教学当中,增强学生的认同感,调动学生的学习主动性。

大事记和年鉴编撰工作探析

邵芷兰

浙江广播电视传媒集团有限公司

摘　要:大事记和年鉴在档案编研工作中有着重要的意义。该文就大事记和年鉴的作用及编撰的必要性、编写的主要难点做了论述,并提出通过加强组织领导、注重平时收集、规范编写体例、加强审核把关等方式来提高大事记和年鉴的编撰质量。

关键词:大事记;年鉴;档案编研;档案开发利用

大事记和年鉴是常用的档案编研类型,作为参考资料,在档案编研工作中有着重要的意义,起到了保存历史、参谋借鉴、交流宣传等作用。笔者结合在浙江国际影视中心管委会(项目办)工作期间的大事记和年鉴编撰实践工作经历,对大事记和年鉴的作用、编撰工作中遇到的主要问题和解决措施,以及如何改进工作方法,提升大事记和年鉴编撰质量做了一些思考。

1 大事记和年鉴的作用及编撰的必要性

1.1 保存史料

浙江国际影视中心从项目筹建起就建立了大事记编撰机制,从园区前期筹建、开工建设至竣工(2008—2016 年)到园区投入运营(2017 年至今),每年编写大事记记录园区建设及投入运营以来的大事、要事。同时,自 2017 年园区建成投运以来,每两年编写年鉴,记录园区服务管理、产业经营等各方面的大事、要事。留存了园区从规划、建设到投入运营各个时期的有价值的资料。

1.2 参谋指导

大事记和年鉴的编写,记录了影视中心各阶段的重点工作和建设、发展轨迹。在园区建设时期,对跟踪监测重要节点进度、施工质量、检验建设成果起到了积极作用;在园区建成投运后记录了园区取得的阶段性经验成果、重大活动、人事变动、荣誉奖罚等,对总结工作、预测未来提供了借鉴,为今后工作的开展提供了参考启示。

1.3 交流宣传

大事记和年鉴不仅对内部工作起到了参考作用,还可用于行业间的交流,便于上级了解、指导工作,同行学习、交流经验。其中的内容摘录常被用于各类展览,如园区文化墙“建设历程”“领导关怀”“荣誉展示”等板块内容便摘取自其中。大事记和年鉴中的内容还被用于影视中心公众号年度回顾等宣传推文,对园区宣传推广、形象展示起到了积极作用。

2 大事记和年鉴编写中的主要难点

2.1 对大事记和年鉴的重要性认识不足

在实际工作中,单位负责人往往对生产经营工作抓得紧,容易忽视资料收集整理及编研工作,大事记和年鉴编撰意识较薄弱。各部门在完成工作任务后,由于人力精力有限,往往没有养成及时将资料留存归档的习惯,导致信息收集、记录、整理不及时。

2.2 资料分散,收集难度较大

在园区大事记和年鉴的收集整理过程中,不仅要记录办公室(综合部)直接了解到的大事、要事,还要记录各职能部门及园区各入驻单位的大事、要事。在对入驻单位的管理中,资料收集常被忽视,入驻单位规模大小、企业性质不一,归档意识也比较缺乏,大事记和年鉴编纂时材料整合难度较大。

3　提高大事记和年鉴编撰质量的对策

3.1　加强组织领导

大事记和年鉴的组织编撰离不开从上至下各级领导及相关部门的重视。为了保证大事记和年鉴的质量,首先,单位负责人要重视大事记和年鉴的编撰工作,将工作要求布置给各相关部门并强化落实。其次,办公室负责具体编撰工作,要加强与各部门的沟通协调。同时,要求具体编撰人员的专业性强且相对固定,若编撰人员有变动要及时做好交接。要加强编撰人员的培训,以提高相关人员的思想政治水平、业务能力和责任意识。

3.2　注重平时收集

大事记和年鉴的收集来源主要有:办公室直接经手的各类资料,由各业务部门提供的资料,园区入驻单位提供的资料,来源于上级单位、外部单位的资料,等等。资料收集面广,为了做好大事记和年鉴的编撰,编撰人员要注重在平时就做好资料的收集、整理,建立起定时收集的工作机制,做到随时记载、每月整理、年终归整。

在大事记和年鉴收录材料的选择上,要注意取舍,记录大事、要事、新事,舍弃小事、琐事。如对会议内容的选取记录,若是每周工作例会中讨论的常规性工作,可以不收录,若是重要领导来访做出的指导性部署,或是针对某项重要工作开展的专题研讨会议,即使是非常规会议,也不能忽略,要及时整理收录。又如对首次、首创事件要予以记录,对首次利用远程会议系统召开的会议、某会场首次投入使用举办的活动应予以记录,后面的会议、活动可视重要程度选择记录,以提高内容价值。需要注意的是,大事记不仅要记录荣誉成绩等正面典型,对重大反面教训或典型问题也应该如实收录,以起到警示、引以为戒的作用。

同时,要做好图片等资料的收集整理。在年鉴编撰中,为了能更形象、直观地描述说明情况,往往要用到大量的图片,起到图文并茂的效果,这就需要注意日常图片资料的收集整理,在重要活动、会议、领导来访时及时将图片资料收集存档,以便年鉴编撰时使用。

3.3　规范编写体例

编写大事记和年鉴,除了资料收集,还要按照档案编研的要求对材料进行整理编研,把收集到的资料转化为可以利用的有效信息,为项目建设、园区发展提供可靠依据。在年鉴编写中要先拟大纲,确定收录范围和编写体例,可以先将年鉴大纲经负责人审核后,再进行编撰。每年在规范体例的基础上,根据当年实际情况进行适当调整,要做到大事突出、要事不漏,表述精准、要素齐全、便于检索。在对数据进行整理编撰时,还要善于利用表格、图片,以便于数据的清晰展示与比对。

年鉴的编写体例一般为编年体,为了使一些较复杂事件的前因后果更为完整清楚,也可以使用编年体与记事本末体结合的方法。在固定体例的基础上,根据每年的情况,增删、调整体例,如2020—2022年防疫工作为当年的重要工作之一,在年鉴中要把防疫工作作为独立章节记录。

3.4 加强审核把关

大事记和年鉴由编写人员拟写完成后,要经过审核、讨论修订形成终稿印发。审核中,要注意把握:

一是准确性。要做到文本前后连贯,表述一致。如称呼统一,职务用规范全称。将时间,地点,人物(机构),事件的起因、过程、结果记载清楚,时间尽量精确到日,前后句式统一,注意表述的客观性,做到只述不论,切勿主观臆测评价事件。

二是全面性。在审核中注意查漏补缺,对特别重大的事件、体现重要变革的事件、有重要或特殊意义的事件、有警示教育意义的事件等切勿漏记,每件事的记录都要有头有尾、要素齐全、完整全面。

三是创新性。要突出重点、亮点,大事记和年鉴的编写要与时俱进,表现鲜明的年度特色,要善于抓住发展中的新事物、年度的新特点、新变化、出现的新问题等,在保证大事记和年鉴的真实性、历史性的同时,增加其可读性、实用性。

数据时代提升城建档案服务水平的若干思考

李苏哲

余姚市城市排水有限公司

摘　要:该文探讨了数据时代对城建档案工作的挑战与机遇,以及实现改革需求的关键措施和方法。在数据爆炸和多样性的背景下,城建档案面临处理和管理大规模数据的挑战,同时也有数字化和智能化的机遇。为了实现"最多跑一次"服务,需要整合档案资源、数字化档案管理、数据共享和智能化技术的应用,提供便捷、高效和无感知的服务。此外,数据安全管理和隐私保护也是不可忽视的重要方面,需要采取适当措施和技术来保护数据和个人隐私。数据分析和智能化技术的应用为城建档案工作带来了更好的数据洞察和决策支持。该文呼吁城建档案工作应不断创新和探索,应对新挑战,为城市发展和公众服务做出积极贡献。

关键词:数据时代;城建档案;服务;创新

随着信息技术的迅速发展和数字化转型的推进,在城市建设和发展过程中,产生了大量的城建档案,它们记录了城市规划、建筑设计、工程施工等方面的重要信息。这些档案对于城市管理、决策和保护历史遗产等具有重要价值。然而,传统的档案管理方式存在诸多不足,包括档案获取困难、信息共享不畅、档案利用效率低下等问题。

因此,我们需要研究如何利用数据时代的技术和方法,提升城建档案服务水平,以满足城市发展的需求。通过数字化档案管理、数据共享与交互、智能化档案检索等方式,可以提高档案管理的效率和准确性,便于档案的检索、共享和传递。此外,通过数据分析和智能化技术的应用,可以从档案中挖掘出有价值的信息和规律,为城市规划、基础设施建设等决策提供支持和参考。

提升城建档案服务水平在数据时代具有重要意义和价值。它不仅可以提高档案管理效率,减少冗余工作和资源浪费,还能促进部门之间的信息共享和协作,提高决策效果和工作效率。此外,城建档案的保护和利用有助于保护城市的历史遗产与文化资源,增强城市的文化自信和吸引力。因此,研究如何提升城建档案服务水平在数据时代具有重要背景和意义,将对城市发展和档案服务的良性互动产生积极影响。

1 数据时代对城建档案工作的挑战与机遇

1.1 数据爆炸和多样性带来的挑战

数据爆炸和多样性给城建档案工作带来了多方面的挑战。

第一,数据处理和管理方面。随着数据量的激增,传统的手动处理和管理方式已无法满足快速增长的数据需求,需要引入自动化和智能化的工具与系统来处理和管理数据。

第二,数据质量和准确性方面。随着数据来源的增多和多样化,不同数据源的数据格式和标准可能存在差异,需要进行数据清洗、标准化处理和验证,以确保数据的一致性和可靠性。

第三,数据隐私和安全方面。大规模数据的收集和存储加剧了数据安全风险。城建档案中可能包含敏感信息,如个人身份信息、商业机密等,需要采取有效的安全措施,确保数据不被非法获取和滥用。

第四,数据整合和共享方面。数据多样性导致城建档案工作面临着不同数据源和格式的整合与共享问题。不同部门、机构和系统可能使用不同的数据格式和标准,需要制定统一的数据整合和共享规范,以便实现数据的互操作和共享。

第五,数据分析和利用方面。数据爆炸和多样性为城建档案工作提供了丰富的数据资源,但也给数据分析和利用带来了挑战。为了有效地挖掘和分析数据、提取有用的信息,档案工作人员需要掌握相关的数据分析技术和工具。

面对这些挑战,城建档案工作需要适应数据爆炸和多样性的趋势,采取合适的技术和策略,以充分利用数据的潜力,并确保数据的质量、安全和可用性。

1.2 技术进步和数字化工具带来的机遇

技术进步和数字化工具为城建档案工作带来了巨大机遇。首先,数字化档案管理系统的建立和应用利于城建档案的高效、准确管理,有助于实现档案信息的快速检索、共享和传递。数字化档案不仅减少了对纸质档案的依赖,节约了存储空间和管理成本,还提高了档案管理的效率。其次,技术进步和数字化工具的应用使城建档案中的海量数据分析和利用成为可能。通过数据分析和智能化应用,可以从档案中挖掘出有价值的信息和规律,为城市规划、基础设施建设等决策提供科学依据和参考。数据分析技术的应用可以帮助发现城市发展的趋势、问题和机遇,促进城市发展的可持续性和智能化。此外,数字化工具还为城建档案工作提供了更多创新的解决方案和服务模式。例如,基于云计算和移动技术的档案服务平台可以实现档案的在线访问、远程协作和无感服务,用户可以获得更好的体验。因此,技术进步和数字化工具为城建档案工作带来了极大机遇,通过充分利用这些机遇,可以提升城建档案服务水平,推动城市的可持续发展。

2 数据时代下的城建档案服务改革需求

2.1 "最多跑一次"服务的实现

为实现"最多跑一次"服务,数据时代对城建档案工作提出了改革的需求。这包括整合档案资源,建立统一的档案管理平台,使各部门和机构能够共享档案信息,避免重复收集和整理档案资料。此外,建立线上申请和审批系统,群众可以通过网络或移动应用程序提交申请材料并进行在线审批,从而减少前往办事现场的次数。提供便捷的档案查询和下载平台,群众可以在线查询和获取所需的档案信息,实现快速回复和预约等功能,提高查询效率和用户满意度。数据共享与集成也是重要的一环,通过与其他政府部门和相关机构的数据共享和集成,减少群众重复提供资料的情况。另外,设立自助服务设施,提供群众自助查询、申请、打印和复印等服务,可减少人员排队等待的时间。通过这些改革措施,城建档案工作可以提供更加便捷高效的服务,减少群众的时间和精力成本,提升群众满意度。档案工作部门需要整合数据资源、升级信息系统,确保数据安全和隐私保护,并与其他政府部门和相关机构紧密合作,共同推动"最多跑一次"服务的实现。

2.2　无感服务的探索

无感服务是指在办理事务过程中,通过信息技术和智能化系统的应用,使用户能够享受到更加便捷、无须感知的服务体验。在数据时代,城建档案工作也可以探索无感服务的实现,以下是一些探索的方向和方法。

自动化数据获取:通过与其他政府部门和相关机构的数据共享与集成,实现城建档案数据的自动获取。利用数据接口和智能化系统,档案工作部门可以自动获取和更新相关数据,而用户无须重复提供资料和信息。

无纸化办公:通过建立数字化档案管理系统,实现无纸化办公。将纸质档案转化为电子档案,并建立统一的电子档案平台,使档案的存储、检索和传递都可以在线进行,从而避免了用户前往实体办公场所的必要性。

智能化档案检索与服务:利用自然语言处理、智能搜索和推荐算法等技术,建立智能化档案检索系统。用户可以通过简单的描述或提问,快速准确地获取所需的档案信息,无须经历烦琐的查询步骤。

移动应用和智能设备支持:开发移动应用程序和与智能设备兼容的系统,使用户能够通过手机、平板电脑等移动设备,随时随地访问档案服务。用户可以在线提交申请、查询档案、预约服务等,感受无感服务的便利性和灵活性。

数据自动填写和智能推送:通过智能化系统,实现档案信息的自动填写和智能推送。当用户办理相关事务时,系统可以自动从档案数据库中获取相应的信息,并自动填写表格或表单,减少用户的操作和输入工作。

无感服务的探索需要依托于信息技术的创新和应用,同时也需要与其他政府部门和相关机构的协同合作。通过提高自动化程度、数字化管理和智能化技术的应用,城建档案工作可以向无感服务迈进,为用户提供更加便捷、高效的服务体验。

3 实现改革需求的关键措施和方法

3.1 数字化档案管理平台的建设

建设数字化档案管理平台的关键措施和方法包括系统规划与需求分析、数据整合与清洗、建立数字化存储和管理系统、进行档案数字化处理、建立档案检索与共享平台、确保数据安全与隐私保护、提供用户培训与支持，以及持续优化与改进。首先，系统规划与需求分析阶段需要明确平台目标和功能需求，并与相关部门和利益相关者进行沟通，确保平台能够满足实际需求。其次，通过数据整合与清洗，将城建档案的各类数据源进行整合，确保数据的准确性和一致性。再次，建立数字化存储和管理系统，采用云计算和大数据技术，确保数据的安全存储、备份和恢复。对纸质档案进行数字化处理，包括扫描、图像处理和文字识别等，建立结构化的可检索数据模型。建立档案检索与共享平台，通过关键词搜索和自然语言处理技术实现快速准确的档案信息检索，提供权限控制和数据共享机制。同时，确保数据安全与隐私保护，采取数据加密、身份认证和访问控制等安全措施，保护档案数据的安全性和隐私。为用户提供培训和支持，确保档案管理人员和用户能够熟练使用平台，建立用户反馈和支持机制，解决问题和满足用户需求。最后，建立监控和评估机制，收集用户反馈和需求，进行持续的优化和改进，以不断提升数字化档案管理平台的效能和服务质量。

3.2 数据安全管理和隐私保护措施

数据安全管理和隐私保护是数据时代下城建档案服务中至关重要的方面。为确保数据的安全性和隐私保护，可以采取一系列措施。首先，对敏感数据进行加密，确保传输和存储过程中的安全性。其次，建立严格的访问控制机制，只有经过授权的人员才能访问特定的档案数据，通过身份认证和授权管理来保障数据的访问权限。另外，建立安全备份和恢复机制，定期备份数据以应对数据丢失的风险，并进行定期的恢复测试来确保数据的完整性和可用性。同时，建立安全审计和监控机制，对档案数据的访问和操作进行监控和记录，及时检测和报告任何异常情况。数据的分类和权限控制也非常重要，根据数据的敏感级别和用户角色，设置不同的访问权限。此外，对于包含个人隐私信息的档案数据，应遵守相关隐私法规和政策，采取数据脱敏、匿名化和健全的隐私政策等措施，保护个人隐私权益。最后，通过培训和意识提升，提高档案工作人员对数据安全和隐私保护的认知，确保他们能够正确操作和处理档案数据，并遵守相关的安全和隐私规定。这些措施共同确保了城建档案服务中数据的安全性和隐私保护，营造了一个可信赖的档案管理环境。

3.3　数据分析和智能化技术的应用

数据分析和智能化技术的应用在城建档案工作中具有重要作用。通过数据分析技术,可以对城建档案中的大量数据进行挖掘和分析,发现有价值的信息和规律,为城市规划和决策提供科学依据。智能化档案检索系统利用自然语言处理、机器学习和推荐算法等技术,实现快速准确的档案检索和管理,提高用户体验和工作效率。数据可视化技术将档案数据转化为可视化图表,帮助用户更好地理解和解释数据。智能辅助决策系统利用人工智能和决策支持技术,自动化生成决策方案和优化资源配置,提升决策效果和工作效率。此外,智能化技术还能应用于档案数据的安全保护和风险监测,确保档案数据的安全性和合规性。综上所述,数据分析和智能化技术的应用可以提升城建档案工作的效率和准确性,发现潜在问题和机遇,并为城建档案工作提供智能化的支持和决策。

新时代档案开放审核工作的探索与实践

叶青青

绍兴市上虞区档案馆

摘　要: 开放是新时代档案工作的发展方向。无论是中央还是地方政府都对档案开放这一基础业务工作做出了重要指导和批示,特别是 2020 年新修订的《档案法》和 2022 年 7 月国家档案局公布的《国家档案馆档案开放办法》都对档案开放工作提出了新的要求。解放思想,不受传统观念的束缚,积极主动开放和公布档案,不断提升档案文化建设,实现档案信息价值,对于中国文化软实力的提升具有重要意义。该文从档案开放的现实意义、方法要求、存在的问题及应对措施等方面进行了研究与探索。

关键词: 档案工作;档案开放审核;方法

随着新时代中国特色社会主义事业的不断推进,档案的社会需求和服务结构正在发生新的变化,不仅要求档案工作为党政领导工作和党政机关工作服务,还要求进一步向社会开放档案,特别是关系广大人民群众利益的档案,真正做到为广大人民群众服务,为全社会服务。但由于档案馆受到传统观念的影响,主动开放和公布档案的意识不强,这使得档案馆加快推进档案开放工作,充分发挥档案工作存史、资政、育人的价值作用显得更加重要。笔者结合绍兴市上虞区档案馆近两年来对档案开放审核工作的开展及成效,谈一些想法和体会。

1 提高认识,认清形势

档案开放是档案强国的内在要求。加大档案开放力度,提高档案开放比例,有利于实现档案馆为社会发展服务的功能,提高社会效益和经济效益,促进整个档案事业的发展。

1.1 时代背景要求

早在 2003 年 5 月,浙江省委书记习近平同志在考察浙江省档案局(馆)时就讲道:"档案工作要由封闭向开放、由重保管向重服务转变,要及时向领导机关、向社会提供有价值的信息,为经济建设、社会发展服务。要加强对档案的征集和整理,并加以分析,加以研究,提供给社会,把对现实可利用的有重大价值的资源,尽可能地向社会开放。"由此提出了新时代档案工作 3 个走向,即"档案工作正在走向依法管理,走向开放,走向现代化"。2021 年 3 月 26 日,浙江省发展改革委、浙江省档案局联合印发的《浙江省档案事业"十四五"发展规划》提出:档案开放服务水平要大幅提升。档案服务中心大局更加精准,服务人民群众更加高效,档案开放力度明显加大,全省国家综合档案馆开放档案总量达到 1000 万卷(件),档案资源跨区域、跨部门共享程度明显提高,档案基本公共服务均等化水平大幅提升。2021 年 6 月 23 日,省委书记袁家军在考察调研浙江省档案馆时,提出了档案工作"六好"要求,其中明确指出档案工作要"开放好",推动档案库向资源库、思想库转变,要"利用好",推动档案文献中心向建设新时代文化重要阵地转变。在这样的大环境、大背景下,做好档案开放这项工作势在必行。

1.2 法律法规规定

《档案法》第二十七条规定:县级以上各级档案馆的档案,应当自形成之日起满 25 年后向社会开放。经济、教育、科技、文化等类档案,可以少于 25 年向社会开放;涉及国家安全或者重大利益以及其他到期不宜开放的档案,可以多于 25 年向社会开放。国家鼓励和支持其他档案馆向社会开放档案。这一规定将档案封闭期由之前的 30 年缩短至 25 年。部分领域的档案甚至可以少于 25 年。封闭期的缩短意味着开放档案领域的扩大、数量的增加。

《档案法》第三十条规定:馆藏档案的开放审核,由档案馆会同档案形成单位或者移交单位共同负责。尚未移交进馆档案的开放审核,由档案形成单位或者保管单位负责,并在移交时附具意见。这一规定明确了参与档案开放审核工作的主体,为不按规定开放的责任追究提供了法律依据。

根据《档案法》的内容,2022年7月,《国家档案馆档案开放办法》出台,围绕谁来开放档案、如何开放档案、开放哪些档案、开放档案如何利用等问题进行了规定。

这些法律法规都对档案开放工作提出了要求,形成了一整套促进档案开放利用的制度安排。

2　直面挑战,分析问题

"档案开放审核"由《档案法》首次提出。开放审核是指对各级综合档案馆保存的在中华人民共和国成立前形成的历史档案、中华人民共和国成立后形成的已解密档案和未定密级档案进行审核,判定其是否开放或需要控制使用的工作。

当前档案开放审核工作面临三大挑战:

第一,工作繁重任务艰巨。将档案向社会开放的期限从30年一下子缩短为25年,完成的时间紧迫,审核的工作量大,各级国家综合档案馆必须在最近几年中切实抓好落实这项工作,逐步缩短时间差,填补工作量。

第二,审核标准有待细化。《各级国家档案馆馆藏档案解密和划分控制使用范围的暂行规定》《国家档案馆档案开放办法》以及《浙江省综合档案馆档案开放工作实施办法》中规定了档案开放审核的标准和要求,但列举的控制或延期开放的范围较为笼统,不易把握,极易造成审核人员因综合素质和业务能力的差异影响审核结果。

第三,共同审核存在难度。《档案法》和《国家档案馆档案开放办法》规定了档案馆会同档案形成单位或移交单位共同参与档案开放审核工作,但对档案形成单位或者移交单位来讲,参与馆藏档案的开放审核工作还未纳入档案管理工作环节,事实上相当于是从零开始,工作机制尚未建立,审核标准要从头学起,难度大、任务重,而且缺乏监管,困难显而易见。

3　提出对策,推进工作

馆藏档案开放审核工作是综合档案馆的一项重要基础业务工作。为切实做好馆藏档案开放审核工作,应有效开发和利用档案信息资源,扩大档案的影响力,积极发挥档案服务民生、服务社会的作用。根据《档案法》《国家档案馆开放档案办法》的规定,上虞区档案馆制定了《上虞区档案事业发展"十四五"规划》(以下简称"《规划》")。《规划》提出:加大到期档案开放审核力度,到"十四五"

末,完成馆藏 2000 年前到期档案的开放审核。时间紧、任务重,为高效、有序推进此项工作,2021 年上虞区档案馆制订了详细的工作方案,分期分批、有计划有步骤地实施,这个方案相当于是"十四五"期间馆藏到期档案开放审核工作的中长期规划。方案将审核工作分为 4 个阶段:第一阶段是 2021 年完成馆藏 1990—1992 年的档案审核;第二阶段是 2022 年完成馆藏 1993—1995 年的档案审核;第三阶段是 2023 年完成馆藏 1996—1998 年的档案审核;第四阶段是 2024 年完成馆藏 1999 年的档案审核。以后每年完成当年度馆藏满 25 年的档案审核工作。主要做法和举措如下:

一是健全档案开放工作机制,细化开放审核标准。按照《档案法》《国家档案馆档案开放办法》《浙江省综合档案馆档案开放工作实施办法》的规定,梳理档案开放审核工作中的有效做法,立足工作实践,细化审核标准,完善工作流程和业务细则,制订出符合本馆实际的开放审核制度和操作办法。成立档案开放审核工作领导小组,档案馆主要领导统筹负责,分管领导督查把关,各科室业务骨干共同组成档案开放审核工作小组,明确任务职责、审核范围、时间安排和工作要求,确保档案开放审核有计划、有步骤地顺利开展。

二是强化档案审核业务能力,优化智能审核系统。组织全体人员认真学习《档案法》《各级国家档案馆馆藏档案解密和划分控制使用范围的暂行规定》《国家档案馆档案开放办法》等法律法规和本馆档案审核工作实施细则,为高质量开展档案审核奠定坚实基础。依托智慧档案核心业务管理平台,构建智能审核体系,设定敏感词库和近义词库等审核规则,对档案目录及全文数据进行分析,提炼关键字进行辅助审核,实现审核档案提取、任务分配、审核划控、审核结果标记和分类汇总统计全流程智慧化,从而推进档案开放审核工作更加规范化、标准化和专业化。

三是建立档案开放审核协同机制,明确参与主体职责。建立并不断完善档案主管部门、档案馆、档案形成单位或移交单位责任共担的开放审核协同工作机制,明确档案主管部门的统筹协调、监督指导职责,落实档案馆的牵头负责、具体实施职责,强化档案形成单位或移交单位的共同参与、积极配合职责,多渠道多形式加强档案开放审核各参与主体间的沟通与交流,确保此项工作顺利开展。

四是严格档案开放审核流程,加强对各环节的督查和监管。将审核工作分为初审、复审和复核 3 个环节,初审和复审由档案馆完成,2 名小组成员共同对同一份档案进行初审,组长进行复审,复审结果反馈给档案形成单位或移交单位,由档案形成单位或移交单位进行复核,并由档案开放审核工作领导小组进行最终结果的确认。每个环节都明确责任科室,指定专人负责,强化业务学习,特别强调要在工作中正确处理好保守国家秘密与开放档案的关系,既要满足不断增长的人民群众对档案信息内容的需求,又要保证涉密与控制利用档案的安全,确保档案审核工作严肃审慎,提高档案开放审核工作的专业性、准确性和安全性。

　　档案工作逐步走向开放是实现档案事业高质量发展的必由之路,档案开放审核正面临着新的变化和挑战,需要档案部门迎难而上,促进档案开放工作不断朝前发展,有效服务百姓民生,服务社会发展,为我国社会主义现代化建设和实现中华民族伟大复兴的中国梦贡献力量。

基层水利工程档案利用服务实践及优化措施的思考

——以台州市综合水利设施调控中心为例

梁小荣

台州市综合水利设施调控中心

摘　要:该文结合台州市综合水利设施调控中心开展档案利用服务实践现状探讨,阐述了水利工程档案利用服务的重要意义,提出进一步做好档案利用服务工作,优化档案利用服务的具体对策措施,以期为保障水利工程安全、促进当地经济社会发展、惠及受益区群众,更大程度发挥水利工程档案的社会服务功能。

关键词:水利工程;档案利用;服务优化;对策措施

　　水利工程档案是国家档案的重要组成部分,是国家专业档案门类中重要的科技信息资源。水利工程档案不仅在水利工程自身建设、管理上有重要服务利用价值,还在宣传水利工程作用、推动水利事业发展上有着更为广泛的社会价值。如何做好水利工程档案的利用服务工作,是当前水利部门档案工作者迫切需要研究和解决的重要课题。

1　做好水利工程档案利用服务工作的重要意义

　　水利工程是一项重要的民生工程,关系着国计民生,对社会的稳定和发展起着十分重要的作用。水利工程档案是水利工程项目在整个建设过程中所产生的具有社会利用价值和保存价值的文字、数据、图标、图纸、声像等各种载体的原始资料,对水利工程改造、加固、新建、扩建等项目有着重要指导作用和参考依据,特别是为水利工程的安全生产、维修养护、运行管理提供了有效的重要凭证和原始数据,发挥了不可替代的服务保障作用。随着水利工程档案的不断积累,其内在价值和作用日益凸显,应通过各种有效方式、活动载体开展水利工程档案的利用宣传工作,积极为当地社会和受益区群众服务,发挥水利工程档案的社会效益和经济效益,发掘档案的社会利用价值。

2 水利工程档案利用服务工作的现状分析

第一,为水利工程管理、建设、规划做好档案利用服务。水利工程中的除险加固、维修养护、地质勘测、工程改造等项目都需要查阅档案资料作为参考依据,开展数据收集、数据分析、项目实施,与水利工程档案利用服务息息相关。一是为本工程建设提供档案利用服务,做好续建配套与节水改造骨干项目(如长潭灌区是国家大型灌区,是浙江省最大灌区,总投资 2.25 亿元)、一期除险加固项目(如金清新闸是浙江省重点工程,是金清港水系最大枢纽工程,总投资 2077.82万元)及其附属工程新引河交通桥项目选址、重建项目(总投资 3368.97 万元)等工程的档案利用服务工作。二是为外单位规划设计提供档案利用服务,做好为金清老港通航排水闸、路桥金清至大陈航线的金清港客运码头选址、建设等项目,提供水文、水利档案利用服务工作。

第二,为"党建＋"宣传做好档案利用服务。新发展形势下,做好基层水利特殊领域"党建＋"宣传工作,能更好地对外开展基层水利党建宣传,提高水利人的政治觉悟,发挥"党建＋档案"存史、资政、育人作用。例如在调控中心实训基地创建台州市党史学习教育基地,在金清新闸建闸纪念公园设立廉政展示窗口,为党建宣传开展档案利用服务提供了有效载体,促进党建思想建设和档案业务建设有机融合,有利于发挥档案在党建警示教育方面的积极作用。

第三,为水文化宣传做好档案利用服务。水利工程档案作为调控中心发展的原始记录资料,蕴含着珍贵的历史资料、水利文化和科技信息,为水利文化宣传提供了强有力的保障。2009 年水文化展示厅创建,2010 年初被评为台州市"第六批市级爱国主义教育基地",2017 年底完成了水文化展示厅升级改造,设室内陈展、室外展示、文化走廊三个区块。室内陈展选出从建闸至今具有代表性的照片、证书和奖牌,增加时任浙江省委书记习近平视察"卡努"台风灾情和灾后工作等珍贵历史照片,丰富水利工程历史变迁和发展变化内容;室外展示有金清新闸记、历史治水浮雕、雕像和雕塑等;文化走廊展示了调控中心职工风采。组建讲解员队伍,编制图册、声像等宣传资料,为水利工程档案资源的有效利用打下坚实基础。借助八月十六观潮节、春秋游等活动载体,开展水文化宣传教育,接待台州市内外干部、群众、师生参观。宣传水利工程是一项利国利民的重要工程,弘扬防汛抗台英勇人物的主要事迹,传承"忠诚、干劲、担当、科学、求实、创新"的水利人精神。

第四,为编研资料传承历史做好档案利用服务。根据社会新形势发展需求,从实际出发,编研工作依据档案资料,结合工作实际,以服务水利工程各项工作为依托,拓宽研究领域,与时俱进、持续创新理念,既可体现基层水利、水文化特色,更能体现综合档案室室藏档案独有特点,充分挖掘和利用档案资料,从不同角度、不同层面反映水利工程各个时期的发展与变革。一是为《椒江志》附《金清港志》编纂出版提供文字、照片等档案资料;二是根据对水利工程或受益区有影响的强台风、超强台风、特大暴雨等历史事件,如抗击"云娜"台风、"卡努"台风,撰写编研材料专辑;三是开展具有较高理论水平和实际应用价值的档案研究,给沿海地区基层水利单位工程档案管理、新时期水利工程档案管理、信息化时代档案管理等问题的研究和探讨指明方向。对推进基层水利、水文化研究起到了非同凡响的意义。

当前水利工程档案利用服务工作取得了显著成效,但也存在一些问题,如宣传力度不够、人员素质跟不上要求、利用服务模式和理念滞后等,下一步需要采取针对性的改进措施,不断提升水利工程档案利用服务水平。

3　优化水利工程档案利用服务工作的对策和措施

第一,挖掘有效资源,加大水利工程档案宣传力度。走访水利工程建设者,咨询周边村民,征集工程建设以及水利工程在防汛抗台、避台风通航方面的珍贵历史照片等原始资料,开展多渠道档案资料收集,挖掘有效资源的利用,展现基层水利、水文化档案资料的亮点,丰富综合档案室室藏档案资源和水文化展示厅档案资料。全面动员广大水利干部、职工开展多渠道的宣传,加大水利工程档案的宣传力度。一是利用报纸、电台、网络等新闻媒体及悬挂横幅、张贴标语等形式向当地社会全面介绍水利工程档案的重要性,全面普及当地群众对水利工程档案知识的认知,增强人民群众对水利工程档案的利用意识;二是丰富宣传载体,以"世界水日、中国水周""防台风日""安全生产月"等宣传日为活动平台,组织宣传人员进村居、船厂、企业、学校等场所,发放宣传手册、张贴宣传标语、阐述宣传内涵等,多渠道、多方向开展"档案＋专项活动"的宣传,扩大水利工程档案与专项活动的影响力和感染力。

第二,提高人员素质,丰富水利工程档案服务形式。为了更好地为当地群众提供优质、高效的档案利用服务,档案人员既要熟悉档案业务知识,又要懂得水利工程相关专业知识,不仅要做好档案的收集、筛选、整理、归类工作,更要做好档案的开发、利用工作,让档案"动"起来,变成"活"档案,充分发挥水利工程档案的社会利用价值。积极拓展档案利用渠道,丰富水利工程档案的服务形式。一是开展水利工程档案讲座,结合档案中的实际事例,积极宣传《档案法》及水利工程档案相关方面的知识;二是开展专项档案流动展览,录制视频短片或专项主题活动,比如调取相关档案的影像、照片及编研材料专辑等资料,制作抗击"云娜"台风、"卡努"台风等系列短视频,宣传水利人抗台的先进事迹和英勇故事,主动进村居、进学校举办档案展览;三是在已有的爱国主义教育基地、党史学习教育基地的基础上,充分运用档案文化武器,积极筹备创建青少年教育活动基地等,拓展社会教育活动功能。

第三,创新服务模式,推进水利工程档案数据共享。随着科学技术的发展,信息资源共享给档案利用服务的开展带来了新的机遇和挑战,水利工程档案资源利用服务工作应紧扣时代发展步伐,采取有力措施、创新服务模式,适应信息化时代的发展要求。开展档案信息共享,最大程度提高档案利用率。首先,开放水利工程档案应严格按照《档案法》及水利工程档案相关规定对需开放的档案进行全面筛选、审核,确定开放档案的内容和范围,为开放档案提供信息共享、利用信息资源创造必备条件;其次,水利工程档案开展网络化平台管理,对档案人员管理水平提出了更高要求,要求档案人员既要具备档案专业知识和技能,又要精通计算机网络技术,为水利工程档案信息共享的网络运作提供强有力的技术保障;最后,利用大数据技术,建立信息资源互联互通的共享平台,加强与各用户、同行业各部门之间的水利工程档案资源信息共享,提高档案利用效率,优化档案资源信息共享。

第四,转变服务理念,完善水利工程档案管理机制。档案利用是档案工作的出发点和落脚点,直接体现档案工作的价值所在,因此应积极主动地转变服务理念。档案利用服务随着时代的变化发展需不断除旧查漏,不断改革创新,档案人员也要在利用服务上及时更新并提升服务理念,摒弃传统档案利用服务思想,转变观念,变被动服务为主动服务,拥有超前的服务理念,为利用者提供满意、优质的服务。建章立制,建立健全档案管理、利用、监督的各项规章制度,落实档案人员的工作责任制,完善管理机制,为水利工程档案的长期发展奠定基础,更为档案利用、回馈社会保驾护航。

4　结语

随着水利工程的社会关注度越来越高和项目建设的快速发展,水利工程档案利用需求愈发迫切。当前水利工程档案正在实现从封闭型走向开放型,从传统型走向科技型,从单一型走向多元型,势必要求档案工作加快数字化转型和开放的步伐,适应经济社会发展需要,优化水利工程档案利用服务工作,真正实现水利工程档案资源走进社会、接轨时代、服务群众。

新形势下城建档案服务模式创新研究

俞水珍

龙泉市城市建设工作中心

摘　要：城建档案是城市管理建设及规划中形成的各种具有保存价值的原始记录，对城市管理和发展具有极为重要的意义。该文探讨了新形势下城建档案服务的重要性，从加快转变理念、致力队伍建设、积极宣传教育、优化馆藏机构、应用信息技术等五个方面，对创新城建档案服务模式提出具体对策，希望能够抛砖引玉，对城建档案同行起到参考借鉴的作用。

关键词：城建；档案服务；模式创新；策略分析

当前，我国的城市建设发展极为迅速，城建档案的作用也越来越突出。如何通过理念、手段、方式等创新，发挥城建档案的应有作用，成为新时期城建档案管理人员急需解决的问题。本文结合工作实践，对创新城建档案服务模式方面进行了比较深入的分析研究，希望能够抛砖引玉，推动城建档案工作更好服务经济建设和城市发展。

1　加快转变理念，深化内在认识

创新是社会进步的源泉。在开展城建档案工作中，需要结合实践不断创新理念，深化对城建档案服务工作内在要求的认识，更好地满足市场实际需求和社会发展要求。然而，在实际工作中，却存在忽视时代发展变化和群众实际需求，仅仅循规蹈矩按照传统方式来开展城建档案服务工作的问题，导致当前的城建档案工作不能够满足群众的需要，不能够顺应时代的发展，使城建档案工作对城市发展的作用微乎其微。[1]这就要求我们在探索推进创新城建档案服务工作中，以全面深化改革的姿态和力度，从根本上转变档案服务观念，坚持以市场需求和群众需要为导向，结合档案信息资源现状，做好档案利用开发工作与市场的对接，尽可能主动提供更为丰富的档案信息服务。具体来说，就是需要城建档案人员充分认识到城建档案规范和科学管理的重要性，立足自身的工作实际和社会发展的需求，从服务、管理、功能和专业技术资源等多个方面进行改革，推动档案管理工作有序开展；要注重业务基础建设，认真落实好《建设工程文件归档整理规定》，全面提升城建档案资源的数量和质量。

2   加强队伍建设，提高服务能力

城建档案服务水平与城建档案人员的专业素质和能力有着密切的联系。要紧紧围绕推动城建档案服务模式创新的新能力、新要求，加强城建档案队伍建设，尽可能选拔档案编研开发、信息化等各类专业人才参与城建档案服务工作。重点从两个方面着力：第一，加大档案教育培训力度。为档案管理人员提供更多的参加各种专业培训的机会，不断提高其工作能力以更好地适应档案工作现代化发展要求。第二，积极组织档案业务交流学习。为档案人员提供更多的业务观摩和学习活动的机会，通过学习借鉴先进的管理服务方式，提升其服务能力和水平。同时，在服务工作中，要建立问题闭环反馈机制，积极引导城建档案服务工作人员主动将自己在工作当中遇到的难点、堵点问题进行分析梳理和反馈，形成发现问题、整改、反馈、总结提升的良性循环。

3   重视宣传引导，加强内外联动

做好城建档案服务工作，需要加强宣传引导和内外联动，形成广泛共识。当前城建档案管理工作从无到有，发展到现在已经是比较完善的了，而原本简单的档案管理模式也变得更为复杂，于是虽然当前大部分群众都能够对城建档案管理工作有一定的了解，但是仍有一部分人员没有办法接触档案管理，没有尝试着了解和认识城建档案。[2]要通过档案利用的典型案例，引导人们注重平时档案材料的积累和规范管理，避免出现对档案平时不重视、关键时刻找不到的现象。要通过积极宣传引导，使人们认识到城建档案管理工作的主要工作内容，并且能够更好地利用这些档案帮助自己完成相应的工作。如笔者所在的城建档案馆，一年要接待近千人次的查阅，其中有部分属私人建房，当时觉得归不归档无所谓，现在到处查资料都是查而无果。建议城建档案部门可多制作一些这类宣传册和宣传视频进行社会宣传，切实增强人们的建档、用档意识。

4   优化馆藏结构，推动资源共享

文件档案管理工作人员在管理档案时，也需要认识到档案不仅是记录信息的，还有利用价值。因此，在实际管理档案的过程中，需要充分实现信息共享，推动横向共享和纵向共享的有机结合。具体地说，横向共享就是指要共享和整合

城市规划、建设和管理的整个系统的城建档案,与多个部门展开密切合作,尽可能使档案信息资源能够被使用者更好地查阅,避免当前存在的一些档案馆的孤立状况;纵向共享就是利用信息化手段共享各级政府所属的城建档案信息等相互关联的档案,推动档案馆相互之间的合作和交流,利用互联网进行远程调控和检索。通过这种方式,档案馆就能够有效打破服务之间的级别限制,形成共享机制,进而给予当前的城市建设、科学研究和经济建设强大的支持。档案馆要丰富馆藏,同时,对于一些遗失的档案也需要及时进行查漏,避免档案在使用过程中形成死档。总之,在城建档案部门开展工作的时候,需要进行协调和配合,与各个部门展开沟通和协作,进而发挥档案的作用,使档案能够真正为城市发展和建设做贡献,能够收藏各类珍贵的档案资料,提高城建档案社会服务的功能,使档案馆的建设更加规范。

5　加快技术应用,强化服务支撑

信息技术的发展为各行各业开展工作都提供了技术支持,而城建档案工作在开展过程中,也需要积极运用当前的现代信息技术,使档案信息资源的有效利用成为现实。创新城建档案工作服务需要对自身的服务方式进行创新,而当前档案馆在创新过程中则需要更加重视数字化建设,认识到数字化能够为档案馆开展服务工作提供便利,能够使档案更快速地被有关人员使用,发挥其应有的作用。当前,许多图书馆都开展了图书数字化建设,而这个时候档案馆就可以向图书馆学习管理方式,有计划地选择一些档案进行数字化扫描和刻录,使人们能够在网络上寻找到档案,而不必非得使用一些纸质类型的档案。浙江省城建档案"十四五"工作任务明确规定,到 2025 年年末县(市)数字化率达到 100%。截至2022 年年底,龙泉城建档案馆馆藏量为 28552 卷,数字化率达 78%,近几年每年投入 30 多万元资金进行数字化扫描,争取在 2025 年达到 100%。再者,要对电子文件进行整理和搜索,尽可能增加各类电子档案的入藏比例,使使用者能够及时查询各类档案。目前龙泉城建档案馆藏有城市建设过程中形成的各专业类别工程档案,建设局各科室形成的业务档案、文书档案、会计档案、人事档案、特种载体档案,1984 年以来的地形图,2022 年开始接收天然气、市政道路等地下管线工程档案。这些档案的数字化工作正在进行中。总之,利用多媒体信息技术,城建档案的管理工作人员就能够对自己当前的档案进行有效管理,吸引更多查档者,使档案馆内的档案能够得到更为充分的利用和开发。除此之外,还可以借助当前的信息技术进行更广泛的宣传,帮助查档者更快速地找到所需要的档案,发挥档案的作用。

6　结语

综上所述,城建档案在城市规划、城市建设与管理、城市体检及数字政府建设中发挥着重要作用,而当前城建档案服务并不完善,所采用的方法和方式也相对而言比较落后。为了更好地推动城建档案发挥其应有的作用,需要积极转变和创新当前的服务方式和服务方法,以期取得更大的成效,更好地为城市的发展做出贡献。

注释

[1] 刘敏.开展城建档案服务利用　全面推动城建档案工作创新发展[J].文化产业,2023(5):22-24.
[2] 王堃.创新城建档案管理服务模式的探索与思考[J].城建档案,2021(12):67-69.

中小企业数字档案室利用服务路径探析

魏燕辉

温州燃机发电有限公司

摘　要:随着信息化发展,我省不少中小企业已建立数字档案室。由于种种因素,不少中小企业在数字档案利用服务工作中出现了一些问题,直接影响了中小企业推进档案信息化建设的积极性。该文通过分析中小企业数字档案室利用服务工作中遇到的问题和困境,提出了针对性的对策措施,以期为中小企业开展数字档案利用服务工作提供一些有益的参考和建议。

关键词:中小企业;数字档案室;利用服务;路径

随着"数字浙江"建设和数字化改革的纵深推进,浙江省数字档案室(馆)建设取得了长足进展。目前浙江的国家级数字档案室总数居全国第一,各市县数字档案室已实现全覆盖,走在全国前列。

在全省档案数字化转型加快推进的背景下,笔者所在企业在2018年成功创建全省示范数字档案室,但也存在一些问题。企业不少人员对档案数字化建设情况不了解,对档案工作的认识还停留在过去的"文件保管仓库"阶段,不知道如何有效利用数字化档案,导致数字档案室建成后并没有起到应有的作用。本文通过分析讨论中小企业在数字档案利用服务工作中遇到的问题和困境,提出针对性的对策措施,以期为中小企业数字档案利用服务工作提供一些有益的参考和建议。

1　中小企业在数字档案利用服务工作中的问题和困境

一是档案意识薄弱。有的企业领导对档案数字化建设不够重视,对档案工作缺少必要的认识和了解,认为档案是神秘、保密的,是不能对外提供利用的。有的企业在档案信息化建设上投入不足,软硬件建设跟不上要求,无法实现档案的数字化、网络化利用。

二是存在供需脱节。有的企业在数字档案室建设时,更多地考虑档案部门的管理需求或通用需求,对利用服务需求调研不够,导致已实现的一些功能不好用或无实际需求。有的企业在数字档案室建设过程中,档案数字化范围设定不科学,与实际服务利用需求存在严重脱节。

三是推广宣传力度不够。企业员工对数字档案室建设情况不了解,对企业档案部门能够提供的数字化服务内容和服务方式不掌握,遇到需要查阅档案资料的情况时,不知道向谁申请或如何申请服务。有的企业员工习惯于传统的纸质档案利用,对数字档案利用从思想上有一些排斥,在利用时要求直接调阅纸质档案。

四是技术支持和服务跟不上。由于档案软件系统不断迭代升级,数字档案利用服务中经常出现一些问题,有的企业数字档案室运维服务跟不上,发现问题时无法及时提供技术支持和服务。

2　加强中小企业在数字档案利用服务工作中的对策措施

一是加强宣传推广。利用好每月的企业小课堂,展示数字档案的建设成果。通过演示便捷利用档案资料的系统操作,让企业员工们切实感受到档案数字化利用的便利性。加强外部企业在档案数字化利用方面的典型案例宣传,比如:A企业在晚上突发事故时,现场工作人员从值班室、集控室电脑或者手机上直接调阅到相应资料,快速指导事故处理,迅速恢复生产;B企业在抢修时,从数字档案查到设备型号与零配件资料、厂家,做出准确判断,快速与厂家确定并配置设备,节约时间和成本,快速恢复生产。通过以上事例分析,让员工们切实感受到网上调阅资料的好处。定期展示档案利用效果,档案人员可每月或每半个月公布档案服务利用效果表,让没有接触过数字档案利用的员工看到数字化的便捷性,让其从思想上发生改变,从内心真正接受档案数字化利用的方式。同时,采取必要的激励措施,将数字档案室建设与企业员工责任制考核挂钩,鼓励员工积极参与数字档案室建设,主动做好数字档案整理、移交等工作,并促进员工更好利用数字档案。

二是加强使用培训。定期开展档案软件培训,教会企业员工使用数字档案软件。可在企业小课堂中做调阅资料的演示,使员工学会远程调阅资料、打开电子文档、下载与打印等。除了企业小课堂,设置每周一至两次的档案答疑时间,帮助一些不会操作的员工,务必使技术人员人人学会利用数字档案系统。数字档案软件要选购易于使用、操作简单的产品。

三是加强技术支持和个性化服务。数字档案利用服务对机房设备、网络、软件系统的支持要求高,应选择技术支持能力强、服务好的供应商,选择管用、适用、好用的数字档案系统,建设速度快、稳定性好的网络设施,让企业员工在查询调阅资料时感到非常便利。科学配置企业员工的使用权限,按照实际工作需要和使用需求,给需要调阅档案资料的员工设置必要的权限。生产一线技术人员可全部开放科技档案查询和原文下载权限,涉及生产安全工作的管理人员可配备与之工作职责相应的权限,保证在工作中特别是在紧急情况下可方便调用档案资料。

3　结语

综上所述,进入大数据时代,加快企业档案工作数字化转型,推进企业档案数字室建设是大势所趋。在数字档案室建设过程中,要强化目标导向、需求导向,重视和做好数字档案利用服务工作,采取有效的管理和技术措施,让所有的企业员工真切地感受到数字档案室的优势和便利,实现数字档案室建设与数字档案利用服务的良性循环。

浅谈数智化时代媒资档案的再开发利用

王佐瑞

乐清市融媒体中心

摘　要：随着 ChatGPT 为代表的人工智能技术的发展、新型媒体技术的转型升级、传统媒体和人工智能时代技术应用的迭代叠加，数智化时代对媒资档案再开发、再利用的需求也进入了一个新的阶段。但是在实际利用开发过程中，由于保管、技术、人员等各种客观因素，部分媒体单位在媒资档案的再开发、再利用过程中遇到了很多问题，难以形成快速有效的媒体资源开发利用模式。为此，该文对数智化环境下媒资档案的再开发和利用进行探究，期望能够优化开发利用模式，实现资源良好运用。

关键词：数智化；媒资档案；开发利用

1　传统媒体资源开发利用

在传统媒体时代，网络技术还停留在初级阶段，媒资档案的利用开发也停留在复印、复制的初级阶段，各领域对传统媒体的声音、视频、图文的开发利用不是很充分，使用上也没有时效要求，很多时候媒资的整理和使用处于边缘地带，甚至可以说处于失管状态。有管理利用也是声音的管理声音，视频的管理视频，图文的管理图文，没有将媒资档案作为一种资源予以充分地再开发、再利用，没有将媒资资源的使用价值真正发挥出来。很多基层媒体单位因为没有系统的管理导致媒资档案遗失、破损、残缺，这些媒资档案不光是媒体业务发展的参考资料，同时也是客观而鲜活的档案历史记录，具有重要保存价值。比如乐清市广播电视台 2011 年就成立专门档案室对原来珍贵的媒资资料进行最大限度的抢救性保护管理，但是面临原来的声像系统软硬件不匹配、原存储介质破损等难题，比如广播声像档案管理中传统录音机、MD 机已经退出市场，如何永久保存磁带和 MD 带成为一个难题。

当前大部分融媒体中心都引进了相关的媒体资产管理系统，这大大加强了对图文、视频、音频等媒资档案的数字化存储功能，基本实现了媒资的再利用功能，比如节目生产媒资调用等，但也仅限于档案专业管理和使用，并未实现与其他业务子系统的互联互通,以及系统之间的交互全文件化传输等,因此,开发新的基于数智化时代的媒资档案全流程管理系统已是势在必行。

2 数智化时代的媒资管理新形态

随着数智技术在媒体领域的应用加大,特别是 2022 年底以来 ChatGPT 火爆全球,在文本写作、视频制作等领域出现大量的 AI 作品,数智化人工智能时代对媒体行业产生了深刻影响,媒资档案管理的再开发利用也必须进入人工智能时代,加大媒资档案大数据人工智能应用,使数据增值,提高大数据的效用,实现数据的最大化价值。

2.1 媒资档案整理的最快化归档

人工智能数智媒体发展时代,媒体人要不断探索主流价值导向驾驭模式,为受众提供更具热度、温度的大数据新闻服务,全面提高舆论引导能力。大数据网络媒资管理平台可以通过动态分析,实时掌握包括互联网、移动终端以及社交网络等方面的数据,发现追踪热点,实现有效媒资资源的及时整理归档。越来越多的媒体单位"中央厨房",不仅能够及时将媒体稿件、节目收视率实时反馈给指挥平台,还可以深度挖掘和分析媒资系统中与选题相关的媒资,提高媒资利用率和准确度。比如央视网智慧媒资生产管理系统,支持 UDP 复合流以及 RTMP、TS、HTTP 协议的流收录,实现频道管理、计划收录、EPG 收录、7×24 小时收录、网络管理与负载均衡等功能,做到实时收集、同步归档。

2.2 媒资档案素材的最大化挖掘

数智化时代媒资管理系统在对视频、音频、图片、文档、稿件等数据进行存储和管理,对素材发起下载、回调、上传、共享、删除等操作过程中,会生成海量无序数据。当前多数融媒体存在媒资库重复且冗余、内容资源较多的情况,比如大量机位全时段拍摄镜头、不同剪辑版本中不乏大量重复内容,给媒资库的存储与管理造成压力,也给用户带来不良体验。通过智能化手段分析入库媒资重复部分,清除媒资库存冗余信息,从而提升媒资库内容精准度。同时,通过大数据技术分析用户的检索词、检索习惯以及下载订单等数据信息,媒资管理部门可获取用户检索偏好,进而优化节目资料编目和检索系统设计等方案,提升节目资料内容资产的附加值;通过分析用户收视及相关反馈信息,刻画用户画像,针对不同用户的不同消费喜好,精准推荐内容,并提供贴心定制服务。

2.3 媒资档案开发的新价值

ChatGPT 实现了人与机器交互的新进阶,使大数据逻辑性和完整度大幅度提高。媒资管理应合理利用大数据挖掘技术,从战略上搭建全数据建设框架并引入大数据分析工具和数据分析人员,使媒资共享更加完整,形成一个统一的资源管理模式,实现媒资管理的全面数据化。同时,在媒体形态多样化的当下,受众需求日益个性化,媒资管理应推进内容资源整合,提供碎片化、场景化及实时个性化的内容服务,满足多层次用户需求,挖掘媒资新商机,延伸价值链,拓展媒体资源新领域。

3　总结

ChatGPT 的火爆加速了主流媒体的智能化转型,融合新型搜索引擎、虚拟数字主持等新型技术的应用,给媒资开发利用带来新挑战,也给媒资的再开发利用带来更大的发展空间。大数据和人工智能技术助力媒资管理应用是未来的大趋势,大数据分析能够反哺媒资管理,人工智能则可以提供更加便捷和高效的媒资应用,两者对于融媒体媒资的重要性与日俱增。

浙江省历史文化村镇建档式保护实践及启示

张汪嫒

浙江省建筑设计研究院

摘　要:浙江省围绕历史文化村镇建档式保护问题进行了持续不断的努力探讨,以期借助档案之力,发挥档案部门的专业优势,更好地保护历史文化村镇。

关键词:历史文化村镇;建档式保护;档案部门

1　历史文化村镇建档式保护概述

国家级历史文化村镇,是指由建设部(现为住房和城乡建设部)和国家文物局从 2003 年起联合组织评选的,保存文物特别丰富且具有重大历史价值或纪念意义的,能较完整地反映一些历史时期传统风貌和地方民族特色的村和镇。浙江省是我国历史文化村镇留存较多的省份之一。2012—2022 年,浙江省入选中国传统村落名录的"国字号"村落共计 401 个，占全国总数的 9.8%；入选国家级历史文化名镇共 20 个、历史文化名村 28 个，分别占全国总数 7.9% 和 10.5%。笔者根据所搜集到的信息，对浙江省入选中国传统村落名录及历史文化名镇(村)名录的村落进行了统计分析，并以图表的形式呈现，如图 1、表 1 所示。

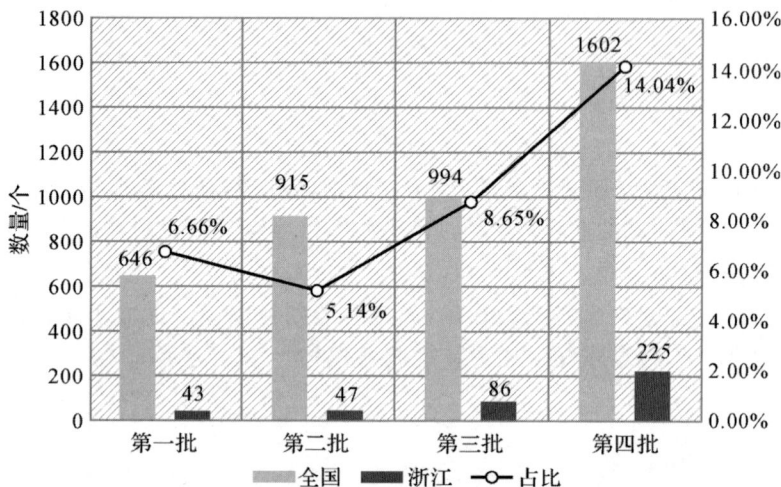

图 1　2012—2022 年浙江省列入中国传统村落名录的村落数量分布情况

表 1　浙江省历史文化名镇(村)名录

类别	公布批次	数量/个	名称
历史文化名镇	第一批	2	嘉善县西塘镇、桐乡市乌镇
	第二批	4	湖州市南浔区南浔镇、绍兴市安昌镇、宁波市江北区慈城镇、象山县石浦镇
	第三批	4	绍兴市越城区东浦镇、宁海县前童镇、义乌市佛堂镇、江山市廿八都镇
	第四批	4	仙居县皤滩镇、永嘉县岩兴镇、富阳区龙门镇、德清县新市镇
	第五批	2	景宁畲族自治县鹤溪镇、海宁市盐官镇
	第六批	4	嵊州市崇仁镇、永康市芝英镇、松阳县西屏镇、岱山县东沙镇

类别	公布批次	数量/个	名称
历史文化名村	第一批	2	武义县俞源乡俞源村、武义县武阳镇郭洞村
	第三批	2	桐庐县江南镇深澳村、永康市前仓镇厚吴村
	第四批	1	龙游县石佛乡三门源村
	第五批	9	建德市大慈岩镇新叶村、永嘉县岩坦镇北村、金华市金东区傅村镇山头下村、仙居县白塔镇高迁村、庆元县松源镇大济村、乐清市仙溪镇南阁村、宁海县茶院乡许家山村、金华市婺城区汤溪镇寺平村、绍兴市稽东镇冢斜村
	第六批	14	苍南县桥墩镇碗窑村、浦江县白马镇嵩溪村、缙云县新建镇河阳村、江山市大陈乡大陈村、湖州市南浔区和孚镇荻港村、磐安县盘峰乡榉溪村、淳安县浪川乡芹川村、苍南县矾山镇福德湾村、龙泉市西街街道下樟村、开化县马金镇霞山村、遂昌县焦滩乡独山村、安古县郫吴镇郫吴村、丽水市莲都区雅溪镇西溪村、宁海县深刚镇龙宫村

2　浙江历史文化村镇建档式保护的具体实践案例

在历史文化村镇建档式保护进程中,浙江省档案部门先后推出了结合本地实际的历史文化村镇建档式保护项目,以期借助档案之力,发挥档案部门的专业优势,更好地保护历史文化村镇。

2.1　浙江乡村记忆工程

2011年,中共浙江省第十二届委员会第十次全体会议明确提出实施浙江历史文化记忆工程。随后,浙江省档案局以此为契机,加强档案文化建设,实施了一系列档案文化建设项目,如浙江名人、老字号、代表性家谱、著名企业、著名村镇等,并大力开展浙江档案文献遗产工程和百项档案编研精品工程。2012年,浙江省档案局充分发挥自身职能和资源优势,以乡村记忆示范基地建设为依托,调查立档,多方位记录,正式实施"浙江乡村记忆"工程,侧重对档案资源和乡村记忆资源的整合、开发及利用。截至2022年,已公布3批300多个乡村记忆示范基地,并建成"浙江.乡村记忆"网络平台。

2.2　台州历史文化村镇建档工作

2013年,台州市档案局以高度的政治敏锐性和责任感,积极响应省委、省政府、市委、市政府以及省档案局对历史文化村镇普查建档的要求,率先在全省开展历史文化村镇的建档工作。市档案局和市农委办公室对全市进行全面细致的摸排,确定 121 个历史文化村镇为建档单位,编制了《台州市古村落建档方案(试行)》,并组织相关人员对 65 个历史文化村镇进行实地采访、拍摄,历时 1 年多著成《台州古村落》一书。

2.3 浙江省千村档案建设项目

浙江省档案局、省农办、省财政厅根据《关于加强历史文化村落保护利用的若干意见》及《浙江省深化美丽乡村建设行动计划(2016—2020 年)》的文件要求,在全省范围内开展千村档案建设工作。为进一步规范村级档案管理,在《关于开展"千村档案"建设工作的通知》中,以附件的形式发布了"村落历史文化信息资源建构框架"和"村落历史文化信息资源建档基本要求"。活动自开展以来,各市、县、镇、村积极推进此项工作,并按照《千村档案数据管理系统操作手册》要求,将《浙江省历史文化村落信息采集表》中的信息准确、规范地录入千村档案数据管理系统,取得了一定成效。

3 推进历史文化村镇建档式保护的启示

浙江省委、省政府高度重视历史文化村镇的保护与传承工作,强调档案部门要积极参与其中,对还没有建档的历史文化村镇抓紧建档,努力践行"望得见山、看得见水、记得住乡愁"的理想。结合浙江的具体实践,历史文化村镇建档室保护工作的重点是大力建设历史文化村镇档案,对村镇多维文化遗产进行整合研究,更为安全和长久地保存弥足珍贵的文化遗产;满足当代人及子孙后代的文化需求,更为快速和广泛地传播立体生动的文化遗产,实现广大人民群众共享文化的权利。为此,档案部门在历史文化村镇建档式保护中有责任、有义务帮助历史文化村镇建立健全档案系统,实现档案服务历史文化村镇的目标,加强规划引导、注重保护研究、突出地方特色、加强开发利用。

优化电子档案助力教学过程管理的实践与思考

余先萍　傅晓璇　邵　岚　王雪芬

浙江省肿瘤医院

摘　要:优化电子教学档案、完善电子教学记录,对于避免管理模式紊乱和信息孤岛现象具有潜在应用价值。浙江省肿瘤医院以优化教学管理系统档案为切入点，细化教学业绩采集标准，将教学业绩与晋升晋级激励机制衔接，提高全院临床医师参与教学的积极性。在医疗信息化进程加快、大数据广泛应用的过程中，档案信息在处理、存储、传输和利用中的短板暴露出来，需要电子档案和信息化协同发展。

关键词：优化；电子档案；助力；教学管理

随着大数据的广泛应用，移动互联网和云计算技术逐渐向医疗领域渗透，电子教学档案数据逐渐成为评价带教老师教学能力、规范教学过程的管理手段，档案数据利用的不断深入挖掘，推动了电子档案不断优化。田生湖发现，国内学者在电子健康档案研究中对应用绩效及其提升策略内容尚未加以关注。[1]浙江省肿瘤医院 2019 年起应用移动教学管理系统，以住院医师规范化培训（以下简称"住培"）教学为重点，开展电子教学档案应用绩效分析，通过职称晋升激励机制，激发临床教师重视教学，促进师资建设和规范化教学，提升管理成效和教学质量。

1　优化电子教学档案背景

1.1　信息化时代教学发展需要

教学档案的收集、整理、保管和利用是教学管理工作的重要组成部分。在当前大数据信息化时代，移动互联网及其接入的移动设备已被用来收集和管理数据，比如手机应用，其便捷性使得带教老师上传数据更加方便。电子档案取代纸质档案是时代发展需要，也将随着信息技术发展和教育政策改革不断优化。电子教学档案的真实、完整、安全，体现了教学过程的客观性。

1.2　多维度评价教学质量需要

电子教学档案是人们在相关教学活动中直接形成的具有保存、备查价值的电子化历史记录[2]，本质上是教学过程信息的集成数据库，能客观呈现教学过程轨迹。这是教学管理部门修订教学管理办法的重要参考数据，也是上级教学主管部门评价教学过程规范性的主要依据。实践说明了电子档案优化是受到政策引领和技术更新的双重驱动的，与教学管理办法修订互为因果。

2 优化电子教学档案在教学实践中的应用

2.1 以教学业绩为导向,优化教学档案内容

第一,利用教学业绩档案,支撑晋升晋级激励机制。教学业绩积分来源于电子档案数据,与教学业绩相关数据有教学管理岗位任职时长(年)、承担临床带教时长(月/人)、担任各类考核考官次数、获得教学荣誉等内容,是临床师资在日常教学过程中自动生成在教学管理系统的记录。职称晋升晋级与教学业绩挂钩,加强临床教师对教学的重视,改变以往教学工作"推着走、催着干"的现象,增强了教师"任其职,担其责"的管理意识,全院教学意识逐渐增强。

第二,优化师资教学档案,提升师资教学能力。在教学管理系统中优化电子档案的结构,遵从教学"量"与"质"并重原则。浙江省肿瘤医院 2019 年起开展住培师资聘任制带教,只有获聘老师才能在教学系统中指定带教住培医师,才能生成与带教业绩相对应的电子档案。教学管理部门根据教学评优、职称晋升等不同利用目的,查询、导出教学系统档案数据换算成教学业绩。教学业绩激励模式,倒逼临床医师竞争带教老师的聘任,鞭策其提升教学能力,教学质量得以提高。

第三,以档案轨迹为索引,压实师资教学责任。浙江省肿瘤医院教学管理系统是住培医师与带教老师的一体化管理系统,按照档案预定结构自动关联聘任带教老师和住培医师的床旁教学、病历书写、出科考核、360 互评等教学过程轨迹。教学管理部门可实时或阶段性查阅电子档案数据,核实教学业绩或教学事故责任人,督查教学过程规范性,明确教学责任。

2.2 以目标为导向,优化教学过程电子档案

第一,以问题为导向,规范档案内容。传统纸质档案缺乏信息系统制约,教学活动开展随意或教学过程内容记录不规范,导致教学活动不按计划开展、记录不客观。浙江省肿瘤医院参照《住院医师规范化培训内容与标准》明确教学活动开展规范流程,设置档案内容。住培专业基地按照预定目标制订教学活动计划,导入教学管理系统,通过信息化系统引导师生如期开展教学活动。

第二,依托信息化,完整收集档案。计划按期执行,是信息化工作的核心,也是信息化支撑电子记录的关键。浙江省肿瘤医院参照教学活动指南内容,在教学管理系统中优化教学过程档案,如住培医师扫码签到、授课课件与教学过程照片上传、在线记录活动内容、师生相互测评等电子档案参数,既动态呈现教学过程,又保障档案收集完整性。管理部门通过信息化检索不同维度的数据,分析日

常教学规范性、存在的问题,优化管理模式,提高日常教学质量。

第三,电子档案数据推动教学管理客观评价。教学评价可以从教学管理方法、带教老师、学生等多层面来开展,是管理工具检查阶段。浙江省肿瘤医院应用形成性评价方式对教学活动电子档案开展客观评价,从专业基地、带教师资、住培医师等多维度分析导致教学活动无效的主要问题,以问题为导向推敲教学管理策略,同步优化管理办法和档案,形成学习、评价、改进的闭环管理模式。这种以电子教学档案为抓手的实践管理模式,逐步强化了教学过程规范性。

3　优化电子教学档案管理利用的思考

3.1　电子档案管理能力有待提升

档案利用需求与日俱增,要求档案管理人员除了具备专业知识外,还要有一定的信息技术,许多档案管理人员缺乏这方面的能力。基于此,医院要加强对档案管理人员的培训,提高其信息化专业技能与知识,必要时引进高水平的计算机人才参与档案管理。在大数据背景下的电子档案管理离不开专业人才的支持和完善化的基础设施。[3]

3.2　电子档案的数据安全与隐私保护问题

电子档案在存储与利用中存在数据易被篡改、窃取、攻击和丢失等隐患。大量的师资与住培医师信息由软件系统提供方统一集中存储,存在个人隐私易被侵犯的风险。解决电子档案数据安全与隐私保护的难题是一个系统工程,需要从技术支撑、法律规范、机制管理等方面协同保障。医院在创新档案管理理念的同时,借助大数据技术和云计算技术对电子档案实施存储,与软件提供方签订服务协议,明确服务目标、质量与保密要求,在提供利用服务的同时保障信息安全。

3.3　电子档案一体化整合问题

医疗机构主要关注医疗过程中的技术支持,教学管理系统与医疗信息系统建设会出现不同步、不融通的情况。另外,医联体内的医疗机构,因行政权限不同,各类管理软件独立维护,而医联体内医务人员实行"双下沉"政策,带教师资在"下沉"期间产生的教学档案存储于不同医疗机构的管理系统,制约了电子档案数据在教学业绩计算中的利用。2020年10月,国家卫生健康委员会印发《关于加强全民健康信息化体系建设的意见》,鼓励医疗机构探索区块链技术在医联体、个人健康档案等方面的应用,医联体教学管理也可效仿电子健康档案的区块链模式,解决医联体内教学档案不能共享的弊端,提高教学档案的利用价值。

教学档案是反映住院医师能力成长的重要载体,也是课程实施中的关键一环。在规范传统教学过程前提下,将深化课程改革与优化电子档案同步,确保档案能客观、全面体现当前管理制度下的教学动态过程,暴露教学管理中的短板,促进教学管理办法更新。

注释

[1] 田生湖,陈渝.我国电子健康档案研究进展与挑战[J].中华医院管理杂志,2021,37(1):63-68.

[2] 董建成,周董,胡新平,等.电子健康档案的标准体系框架研究[J].中华医院管理杂志,2007,23(8):555-558.

[3] 徐颖钧.基于大数据时代的医院电子档案管理措施[J].黑龙江档案,2022(1):255-257.

普通高校校友档案服务存在的问题与对策研究

伍 凌

浙江水利水电学院

摘 要:校友档案服务是高校档案工作的重要部分,而普通高校受自身条件限制,存在校友档案数据库不完善、无力自主开发校友档案系统、校友档案服务形式过于单一被动、校友档案管理制度欠缺、校友档案维护意识薄弱、人力不足等问题,严重制约了校友档案服务的广度和深度。该文以浙江水利水电学院为例,探讨普通高校在校友档案服务中存在的问题及对策。

关键词:普通高校;校友档案;服务;对策

高校校友档案是指高校师生员工在校期间及离校后形成的对本人、学校和社会有保存价值的各类文件材料。[1]普通高校与重点高校在对校友档案建设的管理手段、人员配备、软硬件条件等方面存在巨大差距,校友档案服务的内容、形式及质量必然有所差别。本文以浙江水利水电学院为例,讨论普通高校校友档案服务中存在的问题及解决方案。

校友档案服务是高校档案工作的重要内容,是高校面向社会服务的一扇窗。热情真诚的服务态度、高效便捷的查档流程往往体现了整个学校的行政服务水平和态度,使校友感受学校改革创新、蓬勃发展的不懈努力,可有效提升学校美誉度,增强校友对母校发展的信心。

高校校友档案服务分为被动服务与主动服务。被动服务指档案部门被动受理校友查档申请,基本方式包括档案借阅、复制、证明、咨询、开放等。譬如近年来开展的全国干部人事档案专项审核,重点核查干部"三龄两历一身份",其中出生日期、入党时间、学历学位等均需校友联系学校档案部门提供。主动服务指档案部门通过对校友档案的分类、编研等,了解校友需求,进而主动提供具有情绪价值或助力成长的服务。如制作校友档案纪念册、举办青年创业者同行业校友沙龙、宣传知名校友工作成就等。

1　校友档案服务存在的问题

1.1　校友档案数据库不完善

建立能够将校友在校就读及毕业离校后两阶段信息全覆盖的校友档案数据库,是做好校友档案服务、建设校友档案服务平台的基础。完善校友档案数据库的难点在于以下几点:

第一,在读阶段档案的收集存在困难。

在校生档案收集以学籍材料和照片为主。近年来,高校办学规模不断扩大,学生数量快速增长,校友和学籍档案数量随之倍增;由于高校教学改革的持续开展,学籍档案内容、形式更加复杂多样。以浙江水利水电学院为例,学校从中专、大专升格到本科,生源种类多样化:仅新生录取名册就可分为继续教育和全日制中专、大专、普通本科、联合培养硕士研究生等,其中普通本科又分为专升本、三位一体、中本一体化、中外联合培养、双高联合培养、参军免试录取等。如果"前端"控制不到位,档案形成部门(如二级学院、教务、学工等)重视不够、动力不足、归档不及时,将导致学籍材料排列混乱,甚至遗失,严重影响校友档案数据库质量。另外,目前照片归档仅能保证以班级和学院为单位的毕业生合影齐全完整,无法做到学生个人学习生活照全部收集入库。

第二,毕业后阶段档案的收集存在困难。

高校毕业生数量多、分布广、情况复杂,其档案信息收集难度大。普通高校知名校友较少,可收集的校友档案资料数量少,难成体系。毕业校友与学校主动联络少,往往需要通过学校组织校友活动等形式才能产生联系,进而收集到其工作、生活档案。校友办和二级学院既无条件投入大量人力、财力进行校友档案长期跟踪记录,又无暇将所收集的校友动态信息、活动照片等及时更新到校友档案数据库。

第三,管理力量不足。

一要保证人员数量。大多普通高校的专职档案人员在 3 人左右(浙江水利水电学院为 2 人),相对于学校每年各类档案的增加速度,现有工作人员数量严重不足,工作人员平时都忙于各类档案的立卷整理工作,很难有时间和精力来收集校友档案。[2] 二要优化人员结构。全域数字化改革浪潮下的高校档案工作,要求档案工作者既要具备档案管理专业知识,又要掌握计算机信息技术。而档案管理岗是养老岗位这一传统思想根深蒂固,导致与数字化建设相匹配的、充满活力的年轻档案工作者长期缺乏。

1.2 校友档案服务形式单一

近年来,中央下发了数字化信息化建设战略纲要,浙江省系统推进数字化改革,社会对档案信息资源的需求增加。[3] 高校档案服务必须紧跟时代,聚焦创新、改革、开放,不断拓展校友档案服务形式。目前浙江水利水电学院校友档案服务以"浙水院远程查档"微信小程序为主,虽能简洁、高效、准确地满足校友学籍档案查询服务,但仍属于被动服务状态。要做好校友档案的主动服务,还需在以下方面有所突破:

第一,校友档案服务平台尚未建立。

高校校友档案服务平台是以校友档案数据库为基础的校友信息和服务系统,通过将档案系统与校友系统、教务系统、科研系统、学工系统、宣传系统等对接,将散落在学校各部门的校友信息数据进行集成、处理,可实现展示办学历史、校友自助查档、档案下载打印、毕业合影轮播、手写签名留言等服务功能。

相当数量的普通高校还不具备自主开发校友档案服务平台的条件,由第三方服务公司协助开发则费用较高,成为开辟校友档案服务新形式的主要障碍。浙江水利水电学院目前未建立平台,档案系统与其他系统的协同共享也远远不够,仅实现了与 OA 系统的对接。

第二,缺乏对毕业生的档案知识培训服务。

校友档案服务的一项重要内容是对应届毕业生进行离校前的档案培训教育。高校在读生对个人档案的内容、作用、传递路径既不了解,又不重视,具体表现为:不认真保管学籍档案,考研、考公需提供时发现毕业前学校发的成绩单等重要档案材料早已遗失;不在意人事档案去向,毕业数年后用到档案时才想起查找,有的去档案接收单位调档时发现档案不存在,有的忘记档案去向,严重影响校友本人职业发展。

1.3 校友档案建设政策依据不全

目前各高校主要依据《高等学校档案实体分类法》和《高等学校档案管理办

法》划分档案一级类目,而这两个规章都未提及校友档案,使得高校校友档案的收集范围、收集方法、更新途径等没有依据和标准。浙江水利水电学院目前尚无完善的政策制度指导校友档案建设,无法建立全员参与的校友档案工作体系,形成了校友档案数据库建设的制度壁垒。

2　完善校友档案服务的对策

2.1　建好校友档案数据库

首先,重点做好在校生学籍、照片档案收集。

学校要注重学籍档案形成期的前端介入,从材料形成的源头抓起,主动与形成学籍档案材料的职能部门沟通,做好归档前的立卷指导、检查工作。确保学籍档案材料齐全完整、准确规范,为档案利用服务打下坚实基础。[2]将新生录取名册、学籍卡、成绩单等利用率高且重要的档案由定期归档改为实时归档,最大限度地减少重要材料的遗失和损坏。除毕业合照外,学院辅导员还需负责以班级为单位收集并定期归档学生校园生活中具有保存价值的照片,如入学照、军训照、证书照、文体活动照、社会实践照、参赛及表彰照等。对所有在校生档案材料进行数字化处理。

其次,长期做好毕业校友档案收集。

毕业校友遍布天南海北,档案收集困难重重,各部门必须认识到毕业校友档案收集工作的长期性、艰巨性和重要性,全校上下坚定"不惧烦琐、应收尽收"的决心。高校领导的态度决定校友档案服务工作的广度和深度,校领导及中层领导可利用出差和外出开会的机会顺便走访当地校友,联络感情、了解需求、收集校友档案。档案部门与校友办、二级学院密切合作,及时收集与校友互动中所形成的资料和校友动态信息。学校定期更新校友通讯录(浙江水利水电学院两年更新一次),实时收集校友申领校友卡时所填报的年龄、电话、专业班级、工作单位、家庭住址等个人信息,以校庆纪念日、校友返校日和地方校友会活动等为重要节点收集校友信息。

最后,配备档案人员。

学校合理配备档案人员编制,增加专职校友档案工作者,专门负责校友档案的收集、管理、开发利用;做好档案人员结构搭配,既要有经验丰富的老档案员,又要千方百计引入网络及计算机信息技术人才,用更强的创新能力、业务水平、服务理念为校友档案工作注入新鲜血液;培养兼职档案员队伍(人员覆盖学校各部门、各学院)并做好档案培训与业务指导,使之成为校友档案收集的中坚力量。

2.2 丰富校友档案服务形式

第一,异地远程查档。

毕业生是学籍档案的主要利用者,本人现场查档费时费力,新冠疫情甚至阻断了校友返校查档的通道;电话、邮件或委托他人查档,存在沟通不便、查档效率低下的问题;学校的不断发展引起校友数量及查档需求快速增长与档案人员人手不足之间的矛盾等。诸如此类的现实问题说明,要做好校友查档服务,改革转型、实现异地远程查档刻不容缓。浙江水利水电学院积极响应浙江省统一部署的建设数字档案馆(室),建成"规范数字档案室",紧接着上线"浙水院远程查档"微信小程序,用户通过手机端录入个人信息、提交查档申请,程序将身份证照片与人脸识别相匹配进行身份核验,并提供"自取""电子发送""快递"三种收件方式,既实现了校友查档"一次都不用跑",又能保证校友信息安全,同时方便档案人员精准查档,大大提高了服务效率,提升了服务满意度。

第二,建立校友档案服务平台。

高校档案工作应以数字化、系统化、协同共享为引领,建立符合当代高校需求的校友档案服务平台。浙江水利水电学院档案室现已完成前期调研和经费下拨,即将升级更新档案系统:首先实现档案系统与 OA 系统、校友系统、教务系统、科研系统、财务系统、宣传新闻系统等的对接互通;再借鉴浙江工商大学、杭州电子科技大学、中国计量大学等院校的先进经验,与第三方服务公司合作开发触屏式"浙水院档案自助服务系统",除查档功能外,还可进行"一生一档"个人电子档案袋定制,即根据校友需求将学籍卡、成绩单、活动照片、证书、校徽、饭卡、个人简介、工作业绩信息等打包在档案袋,也可制成校友纪念册,可转发电子邮箱或现场打印成册;系统还可设立照片专题库、校友活动专题库等,方便对接校史馆、校友办、二级学院等开展活动。

第三,满足校友多元化需求。

高校的职能是以育人为中心,对校友终身关怀。对年轻创业者,可按其所从事行业提供同行业校友通讯录,整合校友资源,开展校企合作,推荐优秀毕业生,利用学校优势提供技术咨询及培训;对知名校友,则可通过宣传个人成就、出版校友集(浙江水利水电学院已出版三本展示校友风采的书籍,记录了不同时代、各行各业校友的成长之路)、打造校友照片墙、邀请校友返校开讲座、特邀校友顾问等方式,给予校友更多的认可和尊重。通过开展活动、提供服务、展示风采,既能激发校友的荣誉感和责任心,又能使其体会学校跟踪校友情况并服务校友的良苦用心,从而提高校友捐赠档案的主动性。

第四,举行专题培训。

针对学生档案意识薄弱的情况,学校有必要面向毕业生开设档案管理课程,让每一名应届毕业生都了解校友档案的重要性,了解毕业生档案对个人未来发展的重要性,使校友在毕业之际不会出现档案无人接收和无处托管的情况。[4]学校还应将毕业生档案投递管理情况归档,以便校友查看自己人事档案去向。可在每年6月9日的"国际档案日"开展校友及在校生线上"档案知识有奖问答",采用微信小程序答题的形式,内容包括档案知识、校友档案服务项目、查档流程等。

2.3　制度引领

首先,各高校要把校友("XY")作为一个独立的门类,并制定校友档案管理办法,明确校友档案的归档范围;其次,对校友档案管理涉及的一系列工作(包括收集、整理、归档、移交、保管和利用)做出具体的规定,并纳入相关部门和人员的职责范围。只有完善相关规章制度才能做到有章可循,确保校友档案建设工作有序开展。

新时代高校校友档案的作用和影响力已远超单纯的学生档案范畴,它所蕴含的历史、人文价值,以及对文化、价值观的导向作用,已成为高校文化形成、发展、丰富和传承的有机组成部分,特别是它本身的存在形式,更增添了实证力和感染力。[5]我国浙江水利水电学院校友事业蓬勃发展,校友资源是大学发展中不可忽视的重要力量,要实现校友与母校从情感共同体到发展共同体的跨越,形成互动、互融、互利、互荣的良好局面,校友档案服务的现代化改革势在必行。

注释

[1] 张玲.高校校友档案建设探析[J].重庆科技学院学报(社会科学版),2019(3):88-89+114.

[2] 梅业新.高校校友档案建设存在的问题与对策分析[J].安徽工程大学学报,2016(6):13-17.

[3] 余杰.在全省各市档案馆工作交流会上的讲话(摘要)[J].浙江档案,2023(2):6-9.

[4] 苑婷婷.高校校友档案服务平台构建研究[J].档案管理,2021(2):123+125.

[5] 田净.档案管理在高校校史文化建设中的作用研究[J].山西档案,2016(1):79-81.

基层档案开放审核存在的问题及对策

林丽霞

景宁畲族自治县人民政府办公室

摘　要：依法向社会开放档案，充分利用档案更好地服务党和国家工作大局、服务人民群众，是档案工作价值的重要体现。该文主要就基层档案开放审核过程中存在的问题与对策进行了分析探讨。

关键词：档案开放审核；问题；对策

　　档案开放审核是判断档案内容能否向社会开放的关键依据，更是档案开放工作规范有序开展的保证。所以，基层档案主管部门必须顺应时代发展潮流，制定科学合理的档案开放审核标准，才能在有效规范档案审核开放工作流程的基础上，保证基层档案馆档案开放审核结果的稳定性，提高档案资料的利用率。

1　基层档案开放审核存在的问题

1.1　档案开放审核的意识不够

　　基层档案馆由于受到传统观念的影响，主动开放档案的意识不强，重视程度不够。《档案法》明确规定，档案馆以及档案形成单位或移交单位是档案开放审核工作开展的主体。但目前，基层档案开放审核工作中容易出现职责分工不明确等问题，基层档案馆重视程度明显不足，有的迟迟没有启动档案开放审核机制；档案形成单位或移交单位主动开放和公布档案的意识不强，不愿意配合当地档案馆进行档案开放审核工作，不仅导致档案形成与移交过程中出现了约束力不足的情况，还增加了档案开放审核管理工作的难度，对基层档案管理工作的高效开展造成了极大影响。

1.2　档案开放审核的力量薄弱

　　档案开放审核体量的持续增大，要求档案管理部门必须及时就档案开放审核总量与进度做出针对性调整。但是就目前来说，基层档案馆在档案开放审核过程中存在的档案开放审核机构不健全、档案管理人员主要以兼职为主、档案开放审核力量不足等问题,严重影响了档案开放审核工作的质量和效率。

1.3　档案开放审核协调机制尚不完善

档案开放审核工作是档案馆与档案形成单位或者移交单位共同的法定职责。由于法律法规保障、政策协调、规范制约等配套制度存在缺失,基层档案开放审核工作仍未形成由档案主管部门、档案馆、档案形成单位或者移交单位组成的科学合理的档案开放审核协调机制,不但影响了档案开放审核工作协调发展的进程,而且对后续档案管理模式的创新造成了不利影响。

2　基层档案开放审核改进对策

2.1　调整档案开放审核工作思路

首先,根据法律、行政法规和国家有关方针政策积极研究,制定基层档案开放的具体办法和标准细则,保证档案开放工作统一规范。县级档案主管部门应依法开展监督检查工作,重视调整档案开放审核工作的思路和方向,规范档案开放审核工作流程,为基层档案开放审核工作的有序开展提供法律法规保障。其次,严格按照档案管理的业务内容,规范制定档案开放审核制度。县级档案主管部门应根据新形势、新要求,加大档案开放审核工作制度推进力度,确保档案开放审核工作科学、规范开展,提高档案开放审核的专业水平。最后,针对近年来档案解密划控规章制度的要求,建立完善的档案解密与协调工作机制,为档案开放审核工作的开展提供政策指导和依据,在确保档案开放审核制度紧密衔接的基础上,适应社会经济发展对档案开放审核工作提出的要求。

2.2　加强档案开放审核工作队伍建设

档案开放审核工作具有的专业性特点,要求县级档案馆按照要求设立固定的档案开放审核机构,配置专业的档案开放审核工作人员,保证档案开放审核工作的高效开展。档案开放审核工作的专业性对工作人员的个人能力和综合素质提出了明确的要求。首先,县级档案馆及档案形成单位或移交单位开放审核工作人员应该积极参加相关教育培训活动,提高自身的档案开放审核工作能力和水平。在积极参加实践工作的过程中,总结档案开放审核工作的经验,然后以书面形式保留下来,为后续档案开放审核工作的开展做好准备工作。其次,县级档案主管部门应该定期组织相关工作人员参加档案开放审核业务培训、交流、研讨活动,激发档案开放审核人员的工作热情,提高档案开放审核人员的综合素质,保证档案开放审核工作的高效开展。

2.3 利用人工智能助推开放审核

利用人工智能技术助推档案开放审核是深入贯彻习近平总书记关于档案工作"三个走向"重要论述的积极举措,对解决档案鉴定数量大、任务重、人手少、经验不足等问题和提高工作效率、提升鉴定质量,具有十分重要的意义。还未如期完成馆藏档案开放审核任务的县级档案馆,亟须采用技术成熟的智能化辅助手段,高效、低成本"消化"待鉴定档案存量。开放审核工作可采取服务外包,利用专业团队、人工智能技术实现待开放审核档案的机器批量自动检测,与人工鉴定相比较将大幅度提升工作效率,助力基层档案馆高效、低成本如期完成馆藏档案开放任务。

2.4 强化档案开放审核沟通协作

协调建立由县档案馆牵头、档案形成单位或者移交单位参加的档案开放审核协同机制,为后续工作开展搭建良好沟通平台。县档案馆和档案形成单位或移交单位,不仅要深入了解和掌握档案文件的内容、机密程度以及文件形成的时代背景等信息,还应就档案是否具备开放条件做出准确判断。尤其是针对馆藏类档案的开放审核工作,必须严格按照档案开放审核工作的流程,建立完善的档案开放审核沟通机制,在县级档案主管部门监督指导下,做好档案馆与档案形成单位、移交单位的协调工作,充分考虑档案形成单位或者移交单位的意见并维护其合法权益,有助于避免因县档案馆独自开展档案开放审核程序而忽视形成单位或者移交单位意见造成的局限性和封闭性,促进开放审核结果更加科学合理,确保档案开放审核工作机制落到实处。另外,县档案馆在档案开放审核过程中,应该在完成档案内容初审、复审、终审等工作后,及时向档案形成单位或移交单位发送《关于征求档案开放审核意见的函》,相关部门严格按照档案开放审核工作的要求,就档案开放出具加盖单位公章的回执确认,为后续档案开放审核工作有序开展奠定良好基础。

基层档案开放审核工作是一项系统性工程,不管是县级档案主管部门,县档案馆、档案形成单位或者移交单位都必须严格按照档案开放审核工作的核心,建立健全规范的档案开放审核工作流程和方式,才能在档案开放审核工作质量有效提升的前提下,促进档案开放审核工作的健康有序开展。

塑造数字化医疗新形象：电子健康档案共享

麻丁俊

浙江省立同德医院

摘　要：电子健康档案作为数字化医疗的重要组成部分，推动其共享是必然趋势。基于这一认识，该文对电子健康档案隐私难以保障、标准难以统一的技术与结构性"双重壁垒"，以及数据收集、统计、管理等全过程各方面管理进行了分析和探讨。

关键词：电子健康档案；共享；平台

电子健康档案是指以个人保健、诊疗服务、生命体征和精神卫生服务为中心的个人健康数字化记载，包括患者的检验检查指标、就诊信息记录、疾病筛查记录等医疗信息，是公民个人健康及医疗情况的电子化呈现。

1　电子健康档案共享的意义

随着智能化、信息化医疗不断发展，大数据、区块链等现代信息技术加快进入医疗行业，个人健康档案的电子化也成为现代医疗高质量发展的重中之重。在 2016 年，中共中央、国务院印发的《"健康中国 2030"规划纲要》中就明确提出要做到人人都持有规范化的电子健康档案和功能齐全的电子保健卡，这使得构建电子健康档案有了政策依据。目前来看，电子健康档案在建档、运行与共享等方面的相应举措已得到一定的运用。以浙江为例，在数字化改革的背景下，医药卫生领域信息化工作持续稳步推进，2021 年 8 月，浙江省卫健委发布了《关于开展检查检验项目标准化对码工作的通知》，全面推进检查检验互认共享工作，前期确定了 93 项检查项目和 180 项放射项目作为首批省内互认项目。目前全省已建立了省级检查检验机构相互认可的共享门诊体系，并开展了地市市域检查检验的互联互通与互认的试点工作；同时要求全省三级医院以城市为单元实现与省级平台的有效衔接，最后完成省县三级医疗机构之间的互联互通互认。

2 电子健康档案共享面临的问题

电子健康档案共享是新时代医疗事业高质量发展的必然趋势,目前已有部分地方政府通过信息网络平台的跨层级、跨类别的医药卫生合作,初步实现了健康档案区域共享,并取得了一定的成效。但在医疗机构内部运作中,仍然存在信息共享难、共享程度不高的问题,主要表现在社会和技术两个方面,具体呈现为"隐私性难脱敏"和"技术性壁垒大"两大主要矛盾。

2.1 隐私性难脱敏

随着经济社会的发展,人们自身的权利意识大大加强,而媒介的演变与互联网时代的数据革命催生了人们对自身隐私的高度敏感性,这在一定程度上提高了医疗机构进行信息采集的时间成本和劳动成本,对健康档案的信息化提出了挑战。同时,信息边界的确定也仍然存在争议,例如何种信息应该被纳入电子健康档案、患者本身的意愿能否作为参照标准等。在电子健康档案的建档过程中,部分医疗机构没有尽到告知、解释的义务,从而使患者的心理产生"隐私被侵犯、个人信息被利用"的不安全感,对医患信任的建立、医疗机构业务的正常开展造成了一定阻碍。这些问题如果不能得到较好的解决,势必会阻碍电子健康档案的构建乃至整个数字化医疗体系的运作。

2.2 技术性壁垒大

在全国各地方政府逐步推进健康电子档案工程建设的大背景下,虽然部分地方政府已完成了依托健康电子信息网络平台的跨层级和类别的医药卫生机构的健康档案数据共享工作,但在全国普遍区域内仍面临着数据共享困难、资源共享程度不够的问题。

而主要的痛点又集中在两个方面:

第一,数据整合与挖掘问题。由于现阶段各种电子数据都散乱地存储于各个医疗机构和有关政府部门各种形式的数据库系统中,这使得数据的集成变得困难,同时容易导致数据不全,从而产生"信息滞后"乃至"信息孤岛"的现象。

第二,信息系统本身的建设问题。由于数据来源的多元性,使得原有的系统建设以及管理模式等,都存在明显差异,同时标准不一所产生的各方意见以及相应阻力使得电子健康档案的建设进程放缓。

3 实现电子健康档案共享的策略

为了实现"健康中国"的目标,形成从面到点、从顶层到基层的全民健康保障体系,无疑要借助现代电子信息技术,建成全民健康的标准化档案。因此,在大数据与医疗信息化的背景下,电子健康档案的构建、完善和共享是这一过程的重中之重,需要多主体、多领域的协同配合加以实现。可以通过政府主导的政策制定、多元主体加强数据意识、技术发展完善安全系统等几个途径实现电子健康档案的科学、有效共享。

3.1 政府主导的政策制定

面对数据的"同源异构"问题,由于涉及各方,因此国家主导是必然。由国家在总体层面提出总的设计方案,形成统筹性、规范性的标准,从而针对性地提出相应的管理模式,以此促进各个部门可以逐步建立电子健康档案有关的规章制度、政策体系、技术规范,引导各类电子健康档案信息管理平台建立和培育新型有效的模式,达成通过国家对电子健康档案的总体布局。

3.2 多元主体加强数据意识

数据意识,即多元主体对医疗情况、患者健康状况的数据化思维。加强数据意识,能从根本上推进电子健康档案数据化。因此,从卫生行政部门、医疗机构、患者自身三个主体维度来阐释加强数据意识的具体操作。

首先,对于卫生行政部门而言。一方面,逐步建成覆盖全市、全省、全国的电子健康档案信息平台,依据国家的相关指导意见,切实结合实际情况,创新采用互联网大数据、物联网云计算等新技术贯穿电子健康档案的各个方面,实现电子健康档案数据化的新进步。另一方面,积极指导各医疗机构遵循互联互通标准规范,推进全民智慧医疗、健康医疗。同时推进居民健康卡的普及,通过一人一卡,实现标准统一化,达到医疗卫生服务跨系统、跨机构、跨地域互联互通和信息共享,实现居民电子健康档案实时源头采集、互联互通。

其次,对于医疗机构而言。健全电子病历档案管理机制,加强病案质量管理。具体而言,在病案书写环节,将国际疾病分类纳入临床医师的日常培训中,加强对 ICD 知识的普及教育,使电子病历在形成时是规范标准的;在病案编码环节,加强对病案编码员的培训,让其学习临床医学、计算机等相关专业知识辅助编码,提升其病案编码技能,提高编码人员业务水平,将疾病诊断准确地分类编码,为病历数据的共享奠定基础,加强编码人员和临床医师的沟通,提高病案书写和病案编码的严谨性和准确性;在病案质控环节,质控医师需加强对病案书写的准确性和完整性的检查,提高病历数据的质量。

最后,对于居民个人而言。提升健康档案意识,主动、自觉地参与个人健康管理进程中,保证电子信息数据的真实性和完整性。接受正规医疗卫生机构的健康咨询和指导,但也需要提高自我保护意识,自觉对个人信息进行保护,预防个人安全信息的非法流出,更需避免非法获取他人的个人安全信息,主动进行监察,深入、全面地加入电子健康档案建设的全过程、各方面。

3.3　技术发展完善安全系统

电子健康档案本身具有很强的隐私性,因而需要在数据收集、传递、保存等各个环节形成高度可信的安全体系,这对国家层面的信息安全保障工作提出了更高的要求。同时,由于公民医疗信息专业性、复杂性,单依靠居民个人来掌握其主要权限必然难以保障信息安全,更可能减缓电子健康档案的推进进程。建立健康与安全管理系统,是实现电子健康数据共享目标亟须实施的重大举措。

非遗档案在茶文化传播中的应用模式研究

——以余杭区径山茶为例

董桂萍　韩　董

杭州市余杭区林业水利局

摘　要:人类非物质文化遗产传承,离不开档案这一载体,犹如过河需要"桥"和"船"。该文分析了非遗档案在茶文化传播中的应用和效果,利用茶非遗档案打造全新的展示方式和体验,推动了茶文化的多元性传播和发展。

关键词:非物质文化遗产;非遗档案;茶文化;应用模式

非物质文化遗产(简称"非遗")是优秀传统文化的重要组成部分。我们传承中华优秀传统文化,离不开非遗;非遗档案是围绕非遗的产生、发展与保护而形成的各种形式和载体的档案资料,它是用文字、录音、录像、数字多媒体等多样化手段针对非遗形成的一种真实、系统、全面的历史记录。而非遗的保护与传承,又离不开非遗档案。2022 年 11 月 29 日,我国独立申报的"中国传统制茶技艺及其相关习俗"项目正式列入联合国教科文组织新一批人类非遗代表作名录。在"中国传统制茶技艺及其相关习俗"项目所涵盖的 44 个国家级非遗代表性项目中,余杭径山茶宴作为民俗类的代表性项目,是中国茶文化的重要组成部分,被共同列入人类非遗。以余杭径山茶宴为代表的中国饮茶民俗,展现着"礼仪之邦"的大国形象,散播着"悠悠华夏"的东方神韵。

有着 1000 多年历史的径山禅茶文化,不仅是自然与人文、宗教、艺术相融合的典范,还是余杭人世世代代口传心授的宝贵文化遗产,更是中华民族对外文化交流的重要历史印记。通过非遗档案的创新利用,推动径山茶文化的发展,既是贯彻落实习近平总书记对茶产业发展做出重要指示精神的实际行动,又是推进径山茶创造性转化、创新性发展的具体举措,更是促进余杭农民农村共同富裕的创新实践。"共同富裕浪潮起,径山茶香飘千里",对于余杭来说,径山茶具有特殊意义。

1　非遗档案在茶文化传播中的作用

档案是人类在生产生活中所形成的历史记录。中国人在产茶、采茶、饮茶、敬茶、送茶等过程中,相应地产生了大量的文字、实物或其他材料,这些物质与非物质的文化材料是余杭径山在特定的历史、特殊的地理环境中逐步形成并延续至今的,将它们作为档案保存下来,经过创造性转化、创新性发展,可以产生以下几个方面的作用:

第一,作为承载茶文化的档案载体,丰富档案资源。

茶非遗档案具有原真性,能够在一定程度上实证一个地区的茶文化发展史,从侧面反映出该地区茶文化的兴衰变迁。当人们想要了解茶文化的发展演变时,能够有章可循,新时代发展茶文化产业也可以从茶文化档案中找到一些成功的经验和失败的教训。因此茶非遗档案能为传承茶文化提供合适的载体和"传承抓手",并作为特色档案来充实丰富档案资源,提高档案资源的开放力、吸引力和影响力。

第二,坚定文化自信,树立健康理念,活化非遗档案。

(1)在中外交流中凸显"茶道之源"的传播价值,坚定文化自信。径山茶宴是日本茶道之源,径山自古就是中日文化交流的窗口和桥梁。径山茶宴是中日两国文化交流的重要内容和主要载体,是新时代茶文化的国际表达。

(2)在社会传播中树立"饮茶健康"的文化理念,发扬饮茶民俗。自古就有"饮茶健康"系列的文化理念,茶水有着较强的抗氧活性,能较好地清除自由基,还有降血糖、降血脂等功效。如"以茶论道,禅茶一味"的径山饮茶民俗,对余杭乃至江南地区人们饮用茶的方式产生了深远影响。

(3)在非遗传承中融入"档案传播"的活化利用,促进全民共享。"整体性保护"是非遗保护传承的特点,非遗的整体性保护,以传承人为核心,涵盖了非遗所涉及的方方面面,非遗档案也是其中的重要一项。非遗保护与传承的核心目标是"见人""见物""见生活",使非遗融入人民的生活,形成广泛的文化认同,让全民共享。

2 非遗档案在传播茶文化中的应用模式

径山茶非遗档案是历史的积淀,要让它发挥以上作用并获得好的传播活化效果,还得靠相关机构、部门及人员系统性地开发利用。余杭径山茶宴已被列入人类非遗项目,当下正是大力助推余杭径山禅茶相关茶产业发展、茶品研发、径山禅茶文化利用和传播的大好时机。可以通过以下几种模式,开发利用非遗档案资源,促进茶文化的传播。

2.1 "政府主导+公众参与"模式

开发主体为政府、档案部门,民间团体及个人重点参与的模式主要是对径山茶非遗档案进行档案编研,进而根据编研成果开展专题陈列、文化产品开发、教育宣传等。可以融合非遗和档案进行创造性转化、创新性开发利用。

(1)茶非遗档案资源整合建档。利用径山文化研究会平台,开展专题研究活动,出版研究刊物,加深和扩大径山茶宴研究;落实专人做好径山茶宴各种展示形式的资料保存工作,采用文字、录音、录像、数字化等手段进行真实完整的记录,落实专人建档保存。

(2)茶非遗档案编研。近几年,在各级政府和各界人士的关心下,共出版了6部《余杭历史文化研究丛书·径山禅茶文化》以及《径山史话》《径山胜览》《径山中日文化交流》《径山著述》《径山图说》等30余部的专著。这些书籍不仅在学术研究领域为径山茶文化研究奠定了丰厚的基础,还从侧面传播了径山茶文化。

(3)举办"非遗档案+茶传播"主题活动。余杭区已举办了22届中国茶圣节以及径山庙会、径山禅茶文化泥塑展示、径山文化剪纸展示等一系列活动。还在每年的"国际茶日"或"国际档案日",借助丰富的径山茶非遗档案和径山茶产业,开展了专题陈列展览以及茶文化的文创产品展示等,并记录收集,活化利用了径山茶非遗档案,推动了余杭茶产业、茶旅游、茶文化的全面发展。

(4)线上推广与线下活动相结合。茶非遗档案具有唯一性和独特性,是独一无二的历史文化资源。可以借助茶非遗档案,在主流媒体以及微博、公众号、抖音等新媒体矩阵上播放一定的宣传影片,如径山镇茶仙子直播"共富工坊"宣传和推广径山茶,余杭区茶文化研究会开展茶艺讲座、茶艺表演等一系列公益活动,还有在杭州西站设立径山茶展示平台来宣传推广径山茶,获得了很好的宣传成果。

(5)走进学校、社区。与学校和社区合作,利用径山茶非遗档案编写余杭径山茶乡土教材、开设径山茶文化课外研学课程,举办径山茶文化历史知识竞赛、讲好径山茶故事。这样既可以传播径山茶历史文化,又能提升径山茶品牌。

2.2 "民间自发＋政府扶持"模式

开发主体除了是档案馆、公益性社会机构、非遗保护中心、非遗传承人、普通民众,还可以是民营企业、社会投融资机构等商业性组织。政府负责宏观层面的政策引导与扶持。开展方式可以自由多元,形式多样,主要是要充分发挥社会团体或个人的主观能动性,自发筹集资金来扩大开发规模,为创造性转化、创新性发展茶文化创造条件。

(1)利用乡村文化礼堂(陈列室)平台。政府大力开展档案服务农村(基层)工作,助推美丽乡村建设。乡村文化礼堂(陈列室)既是非遗档案展示平台,又是非遗传承人开展非遗传播活动的重要场所。例如,余杭径山村乡村文化礼堂展出由民间藏家、茶文化研究会提供的径山茶历史文献、古籍、实物等展品。它将这些非遗档案与百姓紧密联系起来,唤醒了人们参与非遗档案保护和利用的意识,是径山茶非遗档案利用的有效创新模式。

(2)将非遗档案融入产茶区特色酒店、民宿,促进"非遗档案＋文旅融合"。茶非遗档案作为径山的特色文化资源,能很好地融入具有径山特色的当地民宿,从游客进入径山民宿开始,就可以通过径山茶非遗档案系统地了解径山茶文化,参与径山茶事系列活动,产生购买径山茶系列产品的意愿。通过挖掘、研究、开发径山茶非遗档案,还可以研发一系列的径山特色文化旅游产品,如径山茶宴的仿古茶具、径山茶非遗主题体验之旅等,为径山打造"茶道之源"全域旅游、促进共同富裕提供有力的支持。

(3)传承人活化径山茶非遗。非遗档案是非遗传承的重要载体,也是非遗整体性保护的重要一环。非遗注重无形的、精神的因素,没有档案资料的辅助,非遗传承人无法实现原真的传承。所以为避免非遗项目传承"巧媳妇难为无米之炊",传承人需要利用非遗档案实践传承活动。非遗档案是推动非遗从"口传心授"到"活态记录"的关键环节。特别是对培养传承人而言,非遗档案就是和尚念经的"本",对传承初学者而言,"照本"才好"宣科"。如径山茶宴非遗传承,是通过活化利用非遗本体档案和传承人档案来实现非遗的创造性转化、创新性发展的。

综上所述,径山茶非遗档案蕴含着丰厚的历史文化记忆,承载着径山茶的历史、文化、艺术、民俗、科学、工艺等多元信息,兼备茶文化、禅文化、礼仪文化等文化特点,具有诗文、书画、工艺、产业、美术、园林、建筑等多方面价值,对传承传统文化、发展文化旅游、促进对外交流,都有着重要的现实意义和国际影响。

关于构建杭州西湖文化遗产口述历史档案的研究

马佳英

杭州西湖风景名胜区建设管理中心

摘　要：随着对世界遗产杭州西湖文化景观的深入研究，口述历史档案的重要性日益凸显。口述历史在西湖文化景观遗产档案工作中有着重要价值。该文试图通过分析当前概况和存在的问题，探索完善口述档案的方式，为构建杭州西湖文化遗产口述历史档案提出参考意见。

关键词：文化遗产；口述历史；档案

口述历史档案亦称"口述档案""口述历史"。1984年国际档案理事会所出版的《档案术语词典》中，将其定义为："为研究利用而对个人进行有计划的采访的结果，通常为录音或录音的逐字记录形式。"口述历史档案作为一种重要的社会档案资源，对于抢救档案资料、填补档案空缺、拓宽档案工作人员视野等方面有着重要作用，因而也受到了广泛关注。

近年来，随着对世界遗产杭州西湖文化景观的深入研究，其形成演变过程中人类活动痕迹愈加明显地呈现出来，因此口述历史档案也成为构建西湖文化遗产档案的重要内容，越来越受到重视。

1　口述历史档案对西湖文化遗产保护利用的价值探析

1.1　从历史学角度看，口述历史档案是历史记录的有效方式

人类记载历史的手段不断演进，从实物、语言文字到音像。口述历史的价值次于文字和实物的价值，但是在特定背景和历史条件下，口述历史的价值又显得弥足珍贵，如南京大屠杀幸存者口述、"二战"期间慰安妇口述等。杭州西湖文化景观，无论是城湖空间和"两堤三岛"景观格局的构建，还是"西湖十景"与文化史迹的形成，都是人类活动深度参与的成果。口述历史，将有效弥合物与人之间的缝隙，更完整地展现西湖演变过程中的人类历史活动。

1.2　从文化层面分析，口述历史档案能为文化传承提供支撑

"未能抛得杭州去，一半勾留是此湖。""欲把西湖比西子，淡妆浓抹总相宜。"

"若问杭州何处好？此中听得野莺啼。"从古至今,杭州西湖历来是文人墨客和政要名流乐于拜访且流连的胜地,西湖本身就是在人类活动中不断演变而来的,可以说"人"是西湖文化背后的重要内涵。口述历史,以"人"为主体,通过讲好西湖故事,发出文化强音,展现"天人合一"文化理念,为西湖文化传播和精神弘扬提供了有力支撑。

1.3 从档案学角度看,口述历史档案能够为重大事件提供实证

20 世纪 80 年代西湖景区开始实施环湖动迁建设。2002 年,杭州提出"还湖于民"的口号,西湖实行免费开放。2003 年,西湖综合保护工程开始实施。2011 年,杭州西湖文化景观列入世界遗产名录。2016 年,西湖作为 G20 杭州峰会"城市客厅"受到世界瞩目。一系列重大事件亲历者的口述成为重要的档案资料,是西湖历史记忆的有机内容,更是杭州城市记忆的重要组成部分,其存在和发展既是社会记忆构建中不可或缺的组成要件,更是对传统档案记忆属性的丰富与延伸。

2 当前西湖文化遗产口述历史档案工作存在的问题

改革开放 40 多年,也是现代西湖建设的活跃期。2018 年西湖景区管委会适时组织开展了西湖口述史访谈活动,先由各基层单位邀请工作领域内的专家学者,回忆和口述他们在西湖景区建设、保护、经营、管理等方面的重要事件和深刻记忆。在此基础上,围绕西湖申遗开展了口述西湖历史的专题访谈,采访了在不同历史节点、不同领域为西湖申遗做出贡献的推动者们,听他们讲述这条跨世纪申遗路上所历经的选择、坎坷及心路历程。同年摄制完成的《盛世西湖》宣传片,成为西湖口述历史档案的重要内容。2021 年,《我的西湖》出版,通过记录口述历史等方式,由 70 余位西湖综合保护工程的亲历者、建设者回顾那段令人难忘的岁月。

我们看到,西湖文化景观口述历史档案建设在这些年成绩斐然,但仍有很多问题需要解决。

2.1 从事口述历史档案工作需进一步提升业务能力

口述历史本身具有个人性、主观性等特点,口述者的表达带有个人的价值取向。这就导致对于重大事件和活动的描述,不同口述者之间、口述档案与其他档案之间存在偏差。对此,口述档案的工作者和研究者需要秉持客观严肃的态度和挖掘事实的理念。

2.2　口述对象的局限性

从现有的西湖文化景观口述档案分析可以发现,口述对象目前还是集中在专家学者等精英阶层。因为他们处于西湖文化景观活动的核心地带,在重大事件中参与融入度更高。然而,口述历史较于传统历史,或者说口述历史档案相较传统档案,其涵盖面更加宽泛。对于西湖文化景观而言,除了创建者、参与者,还有普通的游客、市民,他们与西湖也有着密切联系。

2.3　口述历史档案收集整理仍需完善

一是口述历史档案的收集不成系统。除了上文提到的几次口述西湖历史活动,西湖文化景观口述历史档案的收集尚未形成系统,没有作为一项日常工作有计划地开展。二是口述历史档案的收集方式较为单一。以官方主动征集为主,以活动性开展为辅,对社会化资源的收集还没有纳入其中。三是口述历史档案的整理归档还不成体系。西湖文化景观口述历史相关档案资料的整理归档没有形成规范的体系。

3　进一步提升和完善西湖文化遗产口述历史档案的对策分析

首先,突破主体局限性,扩大口述者覆盖面,进一步体现"人民的公园"意义。

在杭州西湖申遗文本中,"杭州西湖文化景观"被定义为:"十个多世纪以来,中国传统文化精英的精神家园,是中国各阶层人们世代向往的人间天堂,是中国历史最久、影响最大的文化名湖,曾对 9—18 世纪东亚地区的文化产生广泛影响。"可见,无论是时间维度还是空间维度,无论是精神层面还是物质层面,西湖文化景观都具有丰富的内涵,所体现的是大众视野,有着广泛的群众基础。要做好西湖文化景观口述历史档案工作,必须突破圈层,扩大口述者覆盖面,引入各阶层口述者。反过来,扩大口述者范围对西湖口述档案有拾遗补阙的作用,能够体现西湖景区人民意志下"人民的公园"这一特点。

其次,突破管理局限性,完善口述历史标准,进一步建立西湖口述历史档案体系。

区别于文献和实物类档案,西湖文化景观口述历史档案的发展尚处于起步阶段。口述历史档案要步入正轨,还有很长的路要走。第一,要明确口述历史档案标准化要求。面对口述历史档案采集、整合与存储体系不完善现状,根据《口述史料采集与管理规范》等,制定统一的标准,从源头上把握口述历史档案质量,如针对采集工作,制定选题、访谈对象、访谈内容等的标准范本。第二,要构建西湖文化遗产档案口述历史档案管理制度。加快建立起符合西湖景区的口述历史档案管理制度,例如完善建档流程,加强前期采集、中期整合、后期鉴定归档全过程管理。第三,要加强信息化技术运用。利用网络化资源共享平台,以及大数据挖掘技术、云计算技术等手段,为后续口述历史档案的存储利用提供有利空间。

最后,突破利用局限性,展现西湖动态演变历史,进一步活化西湖文化遗产档案。

口述资料对于西湖文化遗产档案工作、西湖史的学术研究等都有着重要作用。但是要想最大限度发挥口述历史档案的作用,让档案从库房走向公众,口述历史档案的开发利用和宣传则要更进一步。西湖文化遗产口述历史档案的利用和宣传必须契合西湖景区的特点,最为核心的就是围绕西湖自然山水、"三面云山一面城"的城湖空间特征、"两堤三岛"景观格局、"西湖十景"题名景观、西湖文化史迹和西湖特色植物六大要素,体现重大事件中人与湖的连接,使人与档案产生共鸣。通过推动口述历史档案活化利用,展现西湖的动态演变,促进西湖文化遗产口述历史档案工作不断向前发展。

收集、保存、传播口述历史资源,对杭州西湖文化遗产档案的完整性构建具有广泛而深远的意义,既是杭州西湖演变历史的生动记录,又是西湖文化景观遗产档案的重要内容,也有利于西湖文化理念的输出与传播。通过扩大覆盖面、强化管理和利用等方式,从而更好地发挥口述历史对完善西湖文化遗产档案的长远历史文化价值。

城市记忆视角下的历史建筑保护实践与发展展望

——以杭州为例

方　婷

之江质安站

摘　要:该文对杭州市历史建筑保护相关做法和问题进行梳理,分析了有关实践案例、政策法规、专家观点以及保护现状和趋势等内容。历史建筑保护的实践发展已经有了一定的进步,但仍面临一些保护难题,加强历史建筑保护要做好完善法规、广汇民智、活化利用、共建共享、强化监管等工作,以期更好地实现历史建筑和传统文化的传承利用。

关键词:城市记忆;历史建筑;遗产保护;城建档案

历史建筑是城市记忆中最有价值、最为直观的重要载体之一，是指经市、县人民政府确定公布的具有一定保护价值，能够反映历史风貌和地方特色，未公布为文物保护单位或者文物保护点的建（构）筑物。2015年，习近平总书记在中央城市工作会议时强调"要保护弘扬中华优秀传统文化，延续城市历史文脉，保护好前人留下的文化遗产。要结合自己的历史传承、区域文化、时代要求，打造自己的城市精神"。历史建筑作为重要的文化遗产承载了丰富的历史、文化、美学等内涵，但随着当前城市化快速推进，大建设大开发模式与历史建筑的保护矛盾日益凸显。

近年来，各级政府已越来越重视并着手研究城市记忆和历史建筑保护工作，如建章立制、标化管理、平衡开发与保护、活化利用等，但仍面临一些问题，如档案信息缺失、史料挖掘和编研利用不足等。因此应进一步唤起社会普遍热情和重视、各界广泛参与和协作，推动历史建筑保护工作的可持续发展。

以杭州市为例，历史建筑主要有祠堂寺庙、景观园林、名人故居、学校、工业旧址、老街小巷、古桥渡口、古河道、古官道、农场礼堂、传统民居等，每种类型都有独有的建筑特色和特殊的城市记忆，凝结了群众思想智慧，很好地记录了当时社会的建筑工艺、历史文化等信息，是具有不可磨灭价值的建筑艺术品，更是我国历史文化遗产的重要组成部分，只有深入挖掘其文化内涵和价值，才能更好地传承文化传统、促进活化利用。

1　保护价值

历史建筑是人类文明发展的见证，综合建筑、历史、文化、艺术、审美、科技、社会等多重学科价值。历史建筑保护有利于实现文化传承、城市发展、经济繁荣、人民幸福的共生共赢。

首先，历史建筑保护是重要的历史和文化遗产保护方式。历史建筑综合历史人文、美学艺术、建筑科技、社会哲学等内容，具有多种文化价值，有利于传承和弘扬优秀文化传统，增强文化自信，为经济社会健康发展提供保障。如杭州市西湖区有浙江大学西溪校区、浙江教育学院等历史建筑，均为新中国成立初期所建，教学楼风格朴素，校舍居住过多位新中国成立初期的名人，这对研究中国的教育类建筑和教育史都有着非常重要的意义。

其次，历史建筑保护可以打造城市文化品牌。历史建筑是城市文化标志和展示的重要载体，对于城市形象的推广和城市塑造具有十分重要的意义。保护历史建筑可以增强城市的文化底蕴和内涵，促进留用人才、吸引游客和投资、展示城市品牌溢价效应。如杭州曾为南宋都城，宋朝是中国古代经济最发达、商业最繁荣、文艺最昌盛的朝代，保护好杭州南宋遗存和历史建筑，就是保护好杭州的"宋韵"文化城市记忆,"宋韵"因此也有了具体的载体,从而使杭州成为区别于其他城市的特别存在。

最后,历史建筑保护助推城市创新和活力。一些历史建筑可以通过艺术和设计创新,促进传统文化和现代文化的融合,被赋予新的生命,成为艺术新地标,为人们提供更为优质的生活、工作和文化娱乐的场所,塑造城市形象,促进经济繁荣和社会发展。如杭州萧山的老火车站,经过艺术设计,裸露的砖墙、旧铁轨、老水泥结构真实记录了19世纪80年代的城市记忆;摆放着的老皮箱、旧电台等,形成时下最流行的"侘寂风",变成当前城市里看不到的风景,成为年轻人争相造访的"网红打卡点",是历史建筑活化利用的优秀典范。

2 发展趋势

近年来,顶层到基层各级政府对历史建筑和传统文化的保护越来越重视,预计未来发展会具有"七更"特点:

一是技术更高新。历史建筑保护一方面要立足传统的建档工作,修旧如旧,不改变原有风貌,另一方面要顺应当前社会发展,特别是数字化趋势,推广新应用,如应用三维扫描技术,拓展历史建筑精细化管理的"立体档案"。另外,可探索数码遥感技术、3D技术、虚拟现实等新型技术,如在测绘建档环节,若采用数码遥感技术,可以通过数字化、全面性和高精度的方式收集大量的历史建筑信息,包括建筑外观、结构、装饰、材料等方面,同时可以对建筑物的历史演变和脆弱性进行分析和评估;在展陈环节运用3D技术,使得历史建筑保护更具有可视性和交互性,不仅可以更好地表现历史建筑的纹理、细节、颜色等,还可以进行更加真实的场景模拟和交互。虚拟现实技术也为历史建筑保护的展示和体验带来更多的可能性。在虚拟现实技术的支持下,人们可以更加直观地感受历史建筑的建造过程、文化内涵和历史背景,也可以进行更加全面的虚拟漫游和交互式学习,数字化保护、修复等技术的成熟,为历史建筑的保护提供了更多的途径和手段。

二是互鉴更多样。历史建筑保护工作要守正,更需要在实践中不断调研创新。一方面,加强对国内外优秀案例、新型技术的学习考察、调研探讨,有助于开拓视野,避免出现同一地域的同质化和"千城一面"问题;另一方面,加强对国内外历史建筑保护相关的法律和政策的研究,促进历史建筑保护管理体制的不断完善,促进历史建筑文化的传承和发展。

三是内涵更丰富。以杭州为例,近年来杭州市委、市政府着力打造杭州记忆工程,经各方努力,现在在城市建设中加强历史文化保护传承已成为各级政府的普遍共识。而在近年的管理过程中,我们发现有一些传统建筑局部的传统风貌非常有价值但整体建筑达不到历史建筑标准,部分街区有部分遗存保存较好但达不到历史街区标准。针对此类情况,《杭州市历史文化名城保护条例》创造性地设置历史建筑、传统风貌建筑两类保护对象,提出对历史建筑和传统风貌建筑合理利用的措施,从而更全面地保护和利用历史建筑资源。

四是制度更完善。随着多元产权修缮保护难、老旧土木建筑隐患多、集体土地历史建筑修缮审批难、历史建筑原有规划用途不适用等新矛盾、新问题的不断凸显,相关政府部门要不断完善和修订法律法规,从而强化对历史建筑的管理,有效保护历史建筑的独特价值和历史文化遗产。此外,政府可以制定相关的法律法规,加强对历史建筑的保护和管理。通过建立历史建筑保护基金,为历史建筑的修缮和保护筹集资金,实现历史建筑保护和经济利益的平衡。

五是规划更科学。杭州市正在打造历史文化名城,它的总体布局需有超前意识和极高站位,要站在统揽全城的角度考量、评估历史建筑的价值和规划,因此需要政府紧密结合国家和地方城市的发展规划来制定新的保护措施。同时,需要统筹考虑人口城市化、旅游和文化产业等多个方面的因素,坚持以人为本的保护原则,依据实际情况进行可行的保护和利用方案制定,同时为正在论证中的历史保护预留好空间,这样能更科学地做好历史街区的规划,更好地促进历史建筑的保护利用。

六是参与更多方。随着城市的发展和人们保护意识的不断提高,历史建筑保护的未来发展将需要多方合作,包括政府、专家、企事业单位和公众。政府应继续加强法律法规的制定和执行,制定更加符合历史建筑保护现状和发展趋势的政策;专家应深入研究历史建筑保护的相关技术和理论,及时推广应用高新技术,进行及时有效的维护和保护;企事业单位则有责任在社会和文化责任的基础上为历史建筑保护和振兴做出更多贡献;公众也应加强对历史建筑的了解和保护,形成对历史建筑的共同关注、保护和监督,共同维护好我们的历史文化遗产。

七是创意更多元。政府应多鼓励以历史建筑为主体的文化创意产业发展,相信城市将来会出现更多以历史建筑为主角的文化新地标,而历史建筑蕴含着丰富的文化内涵,融合了传统技术与美学,具有极高的文化价值和观赏性。通过将历史建筑融入现代文化产业,让其焕发出新的活力,可以实现历史与现代文化的有机融合,也有利于对历史建筑的保护与利用。

3　实践经验

杭州是中国七大古都之一,有着8000年文明史和5000年建城史,历史文化积淀十分深厚,1982年由国务院颁布为首批历史文化名城之一。杭州自2005年启动历史街区和历史建筑保护工作迄今,抢救性保护了一些历史文化街区和历史建筑,这些门类齐全、内涵丰富的历史文化遗存传递了杭州各个时期的历史信息。10 余年来,杭州走出了一条文脉保护、民生改善与城市更新发展协调并进的杭州特色之路,也因此成为"国家首批历史建筑保护利用试点城市",主要做法有:

一是建章立制。管理体系和政策法规的制定是历史建筑保护的重要手段,2013 年杭州出台了《杭州历史文化街区和历史建筑保护管理条例》,此后针对保护不同历史建筑的特点和需求,陆续出台了《历史建筑档案建设规范》《历史建筑保养维护规范》《历史建筑保护利用导则编制规范》等多个标准性文件,切实推动了保护工作的精细化、规范化。2023 年 4 月份又出台了《杭州市历史文化名城保护条例》,这是杭州首次以"城"为单位,为历史文化保护立法,确保历史建筑保护工作"有法可依"。

二是创新创意。杭州在实践中不断探索历史建筑保护利用新路径、新模式和新机制,创新优化历史建筑的全生命周期管理模式,即历史建筑"排查推荐—预备名录—基础管理—建筑修缮—日常维保—活化利用"全生命周期,实施全程监管;同时不断探索保护修缮技术,让历史建筑焕发"新光彩",如促进传统文化延续与创新创意利用有机融合,在延续传统文脉的同时,实践与历史建筑相适应的文化体验、休闲旅游等创新创意利用途径。

三是活化利用。坚持"利用是最好的保护"原则,推广最好的保护是找到合理的利用模式,"用起来"才能"保起来"理念,让历史建筑活化新生、融入百姓生活,在实践中立足文脉传承与现代经济价值提升,成功探索出功能延续、商业开发、创新创意、文化展示等 4 类历史建筑"活化新生"模式。如杭州萧山农资仓库活化利用为东巢艺术公社、靴儿河下 6 - 3 号老仓库蝶变为杭州市方志馆、大井巷修缮保护为历史文化街区……这些案例为各类历史建筑活化利用提供了样板。

四是共建共享。组织辖区各主管单位开展测绘建档和图则导则编制工作,方便各级政府将编制成果送各管理主体和业主共享,促进历史建筑保护工作提质增效;同时成立历史文化名城专家委员会,组织专家、学者群体对杭州名城保护会诊把脉,同市政协文史委、高校等开展课题研究;组建一支由 100 多名市民组成的保护志愿者队伍,协助开展旧房普查、日常巡查、文史挖掘、保护宣传等活动。

五是宣传推广。推出"历史建筑蝶变新生"等栏目,"杭城迹忆""历史建筑全景漫游"等活动,在公众号开放历史建筑云端档案,宣传修缮保护优秀案例,激发全民保护意识。

4　问题对策

当前,历史建筑的保护面临着许多困境和挑战,有些源于历史建筑本身的特性,有些则因为社会快速发展不断涌现的新矛盾、新问题。

其一,部分主体重视度不够。在城市化进程中,很多部门存在"大拆大建"思想,且因为宣传、调研不到位等问题,许多人对一些历史建筑的价值一无所知,认为它破旧老化、设施不全、土地资源利用效率不高应拆旧改新,甚至拆除后改建高楼,造成宝贵的历史文化遗产的灭失,很多专家学者在社会上大声疾呼:"如果不搞调查研究,就武断地大拆大建,把原本极具价值的传统古村落全部改成千村一面的新农村,城市记忆、传统文化、古人智慧如何传承? 我们的乡愁到何处去凭吊?"

其二,保护经费来源不足。很多商业化运作的历史建筑,特别是酒店经营类,会自觉重视历史建筑保护工作,能支付高额的修缮保护方案设计费用,一旦发现问题能及时修缮整改,但很多公益类、私有产权、混合产权类历史建筑保护、修缮的经费来源不足,业主修缮保护的意愿不强,或者业主有修缮意愿,但无奈于经济压力较大,只能任由建筑风貌破败下去。

其三,部分修缮保护项目标准不高。从当前杭州市历史建筑的修缮保护项目现状来看,部分修缮项目不了解项目历史沿革,不重视史料挖掘,只进行简单粗暴的装修,或是擅自改变建筑材料、制式、风貌,造成不可逆转的破坏。我们曾在调研中发现,有些项目找的工人不懂专业,更不懂历史建筑的审美和价值评估,在修缮具有一定价值的历史风貌传统建筑时,为了施工方便,把石墩石柱用水泥糊到墙里,擅自把特色、精美的木格窗改成铝合金窗;有些项目摒弃原状使用的青石板改用现代风格的大理石地砖和瓷砖,风格突兀,令人痛惜。

为此,该项工作需全社会的广泛关注和合力参与,并针对上述问题,共同研究探索推进历史建筑保护传承发展,具体措施可主要围绕以下三方面展开:

一是建章立制。各级政府应更加重视历史建筑保护工作,一手抓完善立法,制定更完善的法律法规来保护文化遗产,如市级层面可依据《杭州市历史文化名城保护条例》等法规条例,研究编制具体的实施方案、实施细则,用于指导基层工作,并对恶性事件进行惩戒、以儆效尤;一手进一步加大宣传,通过资源普查、抄送公示、宣传推广、巡查督查等手段激发社会关心度和参与度。

二是广汇民智。高手在民间,杭州市的历史建筑保护工作从来不乏热心市民,有爱好研究和深谙地方志的老干部,有一直关心传统文化和历史建筑的志愿者,有醉心历史建筑保护的民间收藏家……对此,政府一方面可以积极引导、鼓励这些热心市民参与历史建筑和街区的文史挖掘、巡查监督、方案优化等工作;

另一方面应适当加大支持和投入,如引入嘉奖评优机制,激发业主和群众参与历史建筑保护的积极性;同时探索社会力量支持和参与机制,如通过乡贤会等形式和途径,鼓励社会组织、热心企业和市民历史建筑保护,丰富资金助力形式,推动历史建筑更好修缮、保护和利用。

三是强化监管。政府首先应组织专家学者参与重要项目,历史建筑保护是涉及结构安全、建筑设计、艺术美学、历史文化等学科的艺术,需要多学科的交叉研究和多方面的技术支持,特别是在历史街区的修缮保护工作中,要多引入专家学者进行文史挖掘、历史文化的背景资料调查,为规划、结构、设计提供更为专业的意见;其次应加强监管力度,事前组织好方案审查工作,严把方案设计关,同时加强事中、事后巡查监管,避免发生破坏性施工情况;最后应组织做好历史建筑档案的编研工作,编制《档案表》《导则》"一处一册"等基础性、指南性工具资料,明确保护原则、保护内容,图文并茂并标注保护部位和工艺等,指导业主和相关部门做好历史建筑修缮保护工作。

探索清廉医院建设新路径

陈淑珍

宁海县中医医院

摘　要:清廉医院建设是全面深化医改、健全现代医院管理制度、促进医疗卫生事业健康发展的必然要求和重要保障,更关乎着人民群众的切身利益。该文以党建示范引领为切入点,通过责任落实、风险防控、网格监督、执纪问责、数字智治、厚植文化等创新举措,探索一条清廉体系建设的实践路径,推动医院走好高质量发展之路,让人民群众有更多的获得感和幸福感。

关键词:清廉医院;建设;实践路径

"医者清,则患者乐。"清廉医院建设是贯彻落实习近平新时代中国特色社会主义思想的具体行动,更是全面从严治党要求在医疗卫生行业的新实践、新探索。对于公立医院而言,清廉医院建设的总体目标就是推动全面从严治党向基层延伸,推动清廉思想、清廉制度、清廉纪律、清廉文化融入医院建设发展全过程,做到主体责任与监督责任一体化推进,巡视督查与整改落实一体化推进,努力打造"党风清正、院风清明、医风清新"的清廉环境。

1 清廉医院建设的实践

近年来,国家省市各层面高度重视医疗行业党风廉政建设和反腐纠风工作,先后出台了一系列政策性文件,有效推进了公立医院清廉医院建设的实践与研究。医院将清廉医院建设前瞻性纳入医院中长期建设的总体布局,在顶层设计、制度建设、管理应用和机制创新等方面进行了有益的实践和探索。

1.1 坚持目标导向,推进"四责协同"

医院紧紧围绕清廉医院建设目标任务,修订完善各类制度,不断深化标本兼治。医院党委坚决扛起主体责任,将清廉医院建设和业务工作深度融合,做到同部署、同检查、同考核,以全院一盘棋的思路整体统筹谋划。深化民主集中制,严格执行"三重一大"事项决策和党委会、院长办公会议事规则。党委书记作为第一责任人,自觉落实全面从严治党主体责任。医院纪委聚焦主责主业,履行监督执纪问责。班子成员积极落实"一岗双责",明晰清廉建设责任。将科室履行党风廉政建设情况纳入院科综合目标考评,开展述职述廉,压紧夯实责任。通过横向协同协作、纵向压力传导,形成"责任落实共同体",构建主体明晰、有机协同、层层传导的全面从严治党主体责任落实机制。

1.2 强化问题导向,防微杜渐"治未病"

医院紧盯廉政风险点,每年开展岗位廉政风险排查,梳理风险隐患,防患于未然。紧盯重点岗位和关键人员,定期轮岗,强化权力规范运行。紧盯重点领域和关键环节,健全内控机制,完善各类招投标环节流程管控。紧盯医疗领域商业贿赂源头治理,签订医护人员廉洁承诺书,落实阳光接待,规范供应商活动行为。紧盯"关键少数",预防为主、教育为先,常态化开展廉政提醒谈话,做到逢会必讲、逢节必提。强化以案警示教育,用好案例活教材,以廉洁第一课、主题教育日、警示教育大会等多样化特色教育筑牢清廉防线。

1.3 坚持基层导向,网格化"精准监督"

医院延伸清廉触角,按照全员覆盖、分级负责、责任到人的要求,实行"定岗、定人、定责",构建"医院党委—党委委员—党支部—党小组"四级层级化网格,全面实施清廉医院建设网格化监督管理。充分整合各类监督力量,选聘一批网格清廉监督员,明确工作职责,充分发挥其"探头"和"前哨"作用,实施常态化精准监督,切实把各种问题隐患遏制在萌芽状态,确保权力在网格监管中正确运行。

1.4 坚持监督导向,强化执纪问责

强化日常监管,靶向施策。严格落实药品用量动态监测和超常预警,利用合

理用药系统和审方决策系统加强临床用药管控,定期开展问题医嘱处方点评。尤其关注国家重点监控品种、辅助用药和抗菌药物使用,对有异动廉政风险的药品采取限量采购、暂停使用等措施,对存在不合理用药行为的医生及时约谈提醒,并按医院奖惩规定予以处理。加强重点事项监督,开展医疗服务行业腐败问题、科研诚信和学风建设等专项整治。强化执纪问责,积极落实监督执纪"四种形态"。

1.5 坚持数字智治,提升数字化监督治理能力

清廉医院建设离不开数字化改革,运用数字智治,使信息技术与监督检查深度融合,为加快形成"不敢腐、不能腐、不想腐"的长效机制建设插上数字翅膀。以加强政治建设、推进源头治理、实施阳光治理、完善制度治理、深化改革治理、强化监督治理和争先创优七大指标为核心,运用清廉指数,量化建设指标,将所需的指标数据纳入统一的监管系统中,构建数字化同步监督体系,及时预警廉政隐患,全方位构筑起清廉医院"防火墙"。

1.6 坚持文化导向,树立行业廉洁新标杆

文化是清廉医院建设的重要软实力。医院将中医药文化与清廉文化相融合,通过厚植清廉文化培塑行业新风。在品牌建设上,创建"百草红心""医路暖阳"等一批具有特色的清廉文化品牌,营造"以清为美、以廉为荣"的崇廉尚洁氛围。在清廉阵地上,打造廉洁文化"一馆一廊一园",进一步树立清正廉洁的价值导向。举办八段锦、中药叶画、文化墙等寓教于乐活动,让清廉文化入脑入心。大力弘扬"敬佑生命、救死扶伤、甘于奉献、大爱无疆"的职业精神和良好医德医风,利用"5·12"护士节、"8·19"中国医师节等各类节日宣传活动,挖掘、培育、宣传"最美"现象,让身边人引领身边人,在全院厚植崇廉尚洁的浓厚氛围。

2 清廉医院建设的成效

"正气存内,邪不可干。"通过清廉医院建设,医院制度管人、管事、管权方面提质增效明显,形成了风清气正的良好从业氛围,全院上下凝心聚力谋发展,取得了较好的成绩。2021年度二级以上中医医院国考取得了国家排名45,等级"A+"的历史性佳绩。患者满意度与日俱增,先后获得浙江省平安医院、浙江省绿色医院、浙江省三八红旗集体、宁波市首批老年友善医疗机构、宁波市抗击新冠疫情先进集体、宁波市无偿献血爱心单位、宁波市生活垃圾示范单位、宁波市节约型公共机构示范单位、宁波市文明单位、宁波市无烟医院、宁波市先进保卫组织、宁海县首批公共服务窗口文明单位等荣誉称号。

3 清廉医院建设的思考

清廉医院建设是一项长期系统性工程,更需要系统性管理。为此,要高站位谋划、系统性推进,通过"四责协同"形成工作合力,积极推动"体制护廉、监督促廉、数智治廉、内控保廉"框架体系探索,营造风清气正的良好政治生态。

首先,理顺体制机制,完善清廉医院治理体系。其一,要选优配强监督队伍,落实相关配套政策,激励纪检监察干部增强责任、提高能力、发挥作用。其二,要将清廉医院建设与现代医院管理制度相结合,形成业务监督、审计监督、专责监督等统筹协调推进的大监督格局,切实提高医院现代化治理水平。

其次,数智化赋能,推动清廉医院整体智治。立足于数智治廉理念,搭建"廉政风险防控""防统方软件""招投标管理""数字合同管理"等模块化智能监管平台,让抽象的权力真正变得可视、可控、可查、可纠,并运用 PDCA 管理工具,实现全流程闭环追溯管理。

最后,完善外联内控,确保清廉医院建设长效化。一方面内控倡导"业审融合"理念,转变工作方式,从"事后审计"转向"全过程审计",全力保障医院重点工作、重大风险、重要支出、重大工程等监督全覆盖;另一方面完善外部联动机制,健全多部门协同机制,充分发挥部门集成优势和政策的叠加效应,实现整体联动,破解清廉医院建设中的难点问题,助推清廉医院长效建设。

清廉就是医院建设发展的生产力、竞争力、生命力,通过清廉医院建设,更加凸显公立医疗机构公益性属性,更加强化以人民健康为中心的理念,不断提升医疗水平,提高服务质量。只有自觉维护广大患者的利益,才能最终实现医院健康可持续高质量发展,同时医院才能更好地为百姓的健康保驾护航。

城建档案利用工作存在的问题及对策

方 岚

杭州市临平区城建档案服务部

摘 要:城建档案涵盖了城市建设的每一个环节和领域。该文分析了城建档案利用存在的档案利用意识不强、档案利用方式单一、档案编研质量不高等问题,有针对性地提出:加强宣传,增强全民档案意识;优化方式,提供方便快捷服务;挖掘馆藏,提升档案编研质量。由此更好地发挥城建档案的作用。

关键词:城建档案;利用;问题;对策

城建档案工作在宏观上整体反映了城市建设发展的水平,从全局上统筹了城市发展工作;在微观上调整各个细节方面存在的问题。城建档案工作是由内部相互联系的若干环节组成的一个有机整体,其中包括收集、整理、保管、鉴定、统计和提供利用等环节。城建档案利用工作是通过一定的方式和方法推动城建档案为城市建设服务。城建档案利用工作在城建档案工作中占有相当重要的地位,城建档案工作不能单纯地为档案而档案,而应该通过提供城建档案利用这种方式为社会服务。因此,要深入挖掘城建档案的价值并加以利用,使城建档案在城市建设中创造更多的效益。

1 城建档案利用工作存在的问题

近年来,各地城建部门坚持以人民为中心的发展思想,围绕人民对城建档案利用需求,不断增强服务意识,提高服务效率,城建档案服务水平不断提高。同时,在城建档案利用工作中也存在一些问题,主要有以下三点。

1.1 档案利用意识不强

档案信息的价值是在利用过程中实现的,如果档案意识深入人心,就会有很多人去利用城建档案信息。由于人们对档案的了解程度低、认识水平浅,档案常常被束之高阁。这种情形客观上影响了城市的现代化建设和科学管理的进程,不利于我国城市档案事业的发展。

1.2 档案利用方式单一

目前,我国城建档案提供利用的方式仍然比较单一。其一,仍以提供查询利用服务为主要方式;其二,仍以被动提供利用为主,缺乏城建档案宣传,较少举办报告会、讲座等活动;其三,仍以馆内利用为主要方式,较少提供编研材料公开出版发行等。

1.3 档案编研质量不高

如何变"死"档案为"活"档案、"死"信息为"活"信息,搞好档案信息开发提供利用,编研工作是关键。城建档案编研工作就是深入挖掘馆藏档案信息资源,为利用者提供城建信息咨询利用服务。总体上来说,编研工作的现状远远跟不上城市建设的发展速度以及信息时代下人们对城建档案信息的需求,城建档案编研工作普遍存在着编研成果形式单一、质量不高、利用率低等问题。如何适应形势的发展,实现编研工作新突破,是摆在城建档案工作者面前的一个重要课题。

2 改进城建档案利用工作的对策

城建档案是国家档案的重要组成部分,同其他档案相比,具有综合性、成套性、动态性、权威性、专业性、地方性等特点。改进城建档案利用工作,需要结合其特点,坚持问题导向,有的放矢。

2.1 加强宣传,增强全民档案意识

增强全民档案意识,首先要让群众了解城建档案在社会生活中的重要性,扩大城建档案在社会上的影响力。所以我们要通过有效的宣传手段让群众认识到城建档案利用的现实意义,增强人们的档案意识。一方面,需要完善档案法规建设,使城建档案意识上升为法律意识;另一方面,要根据社会需要开发利用城建档案信息资源,加大宣传,扩大社会影响。

2.2 优化方式,提供方便快捷服务

第一,提供文献服务的同时提供非文献服务,在指导城建档案利用者的利用过程中,及时将档案工作者的知识传递给目标利用者,接受档案利用者的咨询服务。第二,化被动利用为主动利用。主动提供利用方式是城建档案人员通过对利用者需求的分析、总结、概况,以主动明确的服务为目标,通过一系列手段满足利用者需求的过程。城建档案部门进行档案宣传,举办报告会、讲座、展览都是主动提供利用方式的体现。第三,馆内利用与外部利用相结合。在馆内利用的同时利用新的技术手段,搭建新的信息平台,突破时间、空间的限制,最大限度地开放城建档案,实现城建档案信息的资源共享。

2.3 挖掘馆藏,提升档案编研质量

随着社会的发展,城建档案的开发利用迫在眉睫,作为一种重要的科技信息资源,城建档案对城市的现代化建设和发展的作用是不可限量的。这就要增强全民档案意识,提供更加便捷的档案利用服务,深入挖掘馆藏,提升档案编研质量,为城市建设创造更大更多的效益,更好地彰显城建档案价值。以社会需求为导向,深入挖掘城建档案价值。首先,编研主体提高认识,引入社会力量,提高城建档案编研成果的含金量。其次,编研选题社会化,扩大选题范围,选题要新颖、准确、真实。最后,编研成果和宣传手段要多样化,更加广泛地实现编研成果在当前信息时代的利用价值。